本书获
中国科学院学部"资源节约型、环境友好型"
农业生产体系咨询评议项目 资助

资源节约型、环境友好型农业生产体系的理论与实践

张启发 主编

科学出版社
北京

内 容 简 介

受人多地少基本国情制约，长期以来，我国农业采取"以高投入换高产量"的发展思路，形成了"高投入、高消耗、高污染、低效益"的粗放增长方式，农业生产与资源环境的尖锐矛盾严重制约着可持续发展。当前，国家将"资源节约、环境友好"上升为基本国策，"资源节约型、环境友好型农业生产体系"（即两型农业）成为全国农村改革发展的一项基本目标。全书分16章，包括"两型农业"生产体系的科学定义，从资源和环境的角度对我国农业发展的潜力和问题的分析，两型农业建设的方向，国外可借鉴的经验教训，两型农业发展对科技、政策和法律等方面的需求，对相关的科学技术研发与推广、农业生产方式的变革、激励与约束相结合的政策与法制措施、农民的教育等方面提出了一系列的建议。

本书可供关注农业可持续发展的科技工作者、管理工作者、高等院校师生参考使用。

图书在版编目(CIP)数据

资源节约型、环境友好型农业生产体系的理论与实践 / 张启发主编. —北京：科学出版社，2015

ISBN 978-7-03-043710-5

Ⅰ.①资⋯ Ⅱ.①张⋯ Ⅲ.①农业生产–生产体系–研究–中国 Ⅳ.①F325.2

中国版本图书馆 CIP 数据核字（2015）第 049924 号

责任编辑：林 剑 / 责任校对：张凤琴
责任印制：徐晓晨 / 封面设计：耕者工作室

科学出版社 出版
北京东黄城根北街 16 号
邮政编码：100717
http://www.sciencep.com

北京建宏印刷有限公司 印刷
科学出版社发行 各地新华书店经销

*

2015 年 2 月第 一 版　开本：720×1000　1/16
2018 年 6 月第三次印刷　印张：25 1/8
字数：500 000

定价：168.00 元
（如有印装质量问题，我社负责调换）

前　言

我国是一个古老的农业大国。在几千年的文明史中，我国农业一直以精耕细作著称于世，养活了一代又一代的中国人。

新中国成立以来，我国农业更是发生了翻天覆地的变化。和平与繁荣，带来了人口的急剧增长，造成了对粮食和农产品供应的巨大需求；生命科学的发展，推动了遗传育种技术的进步，培育出水稻、小麦、玉米等作物的大批新品种，与农药、化肥、水利设施及其他技术的配套使用，极大地提高了主要农作物的产量水平，形成了我国农业生产的第一次绿色革命；水稻、玉米、油菜等作物杂种优势的利用，进一步提高了我国作物生产的水平，产量成倍地增长。目前，我国的稻谷、小麦等多种主要农产品的产量都位居世界第一。在过去的半个多世纪中，中国成功地创造了以约占全球9%的耕地，养活占全球20%～25%人口的奇迹。

然而，当历史进入20世纪与21世纪之交，我国农业遭遇到前所未有的挑战。长期以来，我国的主要粮食作物生产以矮秆、抗倒、耐肥品种的培育和应用为基础，以增加化肥、农药和水资源的用量为手段，以提高单位面积产量为目的，形成"高投入、高产出、高污染、低效益"（常被称为"三高一低"）的农业生产模式。到21世纪初，在不到9%的耕地上，施用了占世界1/3以上的农药和化肥，导致农田、池塘、水库、湖泊、河流的大范围污染；农业需水量大，而我国水资源贫乏，干旱连年发生，受旱面积大，自古以来一直是作物生产的巨大威胁。同时，在我国畜牧养殖业、水产养殖业、园艺作物生产中也同样存在"三高一低"的现象，且愈演愈烈。根据国家的发展规划，在未来的40年中，城镇化建设将提速，人口将进一步增长，人民生活水平的提高，对粮食和农产品需求将翻番，而耕地面积在锐减，这种发展态势将不可避免地进一步加剧农业生产与资源和环境的矛盾。农业发展的可持续性问题已十分尖锐地摆在人们面前。

2008年，中国共产党十七届三中全会提出，到2020年全国农村改革发展的基本目标之一是：资源节约型、环境友好型农业生产体系（简称"两型农业"）基本形成。这一决定切中了我国农业发展困境的关键，为我国农业的发展指明了前进的方向，具有划时代的意义。

为落实国家关于两型农业生产体系建设的战略部署，笔者承担了"资源节约型、环境友好型农业生产体系建设"中国科学院咨询项目。其目标为：对"两型农业"生产体系作出科学的定义，从资源和环境的角度分析我国农业发展的潜力和存在的问题，总结国外"两型农业"可以借鉴的经验和教训，探讨我国两型农业建设的努力方向，研究"两型农业"发展对科技、政策和法律等方面的需求，提出建议以供国家决策参考。课题组对我国种植业（包括大田作物和园艺作物）、养殖业（包括畜牧养殖和水产养殖）等产业的发展现状、对资源环境的需求及影响，农业生产的资源与环境现状及发展趋势，相关的社会、政策及法制环境进行广泛的调研和讨论，在此基础上对相关的科学技术研发与推广、农业生产方式的变革、激励与约束相结合的政策与法制措施、农民的教育等方面提出一系列的建议。

为扩大咨询项目成果的社会效果，课题组决定以专著的形式来展示我国农业发展所遭遇资源环境的困境，发布课题组对形势的分析和应对措施的建议。承担各章写作工作的作者都是长期工作在相关领域的优秀科学家，对农业可持续发展与资源环境问题有深入的研究和独到的见解。除调研讨论外，不少章节的内容是作者对相关领域长期研究成果的总结，内容丰富、数据翔实。在此，对专家们高度敬业的精神和辛勤的劳动表示诚挚的敬意。

需要说明的是，课题所涉及的农业、资源、环境体系庞大复杂，各种资料来源由于统计的角度不同有所出入，数据指标本身也处在不断变化之中，在写作中各章作者由于角度不同对同一问题的陈述所采用的数据可能不尽相同，在统稿时对这些数据不强求统一。

如今，从2008年中央提出目标，到2020年两型农业生产体系基本形成的要求期限，时间已经过半，但在全国范围内，两型农业生产体系建设的形势却未可乐观。希望本书的出版对我国两型农业生产体系的建设有所贡献。

由于课题组掌握的资料和课题组人员认识水平的限制，书中存在不足之处在所难免，热忱欢迎并衷心感谢广大读者批评指正，以共同探讨我国农业的发展方向，推动资源节约型、环境友好型农业生产体系的形成。

张启发

2014年7月11日

目 录

第1章 "两型农业"科学内涵与基本特征 ⋯⋯⋯⋯⋯⋯⋯⋯⋯⋯⋯⋯ 1

1.1 "两型农业"提出的背景 ⋯⋯⋯⋯⋯⋯⋯⋯⋯⋯⋯⋯⋯⋯⋯⋯ 1

1.2 "两型农业"生产体系的科学内涵 ⋯⋯⋯⋯⋯⋯⋯⋯⋯⋯⋯⋯ 10

第2章 "两型农业"生产体系构建的基础理论与方法 ⋯⋯⋯⋯⋯⋯⋯⋯ 14

2.1 可持续发展理论与"两型农业" ⋯⋯⋯⋯⋯⋯⋯⋯⋯⋯⋯⋯⋯ 14

2.2 科学发展观与"两型农业" ⋯⋯⋯⋯⋯⋯⋯⋯⋯⋯⋯⋯⋯⋯⋯ 17

2.3 循环经济理论与"两型农业" ⋯⋯⋯⋯⋯⋯⋯⋯⋯⋯⋯⋯⋯⋯ 20

2.4 低碳经济理论与"两型农业" ⋯⋯⋯⋯⋯⋯⋯⋯⋯⋯⋯⋯⋯⋯ 25

2.5 生态文明理论与"两型农业" ⋯⋯⋯⋯⋯⋯⋯⋯⋯⋯⋯⋯⋯⋯ 29

第3章 "两型农业"框架结构与内容 ⋯⋯⋯⋯⋯⋯⋯⋯⋯⋯⋯⋯⋯⋯ 34

3.1 "两型农业"生产体系框架分析 ⋯⋯⋯⋯⋯⋯⋯⋯⋯⋯⋯⋯⋯ 34

3.2 "两型农业"目标 ⋯⋯⋯⋯⋯⋯⋯⋯⋯⋯⋯⋯⋯⋯⋯⋯⋯⋯⋯ 35

3.3 "两型农业"生产体系发展重点 ⋯⋯⋯⋯⋯⋯⋯⋯⋯⋯⋯⋯⋯ 40

3.4 "两型农业"发展产业支撑系统 ⋯⋯⋯⋯⋯⋯⋯⋯⋯⋯⋯⋯⋯ 43

3.5 "两型农业"生产体系技术与制度创新保障系统 ⋯⋯⋯⋯⋯⋯⋯ 47

第4章 发达国家"两型农业"生产体系的发展模式与经验借鉴 ⋯⋯⋯⋯ 51

4.1 美国"两型农业"生产体系发展模式——可持续农业发展模式
⋯⋯⋯⋯⋯⋯⋯⋯⋯⋯⋯⋯⋯⋯⋯⋯⋯⋯⋯⋯⋯⋯⋯⋯⋯⋯⋯ 51

4.2 欧洲"两型农业"生产体系发展模式 ⋯⋯⋯⋯⋯⋯⋯⋯⋯⋯⋯ 56

4.3 日本"两型农业"生产体系发展模式——环境保全型农业模式
⋯⋯⋯⋯⋯⋯⋯⋯⋯⋯⋯⋯⋯⋯⋯⋯⋯⋯⋯⋯⋯⋯⋯⋯⋯⋯⋯ 61

4.4	以色列"两型农业"生产体系模式——资源节约型农业模式	66
4.5	发达国家"两型农业"发展的经验借鉴	70

第5章 我国农业生产体系发展中的资源环境问题及其原因分析 74

5.1	"两型农业"生产体系资源环境现状	74
5.2	"两型农业"生产体系发展面临的问题	82
5.3	"两型农业"生产体系产生问题的原因	91
5.4	"两型农业"生产体系资源环境建设模式	94
5.5	"两型农业"生产体系对策分析	97

第6章 "两型种植业"生产体系研究 104

6.1	中国种植业生产体系面临的资源与环境问题	106
6.2	问题产生的原因分析	109
6.3	国际上"两型种植业"经验借鉴	114
6.4	"两型种植业"重大技术问题	117
6.5	政策建议	129

第7章 基于发展"两型农业"的作物遗传育种 131

7.1	作物遗传育种的历史、现状与发展趋势	131
7.2	"两型农业"作物育种的思路与目标	139
7.3	基因组与转基因技术应成为作物育种的关键技术	143
7.4	建立服务于"两型农业"的作物品种的评价和审定制度	152

第8章 "两型畜牧业"生产体系研究 158

8.1	中国畜牧业生产体系面临的资源与环境问题	158
8.2	问题产生的原因分析	171
8.3	国际上"两型畜牧业"经验借鉴	174
8.4	"两型畜牧业"生产体系建设中重大技术问题	177
8.5	政策建议	183

第9章 "两型农业"与中国水产养殖业生产体系研究 185

9.1	中国水产养殖业发展概况	186
9.2	中国水产养殖业生产体系面临的资源与环境问题	189
9.3	问题产生的原因分析	192

- 9.4 国际上"两型水产养殖业"生产体系的经验借鉴 …………… 196
- 9.5 "两型水产养殖业"生产体系建设中的重大技术问题 …… 205
- 9.6 政策建议 ……………………………………………………… 208

第 10 章 "两型园艺产业"生产体系研究 …………………………… 213
- 10.1 中国园艺产业生产体系的现状与问题 …………………… 213
- 10.2 "两型园艺产业"生产体系面临的资源与环境问题 …… 220
- 10.3 国际上"两型园艺产业"的经验借鉴 …………………… 227
- 10.4 "两型园艺产业"生产体系建设中的重大技术问题 …… 235
- 10.5 发展"两型园艺产业"的政策建议 ……………………… 238

第 11 章 中国农业非点源污染的现状、成因和对策 ………………… 241
- 11.1 中国农业生产中化肥使用的现状及其对环境的影响 …… 242
- 11.2 中国农业过量施用化肥的成因 …………………………… 248
- 11.3 国际上控制农业非点源污染的经验借鉴 ………………… 254
- 11.4 中国农业非点源污染的控制对策 ………………………… 256

第 12 章 "两型农业"技术创新支撑系统 …………………………… 261
- 12.1 "两型农业"减量化技术 ………………………………… 261
- 12.2 "两型农业"清洁化生产技术与废弃物循环利用技术 … 267
- 12.3 "两型农业"生物质能综合开发技术 …………………… 269
- 12.4 转基因技术与第二次农业绿色革命 ……………………… 272
- 12.5 "两型农业"综合集成技术 ……………………………… 276

第 13 章 "两型农业"生产体系制度创新与政策支撑系统 ………… 281
- 13.1 "两型农业"发展策略与政府政策支持体系构建 ……… 282
- 13.2 "两型农业"生产体系与市场长效机制完善 …………… 289
- 13.3 "两型农业"生产体系整合与社会参与机制建设 ……… 295

第 14 章 "两型农业"区域试点与实践探索 ………………………… 306
- 14.1 "两型社会"试验区及"两型社会"的内涵与本质 …… 306
- 14.2 "两型社会"与"两型农业" …………………………… 309
- 14.3 武汉城市圈"两型农业"生产体系实践 ………………… 310

第 15 章　绿色超级稻："两型农业"生产体系的作物范例 ⋯⋯⋯⋯ 326

　15.1　绿色超级稻提出的背景 ⋯⋯⋯⋯⋯⋯⋯⋯⋯⋯⋯⋯⋯⋯ 326

　15.2　绿色超级稻的研发基础 ⋯⋯⋯⋯⋯⋯⋯⋯⋯⋯⋯⋯⋯⋯ 329

　15.3　绿色超级稻的实践 ⋯⋯⋯⋯⋯⋯⋯⋯⋯⋯⋯⋯⋯⋯⋯⋯ 338

　15.4　绿色超级稻典型案例 ⋯⋯⋯⋯⋯⋯⋯⋯⋯⋯⋯⋯⋯⋯⋯ 344

　15.5　绿色超级稻的社会经济效益分析 ⋯⋯⋯⋯⋯⋯⋯⋯⋯⋯ 349

　15.6　绿色超级稻的发展与挑战 ⋯⋯⋯⋯⋯⋯⋯⋯⋯⋯⋯⋯⋯ 349

第 16 章　结论和建议：建设 21 世纪的我国两型农业生产体系 ⋯⋯⋯⋯ 353

　16.1　我国农业生产的巨大成就 ⋯⋯⋯⋯⋯⋯⋯⋯⋯⋯⋯⋯⋯ 353

　16.2　农业生产带来的资源环境问题及原因分析 ⋯⋯⋯⋯⋯⋯ 355

　16.3　我国"两型农业"生产体系的内涵与框架 ⋯⋯⋯⋯⋯⋯ 357

　16.4　国外发达国家"两型农业"发展的经验借鉴 ⋯⋯⋯⋯⋯ 358

　16.5　推进我国"两型农业"生产体系建设的政策建议 ⋯⋯⋯ 359

参考文献 ⋯⋯⋯⋯⋯⋯⋯⋯⋯⋯⋯⋯⋯⋯⋯⋯⋯⋯⋯⋯⋯⋯⋯⋯⋯ 364

附录 ⋯⋯⋯⋯⋯⋯⋯⋯⋯⋯⋯⋯⋯⋯⋯⋯⋯⋯⋯⋯⋯⋯⋯⋯⋯⋯⋯ 389

第1章 "两型农业"科学内涵与基本特征

我国农业正处于转型阶段。长期以来的粗放式生产方式已不适应新时期粮食安全和农业可持续发展的需要,为此,中共十七届三中全会和中共十八大明确提出要加快转变农业生产方式,到2020年要基本形成资源节约型、环境友好型农业生产体系(简称"两型农业")。加快转变农业生产方式,大力发展"两型农业",是保障我国粮食安全和农业可持续发展的根本途径和必然选择。

1.1 "两型农业"提出的背景

1.1.1 我国水土资源瓶颈对农业发展的制约

我国资源总量和人均资源均相对短缺,农业近几十年的粗放式生产,造成资源消耗过高、过快,资源利用率低,导致农业发展与资源环境之间的矛盾日趋尖锐,重要资源难以为继,生态环境不堪重负。

1.1.1.1 水资源的制约

水是农业的命脉。我国大部分地区都存在着不同程度的水资源短缺问题,水资源的短缺是21世纪中国农业所面临的重大挑战。从总量上看,我国多年平均年水资源总量为28 124亿 m^3(水利部,2007),仅次于巴西、俄罗斯、加拿大,居世界第四位,但我国人均占有水资源约为2200 m^3,仅为世界平均水平的1/4,列世界百位之后,是世界上13个缺水最严重的国家之一。有预测表明,由于人口的增长,到2030年我国人均水资源量将从现在的2200 m^3左右降至1800 m^3以下。

我国水资源的地区分布不均匀,南多北少、东多西少,相差悬殊,与人口、耕地、矿产和经济的分布不相匹配,并且这种格局还可能加剧(水利部,

2010)。人口和水资源分布统计数据显示，北方五片（指松辽河流域、海河流域、黄河流域、淮河流域和内陆河流域五个片区）人口占全国总人口的46.5%，耕地占全国的65.3%，GDP占全国的45.2%，水资源只占全国的19%；南方四片（指长江流域、珠江流域、东南诸河流域、西南诸河流域四个片区）人口占全国的53.5%，耕地占全国的34.7%，GDP占全国的54.8%，而水资源量占全国的81%。北方五片人均水资源占有量为1127 m³，仅为南方四片人均水资源占有量的1/3。降水季节性的分布不匀也是造成局部干旱的主要原因之一，即使是在水资源较丰富的南方地区，季节性的缺水也常常导致农业受旱。

缺水干旱是我国农业减产的主要原因之一。据《中国水旱灾害公报》公布的数据，1950~2007年，全国农业每年因旱受灾3.255亿亩[①]，年均因干旱损失粮食79亿kg，占各种自然灾害造成损失的60%以上。同时我国干旱还有明显的逐年加重趋势。全国年均因干旱损失的粮食，在20世纪50年代为43.5亿kg，20世纪90年代为209.4亿kg，2000年以后为300亿kg余（董振国等，2010）。

随着我国人口增长、区域发展、工业化和城市化进程加快，对工业用水、生活用水，以及生态保护用水的需求不断增加，各方面对有限水资源的竞争更为激烈。《1998~2007年中国农业用水报告》表明，生产1t粮食需要消耗水1191 m³。1997年以来，全国总用水量总体呈缓慢上升趋势，虽然农用水量稳定占全国用水总量的60%~70%，10年来我国农业可调配水资源总量（农业用水量）呈下降趋势，而生活用水和工业用水呈持续增加态势。从更长的时间范围看，我国农业用水占比已经从1949年的97%降低到2007年61.9%（图1-1），预计至2050年将进一步下降到40%以下。

目前，全国正常年份缺水量近400亿 m³，其中灌区缺水约300亿 m³（水利部，2003）。据国家中长期科技规划测算，在提高灌水利用率的前提下，到2020年我国农业用水缺口在700亿 m³左右。而另有预测表明，要保障中国的粮食生产，必须新增1亿亩左右的灌溉面积。两者相加，需求量增加巨大，但由于水资源总量不大可能增加，农业水资源供需矛盾将进一步凸显，无疑对我国农业生产与粮食安全提出极为严峻的挑战。

而且，我国农业水资源利用效率较低，仅为30%~40%，远低于发达国家的70%~80%，全国平均农业灌溉水有效利用系数为0.45，渠系利用系数

---

① 1亩≈666.67m²。

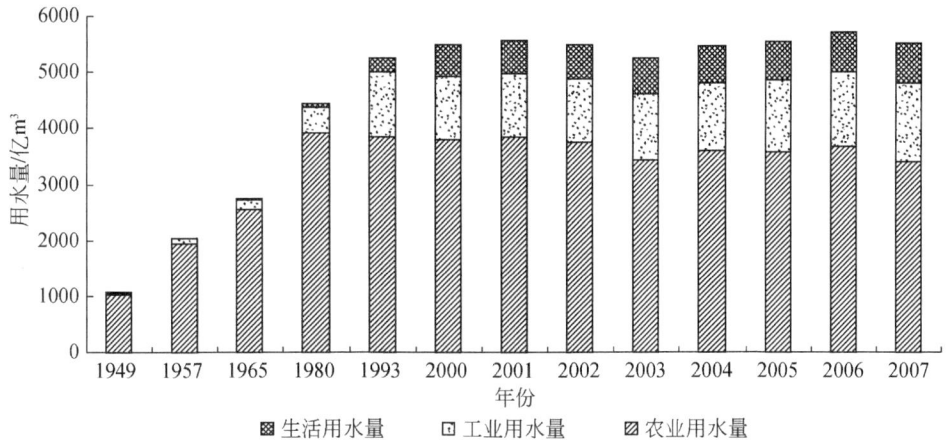

图 1-1 1949~2007 年不同部门水资源使用量

资料来源：赵立飞，刘颖. 2010. 农业水资源紧缺对我国粮食安全的影响分析. 北方经济，(10)：23，24

只有 0.4~0.6。每年灌溉水资源至少浪费 1100 亿 m³ 余，相当于 4 条黄河的有效供水量（邓楠，1999）。由于我国水资源利用率只相当于世界先进水平的 1/2 左右，要生产同等的粮食，农田净耗水量相当于发达国家的 2 倍以上（刘荣志等，2007；曾福生，2009）。因此，提高水资源利用效率应该成为我国农业的主要努力方向。"两型农业"的建设无疑将成为我国发展节水型农业的必然选择。

1.1.1.2 土地资源的约束

土地资源是人类赖以生存的基础，是发展经济和农业最重要的资源。从农业发展的角度看，我国土地资源的基本国情主要表现在三个方面：人均耕地少、耕地质量总体不高、后备耕地资源不足。

第二次全国土地资源调查数据显示，2012 年年末，我国现有耕地 20.27 亿亩，居世界第三位，但人均耕地仅有 1.52 亩，不到世界人均水平的一半，有一些省份的人均耕地已经低于联合国粮农组织（FAO）确定的 0.795 亩的警戒线。而且由于受工业化、城市化进程的加快，以及受农业内部产业结构调整、生态退耕、自然灾害损毁和非农建设占用等影响，我国耕地总面积还在逐年减少。相关数据显示，1997~2009 年，中国耕地减少和补充增减相抵，净减 1.23 亿亩。2013 年，全年因建设占用、灾毁、生态退耕等原因减少耕地 603 万亩，通过土地整治、农业结构调整等增加耕地 482.7 万亩，年内净减少耕地 120.3 万亩（国土资源部，2014）。

根据第二次全国土地资源调查数据，全国耕地中，有灌溉设施的耕地9.16亿亩，比例为45.1%，无灌溉设施的耕地11.15亿亩，比例为54.9%。国土资源部2009年12月发布的中国第一份耕地质量等级调查与评定成果《中国耕地质量等级调查与评定》显示，我国耕地质量等级总体偏低。这一调查把全国耕地评定为15个等级，1等耕地质量最好，15等耕地质量最差。调查显示，全国耕地质量平均等级为9.80等，等级总体偏低。优等地、高等地、中等地、低等地面积占全国耕地评定总面积的比例分别为2.67%、29.98%、50.64%、16.71%。全国耕地低于平均等级的10~15等级地占调查与评定总面积的57%以上；全国生产能力大于1000kg/亩的耕地仅占6.09%。土地质量不高严重影响到我国耕地生产能力，进一步加剧了耕地资源短缺。

受干旱、地形、瘠薄、洪涝、盐碱等多种因素影响，我国质量相对较差的中低产田约占2/3。土地沙化、土壤退化、"三废"污染等问题还在不断发展，土地生态环境形势严峻。目前，我国土地荒漠化面积约为262.4万km^2，占国土面积的27.3%，且每年仍以2460 km^2的速度推进；沙化土地面积大约174万km^2；水土流失面积356.92万km^2，占国土面积的37.2%，每年因水土流失损失的土壤约50亿t（李智广等，2008）。有相当数量的耕地受到中、重度污染，不宜耕种；还有一定数量耕地地质被破坏，或因地下水超采，影响耕种。因而，如何转变土地发展方式，节约集约用地，提高土地利用效率迫在眉睫。

1.1.2 农药化肥超量施用，资源过度消耗，环境严重污染

1.1.2.1 化肥农药等生产资料施用粗放，投入高而效益低

化肥和农药是农业生产的最基本生产资料，为农业生产所必须。但是我国化肥、农药使用粗放，以占世界9%的耕地消耗了世界35%左右的化肥和农药。研究表明，随着化肥使用量的增加，粮食增产的边际效益呈递减趋势。在20世纪50年代，粮食产量与肥料使用量之比为40∶1，而到2010年只有13∶1；其间，粮食产量增加2.6倍，而化肥用量则增加了11倍（刘晓旺，2014）。一方面，我国在农业生产中过量使用农药和化肥；另一方面，我国农药和肥料的实际利用率和生产效率非常低。其中化肥利用率约为30%~35%，低于发达国家50%~70%的水平，农药的利用率更是只有10%~30%，低于发达国家50%的平均水平。我国是世界上单位化肥投入粮食产出率最低的国家之一。据测算，20世纪50年代，我国每千克纯氮可增产稻谷15~20 kg，但现在仅为5 kg左右，而在菲律宾，每千克纯氮可以增产15~18 kg稻谷（彭少兵等，2002）。

在日本每公顷水稻施用的纯氮约75 kg，而在我国却达近200 kg，一些地方甚至超过300 kg。目前，我国氮肥亩平均施用量分别是法国、德国、美国的151%、159%和329%，而粮食单产水平较这些国家仍然低1~3成，高投入低效益的特点非常突出。

研究表明，受报酬递减率作用，随着时间推移，化肥增产的作用呈现出边际效率递减的趋势。1998年以来，尽管我国化肥、农药投入量持续增加，但粮食单产却多年徘徊不前（图1-2，图1-3），粮食产量与化肥农药的投入不呈正相关关系。

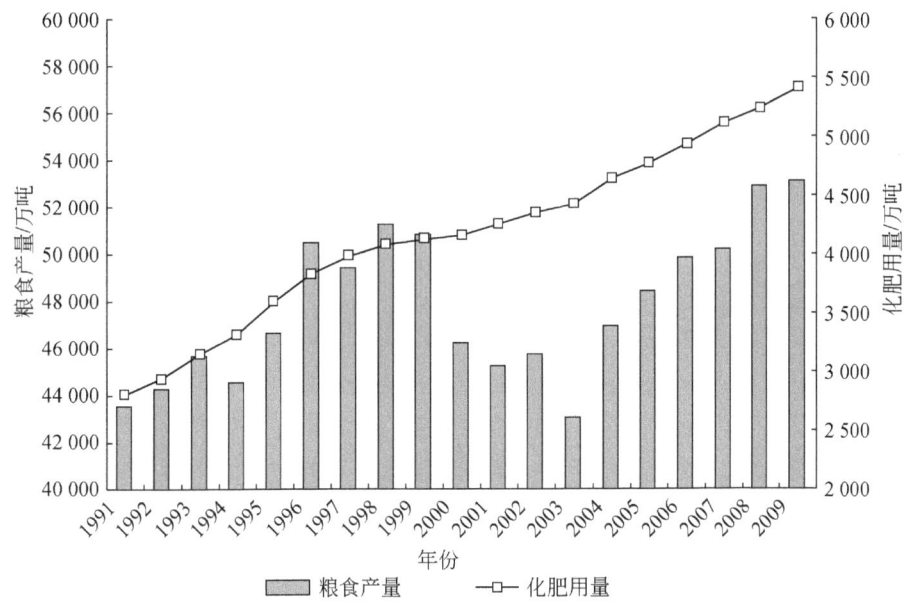

图1-2　1991~2009年我国粮食产量与化肥用量的关系变化

资料来源：《中国统计年鉴》（1996~2010）

化肥、农药的粗放施用和过度投入，带来了一系列严重的后果：化肥农药生产消耗了大量的能源，加剧了能源短缺；而农药化肥的大量施用，造成了严重的环境污染。大量使用化肥，还导致土壤板结，土地肥力下降。施用的化肥量超过了土壤承载力，就会流入周围的水体，造成农业面源污染，富营养化，诱发藻类滋生，破坏水环境。研究表明：中国每年因不合理施肥造成1000万t余的氮素流失到农田之外，过量的肥料还会渗入20 m以内的浅层地下水中，使得地下水硝酸盐含量增加（刘惠迪，2006）。农药化肥的大量施用还增加了农业投入和成本，降低了种田收益，并进而影响了农民种田积极性。还需要指出的是，生产化肥的磷矿、钾盐、煤炭和天然气都是重要的不可再生资源，我

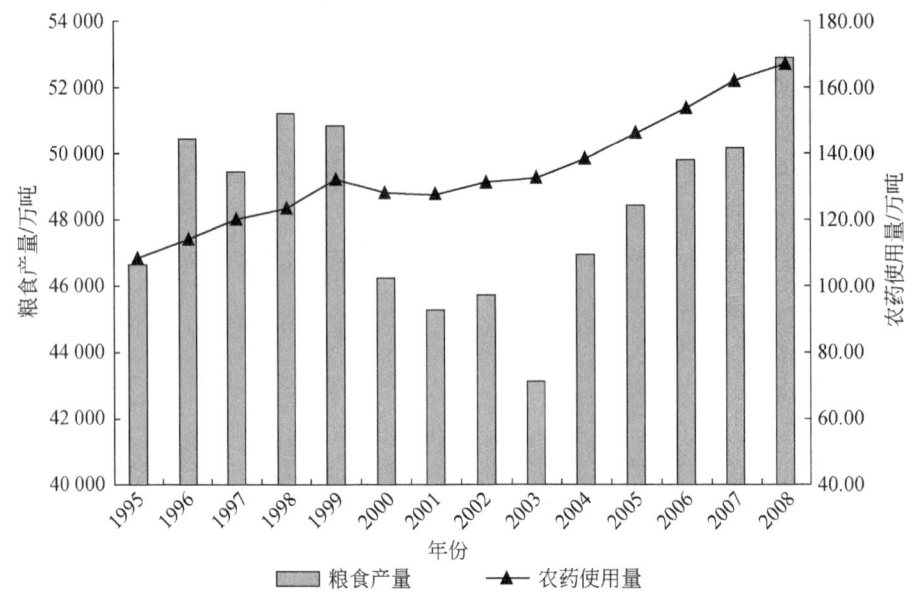

图 1-3　1995～2008 年我国农药使用与粮食生产之间的关系

资料来源：《中国农村统计年鉴汇编》（1949～2004）；《中国农村统计年鉴》（2004～2009）

国储量有限，对进口依赖性较大。过度依靠增加化肥、农药等投入量换取农产品增长的模式不仅受到了资源环境瓶颈约束，也日益受到生产成本约束。

要改变当前高投入、高消耗、高浪费、低效益的现状，继续提高我国农业增产能力，只有发展"两型农业"，通过新品种、新技术开发和推广使用，提高化肥、农药使用效率，降低化肥和农药使用量，注重资源节约和环境保护，提高农业生产力和可持续发展能力。

1.1.2.2　农业生产造成的环境污染加剧

目前，我国农业污染问题日益突出，不仅成为水体、土壤、大气污染的重要来源，而且对农产品安全、人体健康、农业可持续发展构成严重威胁。长期以来，工业污染一直被视为环境污染的主要来源，但根据 2010 年发布的《第一次全国污染源普查公报》，农业已成为环境污染的主要来源之一，水污染物排放量有四成以上来自农业污染源。农业污染源污染物排放的化学需氧量为 1324.09 万 t，占化学需氧量排放总量的 43.7%。农业污染源也是总氮、总磷排放的主要来源，其排放量分别为 270.46 万 t 和 28.47 万 t，分别占排放总量的 57.2% 和 67.4%。

由于过量使用化肥、农药及污水灌溉等多种原因，土壤环境受到严重破坏。一些农业污染严重的地区，出现了农作物减产、质量下降，甚至传统农作物无法继续种植的局面。有数据显示，我国污染土壤已占耕地面积的1/5，污染最严重的耕地主要集中在耕地土壤生产性状最好、人口密集的城市周边地带和对土壤环境质量的要求更高的蔬菜、水果种植基地。历史数据表明，我国每年因重金属污染土地造成粮食减产1000万t余，另外被重金属污染的粮食每年也多达1200万t，合计经济损失至少200亿元（黄倩蔚，2011）。

目前，我国农业环境污染主要来自以下几个方面：①化肥、农药的过量使用造成的面源污染，成为农业污染的首要污染源。②对畜禽养殖及其污染物排放缺乏有效的管理。《第一次全国污染源普查公报》显示，农业源污染中比较突出的是禽畜养殖业污染，其化学需氧量、总氮、总磷分别占农业源的96%、38%和56%。③农用地膜的使用量和残留量大。早在2002年，我国农膜和地膜年消费量已达到153.9万t，居世界之首，近年来还在不断增加。据统计，我国农膜年残留量近40万t，残存率达40%以上，近一半的农膜残留在土壤中，成为极大的环境隐患。④农村生活环境污染，如农村生活垃圾的随意堆放、焚烧，大量污水未经处理任意排放，造成农村"脏、乱、差"的环境。⑤很多乡镇企业只重经济效益而轻视环境保护，在利益驱使下纵容工业废水、废气、废渣的大量排放，加剧了农村环境污染。⑥城市工业污染向农村转移，进一步加剧了农业污染。城市工业污染物排放逐年增加，每年随污水排放的重金属镉达770t，严重污染农田；我国SO_2年排放量2588t，居世界首位，为此降雨酸度高、酸雨区面积扩大，也是导致农业耕地质量下降、环境恶化的重要原因。

总之，我国是一个人多地少、资源贫乏、环境脆弱的农业大国。一方面，农业是一个高度依赖自然资源和环境资源，并占用和消耗自然资源与环境资源最多的产业；另一方面，农业生产活动对自然资源和环境资源又产生很大的负面影响。加快转变农业发展方式，大力发展"两型农业"，统筹农业与自然和谐发展，这对于保障我国粮食安全，促进农业可持续发展具有十分重要的意义。

1.1.3 气候变化对农业发展提出新的挑战

我国高投入、高消耗、高排放和高污染的高碳农业大幅增加了农业温室气体排放，成为一个重要的温室气体来源，深刻地影响着气候的变化。联合国粮农组织数据显示，农业耕地释放出大量的温室气体，超过全球人为温室气体排放总量的30%，相当于150亿t的CO_2。据估计，全球范围内农业排放CH_4占由于人类活动造成的CH_4排放总量的50%。其中土地利用，如烧荒、开垦、耕耘、种植、养殖等是目前大气中碳含量增加的第二大来源，其作用仅次于化石燃料的燃烧。每年由农业导致的温室气体排放量约相当于61亿t的CO_2（将CH_4和N_2O折合成CO_2），约占全球温室气体排放总量的10%~12%（图1-4、图1-5）。

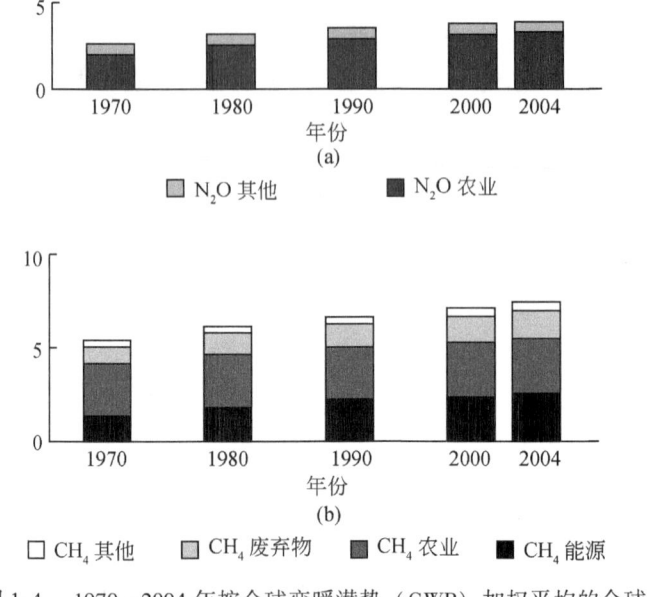

图1-4　1970~2004年按全球变暖潜势（GWP）加权平均的全球温室气体排放量（每年十万亿t当量）

资料来源：IPCC第四次气候变化报告

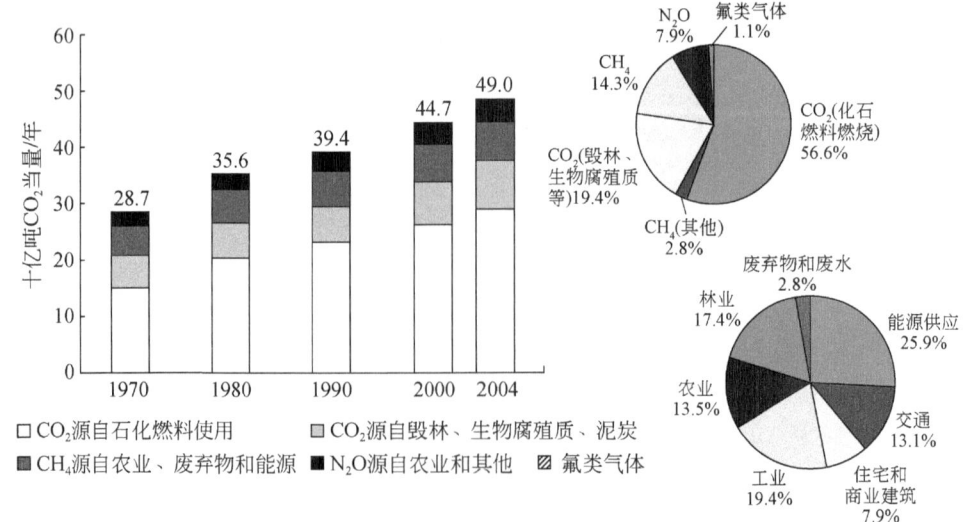

图1-5　全球排放的温室气体及组成

资料来源：IPCC第四次气候变化报告

气候变化对农业的影响尤其明显。2007年中国发表的《气候变化国家评估报告》指出，气候变化对中国的农业生产影响很大。未来我国气候变化的速度将进一步加快，预计到2020年，我国年平均气温可能增加1.1~2.1℃，到2030年增加1.5~2.8℃，到2050年增加2.3~3.3℃。研究显示，中国未来的气候变暖趋势将进一步加剧；极端天气气候事件发生频率可能增加；降水分布不均现象更加明显，强降水事件发生频率增加；干旱区范围可能扩大；海平面上升趋势进一步加剧。气候变化加剧了生态环境的脆弱性，将给自然生态、社会经济、农业发展带来严重影响，增加农业生产、生态和生活的不确定性和风险性。

1.1.3.1 气候变化对作物生产以负面影响为主

国际水稻研究所的试验表明，生育期平均日最低温度升高1℃，水稻的单产下降10%（Peng et al.，2004）。中国华北地区的试验也表明：夜间冠层增温2.5℃，冬小麦生育期提前，生长期缩短，产量下降26.6%。如果不采取措施，到2030年，气候变暖的影响可能使我国粮食综合生产能力下降5%~10%，到21世纪后半叶，水稻、小麦、玉米等主要作物的产量整体上可能下降13%~24%（梅旭荣，2010）。丁一汇（2009）的研究认为，农业可能受全球变暖的影响最大，许多地区的作物可能减产。有关报告指出，全球气候变暖对农牧业以负面影响为主且将长期存在。中国农业将面临3个突出问题：①产量波动的可能性增大，减产5%~10%；②布局和结构将发生变动，种植制度、作物种类和品种改变；③肥料、杀虫剂和除草剂使用量增加，成本和投资将增加。这些都是对我国粮食安全与农业可持续发展的新挑战。

1.1.3.2 气候变化导致极端气候频发，经济损失加大

2008年历史罕见的低温雨雪冰冻灾害，造成21个省份受灾，直接经济损失1500多亿元。2009年早春，我国北方粮食主产区遭遇严重的干旱，旱情波及15个省份，受旱面积达2.76亿亩。据统计，2001~2008年，自然灾害造成的经济损失占到中国GDP的2.8%。据民政部国家减灾中心汇总的2008年全国10大自然灾害中，有8项都是由于洪涝、干旱、台风等气象灾害引起的。根据《2008年中国环境状况公报》，2008年气象灾害导致的直接经济损失达3100多亿元，超过了20世纪90年代以来的平均经济损失水平（陈迎等，2009）。气候异常不仅增加了农业生产的风险，还增加了农业生产防灾减灾成本。

1.1.3.3　气候变化加剧水土资源恶化

气候变化加剧了水资源时空分布的不平衡，进一步造成中国水资源的供需矛盾。近20年来，北方黄河、淮河、海河、辽河水资源总量减少约12%，水资源短缺加剧，特别是北方干旱和半干旱地区情况更为严重，沙漠化趋势进一步恶化。长江中下游地区，强降水事件频率有所增加，洪涝灾害加剧。气温升高可能加速土壤微生物活性提高，加速有机物的自然分解，导致土壤有机质丧失，加速土壤的侵蚀、退化、盐碱化和荒漠化，如果遭遇暴风雨等极端天气情况，很可能会导致严重的水土流失，削弱农业生产系统抗御自然灾害的能力。

1.1.3.4　气候变化将加重病虫害的流行

由于气候变化，一些动物和植物的病虫害正在蔓延。唐华俊（2010）的研究认为，气候变化可能导致作物基因抗逆性变化和品种退化，生长发育特征改变，主要病虫害种类和流行暴发规律改变。全球变暖将加重病虫害对农业生产的危害程度，暖冬对农作物病虫害越冬有利，将导致农作物病虫害加重。在温度偏高伴随阶段性干旱条件下，病虫害的种群世代数量呈上升趋势，繁殖数量倍增，往往造成病虫害的大发生。此外，气候变化导致的高温、干旱、水资源短缺等对农村生产生活影响更大，威胁人畜健康，引发疫病，加剧贫困。

中国农业面临到2020年再增产500亿kg粮食和单位GDP减少CO_2排放40%~45%的双重重任。如何加快转变农业发展方式，发展"低能耗、低排放、低污染"的低碳农业，不断提高农业适应气候变化的能力，大力促进"两型农业"建设，确保农业生产、生态和粮食安全是我国农业面临的新课题和新挑战。

1.2　"两型农业"生产体系的科学内涵

中共十七届三中全会和中共十八大都明确提出要加快转变农业生产方式，确立了农村改革发展基本目标之一是到2020年资源节约型、环境友好型农业生产体系要基本形成。对此目标，目前有以下几种代表性的观点。

中国农工民主党中央认为，"两型农业"主要是指最大限度地节约农业生产要素，最大限度地减弱农业生产的外部性副效应。这个定义主要强调的是资源的减量化投入和减少对环境的负外部性。

孙佑海等（2009）和周栋良（2010）认为，"两型农业"的实质就是循环经济在农业上的运用，就是农业循环经济，或者称为循环农业。循环经济将传统的"资源—产品—废弃物"单向线性经济转变为"资源—产品—再生资源"的循环经济。循环经济要求生产过程中遵循"3R"原则，即减量化（reduce）、再利用（reuse）、资源化（recycle）。它与"两型农业"强调最大限度地节约资源和环境友好特征完全是一致的，因而"两型农业"的本质就是循环经济。

匡远配和曾锐（2009）认为，建立"两型农业"就是以提高资源利用效率、降低污染排放和生态损耗强度为核心，以节能、节水、节材、节地、资源综合利用和有效保护、改善环境为内容，以最少的资源消耗和环境代价获得最大的经济利益和社会效益。这个概念强调了"两型农业"要着力解决的资源与环境方面存在的突出矛盾与问题，突出了"两型农业"的主要内容。

也有学者（马德富和刘秀清，2010）认为，"两型农业"是与"两型社会"相对应的现代农业发展模式，"两型农业"是"两型社会"的重要内容，是其在农业上的具体实践，其内涵包括密切相关的两个方面，即资源节约和环境友好。资源节约就是对农业资源或农业生产投入物的节约。节约型农业是以提高资源利用效率为核心，以节约用地、节水、节约化肥、节约农药、节约种子、节能和农业资源的综合循环利用为重点的农业生产方式。环境友好就是一种以环境承载力为限度，遵循自然规律的、人与自然和谐的经济发展模式，遵循的是"农业资源—绿色农产品—再生资源"的反馈式流程，其特征是低资源能源消耗、高经济效益、低污染排放和低生态破坏。"两型农业"不是资源节约和环境友好的简单相加，而是互为因果、相互促进的有机整体。

2008年11月14日，新华社发布了对中共十七届三中全会《中共中央关于推进农村改革发展若干重大问题的决定》的解读，认为建立"两型农业"生产体系，就是按照科学发展观的要求，紧紧围绕转变农业发展方式，以提高资源利用效率和生态环境保护为核心，以节约用地、节水、节约化肥、节约农药、节约种子、节能、农业资源综合循环利用和农业生态环境建设保护为重点，大力推广应用节约型的耕作、播种、施肥、施药、灌溉与旱作农业、集约生态养殖、秸秆综合利用等节约型技术，大力推广应用减少农业面源污染、减少农业废弃物生成、注重水土保持和生态建设等环保型技术，大力培养农民和农业企业的资源节约和环境保护观念，大力发展循环农业、生态农业、集约农业等有利于节约资源和保护环境的农业形态，促进农业实现可持续发展。

尽管上述研究和解读的视角有些不同，但都从不同方面阐述了"两型农业"的丰富内涵，概括起来，包括以下几个方面。

（1）"两型农业"基本要求是实现农业生产方式转变

"两型农业"是根据我国基本国情和农业发展阶段新特征践行科学发展观

的具体实践。我国是一个农业大国,人地矛盾突出,农业是一个高度依赖自然资源与生态环境的产业;同时,农业生产活动又对资源环境产生很大影响和胁迫。"两型农业"就是要从根本上把我国农业生产长期存在的以资源大量消耗、环境大量污染为特征的粗放式发展模式,转变为依靠科技含量高、资源消耗低、环境污染少、人力资源优势得到充分发挥的可持续农业发展模式,尽量减少生产要素投入,尽量减少负外部性效应。

(2)"两型农业"的目标是发展优质、高产、高效、生态、安全的现代农业

"两型农业"改变目前农业生产以片面追求"高产"为目标,代之以"优质、高产、高效、生态、安全"为目标。现代农业不仅肩负生产"优质、高产"的农产品,保证粮食安全的基本功能,同时还将担负提高劳动生产率、土地利用率和农产品商品率,提供生态、安全的优美环境、生态景观、文化休闲、人文教育等生态文明建设新功能。必须按照优质、高产、高效、生态和安全的目标来发展现代农业。

(3)"两型农业"的主要内容是节约资源和保护环境

"两型农业"核心问题就是要协调目前我国农业发展与资源环境之间的尖锐矛盾和冲突,克服资源与环境两大瓶颈约束。通过提高资源利用效率来降低资源投入强度,减少进入农业生产系统的物质流、能量流和废物流,实现农业生产投入减量化、清洁化和循环化,使农业生产保持在资源环境承载力和生态环境容量限度内,使生态得到休养生息,使环境质量得到改善。

(4)"两型农业"的主要动力是技术创新和政策创新

"两型农业"是技术范式的革命,其实现有赖于建立有利于"两型农业"发展的技术创新和政策创新的动力机制。通过政策创新驱动,形成有利于大力推广资源节约型技术和环境友好型技术的社会环境;大力创造和推广应用减少农业面源污染、减少农业废弃物生成、注重水土保持和生态建设等环境友好型技术;依靠科技进步和政策激励来增强节约资源、保护环境的意识和能力,形成有利于"两型农业"发展的长效动力机制。

(5)"两型农业"的发展模式是循环农业、生态农业、集约农业等现代农业

循环农业和集约农业侧重于资源消耗的减量、再利用和循环化,其核心是提高资源利用率和节约资源;生态农业侧重于强调遵从生态和经济规律发展农业,旨在保护和改善农业生态环境。虽然循环农业、生态农业、集约农业侧重点不同,但都是强调可持续发展,强调协调农业发展与资源、环境之间的关系,形成生态系统与经济系统两个良性循环,经济效益、生态效益和社会效益

三大效益的有机统一。"两型农业"建设应大力发展循环经济模式，推动循环农业、生态农业、集约农业发展，推出种植业与养殖业之间、生产与生态之间的循环式链接，开展资源综合利用，推行清洁生产。

要按照循环经济原理，遵从自然生态规律和农业生产规律，在农业的产前、产中、产后，在农业生产体系内建立起资源减量、再利用、循环利用的生态产业链，使上游生产的废弃物变成下游生产的原材料，变废为宝，从而实现节约资源和环境友好。

综上所述，"两型农业"农业生产体系是以发展优质、高产、高效、生态、安全的现代农业为目标，依靠技术创新和政策创新转变农业生产方式，大力发展循环农业、生态农业、集约农业，提高资源利用效率和保护环境，满足粮食安全和农产品供给，保障农业可持续发展的综合生产体系。

我国发展"两型农业"是基于中国国情和现阶段农业发展新特征的必然选择，是破解资源环境瓶颈约束的需要，是发展生态文明、统筹协调人和自然和谐发展的需要，是加快建设"高产、优质、高效、生态、安全"现代农业的需要，是保障粮食安全与农产品有效供给的需要，是提高农业综合发展力、保证我国农业可持续发展的需要。

第2章 "两型农业"生产体系构建的基础理论与方法

当前，由于我国土地资源尤其是耕地资源稀缺，水资源相对贫乏，宜农、宜牧、宜草、宜林等后备资源相对不足，且在农业生产中，农药、化肥过量使用，造成土壤理化性质破坏、耕地质量下降、湖泊水体遭到破坏等问题，大大制约了农业可持续发展，这就迫切要求加快转变农业生产方式，加快发展"两型农业"。然而，在反思我国传统农业发展中的种种问题，寻找新的发展方式时，更应该深刻反思和揭示传统发展方式背后蕴藏的理论根源、方法体系和思维范式。旧的范式总是会对新的范式产生阻力与束缚，要实现我国农业发展方式的转型与变革，就必须寻找新的理论指导。"两型农业"不仅是生产范式的革命，而且是新的技术范式与制度范式的革命，迫切需要新的科学理论与方法的指导。只有人们真正从理论实质和思想方法上深入理解"两型农业"的科学理论实质，才能够在转变农业发展方式的实践过程中转变观念，将"两型农业"发展理念转化为实际行动。为此，本章将围绕"两型农业"生产体系构建的相关基础理论与方法进行探讨。

2.1 可持续发展理论与"两型农业"

2.1.1 可持续发展理论

自20世纪六七十年代以来，人类特别是工业发达国家越来越感到，西方近代工业文明的发展模式和道路是不可持续的，人类迫切需要对我们过去走过的发展道路重新进行评价和反思。人类面对的不仅仅是经济问题，而是需要在价值观、文化和发展方式等方面进行更广泛、更深刻地变革，寻求一种可持续发展的道路。这是人类明智的选择。可持续发展（sustainable development）的概念首先是在1972年在斯德哥尔摩举行的联合国人类环境研讨会上正式提出的。1987年，以挪威首相布伦特兰夫人为主席的世界环境与发展委员会向联合国提交的调查研究报告《我们共同的未来》中将可持续发展定义为"可持续发展是指既满足当代人的需要，又不损害后代人满足需要的能力的发展"。可持续发展的核心是发展，但这种发展是建立在社会、经济、人口、资源、环境相互协调和共同发展的基础上的一种发展，其宗旨是既能相对满足当代人的需求，又不能对后代人的发展构成危害。其基本内涵是指经济、社会、资源和环境保护协调发展（段亚兵，2006）。

美国农业科学家布朗（L. R. Brown）1981年出版的《建设一个可持续发展的社会》一书对可持续发展产生的背景和内涵进行了深入分析。该书运用翔实的资料对土地沙化、资源耗竭、石油枯竭、粮食短缺等四大问题进行实证分析的基础上，提出了控制人口增长、保护资源基础、开发可再生能源三大可持续发展策略，并对"持续发展社会的形态"进行了多角度的描述，探讨了向"持续发展的社会"过渡的途径、阻力和观念转变等问题（王关义，2004）。国内学者朱永新（2004）等认为，"可持续发展"理论有三个方面的含义。第一，这部分人的发展不能以影响或牺牲另一部分人的利益和发展为代价；第二，这代人的发展不能以牺牲下一代人的利益和发展为代价；第三，人类自身的发展不能以牺牲其他物种的利益与发展为代价。

综上所述，可持续发展理论是基于生态环境的恶化而提出的，是对工业化发展过程中所付出的巨大环境代价的深刻反思和总结。其目标是经济发展要与社会进步与生态环境保护相协调，最终实现经济繁荣、社会公平和生态安全这三大目标。这也体现了可持续发展的广义性、整体性、公平性和安全性，是人类满足发展需求的一个基本内容（刘培哲，2004）。

2.1.2 可持续发展理论指导下的可持续农业

可持续发展理论应用到农业就称为农业可持续发展理论。所谓农业可持续发展，就是在保持农业生产率稳定增长，提高食物生产的产量，保障食物安全的同时，保护和改善生态环境，合理、永续地利用自然资源，以满足人们生活和国民经济发展的需要。农业可持续发展包含了经济持续性、生态持续性和社会持续性等方面的内容，其目的是实现可持续农业。

"可持续农业"（sustainable agriculture）最早是1985年在美国加利福尼亚州议会通过的《可持续农业研究教育法》中提出的。1987年世界环境与发展委员会正式发表题为《我们共同的未来》的研究报告，提出"2000年转向持续农业的全球政策"（杨戈，2003）。1991年在荷兰举行的联合国粮农组织农业与环境会议上通过的《登博斯宣言和行动纲领》中将可持续农业定义为"管理和保护自然资源基础,调整技术和机制变化的方向,以便确保获得并持续地满足目前和今后世世代代人们的需要"。因此可持续农业是一种能够保护土地、水和动植物资源,不会造成环境退化,同时在技术上可行、经济上有活力、社会上能广泛接受的农业(卫鸿飞,2008),最终达到吃饱和穿暖的温饱目标、促进农村综合防治的致富目标和保护资源与环境的良性循环目标。

我国学者车卉淳(2009)认为,可持续农业是指在可持续发展战略和持续农业基础上发展起来的,以农业资源的合理利用,农业生态环境的有效保护为目标的高效、低耗、低污染的农业发展模式。

因此,可持续农业是在管理和保护自然资源的基础上,调整技术和机制变化的方向,以便确保获得并持续地满足目前和今后世世代代人们的需要。它是一种能够保护和维护土地、水和动植物资源,不会造成环境退化;同时在技术上适当可行,经济上有活力,能够被社会广泛接受的农业[①]。

农业发展的"持续性"或"持续能力",已经成为可持续农业发展的一个重要问题。全球都在探索建立一种以资源为基础的农业生产系统,不仅为了满足当代人类的需要,也要为未来人类的世世代代着想,设法保护这种农业生产系统的"持续能力"。而保持和增强这种"持续能力"的关键就是要依靠农业科学技术的进步。例如,化学防治病虫害,可以在一定程度上保持生产的"持续能力",这是依靠农业科学技术进步的表现,但这项措施需要不断施用农药,最终会产生三个问题:一是农药的生产需要消耗大量原材料和资源;二是生产者需要不断投入资金来购买农药,加大了其生产成本;三是由于重复使用农药,不仅杀死了害虫的自然天敌,而且也污染了环境,有害于人体健康。这三个问题,都违背了"持续能力"的关键——农业生产系统本身所固有的持久性和耐久性。然而,现代生物技术的运用则可以在很大程度上保持农业生产的"持久能力"。这项技术的最主要价值在于:一是能够不断开发病虫害的自然天敌——防治害虫的益虫,在生产成本较低的基础上,保持农业生产系统内部所固有的"持续能力"的抗力;二是,通过生物体基因的改良,提高其自身的抵抗能力,减少农药的投入。

因此,现代科技的应用是影响农业可持续发展的因素中至关重要的因素。当然,科技的应用是多方面、多维度的,它不仅涉及宏观科技政策体系的完善,还涉及微观科技手段的具体实施。只有与农业持续发展相适应的科学技术

---

① 佚名.2009-11-11.农业可持续发展与可持续农业.http://www.eedu.org.cn/Article/ecology/ecoappliacions/ecoagri/200911/41545.html.

的运用，才能真正实现我国农业可持续发展的战略目标（王道龙，2004）。

2.2 科学发展观与"两型农业"

2.2.1 科学发展观

2003年10月，中国共产党十六届三中全会上提出"科学发展观"，其基本内涵是"坚持以人为本，树立全面、协调、可持续的发展观，促进经济社会和人的全面发展"，坚持统筹城乡发展、统筹区域发展、统筹经济社会发展、统筹人与自然和谐发展、统筹国内发展和对外开放的要求（即"五个统筹"）。所以，科学发展观的第一要义是发展，其核心是以人为本，其基本要求是全面协调可持续，其根本方法是统筹兼顾。所谓全面，是指发展要有全面性、整体性，不仅经济发展，而且各个方面都要发展；所谓协调，是指发展要有协调性、均衡性，各个方面、各个环节的发展要相互适应、相互促进；所谓可持续，是指发展要有持久性、连续性，不仅当前要发展，而且要保证长远发展。

（1）科学发展观的本质是发展

发展是当代中国的主题，是中国共产党执政兴国的第一要务，离开了发展，科学发展观就成了无源之水、无本之木。而发展就必须坚持始终把经济建设放在中心位置，聚精会神搞建设，一心一意谋发展。按照"五个统筹"的要求，促进经济社会发展和人的全面发展相统一，实现经济发展与人口、资源、环境相协调[1]。实践证明，发展不足和发展不当都可能造成生态破坏和环境恶化。因此，牺牲资源和环境去发展不可取；但贫穷更会危害环境，牺牲发展去保护环境不可行。因此，科学发展观说的是发展的性质，这种性质是科学的、理性的、符合事物发展规律的，且这种发展方式是长期的、可持续的。发展是中国共产党执政兴国的第一要务，是科学发展观的本质。

（2）科学发展观的核心是以人为本

以人为本的"人"，是指人民群众；以人为本的"本"，是本源，是根本，是出发点和落脚点，是最广大人民的根本利益。"以人为本"强调发展为了人民、发展依靠人民、发展成果由人民共享。所以，经济社会发展是人的全面发展的前提和条件，没有经济社会的全面发展，人的全面发展就失去了基础和保障；人的全面发展是经济社会发展的根本目的，又是推动经济社会发展的最重

---

[1] 中共中央宣传部理论局.2006-07-23.科学发展观基本解读.人民日报,4.

要力量，离开了人的全面发展，经济社会发展就失去了目标和动力。

(3) 科学发展观的根本方法是统筹兼顾各方利益

统筹兼顾是科学发展观的根本方法，它包括了四层含义。一要总揽全局，统筹规划，即把握全局，审时度势、谋划全局、与时俱进、统筹安排。二要立足当前，着眼长远，即将当前发展和长远发展联系起来，遵循经济规律和自然规律，讲究经济社会效益、资源和生态环境效益。三要全面推进，重点突破，即善于抓住和解决牵动全局的主要工作、事关长远的重大问题，在纷繁复杂的矛盾中抓住根本，在不断变化的形势中把握方向。四要兼顾各方，综合平衡，即坚持因地制宜、因人制宜、因时制宜，正确认识和妥善处理重要利益关系，充分考虑不同地区、不同行业、不同群体的利益要求，善于把握各方利益的结合点，使各个方面的利益和发展要求得到兼顾①。

2.2.2 科学发展观指导下的"两型农业"

在科学发展观指导下，"两型农业"的表现形态是现代高科技农业，也就是说，"两型农业"的发展必须走科技含量高、资源消耗低、环境污染少、经济效益好的良性发展轨道。

纵观农业发展历史，特别是近现代农业的发展，科技进步始终是农业发展的决定因素，农业科技革命能够带来农业生产方式的巨大变革和农业生产力的极大提高。19世纪中叶以来，杂交育种技术和化肥、农药生产应用技术的突破，带来了近代农业史上的第一次全球性农业科技革命。到20世纪五六十年代进入高潮，并一直延续至今的农业科技革命，使世界农业特别是粮食生产大幅度增长。进入21世纪后，由于生命科学、信息科学、材料和能源科学等领域的重大突破，以及生物技术、信息技术等高新技术在农业上的加速应用，一场以生物技术和信息技术为主的农业科技革命序幕已经拉开。这些新的农业科技革命，将使农业的内涵、结构、体系等方面发生巨大变化，推动农业高速发展。当然也不能否认，科技发展带来农业进步的同时，也给农业生产环境带来了巨大的副效应，如能源危机、环境污染、生态平衡破坏、病虫害增加、成本提高、收益率下降等。但是，随着高新技术的应用，总的趋势是在朝逐步避免副作用方向发展，并努力寻求既能提高生产效率，又能生产无污染的优质健康食品，以及永续利用资源与保护环境的科学技术。农业科技的这种发展趋势符

---

① 中共中央宣传部. 2008-10-12. 科学发展观根本方法是统筹兼顾. http://news.xinhuanet.com/theory/2008-10/12/content_ 10181138. htm.

合可持续农业发展的需要。人们应该依靠科学技术，在符合自然规律要求的基础上，改造和利用自然，为人类服务（李华罡和肖文东，2006）。

全面落实科学发展观，统筹人与自然和谐发展、缓解经济快速增长与资源和环境的矛盾，就必须充分发挥科技创新的引领作用，把经济社会发展真正转移到依靠科技进步和提高劳动者素质的轨道上来，其根本出路在于加强技术进步，发展高技术产业，主要原因如下[①]：

1）发展高科技农业是缓解资源约束、抑制环境恶化的迫切要求。必须把突破资源和环境的瓶颈性约束放在优先位置，形成资源节约型和环境友好型社会的科技支撑能力。中国经济社会的持续发展已经越来越面临资源瓶颈和环境容量的严重制约。要化解日趋紧张的人与自然关系，缓解资源环境约束的矛盾，必须依靠高技术手段，一方面加强技术进步，节约资源降低消耗；另一方面提高综合利用效率，开发新的可替代的资源和能源。

2）高技术农业具有低物耗、低排污、高效益特征，将极大缓解经济快速增长与资源环境的矛盾，也是"两型农业"的本质要求。高技术农业以智力信息投入为主，其快速增长是以低耗能、低排污实现的。高技术产业增长越快，在国民经济中比重越高，整体经济的资源消耗就越低。高技术农业不仅是低能耗、低排污产业，更是高效益产业。总之，具有"两低一高"特征的高技术产业，其快速发展及其在国民经济中比重的提高，将极大缓解经济快速增长与资源环境的矛盾。

3）高技术农业在促进现代农业发展中具有不可替代的地位和作用。高技术在农业中的应用，主要是通过现代生物技术，尤其是利用植物基因工程技术，改良作物蛋白质成分，提高作物中必需的氨基酸含量，提高植物的抗逆性，从而大幅度提高农产品产量和品质。与此同时，现代高科技的运用，还可加速农业生产方式的变革和提高农业劳动者科技文化素质等，从而实现规模增收、效益增收和集约增收，从根本上建立农民长期、稳定增收的新机制，对农民增收起到直接的促进作用。在农村高端农产品和出口创汇农业方面，高新技术应用于农业，还可以直接占领技术制高点，显著提高产品质量和生产水平，带动农业加工业的发展，对农民增收起到实实在在的作用。

因此，在科学发展观指导下，发展"两型农业"，就应该强化农业科技的创新能力，通过科技进步，提高产品的附加值和市场竞争力，保障粮食安全和农业增产增收。

[①] 张海霞，焦瑞枣．2009-07-24．解析现代生物技术的应用热．http://www.nmgkjyjj.com/Article_Show.asp?ArticleID=3984．

2.3 循环经济理论与"两型农业"

2.3.1 循环经济理论

循环经济（circular economy）是指在人、自然资源和科学技术的大系统内，在资源投入、企业生产、产品消费及其废弃的全过程中，把传统的依赖资源消耗的线形增长的经济，转变为依靠生态型资源循环来发展的经济。金涌（2003）认为，循环经济是对物质闭环流动型（closing materials cycle）经济的简称，也称为资源闭环利用型经济。它是把清洁生产和废弃物的综合利用融为一体的经济，其本质上是一种生态经济，它要求运用生态学规律来指导人类社会的经济活动。在保持生产扩大和经济增长的同时，通过建立"资源—生产—产品—消费—废弃物再资源化"的物质的清洁闭环流动模式，既提高人民生活水平，又避免由于对地球掠夺式开发所导致的自然生态的破坏。这一模式倡导的是一种与环境和谐的经济发展模式，它以实现资源使用的减量化、产品的反复使用和废弃物的资源化为目的，强调"清洁生产"，是一个"资源—产品—再生资源"的环状反馈式循环过程，最终实现"最优生产，最适消费，最少废弃"。

国内主流观点认为循环经济本质是一种生态经济。例如，杜欢政和张旭军（2006）认为国内学者绝大部分都是以"循环经济是生态经济"或者以"循环经济是一种新的经济增长模式"为核心来阐述循环经济的。

李兆前和齐建国（2004）总结了十种有代表性的循环经济表述，并从人与自然的关系角度、从生产的技术范式角度以及从经济形态的角度分析这些定义的阐述，归纳出循环经济的本质是：尽可能地少用和循环利用资源；主张清洁生产和环境保护，使生产过程的技术范式从"资源消费→产品→废物排放"开放（或称为单程）型物质流动模式转向"资源消费→产品→再生资源"闭环型物质流动模式。其技术特征表现为资源消耗的减量化、再利用和资源再生化，其本质是生态经济学，其核心是提高生态环境的利用效率，对人类生产关系进行调整，追求可持续发展。

循环经济的技术操作原则最早由是杜邦化学公司提出的，即循环经济的减量化（reduce）、再利用（reuse）、再循环（recycle），简称"3R"原则。其中，减量化或减物质化原则属于输入端方法，旨在减少进入生产和消费流程的物质量；再利用或反复利用原则属于过程性方法，目的是延长产品和服务的时间强度；资源化或再生利用原则是输出端方法，通过把废弃物再次变成资源以减少最终处理量。每一原则对循环经济的成功实施都是必不可少的（中国科学院可持续发展战略研究组，2004）。

闫敏（2011）将推行循环经济的基本途径归结如下：

1）实行绿色设计是推行循环经济的起点。充分注意到物质的循环利用，尽量采用标准设计，使一些装备便捷地升级换代，而不必整机报废。在产品使用生命周期结束以后，要易于拆卸和综合利用；同时，在产品设计中，要尽量使之不产生或少产生对人体健康和环境的危害影响；不使用或尽可能少使用有毒有害的原料。科学合理的设计是推行循环经济的基本要求，是循环经济的首要环节。

2）推广清洁生产是推行循环经济的保障。推广清洁生产、节约和综合利用资源、开发利用新能源和可再生能源，是推行循环经济、实施可持续发展战略的重要组成部分和必由之路。企业要积极主动防治工业污染，大力推行清洁生产，使污染物消除在生产过程中，逐步实现零排放，从而达到治理污染和改善环境的目的。

3）建立绿色产业园区是推行循环经济的主要方式。绿色产业园区（即生态产业园区）是依据循环经济理念和产业生态学原理而设计建立的一种新型产业组织形态。它是继经济技术开发区、高新技术开发区之后我国的第三代产业园区。它与前两代的最大区别是：以生态产业理论为指导，着力于园区内生态链和投入产出网的建设，最大限度地提高资源利用率，从产业生产源头上将污染物排放量降至最低，实行资源的综合利用，使废弃物资源化、减量化和无害化，把对环境有害的废弃物减少到最低，实现区域的清洁生产。

4）实施绿色营销是推行循环经济的必然要求。所谓绿色营销是指企业以消除和减少产品对生态环境的影响为中心而展开的市场营销实践。它的内容包括以下几个方面：首先，企业在选择商品生产技术时，应考虑尽量减少对环境的不利影响；其次，企业在产品设计、包装与装潢设计时，应尽量减少商品包装或商品使用的残余物；最后，企业应积极引导消费者在商品的消费使用过程中尽量降低对环境造成的不利影响。

5）实施绿色管理是推行循环经济的条件。循环经济是一门集经济、技术和社会子系统于一体的系统工程，科学和严格的管理是推行循环经济的重要条件。调查证实，工业污染物排放在30%~40%是管理不善造成的，只要强化管理，不需要花费很多资源，便可获得削减物料和污染物的明显效果。因此，需要建立一套促进循环经济建立的法规制度和办事规则及操作规程，并且有相应的管理机制和能力。

6）建立绿色技术体系是推行循环经济的支撑。绿色技术包括用于消除污染的环境工程技术，进行废弃物再利用的资源化技术和生产过程的无废、少废及生产绿色产品的清洁生产技术等。建立绿色技术体系的关键是积极采用清洁生产技术，尽可能地把环境污染的排放消除在生产过程。

7）绿色消费是推动循环经济发展的动力。倡导绿色消费是循环经济的推动力。在消费引导方面需要各级政府起表率作用，通过政府的绿色采购和消费，影响其他事业单位、企业和公众。在政府采购中优先采购绿色产品，在使用中注意节约及多次重复使用。

8）建立绿色国民经济核算体系是推行循环经济的必然选择。要建立循环经济关键就是要改革现行的经济核算体系，建立一套"绿色经济核算制度"，核心是改变传统国民生产总值统计的方法，采用绿色国内生产总值概念。绿色统计，会使人们看到很高的国民生产总值因扣除自然资源和环境污染遭破坏的损失而大大减少，从而促使人们抛弃传统的经济发展模式，走经济、社会和环境相结合的可持续发展之路。

清洁生产是实现循环经济的重要手段。清洁生产是针对环境保护的"末端治理"方式所提出的。实践发现"末端治理"不能从根本上解决环境污染问题。清洁生产（cleaner production）是关于产品和制造产品过程预防污染的一种新的创造性的思想。该思想将整体预防的环境战略持续应用于生产过程、产品和服务中，以增加生态效率和减少人类及环境的风险，是对产品的生产过程持续运用整体预防的环境保护策略。

清洁生产的内容包括清洁能源、原料，清洁生产过程，清洁产品三方面。清洁生产谋求达到两个目标：一是通过资源的综合利用、短缺资源的代用、二次能源的利用以及节能、节水、省料，以实现合理利用资源，减缓资源的枯竭；二是在生产过程中，减少甚至消除废弃物和污染物的产生和排放，促进工农业产品生产和产品消费过程与环境相容，减少在产品的整个生命周期内对人类和环境的危害。

就实际运作而言，在推行循环经济过程中，需要解决一系列技术问题，清洁生产为此提供了必要的技术基础。特别应该指出的是，推行循环经济技术上的前提是产品的生态设计，没有产品的生态设计，循环经济只能是一个口号，而无法变成现实。

从世界范围来看，清洁生产的实现途径主要表现在以下几个方面（车卉淳，2009）：

1）以经济政策推进清洁生产。经济手段在实现环境政策的目标时兼具灵活性、效果和效率，能够对进一步减少排污量和采用对环境无害的清洁工艺技术产生持续的压力并刺激创新，可弥补法律措施等直接行政控制手段的不足。所以环境税、资源税、排污权交易、环境损害责任险等措施和手段备受重视。目前几乎所有国家在推行清洁生产项目时都采用了经济政策这一措施并显示出良好效果。

2) 以科技发展推动清洁生产。只有在自然-社会-经济-技术系统内以更宽的角度将环境和技术因素集成起来才是通向可持续发展的必由之路。企业只有避免过分关注针对污染源的"边角技术"，强调真正的技术革新，才能实现清洁生产。荷兰的清洁生产实践活动为此提供了良好的例子。在这段时间里，荷兰政府出台"第一环境状态"和国家环境政策计划，建立了优先废物总量的削减和管理协议。此外，在可持续技术的开发、清洁生产在服务和零售行业中的应用、清洁生产和生态设计技术工具的开发等方面展开了一系列探索性研究。

3) 加强教育和宣传，促进社会广泛参与。信息的交流和获取是清洁生产得以成功实施的基本要素之一。利用互联网进行清洁生产信息的交换和传播已经为各级组织广泛采用。例如，中国-加拿大国际清洁生产合作项目将网站建设作为项目的主要内容之一，在强化信息交流硬件建设的同时，强调环境协商、加强民主参与对于清洁生产的推行将起到重要的作用。再如，公众参与环境决策、日本公害防止协定的制定、美国代替性纠纷处理制度在环境保护中的运用等都发挥了理想的效果。

4) 多途径推动清洁生产。清洁生产涉及环境和经济等诸多方面的特性，决定了清洁生产在推进过程中的多途径性。目前，许多国家都采用了环境行政控制、环境经济手段、环境信息手段、环境刑事制裁、环境协商等多种对策并存推动清洁生产的机制，并且借助于市场推动不同政府部门进行协作，如英国实施的环境技术最佳行动项目以及澳大利亚实施的清洁生产和生态效率项目。

2.3.2 循环经济指导下的"两型农业"

根据以上认识与分析，笔者认为，建设"两型农业"的实质内容之一就是循环经济在农业上的运用，即农业循环经济，或者称为循环农业。

循环农业（circular agriculture）是指运用生态学、生态经济学、生态技术学原理及其基本规律作为指导的农业经济形态，通过建立农业经济增长与生态系统环境质量改善的动态均衡机制，将农业经济活动与生态系统的各种资源要素视为一个密不可分的整体加以统筹协调的新型农业发展模式（张贵友，2006；尹逊敦和刘欣，2005）。

武志杰（2006）指出，循环农业本质上是一种低投入、高循环、高效率、高技术、产业化的新型农业，既具有我国生态农业的典型特征，同时又广泛吸收了国外可持续农业的思想精华，形成了与现代常规农业的巨大差异。

循环农业与"两型农业"所强调的最大限度地节约资源和环境友好特征完全是一致的，因而在此意义上"两型农业"实际上就是以循环农业作为其主要构型实体。为了不断完善循环农业以达到"两型农业"的要求，在实践上，一要结合国情建设循环农业；二要按照"两型农业"的明确取向不断创新实现循环农业的途径与方式；三要协调好循环农业与低碳农业、生态农业等其他"两型农业"构型实体的着力点分布，共同完成"两型农业"建设。

循环农业实际上是循环经济理念在农业经济建设中的体现和应用，既具有一般循环经济的减量化、再利用、再循环的"3R"特点，又有着一般循环经济所不具有的、由农业自身所产生的特点。一是食物链条，农业内部参与循环的物体往往互为关联，以生态食物链的形式相互作用，循环中的各个主体摄食利用、层级递进、互补互动、共生共利性更强；二是绿色生产，更为强调产品的安全性，控制化肥、农药、激素的施用量；三是干净消费，农业的主副产品在"吃干榨净"后回归大地；四是土、水净化，"万物土中生""万物离不开水"，对土壤、耕地和水资源的保护和可持续利用要予以特别关注；五是领域宽广，不仅包括农业内部生产方式的循环，而且包括对农产品加工后废弃物的再利用；六是双赢皆欢，清洁和增收有机结合，既要干净，又要增收，两者不可偏废（毕伟和李坤，2006）。

要实现循环农业，其主要途径包括：

1) 加快农业技术研发是前提。技术研发对于实施循环农业极其重要，技术创新是循环农业持续发展的必要条件。应大力开发节约资源和保护环境的农业技术，重点推广废弃物综合利用技术、相关产业链接技术和可再生能源开发利用技术。组织实施生物质工程，推广秸秆气化、固化成型、发电、养畜等技术，开发生物质能源和生物基材料，培育生物质产业。当前，循环农业的关键技术主要包括农业废弃物及相关产业废弃物的资源化技术、农业绿色能源开发利用技术、农业清洁生产技术等领域。

2) 充分考虑农民农业的特殊性是基础。首先，应争取将农业物能实现循环而增加的经济效益留在农业体系内，最终保证农业的循环、可持续发展。例如，武汉市汉南区循环农业发展模式就是在农业物能实现循环的基础上，依靠科学技术、政策体系等提高农业生产要素的利用率，削减投入量，对农副产品及废弃物进行深加工，挖潜增值，并把因此而增加的经济效益留在农业体系内最终保证农业的循环、可持续发展。在发展循环农业的同时，汉南区还成立了养猪、养蟹、养虾等各种农民专业经济协会，发展了大量的运销户，提高了农民进入市场的组织化程度和经济收入，保证农民发展循环经济的积极性。其次，加大发展循环农业的宣传力度。目前，许多农民对循环农业这一理念还不了解，对发展循环农业的认识还不到位，参与并支持发展循环农业的自觉性还有待增强。因此，应大力宣传发展循环农业的意义、途径，教育和引导农民节约用地、节水、节电、节约化肥，实施清洁农业生产，积极参与和支持循环农业发展。最后，必须清楚地认识到，循环农业是立足于农业的全面、协调和可持续发展，为了保护生态和资源，也为了农业的长远效益，有些循环体系可能实现不了经济效益最大化。因此，发展循环农业，国家的政策支持、资金投入、技术支撑是必不可少的，它的健康发展有赖于政府及社会多部门、多方面的综合配合，协同努力，共同推进（王红玲，2007；常永平，2007；李东升，2007）。

3）形成产业链是发展循环农业的核心。总结国内许多地方发展循环农业的成功做法，一个共同特点就是循环农业形成了产业链。我国传统农业就是一种典型的农户循环农业，但它的基础是自给自足的自然经济，而现代循环农业则是基于商品交换的市场经济。因此，必须充分认识现代农业产业体系的发展要求，围绕主导产品，构建产业之间相互依存、产品和中间产品及废弃物交换利用的产业链条。在积极构建农户家庭循环体系、农业内部循环体系以及企业内部循环体系的同时，更要着眼建立种养大循环、工农大循环、城乡大循环、区域大循环和循环产业化，让循环链条不断延伸，资源利用更加充分，循环效率更高。当然，农业产业化是我国农业和农村发展的根本取向，也是发展循环农业的重要途径。当前，各地根据实际，重点构建如"粮食种植—畜禽养殖—畜产品精深加工—废弃物处理再利用"循环链、"畜禽养殖—粪便—沼气（或粪便生化处理加工）—有机肥—无公害农产品生产"循环链、"农作物秸秆—综合利用"循环链等。通过培育和完善农业产业链，逐步实现农业生产过程的清洁化、资源化和产品的无害化（常永平，2007）。

4）重视农业资源保护与利用是关键。要加强耕地资源的保护，探索建立生态补偿机制，保护和改善耕地质量；加强草原生态建设保护；实施禁渔区、禁渔期制度，开展渔业资源增殖放流，实现重要渔业资源的恢复与增殖；不断提高资源的质量，强化外来入侵生物防治，增强资源支撑农业可持续发展的能力。

2.4 低碳经济理论与"两型农业"

2.4.1 低碳经济理论

"低碳经济"（low carbon economy）一词最早见诸政府文件是在2003年的

英国能源白皮书《我们能源的未来：创建低碳经济》中，在其后的巴厘路线图中被进一步肯定。2007年7月，美国参议院提出《低碳经济法案》，表明低碳经济的发展道路有望成为美国未来的重要战略选择。2007年12月3日，联合国气候变化大会在印度尼西亚巴厘岛举行，制定了世人关注的应对气候变化的"巴厘路线图"。该路线图为推动全球进一步迈向低碳经济起到了积极的作用，具有里程碑的意义。

中国发展低碳经济的历程可以追溯到2006年年底，科学技术部、中国气象局、国家发展和改革委员会、国家环境保护总局等六部委联合发布了我国第一部《气候变化国家评估报告》。2007年9月8日，中国国家主席胡锦涛在亚太经济合作组织（APEC）第15次领导人会议上明确主张"发展低碳经济"、研发和推广"低碳能源技术""增加碳汇""促进碳吸收技术发展"。2009年9月22日，在联合国气候变化峰会上，胡锦涛发表了题为"携手应对气候变化挑战"的重要讲话，明确提出中国建设生态文明的重大战略任务，强调要坚持节约资源和保护环境的基本国策，承诺将进一步把应对气候变化纳入经济社会发展规划，并继续采取强有力的措施[①]。

所谓低碳经济，就是以低能耗、低排放、低污染为基本特征，以应对碳基能源对于气候变暖影响为基本要求，以实现经济社会的可持续发展为基本目的的经济形态，是低碳发展、低碳产业、低碳技术与低碳生活等的总称。

低碳经济是以低能耗、低污染、低排放为特征的经济模式。低碳经济实质是能源高效利用、清洁能源开发、追求绿色GDP。其核心是能源技术和减排技术创新、产业结构和制度创新以及人类生存发展观念的根本性转变。其目的在于提升能源的高效利用、推行区域的清洁发展、促进产品的低碳开发和维持全球的生态平衡（冯之浚和牛文元，2009）。

低碳经济的关键环节在于实现两个根本转变：一是现代经济发展由以碳基能源为基础的不可持续发展经济，必须向以低碳与无碳能源经济为基础的可持续发展经济的根本转变；二是能源消费结构由高碳型黑色结构，向低碳与无碳型绿色结构的根本转变。实现两个根本转变的中心环节，一方面是着力推进化石能源低碳化；另一方面是构建新能源经济体系，发展低碳与无碳新能源，使整个社会生产与再生产活动低碳与无碳化。这是未来能源经济发展的根本方向，也是发展低碳经济的根本方向（方时姣，2009）。

---

① 陈鹤高，刘东凯，曾虎．2009-09-23．联合国气候变化峰会在纽约举行 胡锦涛出席峰会开幕式并发表重要讲话．http：//news.xinhuanet.com/world/2009-09/23/content_ 12098929. htm.

2.4.2 低碳经济理论指导下的"两型农业"

在低碳经济理论指导下,"两型农业"的表现形态是低碳农业。2008年6月27日,胡锦涛总书记在中共中央政治局第六次集体学习时明确指出,要大力落实控制温室气体排放的措施,坚持实施节约资源和保护环境的基本国策,提出要发展低碳经济。而发展低碳经济,工业系统固然要勇挑重担,但"三农"(农村、农业、农民)工作系统同样责无旁贷,发展低碳的农业经济已成为当务之急(王昀,2008)。

就低碳农业经济而言,应当是在农业生产、经营中排放最少的温室气体,获得整个社会最大收益的经济;是低能耗、低污染、低排放的"三低"经济;是尽可能节约各种资源的消耗,尽可能减少人力、物力、财力的投入的节约型经济;是以最少的物质投入,获取全社会最大的产出收益的效益型经济;也是采取多种措施,将农业产前、产中、产后全过程中可能对社会带来的不良影响降到最低的安全型经济。

由于我国传统的农业生产模式是温室气体高排放的经济形态。所以要减少温室气体排放,实现低碳农业,应该采取以下措施。

(1)运用现代生物技术减少化肥、农药的使用量,尽量减少碳排放

1)采用现代生物技术,提高作物本身吸收养分的功能和抵御病虫害的能力,减少化肥农药的使用,清洁农业生产环境。例如,张启发"基因组研究与水稻遗传改良"创新团队围绕培育"少打农药,少施化肥,节水抗旱,优质高产"的"绿色超级稻"目标,运用生物信息技术和相关数据库,建立了完善的水稻功能基因组研究的技术平台;分离克隆了一批功能明确、有重要应用前景的农艺性状基因;创建了丰富多样的种质资源,并进行新基因的发掘;建立了分子标记辅助选择与转基因技术规模化应用的分子技术体系。该团队将基因组研究、遗传资源、分子标记技术和常规育种紧密结合,已培育出初步具有绿色超级稻性状的新品系和新材料,实现了抗多种病虫害、氮磷高效利用、抗旱、抗逆、高产、优质,从而使水稻生产能够实现"高产高效,资源节约,环境友好"[①]。

2)通过研究环境友好型肥料,减少污染和温室气体的排放。据报道,中国科学家所研究的菌肥,不仅不会像传统化肥积淀在植物叶上或土壤中,一遇

---

① 李荣. 2008-09-08. 中国科学家提出"绿色超级稻"计划. http://news.xinhuanet.com/newscenter/2008-09/08/content_ 9851342. htmhttp://www.croplab.org/? q=node/67.

到降水就会随之流走，给环境带来污染，而且可以把固态氮转化为易吸收的离子态的氮，为植物提供均衡全面的营养，使板结的土壤变得柔软，使植物长得更健壮、品质明显改善，病虫害发生的概率也大为降低[①]。

3）通过研究生物农药，减少农药对环境的污染。生物农药对病虫害防治效果好，而对人畜安全无毒，不污染环境，无残留；对病虫害特异性强，不杀伤害虫的天敌和有益生物，能保护生态平衡；生产原料和有效成分属天然产物，它的回归自然能保证可持续发展；可用现代生物技术手段对产生菌及其发酵工艺进行改造，不断改进性能和提高品质；多种因素和成分发挥作用，害虫和病菌难以产生抗药性。据有关资料报道，科学家研制出一种叫免疫农药的新型生物农药，它是从真菌中分离获得的能够激活植物免疫系统的热稳定蛋白质制品，该蛋白质通过一系列的生物反应机制，诱导或激活植物自身的免疫系统，使植物呈现出所不曾显现出来的免疫抗性、激发植物的新陈代谢，促使植物健康生长。这样的农药是直接对作物本身产生作用，相当于植物自身抗病防虫基因表达的启动剂，它对环境没有任何的废物排放及残留污染，对植物来说安全又增产，同时也不会引起病菌的抗药性，能满足农业可持续发展的植物保护要求，可谓是一举多得[②]。

（2）以沼气为支柱，发展生态农业，减少温室气体的排放

沼气利用技术是生态农业建设中非常重要的技术，是一项将农村经济发展、环境治理和能源技术相结合的有效措施。该项技术主要包括沼气生产技术、不同规模沼气池工程建设技术、沼渣饲料化技术、沼液肥料化技术等。沼液、沼渣继续用作肥料和饲料，达到了废弃物转化再生的目的（翟勇，2006）。

全国最早的农业示范区——杨凌高新农业示范区在循环经济型农业方面进行率先试点。例如，金麒麟生物科技有限公司通过多年探索，目前已经形成了"农作物秸秆+畜禽粪+食用菌+沼气+肥料"的循环经济模式，实现了循环经济与低碳经济有机融合。目前，我国北方农村推行的"四位一体"和南方的"三位一体"沼气利用模式，已经在全国得到迅速的推广（肖颖等，2009）。

当然，推广生态退耕还林还草、减免耕、秸秆还田等保护性耕作等生态农业方式，也能极大地增加我国的碳储量，改善生态环境，减缓气候变化的影响。

（3）大力植树造林，科学营林，增加森林蓄积量和碳汇能力

通过大规模植树造林，采取多种措施强化森林资源管理，加强森林植被恢

[①] 高峰，周东棣. 2002-09-28. 用菌肥代替化肥 我国采用生物技术治理化肥污染. http://news.xinhuanet.com/newscenter/2002-09/28/content_578291.htm.

[②] http://www.chinaxh.com.cn/news/shengtai/nongye/2009/0807/9371.html.

复，增加森林生态系统碳储量和碳吸收。为此，要大力推进林权制度改革，实施植树造林、退耕还林、水土保持和天然林资源保护等政策措施，持续推进造林绿化，增加森林蓄积量和碳汇能力，促进自然生态恢复和保护（严冰和孔俊彬，2009）。

2.5 生态文明理论与"两型农业"

2.5.1 生态文明理论

生态文明（ecological civilization），是人类遵循人、自然、社会和谐发展这一客观规律而取得的物质与精神成果的总和，是人与自然、人与人、人与社会和谐共生、良性循环、全面发展、持续繁荣为基本宗旨的文化伦理形态（扎西，2007）。

从历史上看，人类发展到今天，大致经历了原始文明、农业文明和工业文明三个阶段，呈现出物质文明、精神文明和政治文明等形态。然而，由于农业文明和工业文明在追求企业利益最大化的同时，将环境成本外部化，因此带来了资源破坏、环境污染、沙漠化、"城市病"等全球性一系列难题。要解决这些危机，不断增强可持续发展能力，人类就必须寻找一条新的发展道路，即改善生态环境，显着提高资源利用效率，促进人与自然的和谐，实现由工业文明向生态文明的转型，推动整个社会走上生产发展、生活富裕的生态文明之路（王秀奎，2008）。

生态文明与物质文明、精神文明、政治文明是相辅相成的，物质文明、精神文明、政治文明为实现生态文明提供了基础条件，生态文明反过来又可以对前三个文明产生有力的促进作用。在生态文明下的物质文明，将致力于消除经济活动对大自然自身稳定与和谐构成的威胁，逐步形成与生态相协调的生产生活与消费方式；生态文明下的精神文明，更提倡尊重自然，建立人类全面发展的文化氛围，避免人们对物欲的过分追求；生态文明下的政治文明，尊重利益和需求多元化，避免由于资源分配不公、人或人群的斗争以及权力的滥用而造成对生态的破坏。生态文明是对现有文明的超越，它将引领人类放弃工业文明时期形成的重功利、重物欲的享乐主义，摆脱生态与人类两败俱伤的悲剧（张建宇，2007）。

所以说，"生态文明"是人类社会发展的必然阶段和高级形式，它以尊重和维护生态环境为主旨，以可持续发展为根据，以未来人类的继续发展为着眼点，是对科学发展观、和谐社会理论的一次升华。

从整体协调和生态轨迹的视角看，生态文明遵循的是可持续发展原则，它要求人们树立经济、社会与生态环境协调发展的新的发展观，以尊重和维护生态环境价值和秩序为主旨、以可持续发展为依据、以人类的可持续发展为着眼点。强调在开放利用自然的过程中，人类必须树立人和自然的平等观，从维护社会、经济、自然系统的整体利益出发，在发展经济的同时，重视资源和生态环境支撑能力的有限性，实现人类与自然的协调发展。生态文明力图用整体、协调的原则和机制来重新调节社会的生产关系、生活方式、生态观念和生态秩序，因而其运行的是一条从对立型、征服型、污染型、破坏型向和睦型、协调型、恢复型、建设型演变的生态轨迹（李校利，2008）。

从生态文明的技术支撑体系来看，是智能化微制造技术、生态化农业技术、生物工程技术、循环经济技术、清洁化的新能源技术、新材料技术、健康与环保技术、航天技术和海洋技术等的综合运用（李校利，2008）。

2004年3月10日，胡锦涛总书记在中央人口资源环境工作座谈会上发表讲话，在阐述了科学发展观的深刻内涵和基本要求时曾指出"可持续发展，就是要促进人与自然的和谐，实现经济发展和人口、资源、环境相协调，坚持走生产发展、生活富裕、生态良好的文明发展道路，保证一代接一代地永续发展"（中央保持共产党员先进性教育活动领导小组办公室，2005）。

所以，生态文明理论是可持续发展理论的高级阶段和理论升华，是科学发展观的重要内容。

2.5.2 生态文明理论指导下的"两型农业"

在生态文明理论指导下，"两型农业"的着眼点在于针对国情结合实际发展生态农业，并首先发展已有实效的生态农业先导形态与实践模式。

生态农业是指在保护、改善农业生态环境的前提下，遵循生态学、生态经济学规律，运用系统工程方法和现代科学技术，运用现代科学技术成果和现代管理手段，以及传统农业的有效经验建立起来的，能获得较高的经济效益、生态效益和社会效益的现代化农业。随着相关宏观、微观管理制度的创新与完善，以及符合国情与实际的实践形态的运用与演进，其三大效益必将更加明显与统一。

"生态农业"是以生物和环境之间物质循环和能量转化为基本特征的农业生产形态。它将农业生产视为生态系统，在生物和环境的有机结合基础上，充分发挥能量多级转化和物质再生的功能，生产出高产量、低污染的优质农产品，实现物流的良好循环和能量的顺利转化，促进和实现农业的可持续发展，是适应生态文明时代需要的生态型集约的、可持续的农业生产体系。

生态农业的发展有助于自然生态系统物质和能量的循环和转化，有助于建设生态文明社会。因为农业生产过程不仅仅是经济的再生产过程，而且还是自然的再生产过程。因此，从这个意义上说，生态农业是生态文明建设中颇具重要意义的部分（徐更生，2009），是生态文明社会的基础产业，包括生态化的种植业、林业、草业、畜牧业、渔业等。只有在发展生态农业的基础上，提高人类对生态环境和生态资源的管理能力，才能确保农业生态环境的不断改善，并最终建成生产发展、生活富裕和生态良好的生态文明社会（徐更生，2009）。

要发展生态农业，需要把握以下几点。

（1）向太阳能和无机环境要效益

其着眼点在于提高太阳能和无机环境要素的利用率。农业产品（包括一切植物产品和一切动物产品）的能量来自太阳能，构成农业产品的物质都来源于农作物的无机环境。因此运用生态农业原理，争取农业生产的更高产量效益，首先必须重视对太阳能和自然界各种无机生态系统要素的充分利用，这是形成农业产量和经济效益的最终物质基础。从我国近年来实行生态农业的初步实践看，扩大利用太阳能和无机环境要素的规模，如在一定面积的土地上因地制宜采取各种间作、套种等方式，扩大种植绿色植物，利用各种植物生长和占用土地的时间差和空间差，充分利用太阳能和无机环境，把更多的太阳能转化为生物能，把更多的无机物变有机物，可以使过去人们不能直接利用的自然能量和物质转化为人们直接利用的自然能量和物质，从而将其进一步转化为所需要的各种农产品和经济效益。

与此同时，随着光伏产业的发展，光伏农业得到了长足发展。所谓光伏农业（photovoltaic agriculture）[1]，就是将太阳能发电广泛应用到现代农业种植、养殖、灌溉、病虫害防治以及作为机械动力等领域的一种新型农业。发展光伏农业也是未来农业发展的一种趋势。在这种新型的农业生产经营模式下，建设示范园在带动城市区域农业科学技术推广和应用的同时，也使得当地经济效益和生态环境同步得到发展。

（2）向生态系统的循环转换要效益

其着眼点在于努力提高农业的生物能和有机物质的利用效率。人们通过利用一切可以栽植的土地种植绿色植物，包括各种农作物和种树、种草等，从自

---

[1] 中国农业科技创新发展工作委员会. 2013-10-14. 光伏应用到现代农业. http://www.zgnykj.org/news/html/982.html.

然界吸收大量的太阳能物质要素,经过转换变为人们可以利用的生物能和有机物质。在此基础上,通过合理运用生态系统的物质循环和能量转换功能,就可以对其进行更充分的利用,使之发挥最大的增产和增效作用。

同时,大力开发沼气、有机肥制用等实用工程技术措施,通过农业废弃物资源化,充分发挥资源潜力和生物能的转化率、废弃物的再循环利用率等,促进物质能量在农业生态系统内部的循环利用和多次重复利用,同时使农村生活垃圾能源化、肥料化,减少外部能源输入,改善农村生活环境。以尽可能少的投入,求得尽可能多的产出,并获得生产发展、能源再利用、生态环境保护、经济效益等相统一的综合性效果。最终达到人与自然和谐,经济与生态双赢。

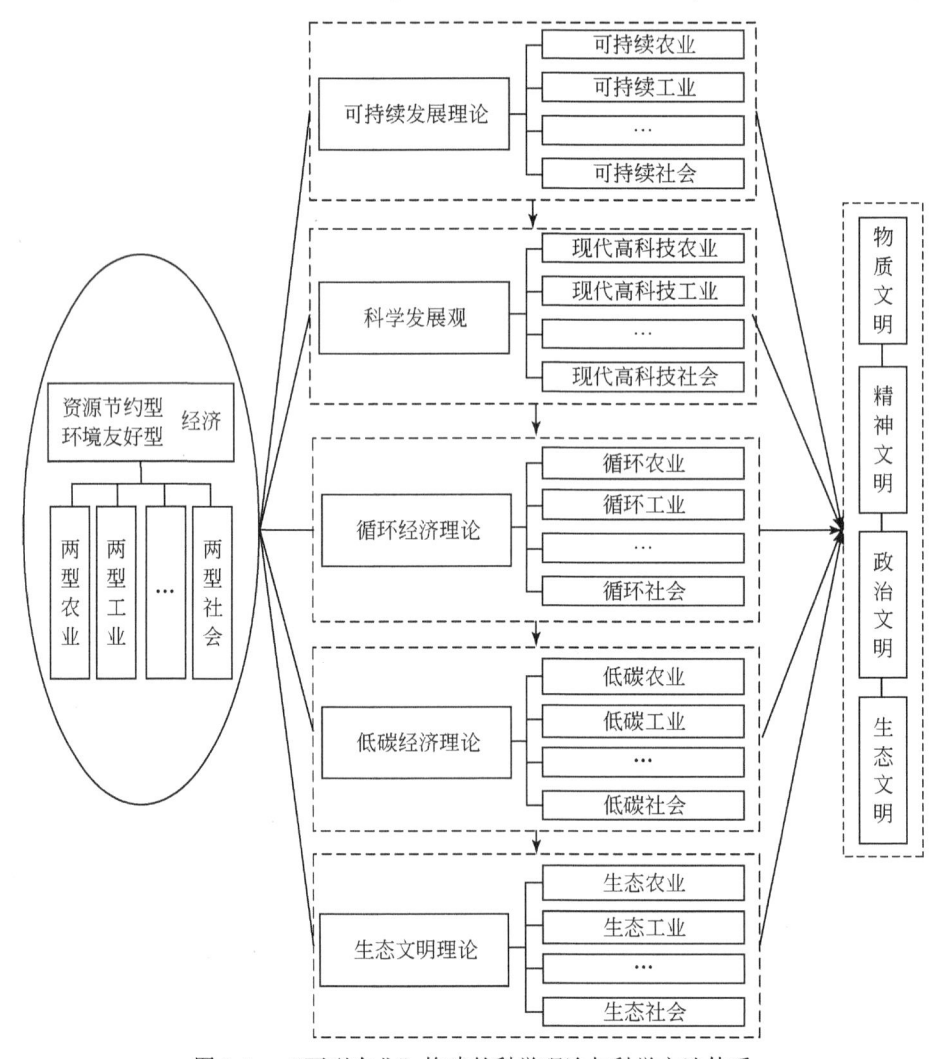

图 2-1 "两型农业"构建的科学理论与科学方法体系

（3）向生态系统的整体组合要效益

其着眼点在于提高整个生态系统的总体功能。生态系统具有综合性和整体性的特点，组成生态系统的各个部分相互依赖、相互制约。发展生态农业，除注意从以上两个方面挖掘生态系统的潜力外，还要把一定范围内的农业生产作为一个生态系统来看待，注意从整体上安排农业生态系统的结构和布局，充分运用生物多样性具有的共生互利优势及多样稳定的生态学原理，促进生态系统的整体协调优化，来获得农业生产的整体生态经济最高效益。

综上所述，"两型农业"的发展，始终离不开科学理论的指导与科学方法的运用（图2-1）。在可持续发展理论指导下，"两型农业"的实质就是可持续农业，而保持和增强这种"持续能力"的关键就是要依靠科学技术的进步。在科学发展观的指导下，以现代高科技创新为先导，走现代高科技发展之路日益成为"两型农业"发展的必由之路。与此同时，运用循环经济和低碳经济理论和方法，"两型农业"通过走低碳循环发展之路实现低碳农业和循环农业，最终实现物质文明、精神文明和生态文明协调发展，这是我国全面建设资源节约型和环境友好型社会（"两型社会"）的必然要求。

第3章
"两型农业"框架结构与内容

中共十七届三中全会提出，要大力发展现代农业，必须按照高产、优质、高效、生态、安全的要求，加快转变农业生产方式，推进农业科技进步和创新，大力发展生态农业、循环农业和集约农业，大力建设生态文明，促进农村经济社会全面进步。2014年中央一号文件明确提出建立农业可持续发展长效机制，促进生态友好型农业发展。要以解决好地怎么种为导向加快构建新型农业经营体系，以解决好地少、水资源紧缺的资源环境约束为导向深入推进农业发展方式转变，以满足吃得好、吃得安全为导向大力发展优质安全农产品，努力走出一条生产技术先进、经营规模适度、市场竞争力强、生态环境可持续的中国特色新型农业现代化道路。

3.1 "两型农业"生产体系框架分析

中共十七届三中全会把农村改革和建设作为重点，提出到2020年农村改革和发展的目标之一是基本形成"两型农业"生产体系。这一目标的提出，使我国把加快转变农业生产方式，解决农业发展与资源、环境之间日益尖锐的矛盾问题放在了更加突出的战略地位，凸显重要性与紧迫性。

根据"两型农业"的科学内涵与本质特征，"两型农业"的基本框架结构和基本内容应该包括四个方面，可概括为："一个目标，两个重点，三维发展体系，两大支撑体系"（图3-1）。一个目标是指"两型农业"发展的根本目标是：发展高产、优质、高效、生态、安全的现代农业；两个重点是指破除农业发展过程中遇到的两大瓶颈制约和突出矛盾，即节约资源和保护环境；三维发展体系是指"两型农业"生产体系的载体分别是农户和企业层面的农业清洁生产、园区层面的农业生态园区以及区域层面的新农村建设；两大支撑体系是指技术创新和制度创新。

"两型农业"框架是一个有机统一的系统工程，其中，发展高产优质高效

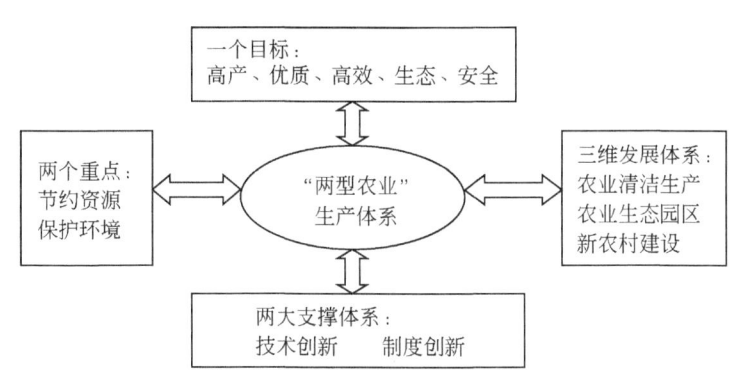

图 3-1 资源节约型环境友好型农业生产框架体系图

生态安全现代农业的目标为"两型农业"指明了转型发展的方向，破解资源和环境瓶颈制约为"两型农业"发展确立了两个重点任务，三维发展体系为"两型农业"发展指明了实施的产业载体和组织基础，技术创新和制度创新为"两型农业"发展确立了动力机制与保障体系。其主旨就是大力落实科学发展观，加快转变农业发展方式，建立"两型农业"产业体系，提高土地产出率、资源利用率和劳动生产率，增强农业抗风险能力、国际竞争能力和可持续发展能力，为保障我国粮食安全、农产品有效供给和可持续发展打下坚实的基础。

3.2 "两型农业"目标

发展"两型农业"的一个根本目标就是：发展高产、优质、高效、生态、安全的现代农业。进入"十二五"时期，我国农业发展将面临粮食安全、资源安全、能源安全、环境安全、生态安全、食品安全等诸多挑战，为此必须大力发展以高产、优质、高效、生态、安全为标志的现代农业，统筹协调解决这些矛盾，促进我国农业的转型升级和可持续发展。

3.2.1 "两型农业"是高产农业

高产，就是要提高资源的产出率，包括提高农林牧副渔等多种农产品的产量，重点是提高单位面积产量。我国是世界人口第一大国，解决十几亿人口的吃饭问题始终是头等大事，由于人多地少的国情和资源禀赋约束，我国农业长期以来都是把追求高产作为首要目标，甚至是唯一目标。中华民族长期饱受饥饿饥荒、贫穷落后等生存问题的巨大压力，在消除饥饿、贫困和粮食自给自足方面作出了长期不懈的努力，终于在2005年实现了从粮食受援国变成粮食援助国的历史性转变，取得了用占世界9%的耕地养活了世界21%的人口的巨大成就，解决了十几亿人口的吃饭问题。但从中长期发展趋势来看，我国受人口增长、城市化进程加快、耕地减少、水资源稀缺、能源紧张、环境恶化、气候变化、国际粮食市场价格波动等复杂变化的因素影响和约束，粮食安全仍将面临十分严峻的挑战。

根据国务院发布的《中国食物与营养发展纲要》，我国2000年、2010年、2020年人均粮食需要量分别为400 kg、415 kg和420 kg才能达到粮食安全标准。据预测，到2030年我国人口将达到16亿人，按人均粮食需要量400 kg计算，粮食总产量应达到6.4亿t。近年来，我国粮食连续取得了12年连增的佳绩，2013年粮食总产量超过了6.0亿t。即便如此，我国人多地少、粮食长期处于紧平衡状态的基本格局没有得到根本改变和缓解，保障粮食安全的形势与任务十分艰巨。

因此，未来要保障中国粮食安全将必然依靠科技水平等的突破来提高单产水平，追求高产不仅有其历史必然性也有其现实必要性。今后我国农业仍然要以追求高产作为目标，这是我国现实国情、保障农产品供给和粮食安全的刚性任务所客观决定的；但不同的是，高产不能作为唯一目标，而要以高产、优质、高效、生态、安全作为一个综合目标、整体目标、协调发展的目标。我国农业必须改变目前的"高投入、高消耗、高污染、低效益"的粗放式发展模式，要以加快转变发展方式为主线，走出一条好字当头、又好又快的"两型农业"发展之路，既要注重发展的数量更要注重发展的质量，实现高产高效与资源生态永续利用的协调发展。

3.2.2 "两型农业"是优质农业

经过改革开放30多年的发展，我国农业的最主要成就是极大地缓解了长期困扰我国的粮食紧缺和农产品供给不足问题，解决了中国人的吃饱饭问题。然而，农产品品质低下、相对过剩、产品滞销、缺乏市场竞争力、增产不增收等问题日益暴露出来。"两型农业"是高产、优质、高效、生态、安全的现代农业，保证国家粮食安全和农产品有效供给，既要从数量上保证有效供给，还要从质量上满足人民群众日益增长的物质生活需要。如何全面提高农产品质量水平，实现农产品优质化、多样化、绿色化和品牌化，就成为农业转型发展必须解决的重大民生问题。

随着我国经济的快速发展，我国居民的收入水平和生活水平不断提高，居民消费结构与消费水平不断提高与升级。城乡人民食物结构发生了明显变化，粮食直接消费量减少了，但粮食转化物消费却大大增加，要求农产品多样化、优质化，农业生产面临着调结构、增品种、增品质的新问题。据中国农业科学院政策研究中心预测，至 2050 年，中国对农产品的需求将发生结构性变化，届时，中国奶制品需求将增长 6 倍以上，水产品需求将增长近 3 倍，畜产品、饲料粮、水果、食油和纤维总量需求将增长 1.5~1.6 倍，蔬菜和食糖将分别增长 75% 和 1 倍，而大米和小麦需求在今后 10 年出现缓慢增长后将出现下降趋势。

因而，农业必须面向市场，面向居民需要，增加优质产品的生产，保证优质的肉、禽、奶、鱼的供应，增加新鲜优质的蔬菜、瓜果的生产，以适应居民消费结构改善的需求。农业必须实施产业结构的调整优化、发展高产优质高效生态安全的"两型农业"。我国农业必须以市场需要为导向，以科技为动力，以效益为中心，以标准化和品质认证为保证，因地制宜，通过示范和服务，引导农民搞好优质基地、良种繁育、试验示范、技术推广、标准化生产、产业化经营等工作，通过优质基地建设和优质工程监督与控制，大力发展优质安全农产品，从而保障居民既要吃得饱，又要吃得好、吃得安全的需要。

3.2.3 "两型农业"是高效农业

高效，就是提高农业的综合效益。以提高经济效益为中心，兼顾社会效益和生态效益，实现三大效益的有机统一。高效农业是"两型农业"的目标之一。所谓高效农业就是以市场为导向，运用现代农业科学技术，充分合理利用资源环境，实现各种生产要素的优化配置，最终实现经济、生态、社会综合效益最佳的农业生产经营模式。我国现有粗放式农业的最大缺陷就是虽然高产但却低效，付出了资源和环境的高昂代价，高投入、高消耗造成高浪费、高污染；增产不增收，增产不增效，农业比较效益低，挫伤了农民生产积极性。

我国农业近年来连续丰收，可是农民的收入却增长缓慢，农村与城市居民收入比在 2009 年已经达到 1∶3.33。缩小城乡收入差距、统筹城乡协调发展的任务十分艰巨，重点和难点之一在于发展高效农业、提高农业综合效益、提高农民收入。农业生产比较效益低，直接影响到农民收入和从事农业生产的积极性。如何充分利用各种农业资源向生产的深度和广度开发转变，着力调整农业生产结构，积极发展高产优质高效生态安全农业，提高农业经济效益，成为发展现代农业必须解决的一个难题。

高产优质高效生态安全农业是以国内外市场为导向，以科技进步为动力，以提高组织化程度为基础，以主导产业规模化发展为重点，以提高效益为中心的商品化现代农业。现在我国农业的综合商品率不断提高，农业生产对市场的依赖性越来越大，农业经济急需根据市场变化和自身发展的需求进行产业结构调整。同时，农民市场观念和商品意识日益提高，农民主要根据市场信息和效益高低，确定产品结构和生产目标。只有顺应市场经济发展的规律，转变生产经营方式，提高农民组织化程度，进行规模化、产业化、商品化经营，发展高产优质高效生态安全现代农业，才能不断提高农业市场竞争力，才能使农民增产又增效。

3.2.4 "两型农业"是生态农业

"两型农业"的实质是生态农业。生态农业是指遵循生态规律，在保护、改善农业生态环境的前提下，运用系统工程方法和现代科学技术，因地制宜地规划、组织和进行生产的农业体系。生态农业以大农业为出发点，按"整体、协调、循环、再生"的原则，调整和优化农业结构，使农、林、牧、副、渔各业和农村第一、第二、第三产业综合发展；并使各产业之间互相支撑，强调无污染、无废弃物的绿色农业或清洁农业，发挥农业生态系统的整体功能，提高农业综合生产能力。

我国农业生产目标过去一味追求高产，在相当程度上是不惜以牺牲生态环境和消耗大量资源为代价的，投入了大量化肥、农药、地膜等来自化石能源的资源。由于发展方式粗放，不仅造成了大量资源浪费，而且也对环境造成了极大破坏。农业发展与资源环境之间的矛盾日益突出，结果造成大量的面源污染，使土壤肥力退化，土壤重金属污染持续增加，严重威胁着粮食生产安全、农产品质量安全与农业可持续发展。

生态农业就是为了解决"石化农业"的这些弊端，综合考虑农业生产与自然生态的承载力。根据农业是自然再生产与经济再生产相统一的原理，强调生物与环境相协调适应、物种优化组合、能量物质高效率运转、输入输出平衡等原理，运用系统工程方法，通过食物链网络链接、废弃物资源化利用，充分发挥资源潜力和物种多样性优势，建立产业相互链接的资源循环利用体系，尽量减少施用化肥和化学农药，尽量减少资源掠夺与环境破坏。努力提高生物能的转化率、废弃物的再循环利用率和太阳能利用率等，促进物质在农业生态系统内部的循环利用和多次重复利用，以尽可能少的投入获得尽可能多的产出，并获得生产发展、能源再利用、环境保护、经济效益等相统一的综合性效果。

3.2.5 "两型农业"是安全农业

保障农产品安全性既是一个重大的公共卫生问题，又是一个关系到十几亿人民的身体健康的重大国计民生问题。保障农产品安全生产与供应是"两型农业"的一个基本目标。

由于投入大量的化肥和农药导致的面源污染，给农产品和食品安全带来重大威胁和隐患。为了保障农产品与食品安全，西方国家在20世纪60年代掀起了一场"环境革命"，在美国出现了"生态农场"，发展"有机食品"；在日本也提出了"自然农法"，提倡"无化肥栽培"，开发绿色健康食品等；在欧洲，1972年瑞典首都斯德哥尔摩联合国人类与环境会议上，成立了有机农业运动国际联盟（IFOAM）。随后，在许多欧洲国家兴起了有机农业，并提倡在食品原料生产、加工等环节中，树立"食品安全"思想，遵循大自然的生态法则，以维护土壤生机的土壤培育为基础，绝不使用任何化学肥料、农药和各种生长调节剂以及未分解腐熟的松针、树皮等任何会残害土壤的添加物，生产无公害、无污染的食品，即健康安全食品。

有批评者认为，有机农业、"自然农业"有些矫枉过正，不切实际，在现有的技术条件下，人们还无法离开化肥、农药的投入，有机食品毕竟只能满足少数高端消费者的需求，而无法满足日益增长的巨大人口对农产品的刚性需求，特别对发展中国家更是如此。但是如何克服单纯依靠石油农业或化学农业所带来的食品安全与环境安全问题正越来越引起所有国家的高度关注和重视。由此，在全球范围内引起了一场新的绿色农业革命，发达国家相继研究、示范和推广无公害农业技术。许多国家先后开发出有机食品、绿色食品、无公害食品、环保食品等健康安全食品，强调遵从自然生态规律，减少石油农业、化学农业造成的对生态环境和农产品品质的危害，为更多消费者提供健康安全的农产品。

所谓健康安全食品，是指产自良好的生态环境，按照农产品标准化生产技术规程组织生产或加工，产品质量符合国家相关的安全卫生标准，并经专门机构检验认定，获准使用健康安全食品标志的初级农产品及其加工产品。在一般情况下，人们常常把没有污染、品质优良、营养丰富的食品统称为健康安全食品。健康安全食品几乎涵盖与人们日常生活相关的一切农副产品及其加工品，包括粮食类、蔬菜类、水果类、奶制品类、畜禽产品类、水产品类等。无公害食品、绿色食品、有机食品尽管提法不同，但其基本内涵和理念是一致的，即产品都要求出自良好的生态环境，生产、加工过程中尽量避免或尽量减少化学合成物，如农药、化肥、抗生素、合成色素、除草剂、植物生产调节剂、动物饲料添加剂、食品添加剂和防腐剂等的使用,使消费者吃上安全、放心、营养、健康、美味的食品,其中安全与健康是人们关心的首要问题。

总之,"高产、优质、高效、生态、安全"五个基本目标是一个综合的有机统一体,缺一不可,体现了发展现代农业与农产品供给的全面、协调、可持续发展的理念,突出了农业发展要以人为本,人与自然和谐统一的科学发展观思想。发展高产优质高效生态安全农业,就是要遵循自然规律与市场经济规律的统一,依靠科技创新与制度创新,转变发展方式,调整优化产业结构,积极发展循环农业、生态农业和集约农业,开发农产品知名品牌,培育壮大主导产业。以大农业的观点充分合理地开发利用各种农业资源,不仅要生产出产量更高、品种更多、品质更好、生态环保、健康安全的各种农产品,而且要不断提高经济、生态和社会的综合效益,使农业成为充满生机活力,具有较强可持续发展能力和市场竞争力的现代农业生产体系。

3.3 "两型农业"生产体系发展重点

水土资源既是农业生产的基础性的自然资源,也是战略性的经济资源,但我国的基本国情是人多、地少、水资源紧缺。所以,我国发展"两型农业",关键就是要以解决好地少、水资源紧缺的资源环境约束为导向,深入推进农业发展方式转变。

3.3.1 节约资源,提高资源利用效率

21世纪我国农业增长将面临极其严峻的水土资源形势:一是资源非常紧缺;二是资源利用效率非常低下。首先,农业资源非常紧缺。我国现在人均耕地面积仅为1.52亩,不到世界平均水平的50%;年人均占有水资源约为2200 m^3,仅为世界平均水平的1/4,是世界上13个缺水最严重的国家之一。随着人口不断增加,城市化和工业化步伐加快,经济规模不断增长,我国人水矛盾、人地矛盾更加突出,水土资源紧缺已经成为我国农业经济发展的瓶颈。不仅如此,在资源压力方面,农业生产必需的生产化肥的资源,如磷矿、钾盐、煤炭和天然气等都是不可再生资源,也都面临瓶颈约束。据初步统计,2010年我国化肥产量6620万t(折纯,下同),"十一五"期间年均增长5.0%。2010年氮肥行业消耗煤炭资源约8500万t、天然气100亿 m^3。磷肥生产所需硫资源对外依存度超过60%。我国磷矿资源丰而不富,平均品位仅17%,富矿只占6.6%,且胶磷矿多,采选成本高。我国钾资源相对贫乏,对外依存度

近半，国际市场钾肥价格波动不定，影响农业生产。我国计划到2015年化肥产能达到7760万t，对相关资源和环境的压力将更加明显（参考国家工业和信息化部2012年相关数据）。

其次，我国农业资源利用效率非常低下，浪费严重。虽然我国是一个水资源非常贫乏的国家，但灌溉水利用率仅为30%～40%，而发达国家则可达70%～80%；我国粮食作物平均水资源生产率为1kg/m³，而发达国家则可达2~2.5kg/m³。我国农药、化肥分别约占世界消费总量的35%，而我国的耕地约仅占世界的9%，资源使用粗放、使用效率低下问题非常突出。以氮肥为例，目前我国氮肥利用率仅为30%～35%，与发达国家50%～70%的利用率还存在较大差距，损失率高达50%以上（图3-2）。

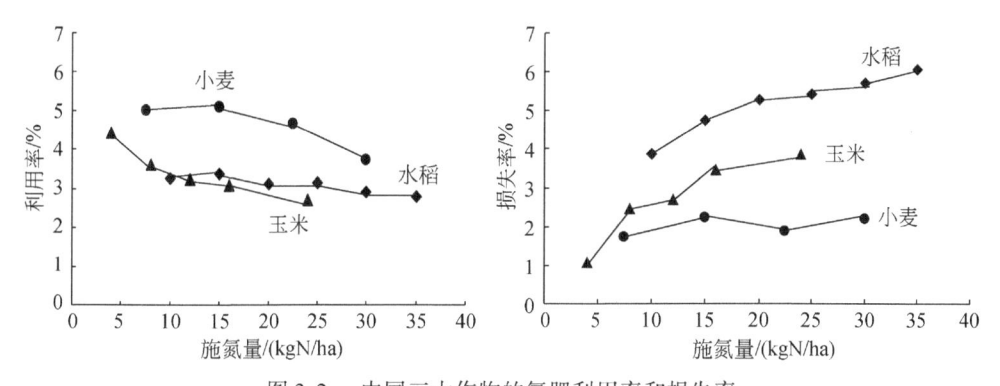

图3-2 中国三大作物的氮肥利用率和损失率

资料来源：朱兆良．2000．农田中氮肥的损失与对策．土壤与环境，（1）：1-6

所以，面对日趋严峻的农业资源环境形势，我国农业必须在资源节约和提高资源利用效率上下工夫，关键靠生产方式转变。要积极发展节约用地、节水、节约化肥、节约农药、节约种子的节约型农业，鼓励生产和使用节电、节油农业机械和农产品加工设备；大力发展农业科技，努力提高农业资源利用效率就成为解决问题的核心与关键。

3.3.2 保护生态环境

由于农业发展方式粗放，造成了一系列环境问题。我国农药、化肥施用量以及农用地膜每年持续增长，形成从地下水、地表水、土壤到空气的立体污染，对环境、气候和人体健康产生持续长久的危害。农药、化肥利用率低，不仅浪费了大量资源，增加了农民投入，而且也造成了环境污染，导致土壤板结，土地肥力下降，江河湖泊水质污染加剧，农业面源污染加剧，造成严重的农产品质量安全隐患。

章力建和朱立志（2005）的研究结果表明：中国每年因不合理施肥造成1000万t余的氮素流失到农田之外，过量的肥料还会渗入20m以内的浅层地下水中，使地下水硝酸盐含量增加。对全国七大水系及内河的110个重点河段的调查表明，符合"地面水环境质量指标"Ⅰ类和Ⅱ类标准的仅占32%，属Ⅲ类的占29%，Ⅳ、Ⅴ类的占39%，全国近2亿人的饮用水受到不同程度的污染。经对全国532条河流监测，其中432条河流受到污染，污染率为82%。全国1/3的水体不适宜鱼类生存，1/4的水体不适宜灌溉。截至2006年，中国地表水总体水质属中度污染。海河、辽河、淮河、黄河、松花江等河流的污染较重，劣Ⅴ类水质分别占57%、43%、30%、25%、21%。图3-3为2006年我国七大水系水质类别比例、2006年七大水系水质类别比例比较图。

(a) 2006年七大水系水质类别比例

(b) 2006年七大水系水质类别比例比较

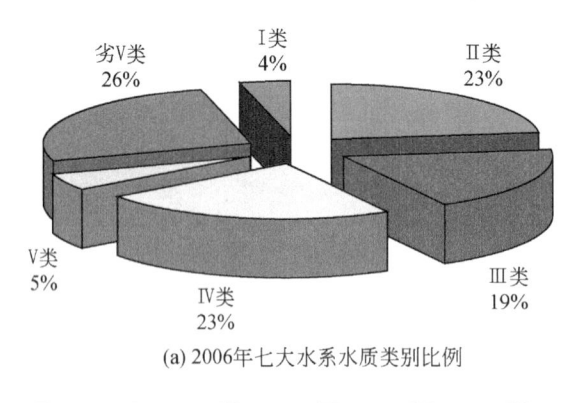

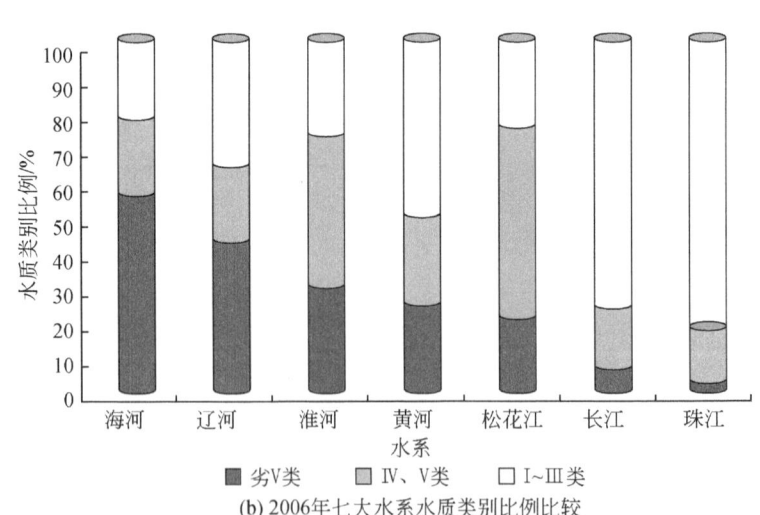

图3-3　七大水系水质类别比例及其比较图

资料来源：《中国环境状况公报》（2006）

调查显示，我国70%的江河水受到污染，40%基本丧失使用功能，流经城市的河流95%以上受到严重污染（徐学江，2007）。农药、化肥的大量使用加重了水污染，我国环境污染已形成点源与面源污染共存、生活污染和工农业排放叠加等复合态势。水污染加剧水资源短缺，污水对浅层地下水、土壤和农作物均造成污染，从而严重影响农业生产、农产品质量和人民群众身体健康。

从上面的分析可知，农业生产方式粗放，不仅造成资源浪费，带来资源瓶颈约束，而且造成了巨大环境破坏，严重影响了农业的可持续发展。因此，我国农业必须克服传统农业发展方式所造成的两大突出的问题和矛盾：农业生产和资源和环境之间的尖锐矛盾问题。转变发展方式，大力推进"两型农业"生产方式，大力推进科技兴农，大力推行节约生产，有效保护和合理利用农业资源，提高资源利用效率，促进节约资源与环境保护两个方面的协调发展。

3.4 "两型农业"发展产业支撑系统

"两型农业"生产体系具体体现在农业经济活动的三个重要层面上，分别通过运用"3R原则"实现三个层面的物质闭环流动。在农户和企业层面上——种养殖业清洁生产的小循环：根据生态效率的理念，推行清洁生产，减少产品和服务中物料和能源的使用量，实现污染物排放的最少化。在园区层面上——农业生态园区的中循环：按照工业生态学原理，通过企业间的物质集成、能量集成和信息集成，形成企业间的工业代谢和共生关系，建立农业生态园区。在区域层面上——美丽新农村建设的大循环：通过农村生产、生活、消费方式的改变和废旧物资的再生利用，实现农村生产消费过程中物质和能量的大循环。

3.4.1 农业清洁生产

我国的传统农业由于粗放使用农药与化肥，加上畜禽粪便排放、农田废弃物未合理处置等，造成的农业系统中水体、土壤、生物、大气立体交叉污染问题十分严重。据农业部进行的全国污水灌溉区域调查统计显示，2100万亩污染灌溉区中，遭受重金属污染土地面积占农田灌溉区面积的64.8%，每年被重金属污染粮食达1200万t，造成直接经济损失超过200亿元。我国有3亿亩耕地受到重金属污染，占全国农田总数的1/6（罗锡文，2011）。可见，环境污染已经对我国农业生产、食品安全构成重大威胁。农业生产具有严重依赖于自然生态环境的特点，农业生态系统既是系统外环境污染的受体，同时又是污染物产生的源头，因而，我国亟待改变粗放式生产方式，实施农业清洁生产，减少污染危害与食品安全风险。

所谓农业清洁生产是指既可满足农业生产需要，又可合理利用资源并保护环境的实用农业生产技术和措施。其实质是在农业生产的全过程中，通过生产和使用对环境友好的"绿色"农用品（如绿色化肥、绿色农药、绿色地膜等），改善农业生产技术，减少农业污染物的产生，减少农业生产和产品、服务过程对环境和人类的风险（章玲，2001）。农业生产者应当在生产的全过程中科学地使用化肥、农药、农用薄膜和饲料添加剂，改进种植和养殖技术，实现农产品的高产、优质、高效、生态、安全和农业生产废物的资源化，防止农业环境污染。禁止将有毒、有害废物用作肥料或者用于造田，以免造成环境危害。

农业生产具有不同于工业生产的特点，农业清洁生产强调以"预防为主"和"源头控制"，不同于工业生产的"末端治理"模式。农业生产要从根本上解决污染问题，将污染物消除在生产过程之中，实行生产全过程控制，要把污染治理与农业生产紧密结合。实践证明，预防优于末端治理。根据日本环境厅1991年报告，从经济上计算，在污染前采取防治对策比在污染后采取措施治理更为节省。例如，就整个日本的硫氧化物造成的大气污染而言，排放后不采取对策所产生的损失是采取预防这种危害所需费用的10倍，表明清洁生产不仅可以节约经济成本，而且可以避免已经产生的污染对环境和人体健康所带来的危害与损失。

农业清洁生产包括三个方面的内容：清洁能源、清洁生产过程和清洁产品或服务，其核心目的是污染物最少化与资源节约。农业生产过程中有太多的废弃物，如果不能很好地处理并加以利用，必将对农业生产环境构成危害。但是，废弃物其实是放错了位置的资源，如果变废为宝，开发成清洁能源和资源，则能实现经济效益与环境效益双赢。在生产过程中，要遵循减量化、再使用、再循环的"3R原则"，尽量清洁生产，注重资源能源的节约使用；使用简洁、耐用、可循环的绿色包装；尽可能多重利用资源；加强对生产性再生资源的回收复用，尤其是重金属、有机物等固体废弃物的回收与利用。例如，将农作物秸秆、畜禽粪便等开发成生物质能就是一种非常有前景的绿色选择。

清洁生产通常利用食物链原理进行多层分级处理，如作物秸秆、畜禽粪便的多级利用，对农膜、生产垃圾及乡镇工业固体废弃物可进行分类处理，以减量化、无害化、资源化为宗旨，达到清洁生产过程的综合利用。实施农业清洁生产，在农业生产、农产品设计和服务全过程中贯彻整体预防的环境策略，以增加生态效率，改善农业生产技术，提高农产品质量，增强市场竞争力，实现农业资源永续利用和农业可持续发展。

3.4.2 农业生态园区

农业作为直接利用自然资源进行生产的基础性产业是人类对自然资源与生态环境影响和依赖性最大的第一产业，农业与自然生态环境紧密相连，天然密不可分，这一得天独厚的"先天条件"使农业系统更易于和谐地纳入自然生态系统的物质循环过程中，建立闭环式产业间相互链接的生态农业园区的发展模式。

农业生态工业园区是依据循环经济理论和工业生态学原理而设计成的一种新型农业组织形态，是生态农业的聚集场所。农业生态工业园区通过模拟自然生态系统建立工业系统"生产者—消费者—分解者"的循环途径和食物链网，采用废弃物交换、清洁生产等手段，使一个单元产生的副产品或废弃物可以用作另一个单元的原材料，实现物质闭环循环和能量多级开发利用，从而形成一个相互依存、类似自然生态食物链系统的工业共生网络，实现对资源的最优利用。

从经营模式看，农业生态园区具有以下特点：①高效性。农业生态工业园区遵从循环经济的减量化、再使用、再循环"3R"原则，强调废弃物的正确处理和资源回收，促进废弃物减量化、无害化以及资源化的实现。它的最主要特征就是生态园区中各组成单元间相互利用废弃物，作为生产原料，最终实现园区内资源利用最大化和环境污染最小化的高效性目标。②整合性。农业生态园区是一个复杂的立体生态共生网络，它把农、林、牧、副、渔、工、商、运等整合成一个有机的综合经营体，园区现代化的基础设施作为支持系统，为园区的物质流、能量流、信息流、价值流和人工流的运动创造了共生协同发展的条件，既节约了交易和生产成本，也节约了治污成本，还增加了合作集聚效应。③地域性。各地因地制宜，根据区域农业资源优势、产业结构特征以及废弃物特征进行合理规划，不仅要通过整合实现农业规模经济，而且要通过优化农业内部资源，调整农业产业结构，使土地、资金和劳动力在种植业、养殖业、加工业之间重新合理配置与协调发展，相互促进，既能突出地方资源禀赋特色，又能创造差异化市场需求。

由于农业生态园区克服了在单一企业推行清洁生产发展循环经济的局限性而日益受到重视。园区内企业间通过物质、能量和信息的流动与储存，并通过工业代谢研究，利用生态系统整体性原理，将各种原料、产品、副产物乃至所排放的废弃物，利用其物理、化学成分间的相互联系、相互作用，互为因果的生态产业链，组成一个结构与功能协调的共生网络经济系统。实践证明，建立农业生态园区是实现循环经济的一种有效方式和载体。园区内产业链上游企业的废料成为产业链下游企业的原料，尽可能地把各种资源都充分利用起来，做到资源共享，各得其利，共同发展。

3.4.3 美丽新农村建设

建设美丽新农村是建设美丽中国的重要内容，也是发展"两型农业"的重要载体。建设美丽新农村，就要以节约资源和保护环境为重点，把农业生产、生态保护和生活改善有机统一起来。发展"两型农业"是建设美丽新农村的重要途径，同时，建设美丽新农村又是发展"两型农业"的根本目的。

"两型农业"是一个系统过程，对整个农村而言，重点关注农业产业循环链的内生延伸与产业联动，加强农业产业循环链整合的思路、途径与模式，拓展农业产业化经营领域和多样化功能。针对农村资源非常缺乏的现状，在农业资源利用方面，就要以提升水资源、土地资源和生物质资源的利用效率为重点；在资源消耗方面，就要大力提高资源利用效率，时时处处考虑节能降耗；在废弃物利用方面，就要大力开展资源综合利用，实现种植业生产所积累的生物资源全程化利用，畜禽养殖业低排放与粪便的综合利用；在再生资源环节方面，就要大力回收和循环利用各种废旧资源；在村容村貌方面，就要把乡村环境治理、村容面貌改变与农村废弃物综合开发相结合，要大力提倡绿色消费，实现农村生活清洁化和生态化，改善农民的生活环境和生活质量。

建设美丽新农村，重点就是要把农村资源节约和环境改善有机统一起来，农业产业绿化与村民生活环境美化结合起来。开发清洁能源，发展农村沼气，就能将畜牧业发展与种植业发展链接起来，促进能量高效转化和物质高效循环，形成"种植业（饲料）—养殖业（粪便）—沼气池—种植业（优质农产品、饲料）—养殖业"两型农业发展模式。以沼气为纽带，通过利用农作物秸秆、粪便生产沼气和有机肥，推进农业生产从单纯大量施用化肥向增施有机肥转变，推进农民生活用能从主要依靠砍伐树木、秸秆向清洁卫生的沼气能源转变，从根本上改变传统的秸秆、粪便利用方式和过量施用农药及化肥的农业增长方式。有效地节约水、肥、药等重要农业生产资源，减少环境污染，是发展"两型农业"、显著节约资源的生产模式和消费模式、建立美丽新农村的有效途径。"两型农业"将把能源建设、生态建设、环境建设、农民增收联结起来，有效促进生产发展、生活改善和生态文明。

总之，"两型农业"摆脱了单纯发展种养业的农业经济发展模式，不仅可以实现农业生态系统内部的循环,还可以把农业与其他产业进行有机结合,推动大农业的产业共生、要素耦合、整体循环、综合利用和产业生态链的形成,进而使整个农村区域物质和能量实现循环流动,从而建立农、林、牧、副、渔多种产业协调综合发展的大农业结构,使我国农村真正走上一条"生产发展、生活宽裕、乡风文明、村容整洁、管理民主"的美丽新农村之路。

3.5 "两型农业"生产体系技术与制度创新保障系统

"两型农业"是一种全新的发展模式,既是生产范式的革命,又是技术范式的革命,同时也是制度范式的革命,需要有新的技术与制度支撑系统作为保障,在旧的范式下是无法获得新的发展动力机制的。

3.5.1 "两型农业"需要新的技术范式支撑

"两型农业"从本质上讲是技术范式的革命。在技术层次上,"两型农业"把传统农业的"资源—产品—废弃物"的单向线性物质流动模式转变为"资源—产品—再生资源"闭环型物质循环模式。其技术特征表现为资源消耗的减量化、资源化和循环再利用等"3R"特征,其核心是提高资源的利用效率,促进环境保护,其本质是循环经济。传统的农业技术范式是其在生产过程中投入了大量化肥、农药、薄膜、汽油和柴油、机器设备等工业品,是严重依赖大量化石能源的石油农业。虽然土地和劳动力的生产效率大大提高了,但是同时使化石能源日益紧缺,也给土地和水资源等带来了严重的污染,自然生态遭到严重破坏。传统石油农业的自然物质生产与社会物质生产之间存在着尖锐冲突和矛盾,"其技术原则和组织原则是线性的和非循环的,因而它以排放大量废弃物为特征"(余谋昌和王兴成,1995)。这种生产无论是从自然界索取资源还是向自然界排放废弃物,都对自然生态的正常运转造成严重危害,其技术本质是反生态的。"两型农业"的技术范式应该向生态型技术范式转变。张成岗(2003)认为新技术观应当具有如下特征:以人与自然的协调发展作为根本目标,科学地利用、开发和保护资源;对技术活动具有规范功能,对技术必须建立严密的监控与评价体制,建设技术活动运行发展的健康机制;坚持技术的可持续发展、经济社会的可持续发展与生态的可持续发展相衔接,为人类可持续发展提供绿色技术体系。

目前,我国"两型农业"还处于起步阶段,其支撑技术体系还不能适应其发展需要。传统的石油农业生产技术体系是适应短缺经济的需要,是以追求高产为目标，存在"四多四少"现象：产量技术多，"两型农业"技术少；常规技术多，重大关键技术和高新技术少；生产技术多，产业链接技术少；知识形态技术多，转化为现实生产力的技术少。产生这一现象，导致"两型农业"技术发展障碍是有其客观原因的，主要体现在三个方面。

（1）"两型农业"技术的经济外部性

"两型农业"技术创新成果通常具有准公共产品属性，其主要的表现形式之一就是经济溢出效应。技术创新的溢出效应造成的直接结果是对"两型农业"技术创新动力不足，从而产生"两型农业"技术供给短缺现象。

（2）"两型农业"中技术创新的不确定性

"两型农业"中技术创新的不确定性主要体现在以下三个方面：一是研究开发风险。新的资源节约环境友好的技术方案往往要经过长时间的不断试验、探索，才能形成较为成熟的技术，其间技术创新主体将经历无数失败的考验、风险和成本。二是试验和试生产环境约束。这与农业生产受自然环境的地域性与复杂性条件的制约性不相关。三是市场化或商业化信息不对称。技术成果最终要接受市场的检验。"两型农业"的技术创新成果的不确定性，很大部分是由市场失灵引起的。

（3）"两型农业"技术成本劣势

资源节约型、环境友好型技术产品由于其实现目标的多样性，其生产成本较高，与非资源节约环境友好型技术推广与使用成本相比，其在市场竞争中处于劣势地位。

要实现向"两型农业"转型，就必须有强有力的"两型农业"技术作为支持。李学勇（2005）认为，中国农业进入新阶段后，正在加紧对农业科技发展方向的战略性调整，而这种调整与"两型农业"密切相关：一是从注重农产品数量增长，转向注重农产品质量和农业整体效益的提高；二是从为农业生产服务为主，转向为生产、加工与生态协调发展服务；三是从以资源开发技术为主，转向资源开发技术与市场开拓技术相结合；四是从面向国内市场提供技术保障，转向为国内、国际两个市场提供技术服务。在农业科技发展方向调整之后，为农业实现"高产、优质、高效、生态、安全"五个基本目标提供科技支撑是农业科技的基本任务。

3.5.2 "两型农业"需要新的制度范式支撑

"两型农业"技术创新的外部性、不确定性和高成本性，使"两型农业"主体的创新行为面临较大的市场风险和激励不足问题，即"两型农业"技术存在"市场失灵"现象。其产生的主要原因还是农业技术创新是准公共产品，收益中的社会效益和生态效益部分无法通过市场得到实现，造成技术创新总收益不能完全归创新主体所有，出现部分创新收益的外部化现象，即创新主体收益小于社会效益。从"两型农业"实践来看，资源节约型、环境友好型技术应用的结果是维护和改善生态环境质量；但是，由于大部分环境资源产权尚未界定及环境资源的无偿或低价使用的制度环境下，资源节约型、环境友好型技术使用单位将无法获得相应的价值补偿，因而出现"政府失灵"。因此，在旧的制度范式下，既存在"两型农业"技术创新动力不足问题，又存在"两型农业"技术推广应用动力不足问题，而技术创新的动力常常不是技术本身能解决的，而要相应的制度创新作为激励动力。

在旧的经济制度框架下，生态环境是没有价值的，是"无偿"使用的，自然资源被认为是取之不尽，用之不竭的。而事实证明，生态环境与自然资源已经成为我国经济发展的关键制约因素，日益成为稀缺资源。保护生态环境，减少污染排放，节约资源，才能保护生态环境这一宝贵而又稀缺的公共资源，才能促进农业可持续发展。这显然需要全社会作出一种新制度创新和安排，促使生态环境的使用者改变原来的技术范式，采用新的技术和生产方式。技术范式的改变是制度创新的结果，制度创新为技术创新带来创新动力和创新环境，减少创新风险，增加创新收益，使新的技术源源不断地被创造出来，并且被广泛地推广应用。

在传统农业技术体系上，一方面，理论上存在严重制度障碍，使生态环境处于没有产权归属的随意索取状态，其结果自然是在私人资本的利润最大化驱使下产生征服和控制自然的"公地悲剧"，资源与环境遭到过度使用和破坏。另一方面，现有的节约资源、保护环境的价格形成机制尚未形成和得到激励。例如，农业生产中农民一般都是大量采用化肥初次使用资源而非采用废弃物制成的有机肥等再生资源，这与我国尚未形成使用初次资源和再生资源的价格机制有关，私人资本总是在成本和收益两者比较中进行理性选择。因此，对"两型农业"技术的经济外部性、不确定性以及技术成本劣势进行分析，建立"两型农业"技术进步的正式制度框架，其核心就是要将生态环境作为一种生产要素，人们利用生态环境要承担其必要的成本代价，对节约资源和保护环境要予以生态价值补偿。

新制度框架应该包括绿色技术产权激励制度、绿色技术创新制度、绿色环境政策与法规等内容，另外，还应该采用非正式制度建设内容。首先，大力建立"两型农业"的绿色法律法规体系。发展"两型农业"是一场变革农业传统生产方式、生活方式的社会经济活动，需要建立相应的绿色法律法规来规范人们的行为。其次，要建立发展"两型农业"的绿色政策体系。"两型农业"从本质上是新的绿色经济发展模式，需要政府推出相应的绿色生产、绿色消费、绿色税收、绿色金融政策体系来重新建立绿色经济社会的运行机制，尤其需要环境成本核算和生态补偿政策的不断完善。最后，积极引导农民生态文明价值观的树立。引导农民树立爱护自然、善待自然的生态文明理念，增强对资源环境的危机意识和保护意识，使人与自然和谐相处成为全社会奉行的核心价值观，使广大农民建立起一种追求生产、生活、生态和谐发展的绿色行为方式。

第 4 章
发达国家"两型农业"生产体系的发展模式与经验借鉴

"两型农业"是我国在建设现代农业进程中,为缓解资源环境压力而需要探索和构建的新型发展模式。虽然到目前为止,国外并未明确提出关于"两型农业"生产体系发展的模式构想,但在生态农业、循环农业、有机农业等可持续农业发展方面的探索则大多是围绕着资源节约与环境保护的目标展开的(苟在坪,2008)。因此,这些在农业制度创新、技术研究、财政支持等方面的先进经验值得我国学习与借鉴。在本章中,将通过对国外一切针对常规农业而提出和实践的替代农业模式(如有机农业、循环农业、生态农业等)的研究,经过比较分析与整体归结之后,归纳出一些对我国"两型农业"生产体系建设具有启发性的结论。

4.1 美国"两型农业"生产体系发展模式——可持续农业发展模式

4.1.1 可持续农业模式的内涵

可持续农业发展模式要求:注重改善农业生产环境,强调保护农田生物多样性;提倡农业清洁生产,适度使用环境友好型"绿色"农用化学品,实现环境污染最小化;积极利用高新农业技术,大力推进"资源—农产品—农业废弃物—再生资源"反馈式流程组织农业生产,实现资源利用效率最大化。

在可持续农业理念提出之前,西方国家在深刻反思石油农业过程中普遍倡导发展有机农业和生态农业。有机农业和生态农业是指生产过程中基本不用化工产品,如化学肥料、化学农药、化学添加剂等,完全靠农业自身有机质循环而维持农业生产的一种模式。有机农业、生态农业兴起于 20 世纪 60 年代末、70 年代初(车㭎,2007),虽然进行过一些试验和小规模实践,但由于其绝对排斥现代工业，尤其是现代农业化学工业产品，致使农业生产效益与效率出现双低，因而难以得到人们的广泛认同。而可持续农业并不完全排斥化工产品，而是主张尽可能减少化工产品的使用，以达到节约资源、降低成本并促进农产品质量提高和农业生态环境改善的目的。鉴于可持续农业不完全否定现代农业技术，而是以农业生产效益与效率提高和资源环境保护为出发点，因此其具有普遍适用性和较强的可操作性。

4.1.2 美国"两型农业"发展概况及具体模式

美国是最早进行可持续农业研究与实践的国家之一（黄邦汉，1999），曾陆续提出与制订三个计划：1988年提出"低投入（或减投入）可持续农业"（简称 LISA）计划，强调低投入，不用或少用化工制品，以达到节约资源、保护农业生态环境、降低生产成本、全面提高农业竞争力的最终目的（陈大夫，2002）。1990年将LISA更名为"可持续农业研究和教育战略"（sustainable agriculture research and education in the field，SARE），其实质是以《美国1990年农业法》为基础，通过研究和教育途径构建一种可持续的、有利可图的且与资源环境保护相结合的农业生产体系，以此推进美国现代农业进一步发展。同年，美国又提出"高效率可持续农业"（high efficiency sustainable agriculture，HESA），即在保证必要农用物资投入的前提下，强调高收益，其实质在于节约利用资源，有效保护环境，广泛使用良种，建立一种以高效产出为核心，以科学技术进步为推动力的农业生产体系，探索出一条以环境保护为主攻目标的基于购买性资源（purchased resources）和低投入性原则相融合的可持续农业发展道路，并在全国3万多个农场进行了试验，探索出若干切实可行的运行模式。

（1）科学合理的农作物轮作种植模式

在农作制度中，合理轮作模式不仅能有效控制病虫害和杂草，提高土壤中含氮量和有机质，增加水分和养分来源，还可减少化肥与农药施用量，取而代之的动物粪便和绿肥则可起到抑制水土流失的作用，对改善农田土壤性状与作物生长发育特性，实现农田经济效益和生态效益的双重提升具有明显的推进作用。鉴于此，建立科学、合理的农作物轮作种植模式便成为美国可持续农作制度的一项核心内容（梁建岗，2001）。

目前，在以种植农作物为主的家庭农场中，正在实行的轮作方式主要包括两种：一种是玉米、大麦、牧草轮作模式，具体为"2年玉米—大麦（套播牧草）—3~4年牧草—玉米"；另一种是玉米、大豆、小麦轮作模式，具体为"1~2年玉米—2年大豆—小麦"。除此之外，还包括"小麦—棉花""牧草—

棉花"等轮作方式（宋群，2004；高旺盛等，2004）。

实践证明，在作物轮作计划中，种完一茬根瘤菌作物，如苜蓿、大豆、小冠花之后，再种植粮食作物，其产量通常比连续种植粮食作物高10%~20%，加之轮作使得农民收入来源于几种不同类别的农作物，在一定程度上降低了单一生产某一种农产品而可能发生的由于市场价格波动给农民带来的收入风险。

(2) 种植业与畜牧业相结合的综合经营模式

该模式是指利用种植业与畜牧业之间长期存在的以"互供产品、互相促进"为特征的相互依赖关系，将种植业与畜牧业有机结合起来，进行关联经营，农牧并重，是传统农业中长期采取的一种生产方式。100多年来，美国一直是畜牧业可持续发展的代表，其所运用的农牧结合的综合经营模式已成为多数大型农场的共同选择，从种植制度安排到生产、销售等各个环节都十分注重种植系统与畜牧系统的紧密联系，而且畜牧业规模决定着种植业结构的调整，畜牧业与种植业之间在饲草、饲料、肥料三个物质经济体系中形成了相互促进、互相协调的关系，牧场的动物粪便或通过输送管道或直接干燥固化，以有机肥的形式归还农田，在防止环境污染的同时还提高了土壤肥力，改善了土壤环境，彰显了"资源节约型、环境友好型"的两型社会特征。

以土地肥沃的艾奥瓦州和明尼苏达州为例，作为美国玉米、大豆的主产区，农场一方面大量种植玉米、大豆，并自备烘干设备，建有大容量粮仓；另一方面则饲养种猪、肉猪、肉鸡，并建有自己的饲料厂，用外购的预混饲料配上农场自己生产的玉米、大豆，生产出全价饲料，以供应农场的饲养场。这种饲料、饲养一体化的经营模式较大程度地提高了农牧物质循环利用效率，降低了农牧生产成本，经济与生态效益十分可观。在自给性饲料玉米、大豆的生产环节中，基本不施用化肥、农药、除草剂、杀虫剂等化学产品，从而在确保饲料质量的同时，也保障了畜产品的品质。农场作物种植过程中所需要的肥料则主要来自于畜禽粪尿，磷钾肥则依靠秸秆与粗饲料发酵，病虫害以生物防治为主，作物种植安排则采用轮作制。这一系列措施对改良土壤、培肥地力以及改善生态环境具有明显效果。

通过种植多品种农作物与饲养牲畜有机结合，可促进种植业和畜牧业的相互利用与补充，形成了农牧业之间的良性循环。美国国家科学院农业委员会通过对俄亥俄州的一个典型农牧业综合经营农场调查后发现，该农场曾连续15年未使用化肥和杀虫剂，但其作物单产不仅未低于当地平均水平，相反还高出较大幅度，其中玉米高出32%，大豆则高出40%。其方法是通过合理轮作种植玉米、大豆和苜蓿等作物来提高土地肥力，采用机械耕作根除杂草，以玉米、大豆作为饲料饲养牲畜，最后将牲畜粪便作为肥料用于提高农作物产量并降低农业生产成本。

(3) 以生物防治为主的病虫害综合管理模式

该模式是以减少化学农药使用量为基础,以提高农作物病虫害防治效果为目的,采用生物覆盖、轮作倒茬、发展生态化的牧草、种子包衣处理等多项措施,加以系统综合应用,最终达到环境友好型的一种病虫害综合管理模式。目前该模式在果树和蔬菜生产系统中运用较为广泛。

据报道,美国每年约有35%的农作物遭受不同程度的病虫害,导致农业减产10%~20%。由于化学农药的大量和长期使用,一些害虫对农药产生了抗性,相反一些益虫却遭受误杀。鉴于此,从20世纪70年代起,美国开始积极采用综合防治技术(IPM),即将化学农药与生物防治以及新的耕作技术等非化学手段配合使用,促使害虫的虫口密度降低而不致发生经济灾害,并最大限度地减轻对其他物种,特别是有益生物的损害。又如Bt技术,即利用生物技术将抗虫基因植入农作物体内,使作物自身产生较强的抗虫功能,进而减少用药次数与用药量。例如,抗虫棉的大面积推广,使农药施用次数在棉花生长的全过程中由过去的5~6次下降到1.5次,大大减少了农药用量,降低了生产成本,提高了生产效益和环境效益。

(4) 以垄耕、免耕等为标志的保护性耕作模式

采用集约型持续单作经营(不轮作)模式,不仅容易引发土壤侵蚀及水土流失,还易导致大规模病虫害,使农药使用量增加,并产生水质污染和土壤污染等一系列农业环境问题。针对这一弊端,美国有针对性地导入"保护性耕作模式"。该模式的主要内容包括:利用农作物秸秆、根茎叶等剩余物覆盖地表,或将秸秆粉碎后还田;在坡地上修建保持水土的水平梯田;尽可能减少农地翻耕次数,提倡免耕法等。

保护性耕作是农地翻耕的重要组成部分,根据土壤类型以及农作物品种的不同通常采用不同方式,主要包括免耕法、条耕法、生态休闲法、覆盖耕法、减耕法和垄耕法等,其中以垄耕法最为普遍。其最大的优点在于,通过留存残茬来削减径流,减轻侵蚀;阻止水流,增加水分的渗入能力;节省能源以及人力;提高土壤肥力等。这些特点使得残茬覆盖少免耕法技术至今仍为保护性耕作模式的主导技术,其做法是对小麦、大豆、花生等作物秸秆进行机械化粉碎还田或提高留茬以直接归田,并采用专用6行或4行大中型免耕播种机进行播种。大量试验表明,该模式可明显减少化肥使用量,增加土壤有机质,保持水分,并抑制杂草生长。

(5) 以转基因作物为代表的生物技术变革模式

转基因技术是一种新型的生物工程技术,是指运用科学手段从某种生物中

提取所需基因，将其转入另一种生物中，使其与另一种生物的基因进行融合，从而产生特定的具有变异遗传性状的品种。目前，转基因技术在农业领域运用越来越广，其中又以转基因棉花、转基因大豆、转基因玉米等最具代表性。相比传统农业技术，转基因技术不仅在提高农作物产量方面成效显著，而且其抗虫、抗除草剂的特性在改善农业生态环境方面也显示出巨大优势（朱明德，2001）。培育具有抗病虫、抗除草剂、抗旱、耐盐碱、养分高效利用的转基因新品种，将有利于实现农药、化肥、除草剂等化学产品使用的显著减少和水资源利用的最大限度节约，对缓解资源约束、保护生态环境等具有重要作用。

美国是农作物转基因技术的引领者。早在 1991 年 2 月，美国竞争力总统委员会在其《国家生物技术政策报告》(*Report of National Biotechnology Policy*) 中就明确提出"调动全部力量进行转基因技术开发并促进其商品化"的方针。此后，孟山都、杜邦等著名化工、医药公司转向生物技术领域，成为商业性开发应用转基因农业技术的主角，由此引领美国转基因作物产业快速蓬勃发展。美国农业部统计数据显示，2009 年美国转基因玉米种植面积占总面积的 85%，转基因大豆种植面积占 91%，转基因棉花种植面积占 88%。作为世界最大的转基因农作物种植国家，美国 2010 年共种植转基因大豆、棉花、玉米、油菜籽、菜瓜、木瓜、苜蓿和甜菜 6680 万公顷，比位居次席的巴西（2540 万公顷）多出 4140 万公顷，其占全球转基因作物种植总面积（1.48 亿公顷）的比例高达 45.14%[①]。可见，转基因农业作为生物技术产业的一部分，一方面为推进美国农业发展、维持世界第一农产品出口大国地位奠定了重要基础；另一方面也在很大程度上减少了美国农药、化肥等资源的投入。依靠现代生物技术，大力发展转基因农业，促进农业可持续发展是美国农业的一大显著特点（林祥明和朱洲，2004）。

（6）以减控面源污染为目标的养分管理政策

由于采用联邦制政府体制，美国是从国家和州两个层面实现对养分资源的有效管理。在国家层面上，主要通过农业部和环境保护署联合制定相关法律法规而实现全国养分管理，如《590 法案》(*Act 590*)、《水洁净法案》(*clean water act*) 等。

在这些法律法规中，美国的养分资源管理主要是为了削弱畜牧场对环境（水和土地）的负面影响，如综合养分资源管理计划（comprehensive nutrient management planning, CNMP）就是围绕畜牧场而进行的。CNMP 由动物饲养计

---

① 新华社：2010 年全球转基因作物种植面积同比增 10%、http://www.tianjinwe.com/hotnews/zxxx/201102/t20110223_3469252.html。

划（目的是减少其粪便中的养分含量）、（动物）粪便的处理和储存（如控制与水源地的距离）、粪便的交易与使用（制订合理的施肥计划）等部分组成，此外还包括对其他造成污染点源因素的控制。而作为CNMP的有益补充，最佳管理措施（best management practices，BMPs）则将注意力更多地放在了种植业、水产养殖业、林业等农业生产部门的养分资源管理上。一个完整的BMPs包括土壤检测（soil test）、被当做有机肥料施用的人畜粪便检测（manure test）、水土保持和土壤改良等程序。

美国各个州在实行养分资源管理时则可因地制宜进行调整。在国家层面，由农业部和环境保护局两个部门共同负责全国养分管理；而在州级政府，则演化成由农业部门和环保部门中的一家来主管。依据养分管理内容的不同可划分为三类，即无养分资源管理，如阿拉斯加州；偏向于农田养分资源管理，如俄勒冈州；偏向于畜牧场养分资源管理，如俄克拉荷马州。而农场与畜牧场养分资源管理并重的典型代表是威斯康星州。

美国自实行养分资源管理政策以来，其水质有了较大提升。根据环境保护署的统计标准，1996年、1998年和2000年水系中清洁河流（having good water quality rivers and streams）比例分别为64%、65%和61%，维持在一个较高水平范围内；污染物中营养物质（主要是氮和磷）比例分别为14.1%、10.0%和7.6%，呈现逐年下降趋势；主要污染源——农业（包括种植业、畜牧业等）对河流污染的贡献率分别为25.0%、20.3%和18.4%，也呈现较为明显的下降趋势。

4.2 欧洲"两型农业"生产体系发展模式

欧洲"两型农业"的最初目标主要是为了保护环境。第二次世界大战后，欧洲国家农业生产高速增长，化肥用量急剧上升，环境问题随之出现。到了20世纪80年代以后，欧洲国家（主要为欧盟成员国）意识到，农业必须走环境友好型道路（乐波，2006），并建立了一系列以养分管理为目标的政策法规与技术规程，确立了以化肥施用为控制重点的管理政策体系。在这一政策的约束下，各个国家依据具体情况，建立了适合本地情况和具有资源节约与环境友好特点的农业生产体系，其直接目标就是推进农业的可持续发展（李卫东，2004）。

4.2.1 德国的综合型持续农业生产发展模式

4.2.1.1 综合农业模式的基本特征

"综合农业"是指所有能够满足人民生活需要而又不破坏自然环境的农业

生产经营方式。它是基于现代农业持续增产、高产，但却造成土壤重金属元素增加、水资源趋于紧张、氮磷元素和农药残留物污染环境、生物多样性遭到破坏、农产品品质下降、生产过剩、自然资源和劳动力资源浪费的背景而提出，其内容包括维持生态平衡、保护土壤、综合植保、综合利用水资源、综合经营农业等（朱立志和方静，2004）。

德国是农业资源综合利用水平在欧洲地区达到最高的国家之一。由于其曾是全球生产和使用化肥、农药最多的国家，也是由于大量施用工业化学品而造成水源污染、环境破坏、农产品质量下降以及生产过剩等社会、经济与生态问题较为严重的国家。解决这一问题，德国政府提出了"综合农业发展模式"。该模式要求政府积极参与，统一部署，充分调动各方力量进行资源深度开发，并协调各方利益。

4.2.1.2 德国综合型农业生产发展模式的内容

目前，德国政府出台了一系列法律法规以及相关政策，如资源保护规定、环境污染刑事处罚规定、废弃物排除规定、固定和非固定设备安装规定、污泥用作肥料规定、防止施肥过量规定、化肥销售规定及农牧结合、轮作方式、少耕免耕、再生资源开发、自然优势试验奖励等，用于推进综合农业生产模式发展（曹明宏和雷海章，2007）。

其主要内容包括四个方面：一是综合农业与生态系统平衡。综合农业的实施以不破坏自然环境为前提，而且必须与生态系统要求的平衡过程相一致。二是综合农业与土壤保护。农业经营要因地制宜、合理轮作，注意施用钙肥，防止土壤流失，实行综合植保。三是综合农业与水源保护。其措施包括合理规划农田，避免在水淹区进行耕作；在水域周围建立保护绿地或设置田埂；通过合理栽培，保护土壤、涵养水分；实施最佳施肥方法等。四是综合农业与经济。要求通过政府宏观调控作用的发挥，充分协调好经济效益和环境保护等多方面的关系。同时，德国还成立了集农业生产、农业管理、农业经济、农业技术、农用化工和植物保护等方面的协会于一体的"综合农业促进联合会"，目的在于通过深入研究综合农业的技术和管理措施，使农业生产方法和技术体系更有利于对自然环境的保护和持续利用。

4.2.1.3 德国"综合型农业"发展中的生态补偿方式

自20世纪90年代以来，在欧盟共同农业政策的影响下，德国政府制定了一系列农业环境保护政策与法规，并以生态补偿方式鼓励农民从事环境友好型农业生产（王广深和候石安，2009），取得了较为明显的成效。

(1) 法律法规

德国政府制定了一套较为完善的农业生产的法律法规体系，一般农产品种植必须遵循的法律法规就有 8 个，即《种子法》《物种保护法》《肥料使用法》《自然资源保护法》《土地资源保护法》《植物保护法》《垃圾处理法》和《水资源管理条例》。对于有机农业，除上述法规外，德国根据欧盟规定，分别于 1991 年和 1994 年公布了种植业和养殖业的生态农业管理规定，2002 年又公布了有机农业法案，对有机农业制定了更为严格的实施标准。在相关农业法规中，对农场主安装农业生产固定设施、废弃物排放、肥料施用与销售等都进行了严格规定。例如，畜禽粪便必须储存在密封且无渗透的储罐内，并应存放 6 个月以上方可施用；在一、二级水源保护区禁止施用污泥肥料，在三级区域内施用时要经过有关机构批准；家禽粪便在 10 月至翌年 2 月底，即地下水重新形成期间不得施用。

此外，对于违反法律规定的行为，政府则制定了相应的惩罚措施（李丽娜，2009）。例如，对违反法律规定造成水资源污染等不良后果者，处以 5 年监禁或罚款；对违反排污规定，可能给人畜带来有毒物质或传染病，并由此对水源、空气和土壤造成污染或不良影响者处以 3 年以下监禁或罚款。

(2) 农业生态补偿方式

德国政府对于在农业生产中采取了一定方式，并使得生产对环境的影响朝有利于环境保护方向发展的农场或个人通常给予一定补贴予以鼓励。农业环境保护补贴的基本原则是：自愿参加，至少 5 年，遵守有关环境保护的规定。

德国农业生态补偿内容可分为几种不同类型。一是有机农业。整个农场的生产活动必须全部按照有机农业的标准，换言之，无论是种植业，还是畜牧业，所有产品均需符合生态农业标准，并贴上有机食品标签。二是粗放型草场使用，包括将耕地变为粗放使用型草场。要求的条件是：草场载畜量最多不超过每公顷 1.4 大牲畜单位，最少不低于 0.3 大牲畜单位；大幅度减少肥料和农药施用量；草场不能转变为耕地。三是对多年生作物放弃使用除草剂。多年生作物主要包括各类水果，如葡萄等。

由于生态系统服务的公共物品属性，传统意义上政府是生态系统服务的购买者或资助者。德国的农业生态补偿方式以政府购买为主（邢可霞和王青立，2007）。欧盟对属于欧盟政策范围内农业环保措施提供补贴，补贴的计算基础是以前的收入和采取农业环保措施所需要的经费。根据土地用途情况，每公顷土地可获得的最高补贴标准为 450~900 欧元。另外，在德国的一些州还规定，如果参与环保项目还可获取另一份补助。目前，有些州的环保型土地已达 2/3 左右，农户可以从地方政府那里得到补助。同时，德国还不断加强对农业环境措施的支持力度，对一些环境措施甚至提出了明确补贴标准，如能源作物每公顷补贴45欧元。对于发展较快的有机农业，农业部门则提供免费的咨询与技术服务。有机农产品一般由社会检测机构按标准进行认定，提供收费服务。根据欧盟规定，有机农业企业每年要接受1次严格检查。德国现有的有机农产品检测机构，都是经政府确认的私营企业，产品经检测机构检测合格即可颁发证书。目前，德国的有机农业企业均加入相关协会，协会统一有机农产品标识，规定规范化生产模式，定期对有机农业企业进行抽查，对于未遵守有关规定的将给予惩罚（张华建等，2002；戴从法，2001）。

德国农业政策中对农业生态补偿具有以下几个特点：一是政策的实施主要是通过补偿来鼓励农民采取环境友好的生产方式，实现农业生产方式和生产结构的转变，从而达到保护生态环境的目的；二是补偿的方式基本上都是政府通过某一项目的实施支付给农场主，并且该项目具备一定延续性；三是补偿一般都与相应的环保措施挂钩，并且这些环保政策均为实质性环保措施；四是保护项目的实施是通过政府与农户达成协议的方式实现的。

（3）取得的成效

农业环保法律法规及农业生态补偿政策的有效实施，使德国农业生态环境得到了明显改善。例如，氮在农业总产品中的利用率明显提高，由1980年的27%上升至目前的70%~80%，已经接近最大值，明显缓解了氮素环境污染的程度；截至2009年年底，德国已拥有21 047个有机农场，总面积947 115公顷，分别占全国农场总数的5.7%，总面积的5.6%。此外，欧盟在1998~2003年，化肥施用量虽减少9%，但粮食总产量仍然增加5%。由此可见，农业环保补贴措施对保持耕地质量、提升粮食综合生产能力具有重要作用。

4.2.2 荷兰的设施农业模式

设施农业是集生物工程、农业工程、环境工程为一体，跨部门、多学科综合的系统工程，是通过设施及环境调节，为作物营造较为适宜的生长环境，达到早熟、高产、优质、高效的集约化农业生产方式。这一方式，对于集约使用土地资源意义重大。为此，在土地资源极度缺乏的情况下，荷兰投入大量资金建立起世界一流的设施农业，"高投入-更高的产出"成为荷兰农业的一大特点。荷兰的设施农业突出地表现在两个方面。

（1）高标准的水利和防洪设施

"须德海拦海大坝"是荷兰的一项宏伟的水利工程，由荷兰著名水利工程师莱利（Lely）设计，政府动用巨额财力，于1927年开始建设，1932年5月正式施工，形成了长29km、宽90m、高出海面7m的拦海大坝，连接须德海北口两岸，构造了4000km²的海湾内湖，其中向大自然夺得了17.4万hm²土地；"三角洲工程"的完成，使荷兰高标准防洪大坝和内河堤坝的长度达到了2800km，堪称世界第一。无数条整齐交错的排水沟渠保护着农田，使低于海平面4~6m的农田也能获得高产。

（2）世界最大面积的玻璃温室

荷兰全国玻璃温室面积已超过1.1万hm²，占世界玻璃温室总面积的1/4以上，主要种植鲜花和蔬菜，特别是位于西部的威斯兰地区，温室集中连片，设施先进，以"玻璃城"驰名于世，常年为人们提供种类繁多的花卉、蔬菜与花球茎。

在荷兰设施农业实施的过程中，政府通过宏观调控，制定了符合国情的产业政策，使大多数农业企业都主动采用集约化、规模化的生产方式和规范有序的市场经营模式。同时，网络化的农业科研、教育、推广体系和农业合作组织在设施农业的发展过程中也发挥了重要作用。

目前，欧洲各国均在以设施农业为切入点，建造现代化农业设施。通过投入自动化、机械化、智能化的高新技术，使设施内的温度、湿度、光照、营养等综合环境得以自动控制，以达到作物所需的最佳状态。由于自动化和智能化高科技的应用，栽培环境不受自然条件的影响，使农业产品突破了传统环境要素的限制，实现了现代化和工业化生产。

设施农业给荷兰创造了巨大的财富。其中蔬菜水果年出口额54亿欧元，大部分产品通过拍卖市场等转运到欧盟内部及其他国家；2008年，荷兰花卉生产面积约2.7万hm²，年产值达90多亿欧元，经济效益约占荷兰农业生产总值的22%，超过80%的花卉产品供出口市场消费，实现出口创汇超过60亿欧元，占世界花卉贸易额的60%左右。

（3）极具特点的"两型"奶牛饲养业

荷兰奶牛业及乳品加工业十分发达，奶牛业的科技和现代化水平位居世界前列，2008年，荷兰共计完成奶制品出口62.84万t，实现创汇37.02亿美元。荷兰奶牛业发展是"两型农业"最好的典范，1970年荷兰奶牛总数为190万头，到2005年时奶牛总数降至142万头。在奶牛场和奶牛数量减少的同时，奶牛生产水平却大大提高，年单产水平由4700kg/头提高到现在的8000kg/头，其牛奶总产量得以保持原有水平（作为农产品过剩的欧盟成员国，荷兰的奶产量是限额的，超过限额会被罚款）。与此同时，荷兰奶牛场养分管理非常严格，不管是化肥还是粪肥，对它们的生产、储存和施用都有非常详细的规定，并且建立了易于农民操作的氮和磷的输入/输出核算系统（MINAS）。对牲畜密度的限制也是通过间接方式实现，即管理的重点不是处理多余的粪肥，而是通过减少饲养数量来控制养分的输入环节。

例如，De Marke 农场利用与豆科作物轮作，充分利用奶牛粪尿、严格的养分投入管理以及输出核算系统实现"环境友好"与"资源高效"。与传统农场相比，氮素总投入减少 50%，化肥氮投入由每年 330kg/hm² 减少至 52~96kg/hm²，饲料氮投入由 182kg/hm² 减少至 74~84kg/hm²；牛奶和肉产量保持不变；氮素盈余由 487kg/hm² 减少至 140~198kg/hm²；氮素利用效率由 14% 提高到 27%~35%；氮素平衡状况与理想农场相当（Aarts et al.，2000）。通过养分综合管理措施，地下水硝酸盐含量由 220 mg/L 减少到 55 mg/L，接近欧盟规定的饮用水标准（50 mg/L）（Aarts et al.，2001）。

4.3 日本"两型农业"生产体系发展模式——环境保全型农业模式

长期以来，日本对农业投入与环境保护相当重视。随着人们对食品安全以及环境安全的关注度不断提升，日本提出"环境保全型农业模式"，并取得了较为显著的成效，其经验及做法对我国"两型农业"的探索与发展具有重要借鉴作用。

4.3.1 环境保全型农业的基本内涵

20 世纪 60 年代以来，日本在农业生产中大量使用化肥与农药，虽促进了农业快速发展，但却造成了资源浪费、环境污染和土壤结构破坏，引发了一系列社会危害，日本也由此被斥为"公害大国"。而随着农业可持续发展浪潮的到来，日本迅速接受了该理念，并创造性地提出了环保型农业持续发展模式。日本政府在 1992 年 6 月 10 日发表的《新的食品、农业、农村政策的方向》中，提出"环境保全型农业"农业政策，并开始予以实施。

日本将环境保全型农业定义为灵活运用农业所具有的物质循环机能，通过精耕细作，合理使用农业化学工业品等，切实减轻环境负荷的一种可持续农业发展模式。其基本内容是农业不能仅仅满足于为人们提供稳定的食品供应，还应保护生态环境，做到农业与环境的协调发展（杨秀平和孙东升，2006；胡启兵，2007）。

该模式要求：一是降低农场外部性投入，如化肥、机械、农药等的使用，以防止土地盐碱化，保持并逐步提高土地肥力；同时利用现代生物技术培育适于水地、盐碱地、荒漠和生态敏感区种植的新型作物品种，扩大耕地面积，弥补耕地不足。二是提升效率并结合实际转变农业结构以达到环境保护的目的。一方面，重视农业系统各部门效率及其与资源系统关系的有机协调；另一方面，强调种植业、渔业、林业和畜牧业结构构成应与区域农业自然资源及其组合特点相吻合，以避免浪费自然资源和破坏自然生态结构。三是对农业资源特别是森林进行经济效益评价与测算，指出森林在防止水土流失、维护物种多样性以及净化空气等方面的生态价值，以期更好地发挥生态保护作用。

4.3.2 日本"环境保全型农业"生产模式的实践

在"环境保全型农业"生产模式实践中，日本国内的各个地方依据区域具体情况，成功地创造了包含有外部物品减量投入、资源循环利用等具有"两型农业"特点的运作模式。

(1) 率先实施"农业环境直接补贴制度"的滋贺县

滋贺县境内的琵琶湖是日本关西地区1400万人的生产、生活水源。长久以来，由于农业生产面源污染造成湖水质量不断恶化。为改善水质，且向消费者提供更为安全的农产品，滋贺县依据2003年4月开始实行的《滋贺县环境友好农业推进条例》，在全国率先对"环境友好型农产品"实行直接补贴（许晓春，2007）。

滋贺县"环境友好型农产品"所采用的栽培技术包括：将农药化肥使用量削减至常规量的五成以下、适当使用堆肥、禁止污水排入琵琶湖、用过的农用塑料需妥善处理等。自2003年起与县政府签约，且生产情况得到确认的农户可获取认证，并在所出售的农产品上张贴"环境友好型农产品"标签。从2004年开始，得到认证的农户可以获取环境直接补贴，补贴标准基于对"环境友好农业"与"常规农业"产量、销售价格、生产成本进行调查后比较而得。每1000 m^2（合1.5亩）的补贴标准为：水稻面积在3 hm^2以下时为5000日元，超过3 hm^2时，则超过部分为2500日元；设施蔬菜（芦笋、番茄、黄瓜、甜瓜、草莓）为3万日元；露地蔬菜和其他设施蔬菜为5000日元；果树（葡萄、梨、桃、无花果）为3万日元，其他果树为1万日元；茶叶为1万日元。这一措施的实施，大大减少了农业化学品的投入，为琵琶湖水质改善创造了良好的条件。

(2) 率先试行《防止大量使用肥料条例》的群马县

2000年6月，日本政府在农业技术研究所所长西尾道德教授等的推动下陆续出台了《推动形成循环型社会基本法》《循环型食品资源再生法案》，有力促进了日本循环农业发展；但是，农业生产中因农药、肥料使用不当而影响整体生态环境及居民健康的案例仍时有发生。鉴于此，2003年日本群马县率先试行《防止大量使用肥料条例》，并收到良好成效。

条例的核心在于通过构建农用化学生产资料管理机制来防止农药与肥料的不当使用。例如，对肥料的使用，除农地限制可使用的肥料种类及最高使用量外，条例特别规定每公顷耕地施用肥料不得超过150t，森林不得超过50t；每公顷耕地可以储放的肥料数量不得超过500t。当地农政单位必须确认所在地农药、肥料厂商每一笔买卖有记录，其中包括当地农资厂商的进、销、存以及农户的进、耗、存管理，对于购买量超过规定的农户进行追踪了解，必要时展开农地检验。

条例还对有机质肥堆肥过程进行管理，如堆肥地点的选取必须经过评估并上报给农政单位，待农政单位会同环境保护单位评估后决定，以避免土壤及水资源因为堆肥而遭受污染；堆肥过程必须类似于生产履历一样进行详实记录，公信单位会不定时进行抽验，以确保有机质肥料完全发酵，切实落实生态环保政策，并保障消费者与广大居民的健康。

在该条例的约束下，群马县的化肥减量投入效果明显。目前该县辖区内农地肥料用量控制为每公顷19t，森林控制为每公顷17t，土壤与生态环境得到了较好的保护。

（3）爱东町地区的循环型农业模式

因资源禀赋差异，日本各地区循环农业各具特色，其中，滋贺县爱东町地区以油菜综合利用为特征的循环农业模式非常成功。一方面，油菜籽利用后所遗留的油渣可以通过堆肥或者饲料化处理得到优质的有机肥料或饲料；另一方面，回收废弃食用油，经过加工处理可生成生物柴油（Biodiesel），用作农业机械燃料。爱东町地区循环农业的发展有效促进了资源在农业经济系统中的高效转化，减少了外部资源投入和农业废弃物排放，实现了资源合理循环再利用和生态环境保护，符合循环经济的基本框架（图4-1）。

爱东町地区不仅发展了农业循环经济，而且发展了农业产业，形成了区域性社会循环经济。爱东町地区利用其传统农业区的优势，在国家政策、资金的支持下，发展农业及其相关产业，形成以油菜生产和再加工利用为核心内容的循环农业体系，油菜加工产业成为区域内资源循环利用的主导体系，最终实现了区域内资源、产业间的大循环。

（4）岩手县的绿色农业模式

日本鼓励各地区结合本地实际，探索适合本地区发展的绿色农业模式。以日本岩手县为例，该区在1987年后探索出一条适合当地的绿色农业模式，即

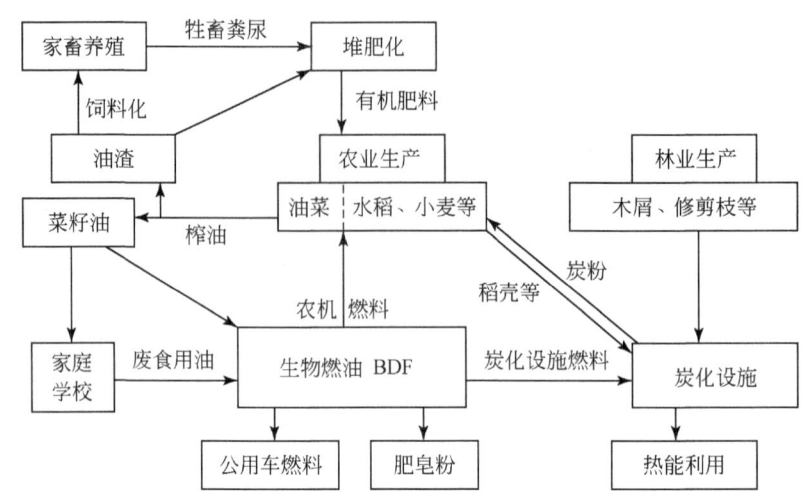

图 4-1 日本滋贺县爱东町农业循环经济基本框架

"有益于地球、人类、家畜和作物的岩手农业"。岩手县所倡导的绿色农业并未否定一切利用化肥、农药的无机农业，而是旨在降低农业对地球生态、环境的破坏，并在环境容量内重新构筑新型农业生产技术。为达到上述目的，在基于与自然生态相协调的前提下，还应努力实现下述系统目标：确定环境容量和环境标准；掌握在环境容量内对生产技术环境、农业环境的影响；施用农药减少30%；形成高效的病虫害观测预防体系；病虫害防治多样化、综合化；形成机械除草体系；施用化肥减少30%；有效利用土壤诊断技术；充分利用本地区的有机资源；确立向绿色农业过渡的技术；确立优质农产品生产技术；开发绿色农产品质量评价技术；开发对绿色农业经营的评价方法。目前，岩手县已建立起跨试验场、跨部门、跨学科（7个试验场、25个学科）的研究开发组织，共同探索绿色农业之路。

4.3.3 日本环境保全型农业发展的主要措施

为了促进环境保全型农业在全国范围内的推广实施，日本农林水产省主要采取了以下措施。

（1）设立相关机构、出台相关政策，积极引导农业发展方向

为了更好地推进环境保全型农业发展，日本设立了一些相关机构，并出台了一系列支持政策：1992年，设置"环境保全型农业对策室"，负责环境保全型农业的推进与实施，并对相关的技术进行试验和论证。1993年年末，制定完成《都道府县环境保全型农业推进基本方针》；1994年，在农林水产省设立

了"环境保全型农业推进本部",并制订了《环境保全型农业推进基本方案》;1995年制订了《地域环境保全型农业推进方针》。其后,又有大量与之相关的政策出台,如1999年出台的《有机农业法》《持续农业法》《新肥料管理法》;2003年出台的《农药残留规则》《农地管理法》等。为了促进环境保全型农业在全国的推广,1994年在市、町、村等设立补助金,用于相关设施的搭建与改造;1995年则基于农业改良资金,并通过有机农业导入资金的扩充,设立了环境保全型农业导入基金,以鼓励和引导农业向环保型方向发展(陈瑜,2000)。

(2)开发低害农药,加强农药的注册管理与使用指导

为防止农药对食物、水质以及环境的污染,日本积极研发低毒农药,并在专家与技术人员的指导之下,科学并限量使用。1971年以后,依据修订后的《农药管理法》,日本加强了对农药使用的限制。例如,1971年5月1日禁止销售双对氯苯基三氯乙烷(DDT)剧毒农药,1971年12月30日禁止销售六氯化苯。对毒性大、残留性高的农药严格按照《农药管理法》实行注册管理。所有需要注册的农药,农药生产者或进口商必须将药效试验、毒性试验、代谢试验、残留试验、对环境影响试验等资料与注册申请书、药物样本一并提交给农林水产省审查、注册。整个审查过程非常严格,且特别注重安全性指标的评价,如作物、土壤残留农药标准,对水产、动植物的毒性标准,水质污染标准等(陶箭,2009)。除注册审查外,农林水产省农业资材审议会下设农药施用安全委员会,负责农药安全使用指导,每年6月还举办"防止农药危害活动",借以提高全民的农药危害预防意识和环保意识。

随着农药危害预防意识与环保意识的提高以及农药施用量的大幅减少,日本因农药所导致的中毒、污染等事故的发生概率明显降低。2003年,日本劳动厚生省医药局和农林水产省生产局又联合颁布《农药危害防止运动实施纲要》,并予以实施。纲要的实施有助于进一步加强对农药的审定、生产保管及使用的监察与管理,并普及农药知识,指导农民正确使用农药。

(3)推行特别土地改良措施,加强农业用水安全管理,严格农业水土资源污染控制

日本特别土地改良措施是指在相关农业部门专家和技术人员的指导之下对污染的土地采取排土、添土、水源转换等措施,并对其效果进行适时检验。截至1986年,已查出的污染地区有128个,总面积为7030 hm^2。到1987年11月20日,已指定39个地区、4340 hm^2土地为防止土壤污染对策地区,对34个地区、3120 hm^2土地实施了排土、添土、转换水源等治理污染的特别土地改良活动。已完全落实治理措施的土地面积有3540 hm^2,占被污染地区总面积的

50.4%。在镉污染地区,在完成上述治理措施之前还采取了临时性措施,以防止大米被污染。此外,为了掌握重金属对土壤的污染状况,实施了土壤环境基础调查,制定了防止土壤中重金属蓄积的管理基准,力图使土壤污染防患于未然。

同时,为了保证农业用水安全,日本政府对13个地区的大型农业用水水资源储藏地进行了水质检查与污染原因调查。在农业振兴区域,为271个地区修建了农村污水处理设施,对水质受到严重污染需采取紧急措施的66个地区,通过构建家畜粪便的再生利用系统以及加强用水管理等措施,实施水源转换和预防水体污染,以确保农业环境安全和农产品生产的安全性。

(4)开发利用农业环保技术,切实推进环保型农业发展

日本很注重提高农业环境治理与改善等方面的技术含量,如开发与生态较为协调的高效生物转化技术、残留农药简易诊断技术、土壤诊断技术、有机农业栽培技术、追肥技术、面源污染的控制技术等。环境保护技术的开发利用已初见成效,早在20世纪80年代末90年代初,从事有机农产品生产的农业协同工会就已占到30%。在有机农作物栽培的推广过程中,实行无农药、无化肥栽培生产的大米占24%、蔬菜占32%、水果占15%。环保技术的开发和政府倡导,出现了一些环保型技术运用较为典型的地区:滋贺县通过使用新施肥法保全水质,减少了20%的氮肥施用量和40%~50%的氮肥流失量;神奈川县三浦市通过确立合理轮作体系和引进抗线虫植物的方式维护了土壤生态环境;香川县大野原町设立堆肥中心,利用林产废弃物和家畜粪尿制堆肥,充分利用了废弃物资源,减轻环境压力。这些典型地区的经验进一步带动了农业环境治理与环保型农业的发展。

(5)多渠道并重,多措施并行,全面提高消费者环境保护意识

通过相关政策的制定与实施、媒体的宣传以及各种各样活动的开展,提高公众的环保意识;宣传推广环保型农业的典型,充分利用典型地区的经验,带动其他地区农业环境治理与环保型农业的发展;开展"国民环境基金"活动,即通过募捐使广大国民自愿参加环境保护活动。

4.4 以色列"两型农业"生产体系模式——资源节约型农业模式

以色列是世界上自然资源最为匮乏的国家之一,尤其是水和耕地资源极其短缺(陈双庆,2004)。但依靠先进的理念、管理与技术,以色列却成为世界上农业最发达的国家之一,不仅实现了用2.2%的农业人口养活720万的国

民，而且还成了欧洲主要的冬季蔬菜出口基地，创造了农业发展的奇迹并由此而成为全球资源节约型农业发展的典范。

4.4.1 以色列节水农业模式

节水农业是在保持区域水环境和生态环境持续稳定的前提下，通过开发利用当地的各类水资源，建设高效的水资源配给系统，以及构建高效的水分转化利用模式，以最大限度地满足社会所需农产品生产的农业技术体系。以色列60%的土地属于干旱荒漠地区，人均水资源占有量为330m^3，仅及世界人均水资源占有水平的1/30。为了适应水资源严重缺乏的环境，保证农产品有效供应，以色列成功探索出了一条节水农业发展之路。经过半个多世纪的实践，已经构建并形成了完整的节水农业体系（刘英南，2009）。

（1）制定水资源管理政策

以色列水利法规定，境内所有水资源均归国家所有，必须专门用于满足居民及国家发展所需。国家水利委员会负责全国水资源的管理，包括制定水利政策、分配用水配额、制订用水计划与水资源发展规划，以及防止污染、开发废水、研制海水淡化设备、保护土壤和排污等工作。以色列水利委员会每年将70%用水配额分配给农业生产者，然后再根据总降水量，分配剩余的配额。为鼓励节水，以色列水利委员会规定农业生产者按其用水量占其用水配额的百分比缴纳费用。

（2）开发并应用精准微灌技术

以色列已经开发并研制出世界上最先进的喷灌、滴灌、微喷灌和微滴灌等节水灌溉技术及其相关的设施设备，完全取代了传统的沟渠漫灌方式，实现了农业节水技术的飞跃（江沿，2007）。农田灌溉的80%以上是滴灌，10%为微喷，5%为移动喷灌。此外，通过水肥连供技术，将水、肥直接送到植物最易吸收的根部，通过持续缓慢的供水来维持作物根区最适合的土壤水分含量，使水肥的利用率高达80%以上，比传统灌溉方式节约用水和节省肥料30%以上。

（3）科学实现水资源合理配置

以色列从1953年开始，历时11年，投资1.47亿美元，修建了纵横交错的国家输水工程，实施"北水南调"，即从水源较多的北方输送到南方干旱农业区，保障了一半以上的耕地得以灌溉。国家输水工程被称为以色列的生命线。

此外，政府和社会大力建设集水设施，最大限度地收集和储存雨季天然降水资源，用于农业生产（温新荣和丁艳，2008）；同时，通过淡化海水为工业、生活用水增加水源；加大循环水的使用力度，提高水资源利用效率。以色列开发出的"土壤蓄水层处理"技术，使污水经处理后再通过土壤注回蓄水层，让土壤和沙层起到净化过滤的作用。目前，以色列政府在人口稠密区推广运用该技术，并将80%的城市污水通过循环处理后用于农业生产，约占整个农业用水的20%，由此估计每年可节约1亿吨净化水。例如，在内盖夫沙漠地区，其2.4亿 m^3 用水中，从北部输送的淡水占44%，经处理的城市循环水占48%，地下微咸水占8%。

（4）调整和优化农业种植结构

在市场经济条件下，以色列减少对土地资源要求较高的粮食作物的种植，改种和增种对土地资源要求低、技术含量较高、经济效益较好的经济作物，如棉花、番茄、柑橘、花卉等，小麦等谷物的生产逐渐集中到西北部地中海沿岸的旱作农业区，而高耗水的养殖业、饲料则主要依赖进口，从而让宝贵的土地资源与有限的水资源发挥最大的经济效益。

4.4.2 以色列的生态农业模式

作为一个具有干旱和半干旱典型气候的沙漠小国，在发展节水农业的同时，以色列政府还特别注意通过科学技术，加强对农药污染、农产品残毒、肥料污染、农业废物处理等农业过程或环节的生态管理，来发展高效生态农业，具体措施如下。

（1）全力控制农药污染

以色列对95%左右的农作物实施化学用品控制，每公顷灌溉地限制使用农药40 kg左右（李建军，2007）。其农药使用同时受到农业部、卫生部和环境部的共同监管，并由农业部植物保护和检疫局负责农药注册及管理事务。为防止农药使用过程中造成对水源的损害和污染，政府通过立法禁止在水源附近上空喷撒任何生物和化学物质，禁止以任何方式在水源中洗刷盛放农药的器械器具。

（2）严格检测农产品残毒物质

卫生部粮食组织对销往国内市场的农产品负责农药残毒检测。其中，由环境部负责在产地对准备销往国内市场的蔬菜和水果以抽样方式进行农药残毒检测；由卫生部对送检样品进行实验室检测。检测的农产品主要有胡萝卜、薄荷、菠菜、香菜、蒜、洋葱等，如发现某种产品存在农药残毒超标，则视不同情况采取警告、通报批评、没收或销毁产品等处罚措施。

（3）逐步减少肥料污染

以色列农业生产主要依靠灌溉和施用化肥来提高作物产量。但肥料的过量使用所引发的环境污染已引起人们的充分重视，农业管理部门一方面号召农民减少肥料用量，同时采用先进的滴灌技术、使用长效肥料等措施以确保肥料中的硝酸盐最低限度地排入土壤中并最高限度地被作物吸收利用，以减少或避免肥料对环境造成的污染。

（4）有效利用农业废弃物

农业废弃物主要包括作物秸秆、畜禽排泄物、动物尸体及庭院废弃物。以色列每年产生的农业废弃物仅畜禽排泄物和动物尸体数量就很庞大。这些废弃物虽然会污染地下水、空气、土壤甚至还会传播疾病，但仍有很高的经济价值，对其进行合理利用则可变废为宝。目前，以色列对农业废弃物的处理方法是分散收集、集中处理、经发酵后作为有机肥料使用。

（5）不断改进耕作方法

随着采用缓效肥料、控制水土污染、综合防治病虫害等一系列先进的耕作管理方法的推广应用，农业活动对环境的危害正在逐渐减小。为了提高农户的生态意识，以色列政府进一步加大宣传力度，同时开展农业知识培训（李干琼和许世卫，2005），促使农户采取科学的耕作方式，运用各种投入少、消耗低、见效快、无危害的农业生产模式，以减少农业生产对环境的污染和危害，最大限度地实现生态环境保护与经济效益的有效结合（潘光和刘锦前，2004）。

（6）大力发展无土农业

受限于极其匮乏的土地资源，发展无土农业是以色列农业发展的重要内容。以色列充分发挥其高科技优势：一是直接向植物提供无机营养液，以代替由土壤和有机质向植物提供确保其生长发育所必需的营养；二是采用将太阳能以有氧吸收方式直接转化为热量的栽培方式。目前，以色列无土玫瑰栽培年产量可达每平方米150枝；无土甜椒产量可达每亩6500kg，无土樱桃番茄产量可达每亩3500kg，无土大西红柿产量可达每亩15000kg。苹果、樱桃、油桃、杏、葡萄等也采用无土双倍篱壁式栽培技术，均取得了良好效益。这种无土栽培方式既无污染又节约土地资源，具有可持续性，是发展现代生态农业的成功尝试。

目前，在以色列的农业结构中，基本形成了粮食、经济作物、林果业和畜牧业协调发展的良性态势，实现了可持续发展，这与其注重环境保护与资源配置是密不可分的。

4.5 发达国家"两型农业"发展的经验借鉴

在共同面临全球性资源与环境问题的背景下，西方发达国家借助其先进的科学技术和良好的管理经验，构建起运行较为顺畅的"两型农业"生产体系。不同的国家根据其自身特点探索出来的实践模式及其所取得的成功经验，值得学习和借鉴。

（1）十分重视资源节约与环境保护的紧密结合

由于对过去那种以大量消耗化石能源为根本特征的"常规农业现代化发展模式"所引发出来的资源环境破坏严重的教训十分深刻，导致美国、日本、法国等发达国家在现代农业发展中更加关注资源节约和环境友好问题，采取各种措施和探索不同模式，以贯彻和体现农业资源节约与生态环境改善的基本发展理念（北京现代循环经济研究院，2007）。例如，美国的农牧结合综合经营模式，就是通过利用种植业与畜牧业之间所存在的相互依赖、互供产品、相互促进的内在机理，较好地协调了养殖业与种植业之间在饲草、饲料、肥料三个物质经济体系之间相互促进、互相协调的关系，在共同发展和共同促进的过程中，实现了种植业与畜牧业的循环发展和土壤肥力的提高以及畜牧养殖环境的改善。

这种在农业发展过程中时刻关注资源节约和环境友好的经验做法值得借鉴，在今后农业生产的产前、产中和产后等各个环节中，必须加大农民教育（郑祖婷和史宝娟，2009），形成并强化资源节约与环境友好的意识（刘立伟，2006），不能仅仅注重抓生产之中的资源节约和环境保护，而应该形成整体性的系统观念，构建全过程的资源节约和环境友好。例如，长期强调科学施肥施药，但在化肥与农药的产前生产中，如果企业所生产的产品质量低劣，那么，即使农业生产者付出极大的努力进行科学使用，其效果也必将大打折扣。因此，在今后资源节约与环境保护时，必须两手都要抓，且两手都要硬，彻底摒弃传统的"末端治理"模式。须知，污染物的大量产生在很大程度上源于资源的不合理利用，而资源节约是从根源上减少环境污染的有效措施，只有抓住了资源节约这个基础，才能从根本上解决农业环境污染问题，最终走向环境友好。

（2）强大的农业科研投入和良好的技术支撑体系是实现两型农业发展的重要保障

任何一个有利于提高资源利用效率和实现环境友好的农业发展模式，都需要科学技术的强大支撑。而长期以来，美国、日本、以色列、欧洲诸国都注重通过农业科技创新和完善农业技术支撑体系来促进和实现农业的可持续发展。

其中，美国政府大力支持相关技术研发部门开发先进的农业技术，重点研发一些无污染、无公害、节地、节水、节肥、节能等方面的农业生产技术，尤其是将具有节肥、节药和高产性状的转基因技术作为其两型农业发展的重大技术来予以攻关，并试图在全球范围内进行推广，以主导世界农业技术的发展方向，转基因技术也由此成为当代最受关注的农业高新科技。日本政府则非常重视新型循环农业技术的研究与开发，在政府的支持下，日本的许多大学和研究机构通过自主创新、引进国际先进技术来实现对循环农业的良好技术支持。以色列把科技兴农作为国策，其农业研究组织（ARO）是世界著名的农业科研机构之一，承担了全国3/4的农业科研任务，所需要的农业科研经费也得到了政府的充分支持。此外，在技术推广系统中，各国政府也构建了良好的和运转高效的农业技术推广体系，引导和鼓励农场主和农民不断采用新的农业技术，以实现科技成果迅速向生产实践的转化。发达国家对"两型农业"技术研发与成果转化支持政策的这种做法，启示我们在建立"两型农业"生产体系的过程中，必须着力于对资源减量化、环境友好型农业生产技术的协同攻关，不断开发各种有利于资源循环和高效利用，以及对环境负面影响较小的高新技术及其相关技术规程。具体而言，应从以下几方面着手。其一，尽快完善"两型农业"生产体系的技术配套。从资源节约和环境友好的标准来看，现行的农业生产技术仍然是建立在大量投放农用化学品的基础之上，这既增加了农业生产成本，又带来了质量安全隐患以及环境污染等严重问题。因此，在保障优质高产的前提下，通过开发新技术，实现相关技术的集成配套，以减少农业化学品投入，促使水土及能源的节约（孟大琳和陈继夏，2005）。其二，选择符合"两型农业"生产要求的农业实用技术。根据不同区域、作物、种植制度等，制定测土配方施肥技术规程，改进施肥方法，提高肥料利用率；积极推广应用高效低毒、低残留农药和新型施药器械，减少农药施用量；推广各种节水灌溉技术，实行计划用水与科学用水，提高农业用水利用率；推广耕地培肥和保护性耕作技术，加快中低产田改造，提高复种指数；鼓励发展低耗能设施农业，提高耕地的综合产出效率（李本辉，2009）。其三，以转基因技术为切入点，切实推进新一轮农业技术变革。积极整合、优化配置现有转基因专项资金，加强大专院校、科研院所之间的相互交流与通力合作，以水稻、玉米等主粮作物为突破口，全力发展转基因技术，抢占科学制高点，使之成为新一轮农业技术革新的排头兵与引领者。

(3) 完善的农业法律法规为"两型农业"体系建设与运行提供了良好的环境氛围

为了有效推进"两型农业"的发展，发达国家以不同方式出台或制定了相关的政策法规，从不同的角度或者不同的层面为"两型农业"发展创造良好的制度条件与环境氛围。美国是世界上最早实践农业可持续发展理念的国家，也是最早颁布此方面法律的国家（张利国和徐翔，2005），早在1983年美国就制定了《有机农业法规》，对有机农业进行了界定；又通过了《可持续农业教育法》《可持续农业法案》等（刘立伟，2006），以构建可持续农业发展的法律与政策环境。欧盟于1991年制定了关于使用植物保护剂的准则，旨在规定和检查欧盟成员国所允许使用的植物保护剂许可量。其中，德国建立了一套较完善的农业法律法规，并根据欧盟于1991年和1994年分别公布的种植业与养殖业的生态农业管理规定，制定了更严格的生态农业管理标准和规定。日本于1992年颁布了《有机农产品及特别栽培农产品标志标准》和《有机农产品生产领域管理要领》，并将以自然农业、有机农业为主的农业生产方式列入保护环境型农业政策，在此基础上，于2000年颁布了《日本有机食品生产标准》。这种对"两型农业"发展具有重要支持作用的法律法规的出台和不断完善的做法，值得借鉴。为此，我国应该结合国情，进行相关立法工作的探索。从当前来看，需要制定和颁布"两型农业"生产体系管理办法；出台乡村环境清洁标准和农业清洁生产标准，规范农药、化肥等生产资料的生产与使用，把发展资源节约型和环境友好型农业生产体系引入规范化、制度化管理轨道。与此同时，严格执行有关农业生态环境保护、农业投入品管理、畜禽养殖场污染防治和排放标准、农作物秸秆焚烧等方面的法律、法规和标准（罗必良等，2000）；依法加强农业资源与农村生态环境的调查、监测、监督和保护；依法查处破坏、浪费农业资源或者污染农业生态环境的行为，严格控制城镇污染向农村扩散。

（4）政府补贴政策的强化和实施为"两型农业"生产经营主体积极性的发挥起到了重要的激励作用

为了鼓励本国农业步入可持续发展轨道，必须正确引导农业主体的生产经营行为，不断激发他们参与"两型农业"发展的积极性。为此，发达国家的政府部门借助于其强大的财力投入，积极推行有利于"两型农业"发展的各项财政补贴政策（郭玮，2002）。例如，美国各级政府通过农业法律与经济杠杆手段（程彬等，2006），对农场主生产经营行为进行有效的引导与调控，运用财政补贴的方式鼓励农场主实行农田休耕等生态环境保护措施。德国政府则按照低、中、高的三个环保型农业层次，分别依据农场主减少的收入制定固定的补助标准，由政府从生态农业基金中给予补偿。农场主在获得德国政府补助的同时，还可享受欧盟的环保奖金与有机食品补贴，如休耕补贴、环保农业补贴和结构调整基金补助等。

从我国的现实情况来看，启动和实施各种有利于"两型农业"发展的政府农业环境和资源节约利用补助政策也是十分必要的（赵西华，2009；孙佑海等，2009），它既符合 WTO 的"绿箱"政策要求，也能够有效激励农业生产经营主体参与"两型农业"发展的积极性（兰宗宝等，2009）。为此，可以采取多元化的财政支持政策。一方面，应尽快设立"两型农业"生产体系发展专项资金。加强对农业科研机构"两型农业"生产体系科技创新的支持力度，对企业（或农户）所进行的"两型农业"生产体系建设，提供小额贷款、贴息补助、提供保险等服务，以鼓励和吸引社会、企业和个人投资于"两型农业"技术的扩散与推广（张俊飚，2009），对主动采用"两型农业"技术的农民，以及积极开发和利用"两型农业"生产技术和设备的企业给予资金扶持。另一方面，建立各种补贴补偿制度、不断完善激励政策。鼓励各类社会主体参与秸秆、畜禽排泄物物流体系，对建立秸秆与畜排泄物饲料化、能源化、肥料化、工业原料化的企业和直接推进秸秆及畜禽排泄物还田的生产基地，给予高标准的财政补贴；将各类与资源节约和环境友好相关的农业装备和农业机具纳入农机购置补贴范围之内，并列入鼓励发展的产业目录之中；制定并出台发展生物质能源应用补贴政策；对于获得重大突破的研究团队要在项目立项、人才培养、成果报奖、科技基础设施能力建设等方面给予持续支持（郑乃红和王桂林，2007）。

综上所述，"资源节约型、环境友好型"农业生产体系是现代农业转型发展阶段的一个新命题。根据我国的人口、资源、环境条件以及农业可持续发展的要求，构建具有中国特色的"两型农业"生产体系不仅是必要的，而且是可能的。欧美发达国家农业发展的背景、模式等方面虽然与我国存在很大不同，但都处于农业可持续发展探索的道路上。因此，在建立我国"两型农业"生产体系发展模式的过程中，应当在认真总结和借鉴国外经验的基础上，结合我国国情，探索出一条具有中国特色的"两型农业"发展道路，运用系统工程学的方法，全面规划、合理组织农业生产，实现农业高产优质高效生态安全和持续发展的目标，达到生态与经济两大系统的良性循环和经济、生态、社会三大效益的有机统一（张润清等，2006）。总之，建立并不断发展完善"两型农业"生产体系，是我国传统农业转向现代化农业的必由之路。

第 5 章
我国农业生产体系发展中的资源环境问题及其原因分析

"两型农业"是指建设"资源节约型、环境友好型"农业。"两型农业"发展模式迎合了生态文明发展的主线,同时顺应了当代"低碳"经济的思想潮流,是一种具有经济、社会和环境三重效益的农业综合发展体系。"两型农业"生产体系内涵丰富,最主要的问题就是解决经济发展与资源、环境之间的矛盾,统筹人与自然的和谐发展,从根本上转变我国长期存在的以资源大量投入、环境过度污染为特征的粗放式农业增长方式,实现农业经济发展和资源环境保护双赢的可持续发展战略目标。"两型农业"要求在微观上资源利用的高效率,中观上资源配置的高效益,宏观上农业发展与资源承载能力相适应(匡远配,2010);环境友好功能要求综合生态学、绿色化学、技术经济学、清洁生产等原理,从源头上减少或控制废弃物与污染物的产生。

为了切实保护和合理利用各种农业资源,提高资源利用效率,以最少的资源消耗和环境代价取得最大的经济、社会和生态效益,实现人类与自然的和谐发展,本章主要研究"两型农业"生产体系资源环境现状、存在的问题,以及"两型农业"生产体系资源环境建设模式并提出建议与对策。

5.1 "两型农业"生产体系资源环境现状

农业资源是指人们从事农业生产或农业经济活动所利用或可利用的各种资源,包括农业自然资源和农业经济资源。农业自然资源指农业生产可以利用的自然环境要素,主要由土地资源、水资源、气候资源和生物资源等组成;农业经济资源是指直接或间接对农业生产发挥作用的社会经济因素和社会生产成果,主要包括农业人口和劳动力的数量和质量、农业物质技术装备、交通运输、通信、文教和卫生等农业基础设施。

在农业生产体系的发展中需要各种各样的农业资源要素,这些资源一般可以分为以下几类。

5.1.1 以土地和水为代表的自然资源

农业生产中的自然资源是指被输入农业生产过程的自然界里天然存在的资源，以耕地资源和水资源为代表。耕地资源是农业生产最基本的资源之一，耕地资源是人类最基本的生产资料和最重要的劳动对象。在科学技术尚不十分发达的今天，维持人类生存所需的食物大多直接或间接来自耕地。耕地作为土地资源的精华，是最重要的农业生产资料，也是保障土地生态系统稳定与优化的基础。水是生命之源，农业生产作为一种利用生物机能的生产过程，若没有水资源就不能进行。因此，水是农业生产中最基本的资源之一，是农业生产的命脉，也是保障国家粮食安全的重要战略资源。

5.1.1.1 耕地资源

耕地是指种植农作物的土地，包括熟地，新开发、复垦、整理地，休闲地（含轮歇地、轮作地）；以种植农作物（含蔬菜）为主，间有零星果树、桑树或其他树木的土地；平均每年能保证收获一季的已垦滩地和海涂。耕地中包括南方宽度小于1.0m、北方宽度小于2.0m固定的沟、渠、路和地坎（埂）；临时种植药材、草皮、花卉、苗木等的耕地，以及其他临时改变用途的耕地。根据2013年中国国土资源公报，2012年全国耕地面积为20.2737亿亩。据第二次全国土地调查，2009年我国人均耕地1.52亩，低于世界人均耕地3.38亩的水平，且区域间很不平衡。据第二次全国农业普查主要数据公报对全国耕地状况统计显示，截至2006年10月31日，从地区分布情况看：西部地区分布的耕地较多，占36.9%；东部地区、中部地区和东北地区分别占21.7%、23.8%和17.6%。从耕地类别看：旱地面积比例较大，占55.1%；水田和水浇地面积分别占26.0%和18.9%。从坡度等级情况看：0°~15°的耕地比例最大，占87.5%；15°~25°、25°以上的耕地分别占9.2%和3.3%，具体见表5-1。

表5-1 耕地分布及分类情况

项目		面积/万亩	占总量比例/%
全国		182 663.85	100.0
按地区分	东部地区	39 592.80	21.7
	中部地区	43 487.40	23.8
	西部地区	67 406.85	36.9
	东北地区	32 176.80	17.6

续表

项目		面积/万亩	占总量比例/%
按类别分	水田	47 501.85	26.0
	水浇地	34 444.95	18.9
	旱地	100 717.05	55.1
按坡度分	0°~15°	159 887.70	87.5
	15°~25°	16 714.80	9.2
	其中：梯田	4766.25	—
	25°以上	6061.35	3.3
	其中：梯田	1350.45	—

注：根据《第二次全国农业普查主要数据公报（第六号）》整理。东部地区包括北京、天津、山东、河北、上海、浙江、江苏、福建、广东、海南共10个省（直辖市）；中部地区包括山西、江西、湖南、湖北、河南、安徽、四川、重庆共8个省（直辖市）；西部地区包括广西、云南、贵州、西藏、内蒙古、陕西、宁夏、青海、甘肃、新疆共10个省（自治区）；东北地区包括辽宁、吉林、黑龙江共3个省

我国耕地资源最突出的特点是"三少"：一是人均耕地少。2012年年末，我国现有耕地20.2737亿亩，居世界第三位；但由于人口众多，总人口达135 404万人，人均耕地1.497亩，排在世界第67位，有一些省（市）的人均耕地已经低于联合国粮农组织（FAO）确定的0.795亩的警戒线。二是优质耕地少。国土资源部2009年发布的《中国耕地质量等级调查与评定》显示，我国耕地质量等别总体偏低。调查显示，全国耕地质量平均等别为9.80等，等别总体偏低。优等地、高等地、中等地、低等地面积占全国耕地评定总面积的比例分别为2.67%、29.98%、50.64%、16.71%。全国生产能力大于1000kg/亩的耕地仅占6.09%。近年来，遭受工业"三废"污染的土地近15 000万亩；同时还有不少耕地受到盐碱化、沙化和荒漠化的损毁；另外，建设还占用了一部分优质耕地。三是后备耕地资源少。2010年全国耕地后备资源总潜力约为8亿亩，但水、土、光、热条件比较好的只有40%，能开垦成耕地的只有32 000万亩。非农建设、农业结构调整和生态退耕导致耕地面积逐年减少。非农建设主要包括工业化、城市化发展中将耕地、林地、草地等直接用于农业生产的土地转为建设用地。据统计，城市面积每扩大153万亩，城镇化水平增长1%，耕地减少615万亩。1999~2010年，每年因建设占用的耕地分别为307.95万亩、244.95万亩、245.55万亩、294.75万亩、343.65万亩、217.65万亩、208.05万亩、250.95万亩、282.45万亩、287.4万亩、478.5万亩、485万亩，呈在波动中不断上升的趋势；农业结构调整主要指将耕地转为林地、草地或养殖水

面的农用地内部的转用，如将粮食种植转为蔬菜种植等。据统计，1998~2008年每年因农业结构调整减少的耕地面积为105.15万亩、160.65万亩、867.3万亩、162.45万亩、523.5万亩、546.15万亩、307.05万亩、18.45万亩、60.3万亩、7.35万亩、37.35万亩，其中2000年因农业结构调整减少的耕地面积最多，达到867.3万亩。农业结构调整导致耕地减少的同时，使粮食产量下降，有可能造成耕地质量下降，甚至毁灭性破坏耕地耕种粮食作物的能力，影响粮食安全；生态退耕地成为耕地减少的主要原因。1998~2008年每年生态退耕地为246.9万亩、591.9万亩、1144.2万亩、886.05万亩、2138.25万亩、3355.95万亩、1099.35万亩、585.6万亩、509.1万亩、38.1万亩、11.4万亩。

5.1.1.2 水资源

农业水资源是可为农业生产使用的水资源，包括地表水、地下水和土壤水。我国人多、地少、水资源紧缺。农业既是用水大户，又是缺水大户，年耗用量约为3664.2亿m^2，占实际取水总量88%，同时年缺水量为300亿m^2，占实际缺水量的64%。

我国农业水资源的主要特点是：

一是人均、地均拥有水量少。根据2008年中国水资源公报显示，中国水资源总量[①]为27434亿m^2，排在世界第6位，而人均占有水资源量为2240m^2左右，在世界银行的153个国家中排在第88位，华北地区仅为世界平均水平的1/24，被列为13个贫水国家之一。农村的缺水状况更加严峻。根据第二次全国农业普查主要数据显示，全国有10.3%的农户获取饮用水存在困难，尤其是西部地区该比例达到22.2%（表5-2），全国平均每年遭受旱灾的耕地面积超过4亿亩，约占农作物总播种面积的1/5。正常年份全国灌区每年缺水约300亿m^2，因缺水导致粮食减产造成的经济损失约500亿元，影响工业产值2000多亿元[②]。

表5-2 获取饮用水困难住户比例

项目	比例/%
全国	10.3
东部地区	2.3

[①] 水资源总量：指某特定区域在一定时段内地表水资源与地下水资源补给的有效数量总和，即扣除河川径流与地下水重复计算部分。
[②] 马晓河，方松海.2006.中国的水资源状况与农业生产.中国农村经济，(10)：4-11，19

续表

项目	比例/%
中部地区	0.6
西部地区	22.2
东北地区	1.3

二是中西部地区水资源压力大。据王雅鹏等（2008）测算，我国各省份水资源压力从大到小，依次是宁夏、天津、上海、内蒙古、河北、山西、北京、新疆、山东、甘肃、河南、江苏、青海、辽宁，其余各省份不存在水资源压力。在有水资源压力的14个省份中，除京、津、沪和江苏、山东外，其余均为中西部省份，表明我国华北地区与中西部地区的水资源供给压力大，是我国主要的缺水区。

三是水资源与人口、耕地资源分布不匹配。以大兴安岭—榆林—兰州—青藏高原东南边缘一线为界，全国94%的水面分布于东南部，77%的未利用地和难利用地分布于西北部，水资源组合状况差异性较大。据刘昌明、陈志恺（2001）作出的分析，全国各流域水资源状况南方和北方差异巨大，北方耕地面积占全国的59.6%，人口占44.3%，而水资源量仅占14.5%，其中，人口和耕地分别占了34.7%和39.4%的黄淮海地区水资源量仅占7.6%；84%的水资源量集中在了人口占53.6%、耕地占34.7%的南方地区，水量不足是华北耕地生产能力进一步提高的主要制约因素。按耕地亩均水资源量计算，我国北方的北京、天津、河北、山西、山东、河南、宁夏人均水资源量少于$500m^2$，为极度资源性缺水省份。我国的可耕后备荒地，主要集中在东北地区与西北地区，其开垦主要受当地水资源条件的制约。

5.1.2 农业人力资源

农业人力资源是指可用于农业生产过程中的劳动力资源的数量和质量，其能动性和创新性对于农业生产和农村经济发展具有十分重要的影响。任何社会的一切社会财富，都是人们从事生产活动的结果，是人类劳动与自然界相结合的产物。没有农业劳动，就没有农业的存在与发展，也就没有整个国民经济或社会存在与发展的基础，因此，农业人力资源是农业及整个国民经济与社会发展的基础。

农业劳动力主要表现为农业从业人员，即以从事农业生产为主的从业人员，包括我国境内全部农村住户、城镇农业生产经营户和农业生产经营单位中的农业从业人员。下面主要从农业劳动力数量和质量方面研究农业人力资源现状。

5.1.2.1 农业劳动力数量及转移状况

国家统计局发布的第二次全国农业普查主要数据公告显示：到 2006 年年末，农村劳动力资源总量 53 100 万人，其中男劳动力占 50.8%。农村从业人员 47 852 万人，占农村劳动力资源总量的 90.1%。从表 5-3 可看出，在全国农业从业人员（34 874 万人）中，男性占 46.8%，女性占 53.2%；从年龄来看，20 岁以下占 5.3%，21~30 岁占 14.9%，31~40 岁占 24.2%，41~50 岁占 23.1%，51 岁以上占 32.5%，可见农业劳动力年龄构成偏大，这与青壮年外出务工密不可分。农村外出从业劳动力总量及构成情况，具体见表 5-4。从外出劳动力年龄构成来看，西部地区 21~40 岁劳动力转移量占总转移量的 68.9%，所占比例大于东部、中部及东北地区，可见西部地区外出劳动力更有年轻化趋势，这不仅与区域经济发展不平衡有关，还可能因为年轻劳动者受教育水平较高，接受新知识新技能的能力较强。从外出从业劳动力文化程度构成来看，东部地区初中、高中、大专及以上农村劳动力转移量占该地区劳动力转移总量的比例均大于全国平均水平，表明东部地区农村高素质人才流失现象较其他地区更为严重。

另据国家统计局统计，2012 年全国农民工总量达到 26 261 万人，比上年增加 983 万人，增长 3.9%；其中，外出农民工 16 336 万人，增加 473 万人，增长 3.0%。从外出劳动力的输出地看，2009 年第三季度末，东部地区外出劳动力为 3877 万人，比第二季度末增加 45 万人，增长 1.2%；中部地区外出劳动力 4529 万人，增加 8 万，增长 0.2%；西部地区外出劳动力 3802 万人，增加 32 万人，增长 0.8%。

表 5-3 农业从业人员数量及构成

项目		全国	东部地区	中部地区	西部地区	东北地区
农业从业人员数量/万人		34 874	9 522	10 206	12 355	2 791
农业从业人员性别构成/%	男	46.8	44.9	45.7	48.6	49.7
	女	53.2	55.1	54.3	51.4	50.3
农业从业人员年龄构成/%	20 岁以下	5.3	4.2	4.9	6.4	6.4
	21~30 岁	14.9	13.5	13.8	16.5	17.2
	31~40 岁	24.2	22.0	24.5	25.3	25.4
	41~50 岁	23.1	25.0	23.5	20.6	25.3
	51 岁以上	32.5	35.3	33.3	31.2	25.7

续表

项目		全国	东部地区	中部地区	西部地区	东北地区
农业从业人员文化程度构成/%	文盲	9.5	7.7	8.9	12.8	2.9
	小学	41.1	38.5	37.0	47.0	39.0
	初中	45.1	48.8	49.2	36.7	54.6
	高中	4.1	4.8	4.7	3.3	3.2
	大专及以上	0.2	0.2	0.2	0.2	0.3

表5-4 农村外出从业劳动力总量及构成

项目		全国	东部地区	中部地区	西部地区	东北地区
外出从业劳动力年龄构成/%	20岁以下	16.1	14.2	17.6	16.1	16.7
	21~30岁	36.5	36.1	36.6	36.7	35.4
	31~40岁	29.5	27.3	29.3	32.2	25.4
	41~50岁	12.8	15.4	11.9	11.1	15.3
	51岁以上	5.1	7.0	4.6	3.9	7.2
外出从业劳动力文化程度构成/%	文盲	1.2	0.9	1.1	1.7	0.5
	小学	18.7	15.0	16.5	24.9	20.1
	初中	70.1	70.9	73.0	65.5	71.8
	高中	8.7	11.4	8.4	6.9	5.9
	大专及以上	1.3	1.8	1.0	1.0	1.7

在农业现有劳动力中，2006年年末全国共有农业技术人员207万人，其中，在农业生产经营单位中从业的有94万人；按职称分，高、中、初级农业技术人员分别为12万人、46万人和149万人，具体见表5-5。

表5-5 农业技术人员数量　　　　　　　　　　　单位：万人

项目	全国	东部地区	中部地区	西部地区	东北地区
合计	207	70	39	77	21
初级	149	53	25	58	13
中级	46	14	11	15	6
高级	12	3	3	4	2

5.1.2.2 农业劳动力质量状况

农业劳动力受教育状况在一定程度上可以反映农业劳动力的质量。根据

《中国农业发展报告》2000～2009年的数据得出每个农村居民户劳动力的情况，如表5-6所示。

表5-6　每个农村居民户劳动力状况　　　　　　　　单位：人

年份	家庭劳动力	农村劳动力	文盲、半文盲	小学文化程度	初中文化程度	高中文化程度	有专业技术职称人数	受过职业教育和培训人数
2000	2.56	2.49	0.33	0.97	1	0.19	0.07	0.12
2001	2.59	2.51	0.3	0.96	1.06	0.19	0.06	0.11
2002	2.59	2.51	0.28	0.93	1.1	0.21	0.06	0.12
2003	2.5	2.38	0.31	0.86	1.05	0.16	0.11	0.17
2004	2.46	2.35	0.29	0.81	1.02	0.16	0.11	0.17
2005	2.44	2.34	0.27	0.79	1.03	0.17	0.12	0.17
2006	2.41	2.31	0.26	0.77	1.04	0.18	0.12	0.18
2007	2.40	2.29	0.15	0.69	1.2	0.25	0.12	0.19
2008	2.42	2.3	0.14	0.64	1.27	0.22	0.13	0.20
2009	2.40	2.28	0.15	0.58	1.26	0.24	0.12	0.31

农村劳动力占家庭劳动力的比例从2000年的97.3%下降到2009年的95%，年均下降幅度为0.99%。农村劳动力在接受正规教育方面，文盲、半文盲的人数从0.33下降到了0.15，年均下降10.2%；有小学文化程度的人从2000年的0.97人下降到2009年的0.58人，年均下降5.1%；初中文化程度的人从2000年的1人上升到2009年的1.26人，年均增长幅度为3.03%；高中文化程度的人从2000年的0.19人上升到2009年的0.24人，年均增长幅度为1.85%。从统计结果可以看出九年义务教育普及工作在农村效果明显，减少了大量文盲、半文盲及小学文化程度的人，而接受初中及高中教育的人数增幅明显。在接受职业教育方面，有专业技术职称的人从2000年的0.07人上升到2009年的0.12人，年均增长8.05%，这一成效的取得主要得益于2002～2003年有专业技术职称的人数猛增，增幅达到93.3%，而自2003年以来有专业技术职称的人数增幅并不明显；受过职业教育和培训的人数从2000年的0.12人上升到2009年的0.31人，增幅达到6.59%，其中2009年增幅高达55%，2002～2003年接受职业和培训的人数增幅达到41.8%，其余年份增幅不大。以河南为例，2004年、2005年每百个转移劳动力中不识字或识字很少的由1人上升为1.51人；初中文化程度的由66.62人上升为69.53人；大专及以上文化程度的由1.48人上升到2.3人。

以上分析表明，农村具有较高文化水平的劳动力更具有向非农行业转移的优势和倾向,这一现象造成了农村科技推广和创新任务落实困难,也使发展"两型农业"面临高素质劳动力资源制约问题。

5.1.3 农业环境现状

农业环境一般是指影响农业生物生存和发展的各种天然和经过人工改造的自然因素的总体,包括农田、水、空气、光、热等。这些农业环境要素相互作用,相互影响,共同形成一个整体。

从传统的生态观来看,农村基于传统的农业耕作方式、分散居住和良性生态循环等原因,环境自我消纳能力较强,环境问题并不突出;而城市却由于工业化城镇化的飞速发展,城市建筑、人工化生态系统和高密度人群使环境问题日渐突出。这种差异性随着城乡社会经济的不平衡发展和科技在农业领域广泛运用而发生深刻的变化。与城市环境不断得到重视和改善相比,农村环境却在经济快速发展中承载了更多的不公平负担,加之农村环境自身纳污能力不断减弱并趋于饱和,逐步呈现出与经济发展呈逆向关系的问题化表现。农业环境污染是农业经济活动对环境的一种负面影响,这种影响既有技术层面的原因,也是农业经济政策和经济外部性作用的结果(孙铁珩和宋雪英,2008)。农业环境污染包括点源污染和非点源污染,其中点源污染以规模化畜禽养殖的废水排放为主,而非点源污染包括化肥、农药等农用化学品使用不当造成的土壤、大气、水体污染等。

5.2 "两型农业"生产体系发展面临的问题

当前,伴随着我国经济的高速发展以及对农业资源的非可持续利用,农业资源的稀缺性日益明显,农业环境遭到的破坏日益严重,农业资源与环境安全问题已经成为制约我国构建"两型农业"生产体系的主要因素。农业资源安全问题主要表现为耕地和水等资源遭到破坏的问题;农业环境安全问题主要指农业环境污染问题,它的污染源主要来源于三个方面,即工业污染源、生活污染源以及农业生产本身所造成的污染。在我国,由于农业资源使用不科学和农民环境意识较低,科技支撑落后,特别是长期以来农业生产还处于"粗放型"生产阶段,带来的农业资源环境问题越来越突出,传统的农业经济发展方式所付出的代价已经在很大程度上影响了我国农业经济的可持续发展。因此,本书从农业资源、农村环境以及农业科技等三个方面来阐述目前我国"两型农业"生产体系发展中所面临的问题。

5.2.1 农村资源短缺、资源低效、资源净流出的现象严重

资源是农业快速健康发展的重要保障。然而，随着工业化、城市化进程的不断加快，在对稀缺资源的争夺中，农业由于比较利益低而处于劣势，其发展日益受到资源的制约，主要表现为用于农业的水土资源短缺、利用效率低，资本和人力资源呈现净流出状态。

5.2.1.1 土地资源短缺、浪费、使用不当

农业土地资源是农业生产的最基本要素，是农业生物发育的场所和主要营养来源。然而，在发展"两型农业"的进程中，我国存在着一系列的土地利用问题：

（1）耕地资源数量下降，质量不高

改革开放以来，城市化、工业化进程加快，加速了农用地非农化进程，其数量不断减少。据国土资源部所颁布的《2013年国土资源公报》显示：2013年，全国因建设占用、灾毁、生态退耕等原因减少耕地面积603万亩，通过土地整治、农业结构调整等增加耕地482.7万亩，以上四项共减少耕地120.3万亩。同期，全国土地整理复垦开发补充耕地344.4万亩。全国批准建设用地801.45万亩，同比减少13.1%；其中国务院批准建设用地481.5万亩，同比增加32.6%。全国出让土地面积550.5万亩，同比增加13.7%；"招拍挂"出让面积比例92.3%。据《2013年国土资源公报》统计，2013年全国批准建设用地801.45万亩，比上年减少13.1%。全年国有建设用地供应1095.75万亩，比上年增长2.7%。其中在批准用地中，东、中、西部地区所占比例分别为37.7%、28.6%、33.7%，可见东部沿海较发达省份耕地非农化趋势尤为严重。在批准用地类型中，工矿仓储、基础设施等其他用地供应面积占的比例较大，分别为28.75%、43.44%，表明城市化、工业化发展所需耕地成为批准用地的主要用途。2001~2008年全国耕地面积变化情况，如图5-1所示。

（2）耕地生态功能下降

在不断追求耕地生产量和单位面积产量的目标导向下，农业生产中大量使用化肥、农药、杀虫剂，导致土地被污染，土壤中有机物质含量日益减少，土地肥力不断下降，土壤板结、沙化的现象时有发生，耕地的生态功能不断下降，农产品质量安全问题凸显。土地生态功能的下降还直接导致了土地沙漠化、地力减退、水土流失等恶性结果。我国现有沙漠及沙化土地面积达174.31万km^2，比新中国成立初期扩大了38.7%，占全部国土面积的18.2%。

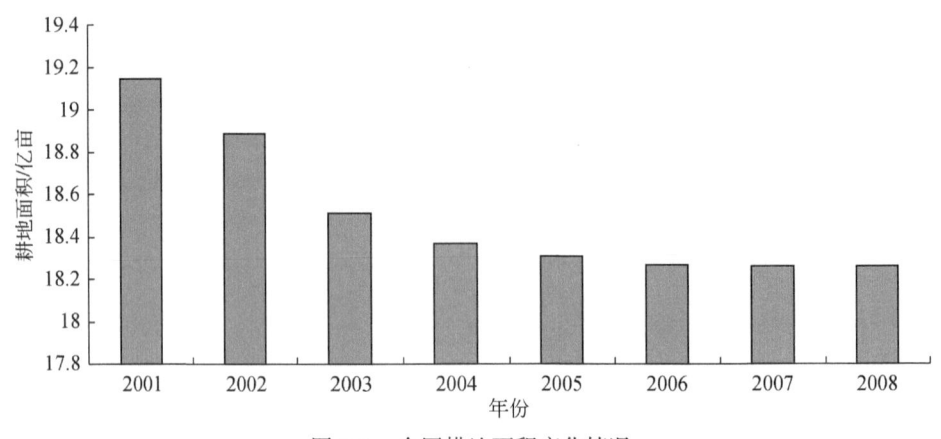

图 5-1 全国耕地面积变化情况

据报道：我国土地沙化的扩展速度，20 世纪 50~60 年代为 1560km²/a，70~80 年代为 2100 km²/a，90 年代为 2400 km²/a。目前，这一速度已经上升到 2460 km²/a，速度之快令人震惊。截至目前，我国约有 6000 万亩农田处在荒漠化威胁之中。虽然有些局部地区的土地荒漠化得到有效遏制或改善，但从总体上看，我国土地荒漠化仍在加速扩展和蔓延。

我国是世界上水土流失最严重的国家之一，全国几乎每个省都有不同程度的水土流失，其分布之广，强度之大，危害之重，在全球屈指可数。而乱砍滥伐、过度垦殖，是导致水土流失的主要人为原因。目前全国农耕地水土流失面积约 73 005 万亩，占耕地总面积的 38%，严重影响了农业生产，特别是粮食生产。全国七大流域和内陆河流域都有不同程度的水土流失，每年黄土水土流失量 3700t/km²，可以说黄土高原是世界上水土流失之最。每年北方土石山区水土流失面积达 54 万 km²，年均侵蚀模数为 1130~1750 t/km²。长江流域以南的红壤丘陵地区水土流失面积达 67.48 km²。由于长江流失的泥沙颗粒粗，只有 1/3 的细泥沙进入干流，2/3 的粗砂、石砾淤积在上游水库、支流和中小河道，这种淤积给小河的防洪和水库灌溉、供水、发电带来了很大危害。新中国成立以来修建的 8.4 万座水库中的总库容已淤积了 40%，每年造成的经济损失超过 100 亿元。

（3）农田基础设施不配套，导致土地资源使用低效

一是农田水利设施严重老化，年久失修，普遍存在安全隐患，不能对区域内的灌溉和排水进行有效调配。据农业部网站有关数据显示，目前，我国农村水利基础设施建设滑坡，小型电灌站完好率不足 50%，能正常运行的仅有 30%，且多数灌区兴建于 20 世纪 70 年代，建设标准低，设备设施严重老化。

据水利部门、农业部门有关资料显示,目前全国8.77亿亩有效灌溉面积中,由于工程老化失修、设备报废等原因,实际灌溉面积只有7亿多亩,旱涝保收的仅6亿多亩,全国小型农田水利工程的平均完好率仅为50%左右(中国老年科协农田水利专题调研组,2009)。另外,我国农村大小河道普遍存在淤积及老化失修、灌区农民对设施的配套建设积极性不高等问题,耕地灌溉没有保障,农业已基本回归靠天吃饭的老路。二是农田路网混乱,缺乏统一规划,占地面积大,田块与田块、田块与居民点之间的连通性差,农业机械进出难,农产品运输难。三是农田防护林网不成体系,不能有效改善农田环境、防止水土流失,影响了农田林网防护效益的发挥和林木经济价值的提高。建设完善的农田防护林体系、实现农田林网化后,可改善农地小气候,减免各种自然灾害,促进农作物稳产高产,表现出巨大的生态效益。同时,以农田林网为骨架的防护林体系还是构成林业的主体,为该地区提供木料、燃料、饲料、肥料以及多种林副产品,成为农业产业结构和农村经济结构的重要部分[①]。

5.2.1.2 水资源仍是制约农业发展的重要资源要素

水是生命之源,是农业的命脉,水资源与农业发展的关系非常紧密。一般来讲,水资源充足、灌溉条件较好的地区,农业生产水平较高;水资源短缺的地区,较易导致土地沙化、河湖泥沙淤积、耕地退化。水资源短缺、利用效率低下对农业生产特别是粮食生产具有强制约作用。据报道,2012年全国缺水量达500亿m^2,近2/3的城市存在不同程度的缺水,全国农村饮水不安全人口仍有2.03亿人,受水量及水质不安全影响的城镇人口近1亿人。农业平均每年因旱成灾面积达2.3亿亩左右,2010年冬至2011年春以来的严重旱情再次给人们敲响了警钟。据研究,我国每年由于干旱造成的国民经济损失达2000多亿元。春旱发生的概率在我国北方稻区为60%~80%,长江流域以南地区为40%以上,伏旱发生的概率在西北稻区为60%~70%,长江中下游、四川盆地、云贵高原为40%~50%,秋旱则是普遍发生(高亮之,1983)。

在农业灌溉过程中,部分地区跑水、漏水现象常见,在输水和漫灌中损失较多,真正能够有效利用的农业用水仅占灌溉水总量的40%左右。而且水资源的不合理利用,极易造成土地的次生盐碱化、水土流失和土地肥力下降。总之,我国用于农业生产的水资源状况并不乐观。如果按现有的水土资源生产力水平测算,实现2020年的粮食增产任务,水资源的缺口高达1200亿m^2。自20世纪90年代以来,我国平均每年农作物受旱面积4.12亿亩,约占全国农作

---

① 王冬梅,赵小宏. 2010. 农田防护林的生态效益和经济效益. 黑龙江水利科技,3(38):210,211.

城市。劳动力是经济增长中最为活跃的要素，也是农业经济的主体。一定数量、质量的劳动力队伍是保证农业经济发展的必要条件。发展两型农业要培育有文化、懂技术、会经营的新型农民，强大的科教、智力资源是促进两型农业发展的支撑[1]。劳动力流动过度，将是阻碍我国"两型农业"发展的重要因素。

据第二次全国农业普查数据显示，在正规教育体制下，几乎90%的农村劳动力受教育水平在初中及以下。我国农村劳动力接受职业技术和培训等方面教育的机会很少，加上近年来高等教育的巨大成本及高校毕业生巨大的就业压力，使得许多农村青年求学愿望大减。农村人力资本水平相对较高的劳动力纷纷向非农行业转移，导致城乡人力资本差距越来越大。

5.2.2　工业化和城市化进程中生产污染和生活污染严重

5.2.2.1　生产污染

工业快速发展带来经济增长的同时，也伴随着大量废弃物的产生。这些废弃物排向了土壤、河流、大气之中，带来了日益凸显的环境污染问题。土壤中蓄积着有害物质，灌溉用水遭到工业废水污染，严重影响了农业的综合生产能力。在这样的环境下生产的动植物产品不宜食用，食物链的累积作用也会使工业污染的影响程度更甚。"两型农业"生产的应该是有机食品、无公害食品、绿色食品，应该远离工业废水、废气、粉尘、固体废弃物等生产污染。

当前，农业污染已成为对农业资源环境安全的最大威胁，其中主要包括农业生产污染、农药污染、农业地膜污染、秸秆焚烧污染以及畜禽排泄物污染等。这其中比较突出的是农药污染和畜禽排泄物污染。由于种植业效益比较低，农民既没有能力也不愿意在养地方面加大投入，耕地"重用轻养"现象普遍。化肥的当季利用率只有30%，普遍低于发达国家50%的水平，农药有效利用率同样只有30%。这些投入品的不合理使用，加之规模养殖比例迅速提高等原因，导致农业面源污染问题日益突出[2]。大量事实证明，长期大剂量地使用农药不仅增加了农业生产成本，而且破坏了人类赖以生存的生态环境，其对环境和生态的危害巨大且往往不可逆转。印第安纳大学对从赤道到高纬度寒冷地区90个地点采集的树皮进行分析，无一例外都检测出DDT、林丹、艾氏剂等农药残留（邹喜乐，2007）。据美国康奈尔大学调查，全世界每年使用

---

[1] 匡远配，李飞. 2011. 两型农业发展的动力机制分析. 农业经济与管理，3：74-80.
[2] 陈晓华. 2013. 加强农业资源环境保护，促进农业可持续发展. 行政管理改革，3：10-15.

的400多万吨农药，实际发挥效能的仅1%，其余99%都散逸于空气、土壤及水体（地表水和地下水）之中。由于大气环境、海洋洋流和生物富集以及土壤吸附与降解作用、淋溶作用、水解作用、光解作用等综合作用，农药污染环境的范围将逐步扩散（孟繁英，2006）。大量散失的农药挥发到空气中，流入水体中，沉降聚集在土壤中，污染农、畜、渔、果产品，并通过食物链的富集作用转移到人体，对人体产生危害。高效剧毒的农药，毒性大，且在环境中残留的时间长，当人畜食用了含有残留农药的食物时，就会造成积累性中毒。而畜禽养殖污染随着畜牧业近年来的快速发展也大幅度增加。据估计，近年来规模化畜禽养殖每年造成的有机污染已相当于全国工业污染的总量，而且畜禽的有机污染物利用率却极低。表5-7的数据显示我国畜牧业规模越来越大，产生的粪便量也越来越多，然而综合利用率仅为8.1%~9.2%。

表5-7 集约化畜禽养殖场的发展及污染情况

年份	占畜牧业总产值比例/%	粪便产生量/亿t	粪便综合利用率/%
1998	29.2	19.5	8.1
2003	40.3	24.2	9.2

注：2003年粪便产生量据2003年主要畜禽存栏量和国家环保总局2000年公布的产物系数计算
资料来源：1998年、2003年中国农业年鉴和2002年国家环保总局调查

据2010年的全国第一次全国污染源普查公报显示，畜禽养殖业主要水污染物排放量：化学需氧量1268.26万t，总氮102.48万t，总磷16.04万t，铜2397.23t，锌4756.94t。畜禽养殖业粪便产生量2.43亿t，尿液产生量1.63亿t。重点流域畜禽养殖业主要水污染物排放量：化学需氧量705.98万t，总氮45.75万t，总磷9.16万t，铜980.03t，锌2323.95t。水产养殖业主要水污染物排放量：化学需氧量55.83万t，总氮8.21万t，总磷1.56万t，铜54.85t，锌105.63t。重点流域水产养殖业主要水污染物排放量：化学需氧量12.67万t，总氮2.15万t，总磷0.41万t，铜24.62t，锌50.15t。

5.2.2.2 生活污染

生活污染主要包括城市、农村生活污染。其中城市生活污染主要来自一些集贸市场、大型商场、居民社区、学校等的废弃物，如果这些生活垃圾和其他固体废弃物处理管理不当，其所含的有害成分将通过多种途径进入环境，对生态造成多方面的影响。农业生态环境质量的好坏不仅决定了农业生产活动能否正常进行，而且直接决定着其产品是否能够为人们提供正常的生活消费需求。目前，填埋技术作为生活垃圾的传统和最终处理方法，仍然是我国大多数城市

在重开发轻保护的倾向,使环境保护让位于经济发展,片面地强调发展的速度而忽视发展的质量,致使农村生态环境质量下降,农业资源得不到充分利用。

5.3.2 农业政策未能很好地贯彻实施

农业环境污染是农业经济活动对环境的一种负面影响,这种影响既对开发节能排污技术有了更高的需求,也对国家贯彻落实农业相关政策有了更严格的要求。新中国成立以来,特别是党的十一届三中全会以来,中国政府在农业资源环境保护中实际上做了大量的工作,然而农业资源与环境的保护始终未能扩展到生产的各个环节以及生产的各个领域。例如,有的仅仅在生产中抓环境保护,忽视了产前、产后的环境保护;有的在种植业抓了资源环境保护,却忽视了养殖业的污染;有的发放补贴的具体办法不一,使得农民对环境保护的意识得不到提升,最终造成的后果就是农业生产体系得不到健全发展,其原因在于政策不能得到有效实施。

5.3.3 科技支撑基础薄弱,重大关键技术亟待突破

"两型农业"本质上是一种生态经济,要求运用生态学规律而不是机械论规律来指导农业经济活动,其创新技术与传统主导农业技术替代性不强,现阶段源于工业化积累的农业科技体系无法形成强力支撑。由于缺乏技术支撑,开发大幅度提高资源利用率的共性和关键技术的能力不强,生产工艺技术和装备水平还不能适应大幅度提高资源利用率的需要。目前,科技改造和武装传统农业是世界农业发展的主流。农业资源的紧缺和农业生态环境的日益恶化,影响了农业经济和社会的可持续发展。在这种资源约束和分布不均衡的背景下,农业要实现持续、稳定和协调地发展,根本出路就在于依靠农业科技进步[①]。

我国科技支撑基础薄弱,主要表现在以下3个方面:关键技术欠缺且开发难度较大;新技术推广的人力资源不足;农户对新技术有效需求不足。资源节约型、环境友好型农业技术主要体现在污染治理技术、生物防治和能源技术、平衡施肥技术、无机肥料技术等方面,而这些创新技术目前尚处于摸索、开发阶段。新技术的推广工作由于人力资源不足而出现停滞现象。由于农业科技人员工作条件艰苦、生活待遇差,出现了严重的人才流失现象,导致农业科技人员中出现程度不同的"年纪轻、经验少"现象,难以承担试验、示范、推广

---

① 匡远配. 2011. 两型农业的技术菜单及其产业模式选择. 科技与经济, 2: 49-53.

新技术的任务。农村的农业资源大多为农户占有和使用，农户的生产经营行为决定着农业资源的利用方式和利用结构，也直接关系到资源的利用效率。但由于农民的风险规避性，担心农业新技术预期收益得不到保证及"试错"风险成本的存在，导致新技术推广使用困难。

5.3.4 农业资源环境所具有的公共产品特性、公共产权属性、外部性等造成"两型农业"在实施过程中出现问题

"两型农业"生产体系中的农业科技成果推广、农田防护林、病虫害的防治、农村道路、乡村电网、中低产田改造、农村自来水等均具有准公共产品的性质，而这些农村准公共产品具有较强的正外溢性。现实中的资源与环境问题，如农业用地重用轻养、农业用水浪费严重、公共水域污染事件等现象，大多是产权界定不清造成的。由于缺乏排他性的产权安排，监督成本往往独自承担，而监督的交易收益却由大家共同分享，导致"搭便车"行为和"公地悲剧"现象的出现。农业为工业资本提供了大量资金、具有多功能性，因此具有很强的正外部性，但农业投入物污染和农业废弃物污染等却具有很强的负外部性。

5.3.5 发展"两型农业"是利益主体之间动态博弈的结果

"两型农业"建设离不开政府（包括中央政府和地方政府）、涉农企业和农户。这个过程中会产生委托-代理关系（匡远配，2010）。由于各经济利益主体各自追求的目标不一致，导致委托-代理关系中存在多种问题，从而导致"两型农业"在发展过程中遇到一些挫折。

当前，我国大部分涉农企业是按照传统生产方式进行生产的，主要是因为在当前技术条件下，涉农企业按两型方式生产的费用很高，且资源节约带来成本节约的收益很小。政府对选择传统方式生产的涉农企业惩罚性税收或罚款的额度不大，造成涉农企业继续按传统方式进行生产，这也是农业资源不断耗费、环境破坏不断加剧的原因之一。而政府对选择两型生产方式的涉农企业的补贴值不大，对进行两型方式生产的涉农企业没有形成很好的激励机制。同时，农户是否选择两型方式进行生产主要取决于农户按照两型方式生产的成本收益。由于中国农户数量多而分散，政府行为很难介入农户决策，或介入成本很大[①]。所以，培养新型农民和两型农业宣传比较实际和有效。

[①] 匡远配，罗荷花. 2010. 两型农业建设中相关利益主体间的博弈分析. 财贸研究，3：19-26.

栽培生态工程，主要包括生态林草模式、林草牧模式等。污染自净生态工程等，主要包括通过污染灌溉、污染塘养鱼等措施，利用污染灌溉农业，反过来又利用农业生产净化污水，使有害废弃物变为有效农业资源的一种生态工程。

5.4.4 农村生活污水零排放模式

当前，我国农村普遍存在基础设施建设薄弱、排水系统和污水处理建设不够完善等诸多问题，造成农村大多数生活污水直接排放，导致河流、河塘污染，严重影响村民居住环境。为确保农村水源安全和农民身体健康，发展农村生活污染零排放模式，必须以实现农村生活污水零排放为目标，采用生态型、高稳定性、较低投入、少维护的绿色环保工艺。农村不同于城市，污水排放面广而分散，规模较小，人口居住密度低，住宅较为分散，不宜采用传统的城市污水收集及处理模式。因此，根据农村的特点，结合地形地貌，，因地制宜地采用多种收集及处理模式，才能有效地解决农村污水治理问题，主要有集中布置模式、分散布置模式和管网截污模式[1]。例如，为节省水资源，可采取集中布置模式，在居民院内设置集水池，集水池的污水可以用于冲厕或浇洒庭院绿地等，而冲厕水经化粪池进入户外污染收集管线，集中送入污水处理站进行处理。只有加快实现农村生活污水"零排放"，才能进一步改善农村环境，最大限度地减少生活污水对环境的面源污染。

5.4.5 农业副产品综合利用模式

作为农业大国，我国农业副产品种类繁多且数量巨大，这些农业副产品既是宝贵的资源，又是严重污染源，若不经妥善处理进入环境，将会造成环境污染和生态恶化。目前，我国农业产业化程度不高，农业加工业尚不发达，造成了农业副产品综合利用效率低，因此，大力发展农产品加工业，提高农业副产品综合利用效率是今后我国建设"两型农业"生产体系的重要内容。

该模式主要是指将农业生产过程中的副产品，通过农业废弃物肥料化、饲料化、能源化、原料化等方式"变废为宝"，实现农业副产物资源化（如原料化、能源化、饲料化、肥料化等），向农户提供清洁的生活和生产能源，以及高效的有机肥料。这不仅对合理利用农业生产与生活资源、减少环境污染、改善农村生态环境具有十分重要的意义，而且在世界能源日益枯竭的情况下，农

---

[1] 王新生. 2008. 浅议农村生活污水处理模式. 山西水利科学, 8: 32, 33.

业副产品作为一种资源，它的综合利用及其资源化方面的研究也将对人类的生存产生重大影响[①]。

5.5 "两型农业"生产体系对策分析

5.5.1 从宏观角度

5.5.1.1 强化"两型"发展理念，宣传"两型"发展意识

理念是行动的先导，只有明确了发展"两型农业"的迫切性与重要性，才有可能转变传统行为方式，才可能将"两型农业"发展的理念在实践过程中内化为自觉行动（张俊飚，2008）。而且，通过理念的宣传，能够大幅提高居民对环境的偏好程度，从而决定环境的优良状况。然而，现实中很多相关主体（农民、企业、政府部门）对"两型"农业的认识不够深入，因此，政府有很多工作要做。首先，要加强宣传力度，充分发挥新闻、出版、广播、影视、文化等部门和社会团体的作用，大力宣传资源稀缺、环境污染等严峻现实，让各主体充分认识到农业发展所面对的资源基础和环境条件的严峻性，切身感受到建设"两型"社会和"两型"农业的迫切性。其次，在农业生产过程中，要开展形式多样的有机肥使用、秸秆和禽畜排泄物的综合利用等的宣传教育活动，提高公众对秸秆、禽畜排泄物综合利用的认识水平和重视程度。最后，要注意抓典型、树榜样，让各主体切身感受到"两型"农业的巨大效益，引导和鼓励社会公众投身"两型"社会和"两型"农业建设，营造"人人争建两型"的良好氛围。

农民作为"两型农业"生产体系的主体之一，在"两型农业"生产体系建设中扮演着极其重要的作用。农民在农业生产各环节中的行为对环境带来了直接影响，因此，当前工作的重点之一就是要广泛宣传，提高农民的节约和环保意识，提倡健康文明、有利于节约资源和保护环境的生产方式和生活方式，帮助农民突破传统、封闭的农业生态安全观，从片面追求农业和农村经济增长，转变为农村经济、生态、社会等方面的全面和谐发展。

5.5.1.2 完善相关基础政策，加强制度创新

农业的诸多外部性要求政府重视农业的非经济功能，并从政策上对其进行

---

① 国家环境保护农业废弃物综合利用工程技术中心.2012-03-16.农业废弃物综合利用技术发展报告.http://www.cn-hw.net/html/32/201203/32495.html.

理，不以环境为代价换取微薄利润①。

5.5.2.3 治理生产和生活垃圾

在生活垃圾防治措施方面，要禁止将生活垃圾随意倾倒、随意堆肥、随意焚烧和向河道倾倒，推广"组保洁、村收集、镇运转、县处理"的城乡垃圾一体化处理模式，加强生活垃圾的收集和处置，合理布局垃圾收集点和中转站，实现垃圾收集集装化、清运机械化，落实环境保洁责任制；逐步开展垃圾分类收集，实现生活垃圾的无害化、减量化、资源化处置，最终实现人口集中区面貌明显改观，道路两侧无堆积物，河面无漂浮物，河岸无垃圾，农户房前屋后干净整洁的生态和谐局面。生活污水防治措施方面：加快推进"一池三改"。加大户用沼气工程建设力度，使更多农民用上清洁能源；加大无害化卫生厕所改造，因地制宜推广适用技术，确保厕所污水经处理后排放；在管网基础设施建设较好的发达农村地区推行氧化沟等污水处理工艺。面源污染防治方面：对于农村农业面源污染的防治，要加强养殖业污染防治工作的有关规定。在禁养区范围内禁止新建、扩建规模化养殖场，减少畜禽散养量，削减排污总量。现有规模化养殖场废弃物排放实现综合利用，大力推广生态农业模式和技术。

5.5.2.4 培育人力资本，对"两型农业"相关主体进行教育培训

对于政府干部，要加强干部理论培训，提高领导干部对发展两型社会和"两型农业"的认识和推动能力。较之传统农业，"两型农业"对农民在思想道德素质、科学文化素质、经营管理素质、生产技能素质、民主法律素质等方面提出了更高的要求。因此，要尽快转变农民对资源利用的方式，加强农民生态保护的意识。要采用其易于理解和接受的方式，对当前农民急需的农业资源节约方面的知识，如自然资源的节约、人力资源的节约、提高农业生产要素利用率、废弃物的资源再利用、能源利用的节约和农业生态环境友好等方面的主要内容进行推广普及，强调降低农药、化肥使用对农业环境的影响，并进一步在农村宣传转变农业废弃物的处理方式，保护和提高森林覆盖率的重要意义与实施方法（张黔珍，2010）。

为了打造符合"两型农业"建设要求的农民知识培养体系，第一，要加强农村基础教育，农村基础教育需要培育出具有创造力的学生，不是以培育选拔能够进入大学教育的学生为目的，也不是为培育出被书本知识束缚的农民，

---

① 宋召胜．1997．水污染治理工程存在的问题及对策．中国环境管理，6：30，31．

而是培养农民正确的价值观和科学的世界观以指导农民以可持续发展的思维进行农业生产。第二，要扩展农民职业教育和农民培训项目的范围。一方面要教育农民在生产中因势利导，合理开发资源；另一方面要注意控制环境污染。因此需要把农民教育与培训的范围扩展到生态农业。第三，注重理论联系实践，确保技术要领到人、良种良法到田。通过理论与实际的结合，提高农民综合素质，提升农业科技推广服务能力，加快农业科技成果的转化利用，以实现农产品竞争能力的提高，推动农业增效与生态和谐的两型农业发展。

第6章
"两型种植业"生产体系研究

新中国成立以来，我国种植业生产取得了巨大成就，以世界6%的水资源量，世界8.9%的耕地养活了全世界21.1%的人口。粮食生产从1961年的不足1.1亿t增加到2009年的5.3亿t，增加了3.8倍；蔬菜从1961年的不足0.6亿t增加到2009年的6.2亿t，增加了9.3倍多；水果从1961年的326万t增加到2009年2亿t，增加了60倍。FAO统计数据表明，2009年我国小麦、水稻、玉米三大粮食作物产量达到4.76亿t，与1978年相比增加了2.26亿t，而同期美国粮食产量从2.39亿t增长到4.03亿t，增长了1.64亿t，印度从1.19亿t增长到2.31亿t，增长了1.12亿t，我国粮食总产取得了显著成就。不仅如此，自1998年，我国粮食人均占有量也达到世界平均水平，实现了粮食供求总体平衡、丰年有余的历史性转变。

纵观过去50年我国种植业发展的历史，粮食作物总产的增加主要得益于作物单产的增加，1961~2009年，粮食作物平均单产由1.2 t/hm²增加到5.6 t/hm²，增加了3倍多，而收获面积基本没有变化。蔬菜、水果的增加则来源于收获面积和单产的同步增加，1961~2009年，蔬菜（包括瓜类）、水果的收获面积分别增加了4.0倍和18倍，单产增加了近1倍（图6-1）。在粮食作物播种面积增幅不大的情况下，科学技术的发展实现了品种改良，由于良种的全面推广，以及化肥、农药、地膜、灌溉、机械化等生产资料投入增加及栽培技术进步，我国粮食产量大幅度提高，保证了国家的粮食安全。

由于受重工轻农、农业比较效益低等多方面因素的影响，自2000年以来，我国种植业又面临严峻考验。到2003年，全国粮食总产跌至20世纪90年代以来的最低点，仅有4.3亿t，粮食安全形势极为严峻。尽管国家采取了紧急措施，加大了对粮食生产的投入和政策扶持，2003~2010年粮食生产实现了连续增长，但我国人多地少、粮食安全紧张局势依然没有从根本上得以扭转，粮食生产出现了新的问题，粮食安全面临新挑战：①粮食需求压力日益增大，而粮食产量增长趋缓。要实现2030年中国粮食安全，总产必须在现有基础上

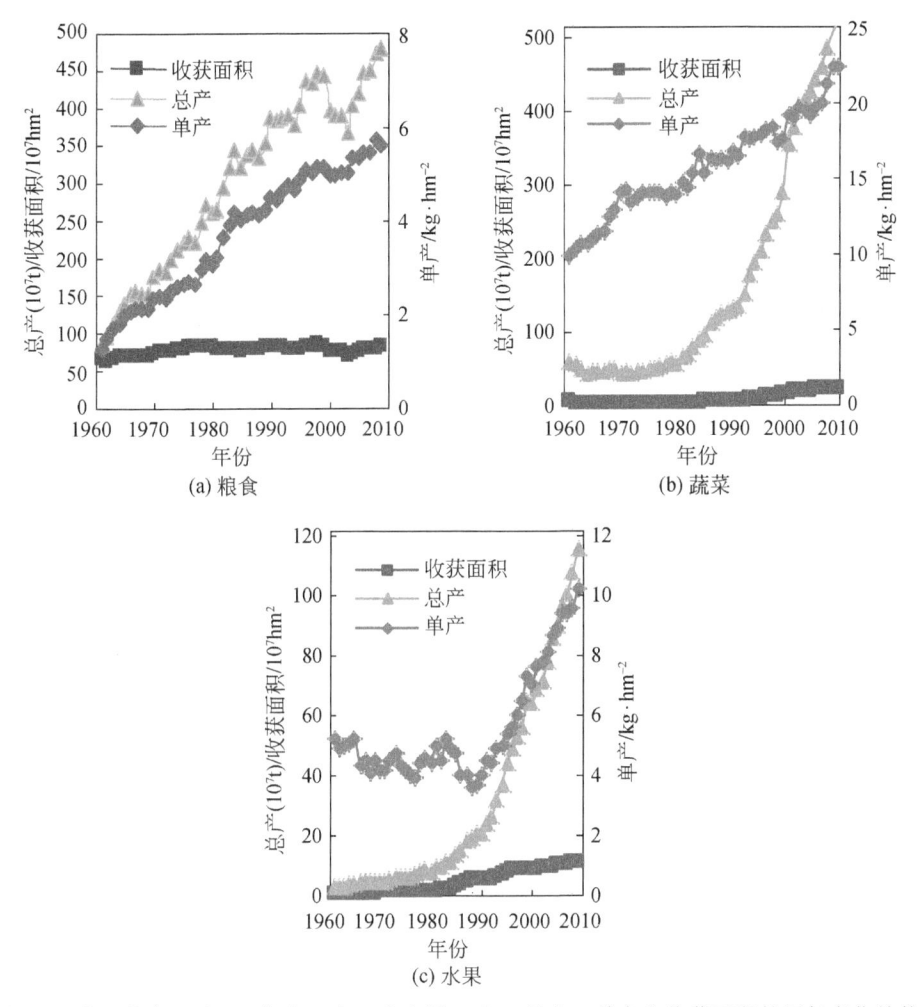

图 6-1 中国粮食（左）、蔬菜（中）和水果（右）总产、单产和收获面积的历年变化趋势
资料来源：FAO 数据库

提高 40% 以上，单产增加 45% 以上，即年均增长率要达到 2.0%。②化肥、农药、灌溉等生产资料的增产效果已不再明显，且资源耗竭严重和环境恶化加剧。第一次绿色革命走的是"高投入、高产出和高资源环境代价"的粗放式发展道路，农田养分流失造成的面源污染、生物多样性下降、温室气体排放增加等生态环境问题对集约化农业提出了新的挑战（Matson et al., 1997），这在近 20 年表现得尤为突出。

6.1 中国种植业生产体系面临的资源与环境问题

过去60年种植业快速发展得益于主要作物中大量矮秆、耐肥高产品种的培育和大面积推广，以及化肥、农药、水及动力等大量资源的投入。然而，与高投入相比，作物产量增加是不成比例的，而与此同时却带来了高消耗、高污染，这种粗放式增长方式在中国等发展中国家尤为突出。

6.1.1 中国种植业生产体系面临的资源问题

6.1.1.1 化肥生产带来的资源压力日益凸现

化肥已经成为种植业体系不可缺少的生产资料，生产化肥的资源，如磷矿、钾盐、煤炭和天然气都是不可再生资源。2009年仅氮肥生产消耗煤炭占全国煤炭总产量的2.3%，天然气消耗占全国天然气总产量的15%，电力消耗占全国发电总量的2.2%（中国氮肥工业协会，2010）。据估计，随着我国化肥生产继续扩大，天然气和无烟块煤都难以保障供应。

我国磷肥生产依赖于磷矿和硫资源。尽管我国磷矿经济储量位居世界第一，约为66亿t，占世界总量的37%，但磷矿石品位低，开发难度大（刘建雄，2009）。根据我国矿山协会的资料，全国磷矿石的平均品位只有17%，是世界上磷矿石平均品位最低的国家。目前我国可开采的储量为21亿t，品位大于30%的富矿仅有11亿t，按照目前的实际开采量，到2025年我国可供开采的磷矿石将会枯竭。目前我国硫资源70%依赖进口，属于硫资源供应不足的国家（中华人民共和国商务部2012年数据）。大量进口给国际垄断企业提供了涨价的机会，硫磺成本不断增加是限制磷肥产业发展的关键。

我国供开采的钾资源十分有限，目前基础储量约6.6亿t，经济储量仅约1.65亿t，占全球钾资源总量的2%左右。目前我国每年钾肥消耗在700万t左右，而生产能力仅为300万t左右，巨大的缺口需要依赖进口来弥补（刘佳，2011）。

6.1.1.2 水资源不足且分布不均衡，水资源利用效率低，浪费严重

我国人均占有水资源量约为2200m³，仅为世界平均水平的1/4，且水资源分布极不均衡。华北地区总人口约占全国的15%，耕地面积约占全国的17.4%，而水资源量仅占全国的2.4%，人均水资源量仅404 m³，不及全国平

均数的1/6，世界平均数的1/24，属于我国最严重的缺水地区之一（石元春等，1995）。在过去10年中平均每年农业灌溉缺水300亿 m^3，年受旱面积达3亿~4亿亩，即便是在高产区每年也有近1亿亩耕地因得不到有效灌溉而减产250亿 kg 粮食。

水资源日趋短缺，已经成为限制粮食产量进一步提高的关键因素，然而有限的水资源利用效率并不高，浪费十分严重。目前我国水资源利用率只相当于世界先进水平的1/2左右，其中灌溉水平均利用系数仅为0.43，灌溉水的生产效率约1.0 kg/m^3，不及发达国家的1/2；旱地自然降水平均利用系数不到0.5。

6.1.1.3 局部地区土壤退化严重，中低产田趋于扩大

20世纪80年代，我国耕地主要土壤养分表现为大面积缺乏，部分土壤养分表现为全面缺乏，其中占我国总耕地面积78%的耕地为中低产田（席承藩，1998）。经过20多年的化肥施用和土壤培肥，特别是部分地区的高量施肥，我国耕地土壤全量养分稳步上升，速效养分明显增加，但中低产田比例仍较大。据估算，2008年全国仍有中低产田6934万 hm^2，占耕地总面积的60%左右（石全红等，2010）。中低产田的主要类型包括瘠薄型、干旱缺水型、坡耕地型、渍涝水田型、渍涝旱地型、盐碱型、风沙型和其他8类，其中瘠薄型比例最大，占中低产田总面积的27%。由于障碍因素的存在，中低产田的存在严重影响到我国种植业的发展。据石全红等（2010）推测，若将中国中低产田轮番改造1遍，可使粮食增产1.23亿 t，相当于2009年全国粮食总产量的23%。

受自然和人为因素的影响，我国局部地区土壤侵蚀、荒漠化、酸化等耕地退化现象仍十分严重。据全国林业2009年度报告显示，我国现有水土流失面积356.92万 km^2，占国土总面积的37.2%，其中以水力侵蚀和风力侵蚀为主。严重的水土流失造成肥沃的表土层大量流失，耕层变薄，土壤肥力和耕地的生产能力下降甚至完全丧失。截至2009年年底，全国荒漠化土地总面积262.4万 km^2，占国土总面积的27.3%。耕地沙化导致表层土壤粗化，肥力下降，耕地的生产能力衰退，并逐步沙漠化。

6.1.2 中国种植业生产体系面临的环境问题

6.1.2.1 化肥过量使用导致的环境压力日趋加剧

2009年我国化肥总消费量（$N+P_2O_5+K_2O$）增加到4923万 t，是1961年

（101万t）的49倍，居世界第一（FAO，2014）。2000~2009年，全球的氮肥消费从8495万t增加到10 454万t，其中60%的增长来自中国（1178万t）。中国成为近10年来世界上化肥消费增加最快的国家，然而，越来越多的调查表明我国主要农田过量施肥问题十分突出，肥料利用率低。2008年中国农业大学总结大量研究结果发现我国主要粮食作物的氮肥回收利用效率仅为27%，表明绝大部分施用的氮肥（约70%）不能被作物吸收、利用（张福锁等，2008）。过量氮肥以氨挥发、径流和淋洗以及N_2O等形式进入环境，导致土壤酸化、水体富营养化、温室气体等环境问题。

2010年年初，国家环境保护部、国家统计局和国家农业部联合发布了全国污染源普查结果，发现农业是总氮、总磷排放的主要来源，其排放量分别达到159.78万t和10.78万t，分别占全国排放总量的33.8%和25.7%。由于这次调查仅考虑了径流和淋洗进入水体的氮素，忽略了农田氮挥发进入水体的氮素，据保守估计，我国农田NH_3的直接损失平均占氮肥用量的11%，中国大气氨的排放已经从1980年约600万t增至2006年的1300万t。过量氮肥施用也造成我国主要农田土壤出现大面积显著酸化现象。Guo等（2010）发现当前我国主要农田土壤pH比20世纪80年代平均下降0.5个单位，主要是过量使用氮肥引起的。土壤酸化不仅会破坏土壤理化性质，而且还会促进土壤中一些有毒有害污染物的释放，降低土壤微生物和生物活性，加速土壤中一些营养元素的流失。进一步的调查表明，过量施肥导致的农田土壤酸化，已经在我国一些地区引起部分农作物减产、保护地菜园土壤线虫危害加剧和果树粗皮病发病率升高等问题。可见，土壤酸化对我国粮食安全的潜在威胁值得引起高度重视。

6.1.2.2 农药大量使用严重破坏环境，并对人类健康带来危害

目前，我国农药产量已居世界第一位，2009年农药消费量已达226万t（2011年国家统计年鉴）。大量的事实证明，长期大剂量的使用农药不仅增加了农民的投入成本，而且破坏了人类赖以生存的生态环境和生物多样性，危害人类健康。由于农药的过量使用、使用技术和方法落后以及不恰当的农药混配，导致我国农药的利用率低下，平均只有20%~30%，另外的70%~80%农药流失到土壤、水源或飘移到环境中，真正达到害虫体的药量不到施用量的1%，也就是说有99%的杀虫剂不仅没有起到杀虫作用，还变成了污染源（洪晓燕和张天栋，2010）。大量散失的农药挥发到空气中，流入水体中，沉降聚集在土壤中，污染农、畜、鱼、果产品，不仅影响其品质，而且也能通过食物链的富集作用转移到人体，对人体产生巨大危害。高效、剧毒的农药，毒性

大，且在环境中残留时间长，当人畜食用了含有残留农药的食物时，就会造成积累性中毒。近年来全国因误食有残留农药果蔬中毒案屡屡发生。

大量使用农药，在杀死害虫的同时，也杀死天敌生物，如取食害虫的鸟类、两栖动物和昆虫等，有些杀虫剂不但没有杀死害虫，反而将这些害虫的天敌杀死，结果导致生态失衡。此外，农药的长期使用还引起害虫抗药性的产生。抗药性的产生进一步增加了农药的使用量，带来了一系列的经济、社会和生态问题。

6.1.2.3 灌溉水量匮乏、地下水过度开采导致严重的生态环境问题

通过地下水开采增加作物灌溉面积已经成为当前中国种植业增产的重要途径。然而，我国部分地区由于地下水过度开采造成地下水位下降和地下漏斗，已严重影响到区域生态环境安全。据中华人民共和国国土资源部对地下水位的监测数据，自1980年以来，全国135个城市浅层地下水位下降0.5m以内的城市有95个，占70.4%，而地下水位下降超过0.5m的城市有21个，占15.5%。同时，地下水超采形成漏斗区，有47个城市（35.3%）的漏斗呈扩大趋势，目前地下漏斗面积大于500km^{2}的城市有14个，主要分布在长江中下游平原和华北平原灌溉区域。

6.2 问题产生的原因分析

6.2.1 技术因素

6.2.1.1 品种遗传基础狭窄，缺乏突破性的高产、抗逆、稳产、高效新品种

农作物品种是连接种业科研与农业生产的桥梁，优良品种对农业生产安全与发展起到非常关键的作用。众所周知，小麦的第一次绿色革命是由于矮源、抗源、广适源的开发利用结果。然而，自第一次绿色革命以后，作物育种的重大突破变得愈发艰难，其重要原因之一就是育种亲本的遗传基础狭窄。对水稻、小麦、大豆等作物的研究发现，现代育成种的遗传多样性不足地方品种的1/3，不足野生种的1/10，在关键选择区段甚至不足野生种的1/30。以玉米为例，从20世纪80年代中期开始，5个最常见自交系对我国玉米杂交品种的遗传贡献率达到50%以上。因此，现代育种中的遗传潜力有限，且大部分已经发掘，很难再发掘出诸如农林10号之类的突出资源，使育种取得突破。我国是世界上种质资源最丰富的国家之一，收集保存的种质资源有近40余万份，

数量居世界前列，然而如何从数以万计的种质资源中发掘出能够使作物育种取得突破性进展的种质资源，既是我国农业发展的面临的一个重大现实问题，又是一个全世界资源与育种工作者面临的重大科学问题。

在品种流通、销售等方面，我国种子市场品种多且杂乱，增加了农民选择的难度。在一个集中的县（市、区）级市场，水稻玉米等大宗品种（品牌）就多达上百个，油菜、棉花品种（品牌）也多达几十个。这些品种各据山头，而年度间变化很大，每年都在推陈出新。品种、品牌急剧增多，难免鱼目混珠，令农民眼花缭乱，购种无所适从，购种盲目性和随意性增加，不利于生产经营和管理。由于农民不能充分掌握品种特征和特性，不能采取切实的良种、良法配套栽培，致使新品种的优良性状无法充分发挥，达不到应有的增产增收效果。

6.2.1.2 耕作栽培施肥等措施技术创新与生产扣得不紧，作物高产与资源高效利用技术脱节

受农业需求和科研管理体制等众多因素影响，我国农业科研中技术与技术间、技术与生产相互脱节，易造成技术不规范、不配套和到位率低，实用性差，推广应用效果差。多年来，合理群体调控、测土施肥、合理灌溉、精耕细作、精细播种等栽培技术的研究与推广在我国种植业增产中发挥了重要作用。然而，随着社会经济发展，劳动力成本的提高，农业的生产与投入行为已发生改变，迫切需要新的、特别是轻简化的栽培技术。而现有耕作栽培施肥等措施难以适应农村外出打工要求技术简化的需要，为了简化生产操作，农民多采用粗放式管理。另外，机械化发展中大量使用小机械，多年连续使用形成明显犁底层，造成耕层过浅，作物根系下扎困难，不仅导致倒伏现象严重，而且犁底层制约了作物对下层土壤养分的利用，作物更加依赖表层土壤累积养分，增加了化肥需求，降低了养分利用效率；而且犁底层制约土壤水分运移，加大了干旱发生频率。

受传统的单一追求作物高产思维影响，我国农业生产的各个环节多以追求高产为主，而对资源高效、环境友好等技术关注不足。例如，为了提高抗倒性，育种家往往在高水肥供应的育种田选择耐肥性强的材料，很少考虑对水肥反应敏感的材料。因此，大多数新育成的品种和杂交组合即使在水肥用量相当高的情况下也不会倒伏。过多高耐肥作物品种在农业生产中的推广使用在一定程度上鼓励了农民高量水肥投入，降低资源利用效率，增加农业生产对环境的压力。又如，当前的高产栽培研究多以不计成本的水肥和人工投入为代价追求作物高产或超高产，这一方面造成资源效率低，产量重演性差；另一方面，高

额的水肥投入也刺激农民过量的水肥投入，盲目追求高产而忽视了总体效益。

当前资源节约型和环境友好型技术研究多注重资源和环境效果，而对作物高产关注不足，导致该类技术难于在当前农业生产中得到重视和快速发展。例如，保护性耕作对于提高水分利用效率、提高土壤肥力具有显著作用，在西方发达国家发展迅速，但由于作物产量增加不显著，在我国推广应用非常缓慢。合理轮作、用养结合是耕地持续利用的关键，但是为了增加产量和经济收入，我国连作普遍，造成土壤病害和连作障碍普遍发生，导致农药大量使用，作物产量难以发挥，资源效率低。在肥料施用方面，我国化肥仍以尿素等养分释放快、见效快的品种为主，但这类产品的挥发损失和环境影响也较强；而在施肥技术方面，根据土壤养分状况合理施肥的技术应用则十分艰难，相反，不利于资源效率发挥的"一炮轰"等快速施肥技术受到农户青睐，但与之相伴的是肥效下降和环境污染。

6.2.1.3 局部地区土地退化不断加剧，中低产田治理难度大

受人多地少的影响，我国加大农业开垦力度，很多不适合农业生产的区域也被开垦成农田。这些农田均具有明显的限制因子，作物的产量潜力很难发挥，投入资源的效率不高，水肥管理的环境风险大。同时，片面强调化肥增产作用，忽视土地生产力的持续提高，忽略增施有机肥、秸秆还田和合理轮作等"养地"措施的应用，土地用养失调，导致耕层土壤退化，土壤有机质提升缓慢，土壤结构和耕性变差，作物根系发育不良，产量难以进一步提高，年度间产量急剧波动等。此外，目前生产中耕作粗放、以旋代耕也是造成耕层变薄、结构变差、作物根系发育不良、产量不高的重要原因。以典型的"三跑田"为例，这类农田具有典型的"跑土、跑肥、跑水"的特点，水分、养分缓冲能力差，农民多采用大水大肥、增加资源投入的措施来保证产量，但随之而来的是大量的资源损失和严重的环境代价。

尽管经过近二十年的不断治理和改造，我国中低产田大面积集中分布的格局正在改变，但目前中低产田区域性分布趋势还没有从根本上得以改变，而且土壤限制性因子由以单一因子为主向多因子转变。随着高产作物品种的采用和集约化程度的提高，农业生产中越来越重视化肥的施用，忽视有机肥投入。同时，肥料施用结构不合理，偏施氮磷、忽略钾肥和中微量元素的现象十分普遍，由此造成土壤养分供应失衡，土壤缓冲能力降低。以黄淮海平原为例，该区域小麦—玉米轮作体系氮肥的平均用量为 500~600 kg N/hm², 磷肥平均用量为 150~200 kg P_2O_5/hm², 而钾肥用量不足 100 kg K_2O/hm², 基本不施中微量元素；作物收获后带走的氮素约为 300 kg N/hm², 磷素约为 100 kg P_2O_5/hm², 钾素约为

300 kg K_2O/hm^2（Cui et al.，2010）。常年养分投入不平衡，亏缺与盈余并存，必然会引起中低产田土壤养分供应的失衡，导致土壤养分缓冲能力变差，作物产量低而不稳。实际生产中，往往有人以作物产量有所提高或某些主要养分含量增加而认为土壤肥力已不是限制产量进一步增加的主要因素。事实上，这种观点是对土壤肥力复杂性的认识不足，忽略了其综合性、整体性和持续性特点。

6.2.2 政策原因

6.2.2.1 政策引导方式难以满足两型农业发展需要

由于长期以来存在粮食安全问题，我国各种政策措施均以提高食品供应数量为主，对农业资源的利用效率和可能对环境的影响关注不够，难于满足两型农业发展的需要。2009 年，我国粮食和农资综合直补达到 1230 亿元，这些农业补贴有效地提高了农民生产积极性，但针对如何引导农民提高生产效率和资源利用效率、保护环境等方面的办法不多，甚至加剧了资源环境问题。例如，为了保证农业生产，我国每年化肥工业补贴多达 500 亿元（张卫峰等，2008），而且实施政府定价、最高限价等措施。低廉的化肥价格保证了农民能用上化肥，但在一定程度上也鼓励了农民过量施肥。在国际上，美国、欧洲等西方发达国家在进行农业补助时，多通过立法途径引导农民不断提高资源利用效率、保护环境，如欧盟很多国家都制定了农田养分投入的限量标准，以此来限制一定区域内农田养分投入和保持比较好的环境；美国研究制定了残留氮素税征收办法，规定农民在购买氮肥时付一种简单地按价税，在作物收获后根据田间取走氮的数量得到一定的偿还税款，如果施用氮肥超过田间取走的氮，那么农民要付纯税。

6.2.2.2 盲目追求高产目标刺激了过量水肥投入

受 20 世纪 80 年代以前粮食产量与水肥投入同步增加的影响，部分基层技术人员、政府推广人员和农民仍然坚信"高产就必须多施肥浇水"或"增加施肥就能高产"的过时生产观念，导致我国农业生产过量施肥和作物过量灌溉相当严重。笔者在实际的调查中发现，75% 的小麦农户氮肥施肥量超过最佳经济效益施肥量的 0.5~2 倍（张卫峰等，2008），绝大多数农民因盲目追求高产而过量施肥，部分农民甚至认为肥料施在自家地里，今年用不完，明年再用也不晚。另外，很多农民认为作物多浇水，就能高产，而实际情况是一些作物在适度水分亏缺下更利于产量和品质提高。同时，过度灌溉不仅带来水分浪费，也引起养分从根层的渗漏，而导致养分利用率低和环境问题。

20世纪80年代以前，我国主要农田土壤中的活性养分低、而相应的水肥资源紧张，鼓励农民通过增加水肥投入不仅可以增加作物产量，而且还能改善土壤肥力。而进入90年代以来，大量的肥料施用已经导致我国部分发达地区农田土壤中活性养分的大量增加，再鼓励农民过量肥料投入不仅不能增加作物产量，反而造成资源的浪费和环境的污染。

6.2.2.3 小农户、规模小、低素质等农业生产现状妨碍了农业科技成果转化

根据中国农业统计数据测算，我国农户户均耕地面积在1978年为8.59亩/户，至1995年达到最低，为6.12亩/户，此后略有增长，2007年为7.67亩/户（中华人民共和国国家统计局2009年数据）。国际上把经营面积低于$3hm^2$的农户统一称为小农户，我国农户经营面积远低于这一标准，是典型的小农户。同时，受多年土地分散经营的影响，相同区域内地块间的作物产量、土壤养分的供应等因素的变异非常高。"田块面积小—变异高"的特征在很大程度上加大了水肥管理的难度，限制现代高效利用水肥生产技术的推广应用。农民为了减少风险，往往采用过量水肥投入以保证作物产量；同时，受经营面积过小的影响，大多数农民不在乎水肥、农药等生产成本的投入，一些农户对作物产量的关注也仅限于保证自身口粮。

随着城市化水平的提高，大量青壮年劳动力进城务工，我国农业从业者老龄化现象严重，而且出现劳动力文化程度降低、女性所占比例增大的趋势，这些现象也不利于水肥管理知识和技术更新和使用。2008年发布的中国第二次全国农业普查资料表明，2006年我国农业从业人员34 246万人，其中，33%的从业人员为51岁及以上的老人，41%的从业人员的仅具有小学文化程度，甚至没有受过任何教育。劳动力老龄化、身体素质差、文化水平降低、知识技术学习能力差的农业生产经营者群体，其生产活动受传统文化习惯的影响非常大，因此生产行为差异巨大，现代科技成果推广与应用受制于这些因素的制约和束缚。

6.2.3 管理因素

6.2.3.1 基层农业技术推广系统薄弱，技术到位率底，推广难度大

由于体制的限制，我国基层农业技术推广单位缺乏有效资金支持，人员流

失、知识老化,同时参与经营性活动,因此已经没有能力独立完成技术推广工作,即使参与技术推广也以项目式运作,不能长期有效地开展工作。科研单位具有较强的知识积累和先进的技术,但对技术推广和生产实际的参与不够,限制了先进农业技术的快速传播。目前我国企业承担了大量的技术推广工作,但是受利益驱使,企业并没有重视有效转化资源高效和环境友好的技术,这需要一定的政策激励引导和约束。而政府管理部门在科研单位、推广部门和企业之间并没有起到很好的衔接作用,尤其是偏重于看得见的增产效果,而不关心资源高效和环境友好的看不见的生态环境效果。目前需要构建新型技术研发和推广体系,要求科研单位承担技术推广责任,技术推广部门需要学习先进技术并深入基层,企业需要得到有效管理并提供高效环保的产品和服务。

6.2.3.2 种植业产业布局没有得到优化,种植业生产与区域自然条件矛盾突出

种植业产业布局必须与当地水热等自然条件相匹配,才能可持续发展,一味地强调经济主观原因而忽视自然条件客观约束,必然影响生态系统的稳定性,进而影响种植业发展。例如,1979~2007年,东北水稻种植面积从85.7万 hm^2 增加到381.8万 hm^2,增了近4.5倍;总产量从389.6万t增加到2641.7万t,增了近6.8倍,为保证国家粮食安全作出贡献。然而,目前东北水稻区存在严重的水资源不足,过度的地下水开采导致井水种稻区地下水位逐年下降,10年前打井5~10m深就有足够的水量可抽,近几年需要打10~20m甚至30m深才能抽得出水。深层地下水开采不仅造成农业成本增加、能耗大,而且过低的水温延迟成熟,严重影响稻谷产量、稻米品质和米饭口感(孙松,2008)。又如,近年来,内蒙古大力发展大型喷灌的马铃薯种植,主要以开采地下水为主。内蒙古地区属于我国北方主要的干旱地区,大型喷灌用水量很大,过度地下水开采导致地下水位逐年下降,大型喷灌发展十年左右的时间,地下水位下降了十几米到几十米,打井深度由过去的30~40m,发展到现在的100m,严重影响到生态环境系统的良性循环。

6.3 国际上"两型种植业"经验借鉴

如何在持续提高作物生产,保证粮食安全基础上减少农业生产对自然资源和环境的压力一直是国际学术界关注的热点问题。Matson等(1997)在"Science"上撰文提出"集约化可持续农业"概念;Tilman(1999)指出必须更有效地利用农田养分以降低农业对环境的负效应;Swaminathan(2000)提

出"Evergreen Revolution"，主张适度增加外部投入，改善农田生产效率，同时增强农业可持续性、降低环境成本；Cassman则提出农业的"生态集约化"，主张通过土壤质量的改善、水肥资源调控以及综合管理途径来挖掘作物的产量潜力，同时达到保护生态环境的目标（Cassman et al.，2003；Cassman，1999）；在灌溉管理上，国外很多科学家提出了亏缺灌溉策略，指出在全球面临淡水资源危机的条件下，灌溉农业要从充分灌溉发展到亏缺灌溉，通过提高水分利用效率解决农业缺水问题。然而，如何在大面积实现增产的同时大幅度提高资源效率目前仍然还没有得到解决。因此，同时实现作物产量持续提高与资源高效利用是当前国际上农业可持续发展的研究热点，是人类面临的最大的科学挑战之一（Tilman et al.，2002）。

由于西方发达国家的粮食安全问题不像中国等大多数发展中国家一样突出，其在作物生产方面的策略主要采取环境优先的原则，可以在适度的作物产量前提下强调生态环境保护。同时，由于我国小农户的农业经营模式与西方发达国家农场制有所不同，适合于农场经营的技术等并不是完全适合于我国国情。然而，西方国家在应对"高投入、高产出和高资源环境代价"集约化农业带来的一系列问题方面，也取得了一些可供借鉴的经验与技术。此外，为了实现环境保护的目标，西方国家制定的一系列农业环境保护政策也值得借鉴。

6.3.1 美国现代农业产业

作为世界上农业最发达的国家之一，美国农业现代化表现为用先进农业机械和农业技术去改造传统的落后农业、提高农业劳动生产率的过程，主要包括：一是技术现代化，即通过采用生物的技术，改善与增加农作物品种，提高单产水平；二是管理现代化，通过农学、土肥、灌溉、病虫害防治等多学科合作，形成系列的、综合的田间管理技术体系，并通过农业机械化将这些技术进行实施，节约劳动力；三是经营现代化，即把在工业部门中先发展而后成熟的管理办法、经验引入农业，形成生产、加工、销售一体化，实现产业化经营。

美国在20世纪70年代以来利用育种，特别是"定向设计"的作物育种技术，培育出一批具有高产、抗虫、抗病、抗旱涝等特征的农作物品种。从1992年开始，美国为了确保生物技术的领先地位，先后出台了一系列战略报告、蓝皮书和行动计划。2009年，美国转基因大豆、玉米和棉花的种植面积分别超过总种植面积的80%。美国国家食品与农业政策中心的最新研究也发现，美国2004年种植的1.2亿亩生物技术作物带来了300万t的增产，为美国农民增加了23亿美元的净收入；同时，通过发展生物技术，农药等抗虫用品减少34%，减少量达7000万t。2010年美国国家研究委转基因作物评估报告中指出，转基因技术为美国农民带来了巨大的环境和经济效益，如抗病品种的应用不仅减少农民投药成本和次数，同时使配套的保护性耕作措施得以实施，而且该技术也能带来水质改善。

同时，美国也十分注重通过作物生态生理学、土壤学、植物营养学、农学、农业经济等学科合作，建立综合作物生产管理体系挖掘作物产量潜力，提高养分资源利用效率和环境保护。例如，美国Nebraska大学的生态集约化的高产玉米技术体系（ecological intensification of maize systems）通过作物生产模型"Hybrid-Maize"分析高产玉米产量潜力和限制因子，综合品种选择、种植日期和密度、养分水分管理和病虫害控制等技术，将玉米实际产量由以往产量潜力的50%~60%（即10~12 t/hm^2）提高到85%~90%（18~20 t/hm^2），氮肥用量（150~230 kg/hm^2）比常规生产减少25%以上，氮肥效率达到70%，灌溉水用量减少30%，土壤碳增加25%。实现了玉米高产、土壤肥力提高和养分资源高效利用的综合目标。

此外，美国现代农业产业发展还依赖于其完善的政策保障。1970年前后，美国在农业资源和生态环境保护方面开始走入法制管理的道路。到20世纪末，美国开始提出"养分管理计划"，经过不断修正和完善，目前已在各州开始实施，并由没有任何利益关系的大学作为养分管理计划实施的监督机构。美国养分管理计划的核心是通过农户提交综合养分管理计划，并按照计划进行农业生产。养分管理计划的实施不是通过惩罚措施来实现的，而是通过政府补贴、农业技术推广、农民教育和完善的农产品市场机制帮助农民实现的。这样做可以最大限度地保证生产和提高农民的经济效益。例如，前文提到的残留氮素税征办法针对污染者，而不是全部所有施氮肥者。实践证明，这是一种高效利用氮素、防止氮污染的有效方式（Huang and LeBlanc, 1994）。在磷肥管理方面，美国已经建立了共计1.227亿hm^{2}共1813个流域的流域P指数和经济性P指数用于控制磷素流失，占全美已开垦农地面积的90%以上。

6.3.2 欧洲循环农业模式

农业有机物料作为重要的养分资源，在增加作物产量，改善土壤质量中具有不可替代的作用。欧洲等西方发达国家通过协调作物与动物生产，再循环农业有机物料，减少对化肥的依赖，在保证作物产量的同时，提高养分资源利用效率、保护环境。欧洲大多数国家均能依据区域土壤性质、肥力状况、水分条件等对畜禽粪便储存时间、最大施用量、施用时间等技术进行限制，如一些欧盟国家规定，农场至少应当有 40%~50% 的畜禽粪便需被重新利用。此外欧盟国家普遍实施的畜禽粪尿最佳处理技术（best available manure treatment techniques，BAT），主要包括畜禽粪尿处理、储存、运输和农田施用各环节的集成技术。一方面，保证畜禽粪尿能够作为有机肥"有效"返回农田；另一方面，减少畜禽粪尿还田过程各个环节的损失，保证其"高效的"利用。在整个欧盟国家农田养分来源中，有 49% 是来自有机物料，49% 来自化肥。

　　在增加农田有机物料投入的同时，欧洲等西方发达国家从 20 世纪 80 年代中期就致力于提高作物生产体系化肥利用效率的研究。保障作物高产并最大限度地减少养分向环境排放的关键在于来自土壤、肥料和环境的养分供应与高产作物的养分需求在数量上匹配、时间上同步、空间上耦合（Fageria and Baligar，2005；Cassman et al.，2002；Raun and Johnson，1999；Ayoub et al.，1995）。例如，20 世纪 80 年代初期，英国冬小麦系统施用基肥的农田约占 70%，由于前期小麦生长量和需肥量均很小，氮损失严重，到 90 年代中期，这一比例下降到了 15% 左右，使养分供应更加匹配小麦的生长发育需求，显著提高了氮肥利用效率。国际水稻所发展的水稻实时氮肥管理技术（real time nitrogen management）以及实地氮肥管理技术（site-specific nitrogen management）在维持甚至增产的前提下，节约氮肥 20% 以上，提高效率 60% 以上（Peng et al.，2006）。

　　在加强技术研究与应用的同时，欧洲等西方发达国家也十分注重通过立法途径保障作物生产体系资源高效利用与环境保护（Feder et al.，1998；Islam et al.，1998；Kasryno et al.，1998）。欧盟从 20 世纪 70 年代开始关注农业环境问题（the first environmental action programme，EAP）。为了减少化肥和农药的使用，欧盟将对生态脆弱地区提供补贴，还对使用无污染、无公害的农业投入品的农场进行补贴。欧盟为保护环境颁布了水框架指令等 300 多项指令，制定了养分排放限定标准，划定硝酸盐脆弱地带并进行重点监测与管理，针对各成员国和农民制定了严格的惩罚措施。为了减少硝态氮向水体的迁移，欧盟硝酸盐法令规定，施入农田的牲畜粪尿中纯氮的数量不能超过 170 kg/hm^2；荷兰政府从 2006 年开始，针对各种作物，实行了化肥投入的限量标准（Oenema and Berentsen，2004）；从 1994 年开始，丹麦农民必须作出施肥计划并且每种作物使用的氮肥量都受到限制。

6.4　"两型种植业"重大技术问题

　　如何改进农业生产措施，在保证作物增产与粮食安全的基础上，减少农生产对资源和环境的压力一直是国内外关注的热点，也是学术界的重大科学命题。发达国家在这个问题上往往采用环境优先的原则，而我国人多地少、资源紧缺，因此持续提高作物单产，同时高效利用有限的资源，是我国农业可持续发展的必由之路。我国人口的持续增长和经济发展要求今后20年的粮食总产必须增加40%，生产能力年均增长2.0%，而耕地减少、水资源短缺、作物产量对资源投入反应下降等问题要求我国未来农业生产必须实现作物高产与资源高效利用相协调的可持续发展。

尽管在过去40多年里，我国的粮食总产增长了3倍多，但未来粮食总产增加40%的任务十分艰巨。这主要表现在：①过去的粮食单产基础低，增产较容易，如今在高产的基础上进一步高产难度更大；②资源消耗大，依靠增加资源投入对产量的贡献不断减少；③作物优良性状的遗传变异资源挖掘有限，依靠传统育种大幅度提高产量的空间变小；④环境影响日益严重。因此，未来种植业发展必须实现从传统农业的"单赢"——作物产量的提高走向"四赢"——作物高产、资源高效、土壤质量提高和环境保护的转变，走"两型农业"的道路。通过对农作物生产、品种改良、栽培管理等相关科研现状和发展趋势的分析，笔者提出生理生化-高产栽培-遗传改良-土壤作物综合管理四位一体的农业可持续发展道路，即在个体水平上阐明作物高产与资源高效的生理生化与分子基础；在田间群体水平上揭示高产、高效作物群体建成规律、源库关系、养分水分吸收规律等；明确高产、高效优良品种的生理与形态特征，结合传统育种和现代分子设计育种手段，遗传改良作物品种，提高作物产量潜力与资源利用效率，如绿色超级稻育种等；在此基础上，利用土壤-作物综合管理策略在田块尺度上实现作物高产、高效，缩小潜在产量和效率潜力与农户实际情况的差距，如合理施用化肥、农药、灌溉及先进的高产栽培管理技术等；最终通过区域控制、技术传播实现区域作物均衡增产，实现我国种植业发展"四赢"的"两型农业"道路。

6.4.1 通过品种改良不断提高作物品种的产量和资源利用潜力

作物产量潜力越高，实现作物高产就越容易。国际上一般认为，当大田作物产量达到作物产量潜力的80%，进一步改善作物生长环境的潜力变小，增加产量的代价增加，难度增大（Cassman et al., 2003）。因此，不断提升作物产量潜力是未来增加可实现作物产量的基础和关键。然而，通过育种改良作物遗传基因途径来提高作物产量潜力的难度越来越大。吴永常等（1998）对我国1985~1994年玉米、水稻增产因素研究发现，科技进步对产量增加的贡献率从35.5%下降到29.2%。戴景瑞（1998）认为近20年来，我国玉米的产量潜力并没有明显增加，新品种之所以被审定推广，主要是由于对照品种丧失抗病性和典型性。

第一次绿色革命通过品种矮化，提高了稻麦等作物的收获指数，实现了作物产量的大幅度提高。新的绿色革命的方向是什么？国家"973"项目"主要农作物核心种质构建与应用研究"将其概括为"少投入、多产出、促进健康、保护环境"。在水稻上，张启发（2009）又将其落实到培育"绿色超级稻"。绿色超级稻的培育较第一次绿色革命的难度更大，任务更艰巨，而这一任务的实现有赖于种质资源的发掘与基因组学及基于基因组学的生物技术在作物育种上的应用。

新的绿色革命有赖于种质资源的发掘，要求发掘更多的高产源、抗源、优质源与高效源。当前我国主要农作物的核心种质与微核心种质已经建立；利用微核心种质建立起了大量的基因作图群体；通过图位克隆、突变体、基因表达及同源序列等方法，已经克隆出一批重要的基因，如水稻的粒长基因GS3、粒重基因、分蘖基因、穗型基因、抗病基因等。这些基因在新的绿色革命中将可能发挥其作用。

我国新基因发掘的工作虽然已取得了巨大的成就，但上述工作仅仅是个开始。这是因为：①已克隆的基因大多数都是在生产上已经发挥作用的基因，而新的绿色革命所需要的基因是尚未被发掘利用的基因；②基因克隆的工作在作物上进展很不平衡，已克隆的基因主要来自水稻，而从小麦、玉米、大豆等作物中克隆的基因甚少；③新的绿色革命需要的基因较多，这些基因组装后的互作关系尚不清楚；④克隆的基因是具有知识产权的，对于我国种质资源中的宝贵基因，如不抢先克隆，一旦其他国家克隆成功，其知识产权将归他人所有。因此，新基因发掘不仅关系到我国第二次绿色革命的成败，而且关系到我国第三次、第四次等绿色革命的成败。具有知识产权的基因，是我国农业生产的立命之本，是发展我国农业生产的战略资源。鉴于上述情况，我国应该进一步加大对于种质资源新基因发掘的支持力度，并持续支持下去。

新的绿色革命有赖于基因组学与新的生物技术革命。当今的作物科学研究已进入基因组学时代。在基因组学时代，有两项具有里程碑意义的研究，这就是基因组测序与基因组单倍型分析。基因组测序的意义大家已经认识得比较清楚了，它使人们第一次认识到了作物的基因组结构与组成，包括基因与重复序列的种类与数量，为基因克隆与基因功能研究奠定了基础。全基因组的单倍型（haplotype）研究对于新的绿色革命及未来的作物科学发展具有更为特殊的意义：①如果说基因组测序是明确了一份材料的基因组结构，那么单倍型分析则是在全基因组水平明确种质资源中基因及其他组成部分的多样性种类、分布与演化，它将为高效地进行基因克隆与杂交亲本选配奠定基础；②明确作物在驯化与现代品种改良过程的选择区段，为这些区段的进一步优化与改良奠定基础；③在全基因组水平明确其各部分与重要农艺性状的关系及其对育种的贡献，发现新的重要区段；④明确基因组中的重组热点，为作物育种各世代的群体设计提供依据。全基因组的单倍型分析将促进作物育种由经验升华到科学，使作物育种取得突破性进展。

近年来，随着第二代与第三代测序仪的研制与推广，测序速度正在以数千倍甚至百万倍的速度增加，测序成本也相应大幅度降低，从而使得基于基因组序列的海量数据迅速增长。第二代测序仪的出现极大地促进了基因组学及基于基因组学的作物科学研究。一些基因组巨大、无法用第一代测序仪进行基因组测序的物种（如小麦等）的基因组测序即将完成；基于全基因组重测序的单倍型分析与关联分析正在越来越多的作物上展开，这将使人们能够在全基因组水平来认识种质资源，从而促进种质资源的开发与利用；基于全基因组测序的基因克隆将大大加快功能基因组学研究的进程；基于全基因组选择的分子育种技术将使作物育种取得突破性进展。人们预计，新一代测序仪正在引发一场新的生物技术革命。因此，新的育种技术，包括基因组设计育种、转基因育种、分子标记辅助育种将会大大促进新的绿色革命的实现。当前在这方面存在的问题是：①缺乏关键的有自主知识产权的基因；②分子育种的成本还较高；③上游的研究单位与育种单位结合得不够紧密。这些问题都有待进一步解决。

传统的育种手段对于改善作物的抗逆性虽有一定效果，如抗旱、养分高效等，但离人们期望的目标还有很大距离，现代生物技术的发展则为人们从分子水平上阐明了作物抗逆的物质基础及其生理功能。利用现代生物技术，已在植物资源利用效率基因分子标记、基因克隆和转基因、定向培育资源高效品种等方面取得了可喜进展，成为生物抗逆研究的前沿热点。Zhang（2007）通过多年的讨论与探索，提出开展"绿色超级稻"培育的构想，即水稻遗传改良目标除了要求高产、优质外，还应致力于减少农药、化肥和水的用量，使水稻生产能"少打农药、少施化肥、节水抗旱、优质高产"。绿色超级稻培育的基本思路是：以目前优良的品种为起点，综合应用品种资源研究和功能基因组研究的新成果，充分利用水稻和非水稻来源的各种基因资源，在基因组水平上将分子标记技术、转基因技术、杂交选育技术有机整合，培育大批抗病、抗虫、抗逆、营养高效、高产、优质的新品种（张启发，2009）。

在对我国水稻生产、品种改良的相关科研现状和发展趋势充分分析的基础上，Zhang（2007）提出绿色超级稻培育两步走的建议：第一步，将绿色超级稻所涉及的基因通过分子标记辅助选择和转基因单个导入最优良品种中，培育一系列遗传背景相同、单性状改良的近等基因系；第二步，将这些近等基因系相互杂交，实现基因聚合，培育聚大量优良基因于一体的绿色超级稻。绿色超级稻将有效解决传统水稻生产"高投入、高消耗、高浪费、低效益"的粗放式发展问题，有助于水稻产业的可持续发展，实现经济效益、生态效益和社会效益的有机统一。

6.4.2 通过土壤-作物系统综合管理技术同时实现作物高产与资源高效

作物产量与资源效率是一对矛盾统一体。在一定的生产条件下，随着生产资料投入量的不断提高，如化肥、农药、灌水等，作物产量逐渐增加，资源效率下降；当产量增加到最高值时，增加资源投入不仅不能增加产量，反而造成作物倒伏，降低产量，资源效率下降，环境风险大幅增加。然而，当生产条件发生变化，产量水平进一步增加，增加生产资料投入将进一步促进作物的增产，资源效率进一步增加。例如，在过去的20余年，美国玉米产量不断提高，氮肥偏生产力由过去的 42 kg/kg 增加了现在的 57 kg/kg（Cassman et al., 2003）。因此充分挖掘作物的生物学潜力、不断提高作物产量是协调作物高产和水肥高效的前提。

新中国成立以来，针对我国人多地少、区域差异大、灾害频繁、作物和种植制度多样化、小农户耕作等特点，我国在作物高产栽培技术与理论研究方面进行了长期探索，形成了以作物高产为主线，作物-环境-措施三位一体的作物栽培研究方法；提出了以作物器官建成和产量形成规律为理论基础的高产群体各生育期的形态生理特征和指标；阐明了作物与环境因素、群体与个体、不同器官之间的关系，建立了相应的综合诊断方法和多途径高产技术，如水稻"旱育稀植"、"小群体、壮个体、高积累"技术，杂交稻配套高产技术，小麦精播高产栽培技术，玉米紧凑型杂交种密植高产技术，周年多熟一体化栽培的"吨粮田"技术等，有力地推动了我国粮食生产的发展（余松烈，2006；于振文，2003）。近年来，在"国家粮食丰产科技工程"项目资助下，在粮食主产区开展了作物高产、超高产的研究与示范，水稻、小麦和玉米单产分别出现了 12 t/hm²、11 t/hm² 和 16 t/hm² 以上的高产典型，显示了品种和栽培技术巨大的增产潜力。然而，部分高产典型以高额的肥、水和人工投入等为代价，资源效率不高，重演性差。

近年来，国家加大对提高水肥等资源利用效率研究的支持力度。不少国家基金、支撑计划等项目围绕在不降低产量的同时提高资源利用效率开展工作，在国家自然科学基金重大项目中，建立了区域肥料总量控制与作物生育期分期调控相结合的氮素管理技术，显著地降低了施氮量，提高了氮肥利用率。在农业部"十五"重大引进项目支持下，建立了小麦、玉米、水稻等 12 种主要作物的养分资源综合管理技术体系（张福锁等，2006）。"十一五"以来，针对当前我国集约化作物生产中肥料施用不合理的现状，国家还启动了"测土配方施肥项目"，旨在推广应用现有施肥技术，节本增效，提高肥料利用率。围绕灌溉农田高效用水，国家科技支撑项目、"863"计划、"973"计划都涉及作物高效用水的机理和调控技术，以降水（灌溉）—土壤水—作物水—光合作用—干物质量—经济产量的转化循环过程为研究主线，从水分调控、水肥耦合、作物生理与遗传改良等方面出发，探索提高各个环节中水的转化效率与生产效率的机理和调控技术。在旱地作物的水分调控方面，从过去主要通过水平梯田建设和减少坡地径流的工程措施节水，发展到集雨灌溉与发挥作物生物学潜力节水并重，抗旱节水与作物栽培技术有机结合。然而，这些工作大多集中在保持目前产量水平的前提下提高水分养分利用率。从我国作物产量持续提高与资源高效利用的需求来看，任何水分、养分管理措施只有被栽培技术所采用才有可能在生产中发挥作用，因此，养分水分等管理迫切需要与高产栽培技术紧密衔接起来，服从于当前和长远的高产栽培要求，不断深化对高产条件下水肥高效利用的科学机制与调控原理的认识。

针对当前农业生产与科学研究中作物高产与资源高效难于协调的现状，在充分分析我国在高产栽培、优化水分管理、病虫害防治等相关研究现状和发展趋势的基础上，Chen 等（2011）提出了土壤-作物系统综合管理，同时提高作物产量与资源利用效率的设想（Chen et al.，2011）。通过土肥、栽培、灌溉等多学科结合，进一步挖掘作物产量潜力，以土壤、根系和作物栽培调控构建健康群体，同时实现作物高产与资源高效；进一步提高土壤生产力，简化栽培技术、提高水肥资源利用效率。同时指出在当前农业生产中同时实现作物高产与资源高效的两步战略目标：第一步，在现有产量和资源效率的基础上，实现产量增加 15%～20%，资源利用效率提高 20% 以上；第二步，产量增加 30%～50%，资源利用效率增加 30% 以上。第一步的目标主要通过现有栽培、水肥管理、病虫害等技术组合与优化，重点突破高产群体与高效养分水分根层调控相匹配的最佳养分水分管理等共性关键技术。第二步目标应在更高的产量和效率目标下，围绕作物高产、高效的栽培调控和资源配置的三个关键过程，即作物高产群体结构与功能的调控过程、高产作物水肥高效利用的根-土互作过程、作物高产、高效的土壤条件与关键过程，深入开展高产、高效的基础理论研究，为进一步大幅度提高产量和资源利用效率提供理论依据（图6-2）。

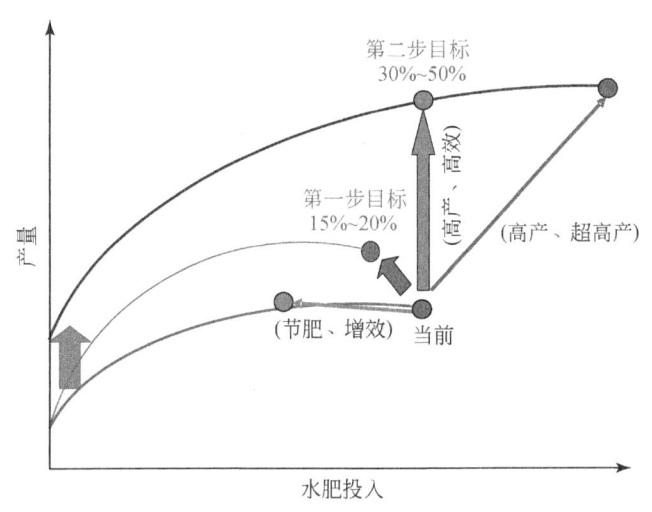

图6-2 高产与水肥高效利用发展目标

6.4.2.1 协调生态因子，构建理想群体、协调花后物质生产与分配，实现作物高产

提高农田单位面积作物产量，关键在于充分利用当地生态条件，建立合理的群体结构，协调个体与群体以及源与库之间的矛盾，使群体光合物质生产发挥最大效能。Chen等（2011）通过Hybrid-Maize生产模型分析北京市多年生态条件，发现改变春玉米播期、密度和品种，使玉米的生长发育规律与当地生态因子匹配，能够大幅度提高玉米产量。例如，在相同品种和密度条件下，仅改变春玉米的播期，可最高提高玉米产量34%［图6-3（a）］；在相同品种和播期条件下，将玉米播种密度从每公顷60 000株提高到100 000株，可提高玉米产量16%［图6-3（b）］；在相同密度和播期条件下，更换长生育期品种，可提高玉米产量121%［图6-3（c）］。

依据农户调查结果，当前北京地区农民春玉米的播期为4月20日，密度为60 000株/hm²，品种为"郑单958"（生育期≥10℃有效积温GDD，1612），模型模拟产量潜力为8.9 t/hm²。若将农民管理措施优化为播期4月28日，密度100 000株/hm²，品种为超试1号（GDD，1952），模型模拟产量为14.0t/hm²，较农民习惯增加57%（图6-4）。

大量研究表明，高产粮食作物籽粒灌浆物质的80%~90%来自抽穗后的光合生产，经济产量与抽穗后的干物质生产呈极显著的线性相关，因此，在光温

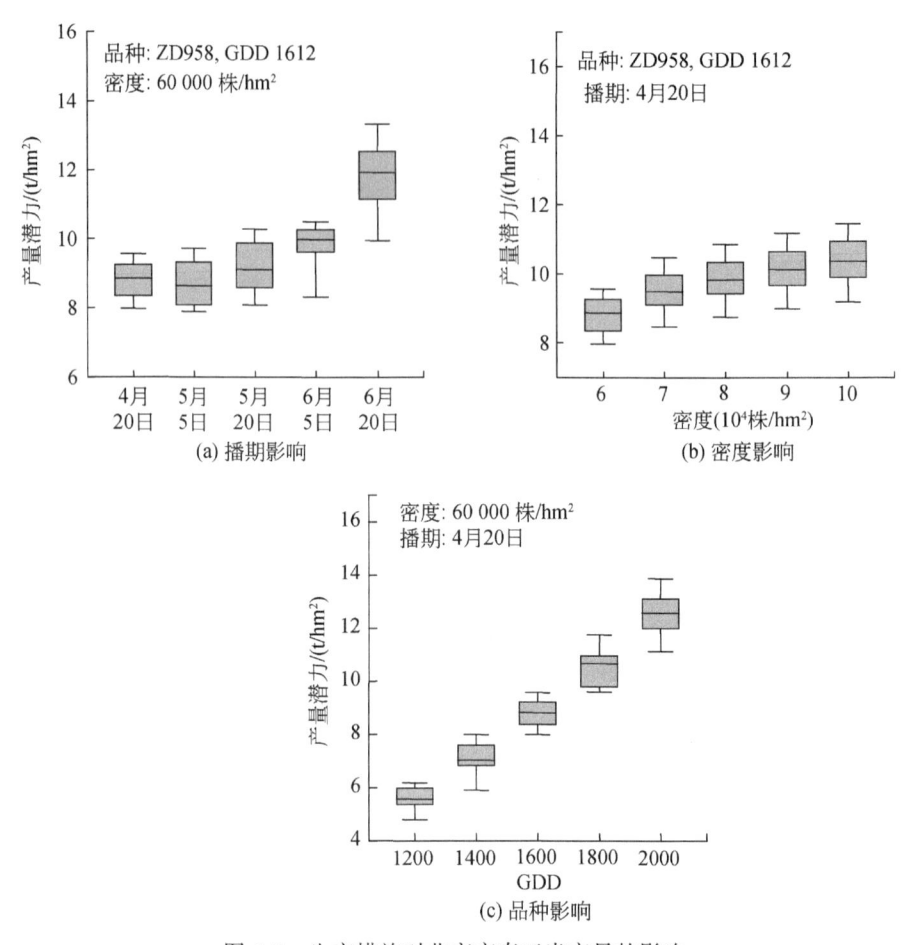

图 6-3 生产措施对北京市春玉米产量的影响

条件允许的前提下，延长绿叶面积持续时间以增加结实期的光合生产、提高光合速率和物质运转与分配效率，是提高作物产量的关键途径。作物冠层结构是作物个体、群体数量与质量的综合体现。作物理想冠层的本质特征是群体叶面积指数适中、株型合理、总库容量（群体总粒数）大。国际水稻研究所（IRRI）在 1990~2000 年的研究战略中提出了突破产量限制的新思路和超高产的作物理想构型，对进一步提高作物产量具有指导意义。美国在 20 世纪后期一直把"持续提高作物生产力的途径"作为国家级重点研究领域，通过提高密度、综合调控资源投入，在挖掘作物的产量潜力方面取得了重大突破，创造出单季玉米产量高达 27.8 t/hm² 的世界纪录。

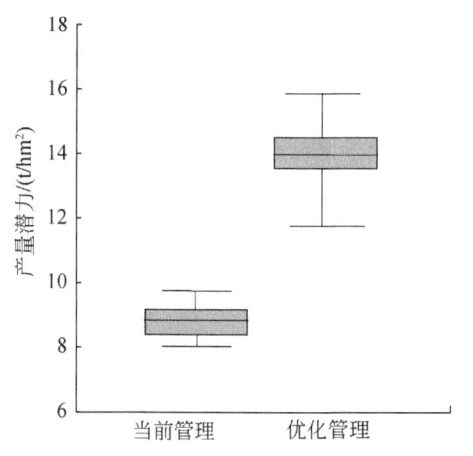

图 6-4 模拟的当前农民管理与优化管理的玉米产量潜力

6.4.2.2 同步根层水肥供应与高产作物需求，实现资源高效

以往的研究和生产多以水肥的大量投入、提高土壤水分含量和养分浓度的方式保证作物生产。该方法忽视了土壤—作物—环境过程的精确调控，对保证当季作物产量是有效的，但造成了当季农田水分、养分的大量残留，增加了水分浪费、养分损失的危险性。研究发现，近 20 多年来集约化农田土壤积累的养分和环境来源的养分数量越来越大。华北平原每年来自大气干湿沉降的氮素已经超过 80 kg/hm² (He et al., 2007)，部分集约化菜地来自灌溉水的氮素养分超过 100 kg/hm²，接近蔬菜吸收量的 1/3；与此同时，由于连年过量施肥，土壤养分累积数量越来越大，如华北平原 0~100 cm 土壤无机氮在小麦—玉米轮作体系播前高达 221~275 kg/hm²，果园达 613 kg/hm²，大棚蔬菜更高达 1173 kg/hm² (Ju et al., 2006)。土壤和环境养分是一柄"双刃剑"，有效利用，则减少化学养分投入，增加养分效率；如不很好地加以利用，不仅造成资源浪费，也会对环境产生严重威胁。因此，农田养分管理必须改变以往只重视肥料养分的做法，要将来自土壤、肥料和环境的养分资源统筹考虑。

以往的施肥技术对氮、磷、钾和中微量元素采用同一种管理策略，即使是国际上的精准农业也常常沿用这一技术思路，对土壤磷钾进行实时、实地精确测定和管理。笔者经过长期系统的研究发现，氮素具有来源广、转化快、时空变异大、损失途径多、环境影响显著等特征，必须进行精细的实时监控。而磷、钾则相对稳定、易在根层土壤中累积；过去常常认为，磷、钾在土壤中的固定会失去肥效，但本书及国内外的大量研究却表明，磷肥具有长期的、远远高出人们以前预期的累积利用率（40%~50%），钾也是如此，这是因为作物根系可以通过其生理作用及根际过程，使化学方法难以提取的难溶性磷转化为作物可以吸收利用的生物有效性磷，从而增加磷的后效、显著提高磷肥的累积利用率（Shen et al.，2004；刘建玲等，1999），因此，磷、钾管理就没有必要像氮素那样在每个作物生长季进行实时监控。中微量元素由于容易在根层土壤中积累，只要根系生长健康就可有效活化利用。如果土壤缺乏，就可通过施肥加以矫正，因此，宜采用因缺补缺、矫正施用的原则。

养分资源综合管理技术新途径是未来我国养分综合管理技术的重点，必须实现：①将以往对整个土体土壤养分的管理调整为对作物根层养分供应的定向调控；②各种养分由于具有不同的生物有效性和时空变异特征，应采取不同的管理策略；③根层养分适宜供应范围的确定，既要考虑高产作物根系生长发育的特点、不同生育期养分需求和利用特征，还要充分挖掘、利用作物对根层养分的活化和竞争吸收能力，提高养分利用率并降低养分在转化和迁移过程中损失的强度；④实时定量根层来自土壤和环境的养分供应，明确高产作物关键时期适宜的根层养分供应范围，针对不同土壤和气候条件下养分的主要损失途径，确定肥料养分投入的数量、时期和方法（图6-5）。

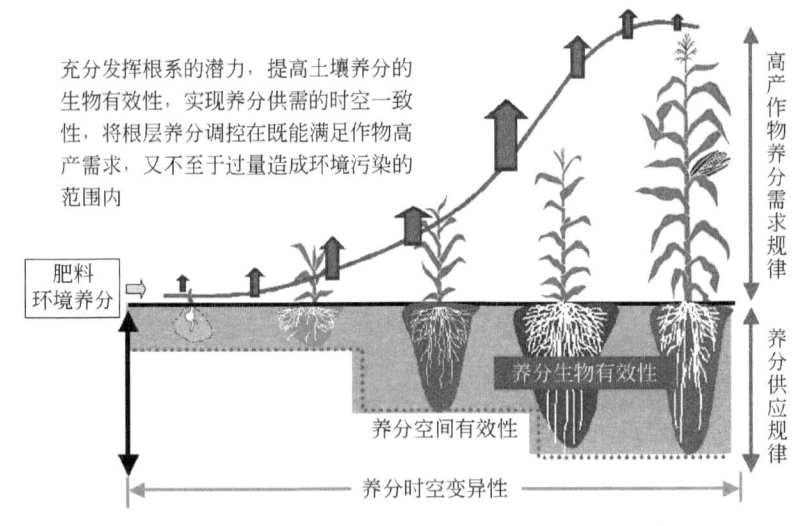

图6-5 协调作物高产与环境保护的根层养分调控示意图

在根层水分调控方面，灌溉制度已经从充分灌溉向节水型灌溉转变，水分胁迫对作物的影响及其提高水分生产效率机理已成为当前研究的热点，作物高效用水生理调控与非充分灌溉理论研究不断深入，利用作物生理特性改进植物水分利用效率的研究更加引起重视。近年来，国内外提出许多新的概念和方法，如限水灌溉（limited irrigation）、非充分灌溉（no-full irrigation）与调亏灌溉（regulated deficit irrigation）等，对由传统的丰水高产型灌溉转向节水优产型灌溉，提高水的利用效率起到了积极作用。在灌溉方式上，从均匀灌溉发展到调节植物体机能、提高水分利用效率的局部灌溉。强调交替控制部分根系区域干燥、部分根系区域湿润，以调节气孔保持最适宜开度，达到以不牺牲作物光合产物积累而提高作物水分利用效率的目的。

在作物生产中，水、肥两因素直接影响着作物的产量、品质和效益，同时两因素之间也存在着密切的相互关联、相互制约关系，改善作物营养，即科学施肥是提高农田水分利用效率的重要途径之一。国内外大量研究试验表明，作物的气孔调节、作物的保水能力和膜透性、作物的光合作用等都与氮、磷、钾营养有紧密关系。在水分胁迫下，施用氮肥、磷肥、钾肥，增加氮素、磷素、钾素营养，能够补偿水分胁迫下作物表现出的生长缓慢、叶面积减小、叶片伸展缓慢和产量下降等不良效应，表现为增大叶面积、促进干物质生产。在旱地条件下，适量施用氮、磷肥，可增加单株次生根条数，并能提高根系活力，以及改善叶片的光合能力，增加同化物含量，而最终提高作物的水分利用效率。另外，通过施肥可改变植物脱落酸（ABA）代谢，改善植物对干旱信号的感应能力以及提高作物耐旱性。通过建立以肥、水、作物产量为核心的耦合模型和技术，实现合理施肥、培肥地力，以肥调水、以水促肥，充分发挥水肥协同效应和激励机制，提高作物抗旱能力和水分利用效率。

6.4.2.3　提高土壤基础生产力，增强抗逆能力和缓冲性，稳定实现作物高产高效

土壤是作物生产的基础，作物产量潜力和水肥调控作用的持续稳定发挥依赖于良好的土壤条件，因为一个好的土壤条件：具有良好缓冲能力和系统稳定性；有利于根系生长和水分及养分及时供应和高效利用（张福锁等，2007）。图 6-6 表明，土壤不施肥小区作物的产量（基础地力）与施肥条件下的产量有密切的关系，即随着不施肥小区作物的产量的提高，施肥后相应也能获得更高的产量。然而，我国土壤的基础地力仍然较低，2/3 的土壤属于中低产田，因此提高土壤的基础地力是实现我国种植业高产、高效的基本保障条件。从世界范围来看，未来全球主要禾谷类作物实现增产潜力的主要途径之一是提高土壤质量（Richter et al.，2007；Tilman et al.，2002；Cassman，1999）。

通过改善土壤有机碳库实现作物高产、高效和环境友好，在学术界已进行了一系列的探索和实践（Lal，2006；Tiessen et al.，1994）。Drinkwater 和 Snapp（2007）指出，在全球范围内，作物系统对 N 和 P 利用效率不高的原因之一在于土壤 C 与 N、P 的循环过程没有有效耦合。高有机质的土壤可以通过

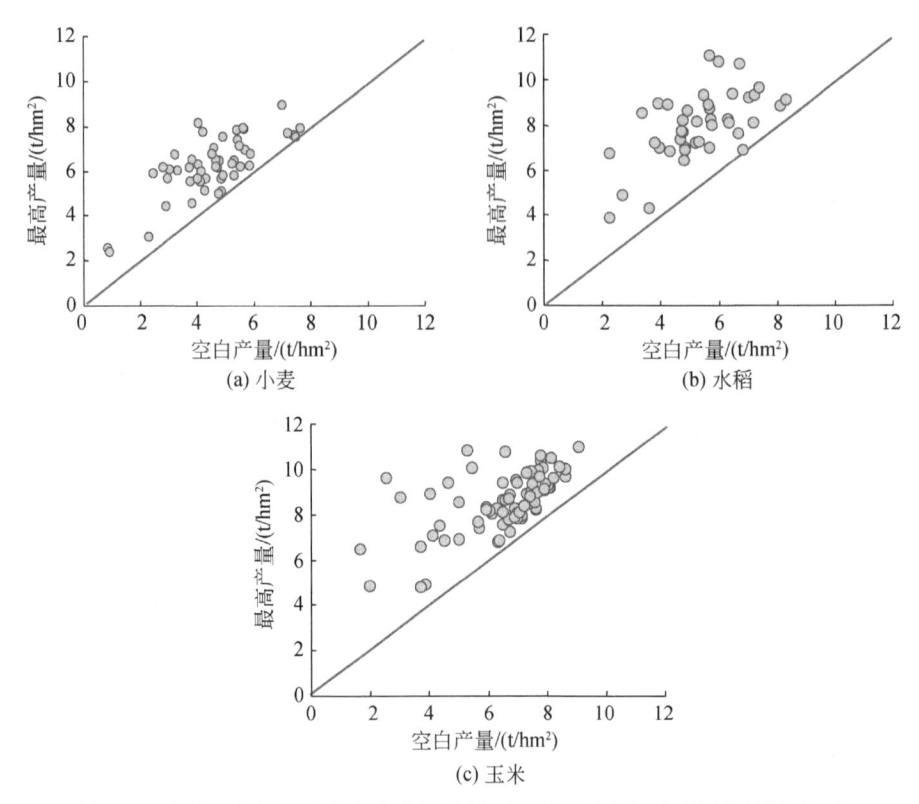

图 6-6 小麦、水稻、玉米空白小区产量（不施肥小区）与最高产量的关系

矿化等途径释放活性养分，减少作物对化学养分的依赖；同时增加系统稳定性，增加作物丰产、稳产性，提高养分的利用效率（Cassman et al., 2003）。在集约种植条件下，秸秆还田、有机无机配合、轮作、保护性耕作和增加生物多样性等措施已被证明是实现作物持续高产、增强农田生态系统稳定性的有效技术（Brady and Weil, 2002；Rasmussen et al., 1980）。

在国内，针对粮食主产区面临的土壤耕层变浅、水肥保持和供应能力不能满足作物生长需要，以及土壤污染加重等问题，近年来开展了一系列土壤质量、农田物质循环、土壤污染与修复研究工作。国家重点基础研究项目"土壤质量演变规律及土壤资源可持续利用"通过对土壤质量演变规律的研究，初步建立了土壤质量综合评价指标和模型，开展了土壤质量预测和预警的探索工作。近来启动的重点基础研究项目"我国农田生态系统重要过程与调控对策研究"旨在通过对我国主要农田生态系统的重要过程进行定点长时间序列和联网研究，阐明农田生态系统物质循环规律，揭示系统稳定性的关键生态过程及相互作用机制，发展多目标协调的农田生态系统调控理论。

综上所述，我国科学家在作物育种、高产栽培和土壤水肥管理等研究领域取得了不少的进展，为国家粮食生产的发展作出了重要的贡献。然而，目前面临的关键问题是，我国作物育种、高产栽培、资源高效利用和环境保护的研究相互脱节，在同时实现作物高产、资源高效、环境优化相协调的理论与技术研究相对薄弱。因此，迫切需要建立作物育种、栽培、农药、植物营养、土壤等多学科紧密结合的研究平台，共同探讨在作物产量持续提高的同时实现资源高效利用的机制，探讨作物高产和资源高效利用的作物群体、土壤以及养分和水分定量调控的技术途径。必须从理论和技术上实现以下突破：①大幅度提高土壤生产力，藏粮于地；②不断提升作物品种潜力，充分挖掘作物产量潜力和资源利用潜力；③节能、低耗、低碳、高效、资源节约型的土壤-作物系统综合管理措施。

6.5 政策建议

6.5.1 建立遗传改良、生态生理、土壤-作物系统综合管理等多学科研究平台

作物产量及资源高效利用过程虽然受多种因素和技术的共同影响，但归根结底受两方面的制约，一是提高作物高产与资源高效利用的生物学潜力，二是通过综合管理最大限度地实现这一潜力。提高作物高产与资源高效利用的潜力依赖于培育高产、高效、抗逆的优良品种。要实现这一目标，必须要在个体水平上阐明作物生长发育、抗逆境胁迫与资源高效利用的生理生化及分子调控机制，克隆关键基因并进行功能研究。在田间群体水平上阐明高产高效的群体建成规律、源库关系、根冠关系、养分及水分吸收利用规律等。通过这些基础和应用基础研究，提出高产、高效优良品种应具备的生理、生化及形态学指标；然后利用现代分子设计育种的强大工具，挖掘高产、高效性状基因及其优良等位变异，通过分子标记辅助选择和转基因等手段，将这些关键基因或分子标记进行聚合组装，遗传改良作物品种，不断提高作物产量潜力与资源利用效率潜力。在此基础上，充分发挥土壤-作物综合管理的优势，在田块尺度上，利用现代作物生长及土壤养分和水分检测技术，通过冠层群体动态与根层养分水分供应的实时、定量监控，达到作物生长发育需求与养分水分资源供应相匹配，实现作物高产高效，缩小潜在产量和效率潜力与农户实际情况的差距；在区域水平上，充分利用农业信息化技术和养分及水分资源综合管理技术，实现大面积作物均衡增产、增效以及养分、水分资源的合理配置。

6.5.2 建立农技综合推广服务平台,将当前先进农业生产技术真正应用到田间地头

在当前我国种植业推广服务体系中,企业、科研单位和政府推广部门在推广技术、覆盖网络和执行力度方面各有优势,又各有不足,若能将优势进行互补,建立综合技术服务平台,将起到事半功倍的效果。科研单位作为农业推广技术的主要来源和供体,应主要从事作为技术研发、集成、科技人员培训以及技术效果监督等工作;企业作为技术推广的主要经济受益者,利用其自身的资金和物质优势,进行大面积的技术传播与辐射;政府推广部门作为技术的主要传播单位,主要传播技术、指导企业行为等。

6.5.3 完善立法及相关政策,保证技术实施及效果

逐步摒弃单一促进生产的政策,而发展高产、高效、环保的政策,如对农业生产资料生产和施用的补贴政策应逐步减少;加强种植业基础设施建设投资,如灌溉设备和土地整理,加强土壤培肥、测土配方施肥、统防统治等基础性工作的实施。完善农业生产资料,尤其是种子、肥料、农药、农机、农膜等产品的质量控制,建立资源高效的品种审定机制,建立环境友好成本低廉且增产明显的新肥料和施肥机械的产品标准和促进机制,用产品标准和补贴促进与农艺结合良好的新型农机,补贴可重复利用的农膜替代一次性农膜。建立有利于科研单位和企业参与的农化服务机制,要充分发挥科研单位专家和大学生等高素质人员力量,带动农民增收。也要采取一些强制性的环境管理政策,如建立重要流域和环境脆弱区的肥料和农药投入限制。

6.5.4 整合企业、科研单位、政府力量,打造"两型种植业"示范区

建议在一些两型农业基础比较好的地区,鼓励整合企业—科研单位—政府等各方面力量,打造一些"两型种植业"示范区。分析该地区种植业存在的资源和环境问题产生的原因;借鉴国外"两型农业"成功的经验;科研单位集成各种"两型农业"技术,企业配合政府进行技术推广,政府部门从补贴和政策两方面鼓励"两型农业"发展;打造一系列可以在其他区域复制的示范县、示范村,并逐步将经验扩散到其他区域。

第 7 章
基于发展"两型农业"的作物遗传育种

作物遗传育种是研究和运用作物遗传变异规律，对作物进行遗传改良以适应生产需要的科学实践。它是农业科学发展的核心内容之一，也是作物生产力提高的重要前提。国家发展和改革委员会在《中国应对气候变化的政策与行动》白皮书（2011 年）中指出，目前全国主要农作物良种覆盖率达到 95% 以上，良种对粮食增产贡献率达到 40% 左右。水稻、小麦、玉米、高粱、谷子等禾本科作物，以及马铃薯、甘薯、棉花、油菜、大豆等，为人类生存提供了粮、棉、油等基本物质、能量和营养基础，与人类生命活动息息相关。农作物品种的产量潜力、品质特性和营养价值直接影响人类的生存和发展。

资源节约型、环境友好型农作物新品种的选育与推广是"两型农业"发展的重要基础。世界农业发展的历史表明，突破性农作物新品种是农业生产上取得革命性成就的关键因素之一。发展"两型农业"，必须立足于"两型农业"的内涵与要求，明确农作物的育种目标，充分利用作物遗传育种的新技术与新方法，选育符合"两型农业"要求的新品种。但由于"两型农业"是在目前我国农业生产基础上的一项重大变革，对品种的要求也随之发生了变化。因此，必须充实和发展现行的品种评价内容与方法，发挥品种审定标准对良种选育的导向作用。

7.1 作物遗传育种的历史、现状与发展趋势

作物遗传育种在作物遗传资源评价、遗传改良理论、育种技术方法、品种应用推广等方面取得了巨大成就。在理论上建立了以进化论和遗传学为基础的理论体系，包括纯系理论、杂交育种理论、杂种优势利用理论、远缘杂交理论和生物技术理论等；在育种方法上从早期的引种和系统育种，到杂交育种、杂种优势利用育种、远缘杂交育种、诱变育种等传统育种，再到以细胞工程技术

育种、分子标记辅助育种和转基因技术育种为主的现代生物技术育种，经历了从简单到复杂、从低级到高级的发展历程，遗传育种研究范围也由品种间遗传物质交流拓展到亚种间或种间遗传物质交流，培育新品种或新作物以满足作物生产需要。

7.1.1　作物遗传育种的历史与现状

近代作物遗传育种学是在遗传学、突变理论、基因理论等自然科学研究成果及其试验方法的基础上逐步建立起来的。17世纪以前，人类已经有了作物选种和引种的实践经验。《诗经》记载："黍稷重穋"，"稙稚菽麦"。重穋指成熟的先后，稙稚指播种的早晚。由此可见我国在周代已形成不同播期和熟期的作物品种概念。北魏《齐民要术》记载了97个谷物的品种，对它们的成熟期、植株高度、产量、质量、抗逆性等特性进行了细致地分析比较，提到选种的成功与否将直接影响到作物的收成和质量。1694年，德国科学家卡默拉留斯（Camerarius R. J.）研究作物雌雄花，认识到植物是有性生殖。1719年，费尔柴尔德以石竹科植物为材料最早进行植物人工杂交并获得杂种。1823年，奈特在豌豆上发现父母本对杂种一代的贡献均等，二代有分离现象。1843年，库尔特首先采用个体选择法进行禾谷类育种。1856年，德维尔莫兰明确提出用"后裔鉴定"法检查甜菜的选择效果，后被称为"维尔莫兰分离原则"。1849年，加特纳研究了80个属、700种植物的亲本及杂交后代，指出亲本杂交一代、二代之间存在一定关系，并发现不少杂种一代生长健壮。达尔文在《物种起源》（1859年）和《植物界异花受精和自花受精的效应》（1876年）中阐明了选择和杂交等与进化的关系，并得出了杂交对植物有益，自交对植物有害的结论。1865年，孟德尔（Mendel G. J.）在总结前人和自己开展的豌豆杂交实验的基础上，发表了"植物杂交实验"论文，首次提出分离和独立分配遗传规律，为作物遗传育种奠定了理论基础。

20世纪初，孟德尔定律被重新发现，使作物育种进入了一个新的阶段。约翰森（1903）提出的纯系学说不仅为纯系育种奠定了理论基础，也为区分遗传变异和环境变异提出了有力的论据。在异花授粉作物方面，沙尔（1909）基于伊斯特（1904）和他本人对玉米自交的研究，指出了杂种优势的意义。1917年，琼斯育成第一个玉米杂交种，并于1920年提出生产双交种的方案，为玉米育种中广泛利用杂种优势开创了新途径。20世纪40年代，斯普拉格等提出的配合力概念和赫尔提出的轮回选择方法，均对杂种优势利用具有重要意义。在1927~1928年发现X射线能引起果蝇和大麦的基因突变，使得辐射育种初见端倪。其后，化学诱变进一步拓展了诱变育种的手段。布莱克斯利等（1937年）采用秋水仙碱诱导植物染色体加倍成功，使得多倍体育种成为可能，并有效地克服了远缘杂种F_1不育的难题。1954年，西尔斯建立的小麦非整倍体系统和随后发现的部分同源染色体配对机理，为导入外源有利基因提供了新途径。在抗病育种方面，1917年，斯塔克曼提出小麦秆锈菌生理小种分化学说；1956年，弗洛尔提出抗（致）病性的基因对基因学说。1963年，范德普兰克在《植物病害：流行和防治》一书中提出了"水平抗性"（即非小种专化抗性）和垂直抗病性（即小种专化抗性）概念，又进一步从病害流行学和生态平衡的观点完善了抗病育种策略。此外，瓦维洛夫在20世纪20年代进行的世界性植物资源考察以及在此基础上率先提出作物起源中心学说；费希尔和赖特等首先将数理统计应用于生物学研究领域等，也都对促进作物育种技术进步起了重要作用。鉴于上述成果，作物育种发展成为一门有理论体系指导并在农业生产上有巨大实用价值的学科。

1953年，沃生和克里克两人在与晶体物理学家的通力合作下，提出了脱氧核糖核酸（DNA）结构模型。1973年，DNA重组技术的发明，使基因可以在不同物种间相互转移，从而开辟了一个崭新的高技术领域，被称为遗传工程或生物技术。现代生物技术的应用，进一步对作物遗传育种产生了更加深远的影响。

我国作物遗传育种的发展历程可分为以下三个阶段。

（1）作物遗传育种的初级阶段

我国作物遗传育种历史久远，在农书古籍中有专门设置种子田培育优良种子的记载。民间更有"年年选种，以积累优良性状；经常换种，以防退化"的习俗。中国近代作物遗传育种始于1900年前后。先是在稻、麦、棉三大作物中进行引种、纯系育种和杂交育种。1914年起，金陵大学育成小麦品种"金大26号"。1926年，中山大学丁颖在广东郊区犀牛尾发现野生稻，并与当地栽培稻杂交，培育出世界上第一个带有野生稻遗传成分的水稻品种"中山一号"。在这一时期，采用纯系育种法和杂交育种法，选育了一批农作物优良品种，如"中大帽子头"水稻，金善宝选育的"南大2419"小麦，沈宗瀚选育的"金大2905"小麦，赵洪章选育的"碧玛1号"小麦等。金陵大学和东南大学等棉作改良机构选育出"百万华棉""南通鸡脚棉""孝感长绒"等优良棉花品种。20世纪30年代中期，在中央农业实验所等单位的主持下，举办了"中国作物改良会议"，邀请国内外专家讲授作物育种理论新成就和试验统计方法，推动了作物遗传育种研究。

（2）作物遗传育种大发展阶段

新中国成立到 20 世纪末是我国作物遗传育种事业迅速发展时期，逐渐形成了常规育种技术和理论体系，先后出现作物遗传育种史上的两次重大突破。第一次是 20 世纪 50 年代中后期的矮化育种，第二次是 70 年代初水稻杂种优势利用。到 20 世纪末，共培育出 41 种农作物新品种和 5000 多个新组合，使农作物当家品种在全国范围内更换了 3~5 次，平均 6~7 年更换 1 次，一般新品种比老品种增产 10%~30%（石元春，2002），成功实现了"第一次绿色革命"。

1）作物种质资源收集和保存。中国幅员辽阔，生态环境复杂，农业历史悠久，作物种质资源十分丰富，是世界作物遗传多样性中心之一。但是我国作物资源收集和保存工作起步较晚，尤其是在低温保存方面。20 世纪 50 年代，在全国范围内进行了作物种质资源的普遍征集。1953~1957 年，共征集到 53 种大田作物约 20 万份种质资源（包括部分重复），蔬菜 88 种、1.7 万余份种质资源（包括部分重复）。由于保存条件的限制和其他因素的影响，到 1979 年作物种质资源总共只剩下 43 种大田作物共 16 万余份种质资源（包括国外引进的 2 万份）。为了挽回损失，国家采取了补充征集、重点作物野生种考察、重点地区考察 3 项措施。1979 年农业部和原国家科学技术委员会联合发布《关于开展作物品种资源补充征集的通知》，1979~1984 年，共收集到 60 种作物共 11 万余份种质资源。同期调查了云南等地区的野生稻、野生大豆等野生作物资源，收集到新种质 1.5 万余份；80 年代对西藏、神农架、海南岛等 3 个重点地区的考察又收集到新种质近 2 万份，90 年代又进行了大巴山区及川西南、黔南桂西山区、三峡地区、赣南粤北山区等地考察；加上 1978~1990 年从国外引进的种质，现今中国的作物种质资源编目总量已达 36 万份，其中包括国外材料 6.7 余万份。我国第一座低温种质库始建于 1984 年，随后建立了完善的长期保存与中期保存相结合的作物种质资源保存体系。自 1986 年始，依照国家重点科技攻关的统一部署，组织有关研究机构对全部纳入国家种质库（圃）保存的 30 余万份材料进行了主要农艺性状鉴定，数据载于作物种质资源目录中。此外，又组织有关研究机构对主要病虫害抗性、抗逆性和品质性状进行了鉴定。总计各种作物共鉴定抗病虫性 70 余万份次，抗逆性（寒、旱、湿、盐碱等）30 余万份次，品质特性 90 余万份次（刘旭和董玉琛，1998）。这些工作为深入开展重要性状的遗传评价与利用奠定了良好基础。

2）作物矮化育种。20 世纪 50 年代初，国内主栽农家品种，表现高秆、不耐肥、抗倒性差，产量潜力低。1956 年，广东农民育种家洪春利、洪群英在受台风侵袭倒伏的稻田中发现了天然的矮生抗倒株，选育出第一个矮秆籼稻"矮脚南特"。而有计划、有目的的矮秆育种则开始于 20 世纪 50 年代中期，由广东省农业科学院水稻育种家黄继芳、黄耀祥在全面总结过去多年育种经验的基础上，提出创造矮秆类型新品种，并先后育成以"广场矮"、"广陆矮4号"和"桂朝2号"为代表的一批矮秆品种，由于抗倒性增强，产量水平比原有当家品种提高15%~20%。到20世纪60年代中期，中国南方很多籼稻地区水稻种植已经基本上实现了矮秆化。这一成果也推动了小麦、高粱玉米等作物矮化育种的发展。我国小麦育种利用的矮源主要有4个：含 *Rht-B1b* 和 *Rht-D1b* 2对矮秆基因，品种占总数的25%；含 *RhtB1d* 1对矮秆基因，品种约占26%；辉县红和蚰包类，含1对矮秆基因，品种约占20%；以阿夫为代表的赤小麦类，含 *Rht8*、*Rht9* 矮秆基因，品种占19%（贾继增等，1990；李文广等，2008）。河南新乡农科所利用武陟矮玉米分离出矮154、矮544等矮秆玉米自交系，为我国矮生玉米育种提供了宝贵的矮生资源，先后育成了登攀1号、登攀5号、成矮1号、风光72等矮秆玉米杂交种（田齐建等，2003）。水稻和其他主要农作物的矮化育种被统称为"第一次绿色革命"。

3) 作物杂种优势利用。继"第一次绿色革命"之后，20世纪60~70年代的杂种优势利用研究是我国作物遗传育种史上的又一次伟大实践，并取得了举世瞩目的成就。高粱是最早利用细胞质雄性不育生产杂交种的作物，从60年代后期开始，先后育成和推广了以晋杂5号等为代表的一批高产杂交高粱组合。袁隆平等率先成功培育出以野败不育为基础的三系杂交籼稻，是水稻育种史上的又一次飞跃，为自花授粉作物利用杂种优势开辟了新的途径，丰富了作物遗传育种理论。经过许多科学家的努力，随后又研究出红莲型、冈型、D型、滇型、印水型等杂交水稻，形成了水稻核质互作型三系杂交稻的多样化格局。继石明松（1973年）发现水稻光敏核不育以后，两系法杂交稻的研究和应用取得了重大成就，丰富了杂交水稻品种类型，简化了不育系繁殖技术。由于杂种优势的利用，杂交稻比常规稻产量增加15%~20%。1972年傅廷栋首次发现波里马油菜细胞质雄性不育，随后被国内外广泛应用于育种实践，国际学术界认为它是"第一个有实用价值的油菜雄性不育"。我国玉米杂种优势利用经历了农家品种评选、品种间杂交种、综合品种、双交种和单交种等发展阶段。60年代单交种生产应用以来，高产、优质、抗病、抗逆、广适性优良杂交种不断育成，生产上已进行了几次大的品种更新，每次更新都使我国玉米产量提高10%左右。70年代，T型小麦雄性不育系引入中国，引发了杂交小麦研究热潮。80年代后，小麦杂种优势利用转向山羊草属细胞质（K型、V型等）、野生燕麦细胞质（Q型）、普通小麦细胞质（A型）等雄性不育系研究。1987年西北农林科技大学何培如等完成K型杂交小麦三系配套，达到国际先进水平；1995年该课题组培育的杂交春小麦强优势组合"西农901"通过审定，成为国内外首个杂交小麦新品种。

4）作物诱变育种。作物诱变育种是利用物理或化学因素诱发变异，再通过选择而育成新品种的方法。我国诱变育种工作始于20世纪50年代，并取得了重要成果。徐冠仁等诱变育成小麦品种达70多个。在航天育种方面，我国从1987年以来先后8次利用返回式卫星、4次利用高空气球搭载了70多种植物的约40kg种子，涉及主要粮棉油及蔬菜、瓜果等作物，经国内20多个省市区的50多个研究单位育种工作者的地面种植试验，育成了高产、优质、多抗的青椒、番茄、水稻、莲子、小麦等作物新品种、新品系，从中还获得了一些有可能对产量和品质等主要经济性状有突破性影响的罕见突变。目前，通过省级以上审定的航天诱变新品种，水稻有3个、青椒和番茄各1个，它们在生产上的种植推广，已经取得了明显的社会经济效益。

5）作物细胞工程育种。20世纪60~70年代，以脱毒快繁和花药培养等技术为代表的细胞工程育种广泛应用于作物遗传育种，成为迄今植物遗传育种领域应用最广的一项育种技术。我国是第一个将花培技术应用于作物遗传育种的国家，培育出了小麦、水稻等农作物新品种并在生产上大面积种植，达世界先进水平。利用花药单倍体育种途径，1971年我国科学家率先成功培养出小麦花培植株（欧阳俊闻等，1973），1975年我国第一次利用花药培养技术育成粳稻新品种单丰1号。20世纪80~90年代，以中花系列（中国农业科学院作物研究所）和龙粳系列（黑龙江省农业科学院水稻研究所）花培品种为代表，先后培育出的水稻品种或品系有近百个（姜健等，2001）。花培小麦新品种约有30个左右，其中不乏抗倒伏、抗条锈、抗白粉病等优良性状。目前，马铃薯脱毒快繁技术已形成产业化。世界上通过花药培养获得花粉植株的植物已超过250种。

（3）作物遗传育种新技术融合发展阶段

20世纪90年代，分子生物学等新兴学科的快速发展，为作物遗传育种技术发展注入了极大的活力。可以通过基因研究与操控来改良作物农艺性状，将作物遗传育种推进全新的分子育种时代。人们可以从大量的种质资源中发掘利用有利基因，远缘物种间的基因交流成为可能，甚至可以通过分子设计来培育理想品种。这使作物遗传育种技术得到了前所未有的新发展。随着社会经济的进步，遗传育种也面临着新的问题。例如，温饱问题基本解决后，人们开始对作物品质提出了明确要求。但在人口增加、耕地减少等不可逆转的趋势下，作物遗传育种目标除了以增产兼顾品质为重点外，还须考虑抗病虫性、抗逆性、资源节约、环境友好等问题，因此，作物遗传育种也遇到了巨大的挑战。在这种背景下，作物遗传育种研究必须依靠传统技术与生物技术的融合发展以实现新时期赋予的育种目标。

生物技术育种主要包括细胞工程育种、分子标记辅助选择育种、转基因育种和分子设计育种等。分子生物学研究方法及其技术的应用，遗传育种效率得到提高，使以表型选择为主的育种技术转向表型鉴定与基因型选择协调发展的育种技术，较传统育种技术具有明显的优越性。到目前为止，已形成较为成熟的生物技术育种体系，并有所应用，如分子标记辅助选择育种和转基因育种。

分子标记辅助选择育种的核心是结合标记筛选，转移有利性状的基因并进行多基因聚合，通过与目标基因紧密连锁的分子标记在早世代对目标性状进行选择，提高育种选择效率和预见性。目前已在作物抗性和品质性状育种方面得到广泛应用。例如，对水稻抗稻瘟病、抗白叶枯病、抗飞虱以及中等直链淀粉含量，小麦抗锈病及强面筋特性，玉米抗大小斑病及高赖氨酸含量等性状的分子标记辅助选择育种。

转基因育种是生物技术的核心之一。近十多年来，由生物技术创造的转基因作物进入突飞猛进的发展阶段。从1996年商品化种植以来，全世界年种植面积均以两位数的百分比增长。2014年，国际农业生物技术应用服务组织（ISAAA）在《中国生物工程杂志》发布了全球转基因作物商业化趋势报告：2013年全球27个国家种植转基因作物1.752亿 hm^2，种植面积比1996年增加了100倍以上。我国也培育出了抗虫性强的棉花、烟草等，其种植可产生很大的社会经济效益。2010年，农业部为华中农业大学培育的两个转基因抗虫水稻品系颁发了生产应用安全证书。在作物营养高效和抗非生物胁迫及品质改良等转基因育种研究方面也取得显著成效。转基因技术的发展和应用正在领导一场新的农业科技革命。目前，生物技术已趋向成熟，国内转基因抗虫棉已大面积应用。

7.1.2 作物遗传育种发展趋势

进入21世纪，我国人口数量仍在不断增加，而耕地面积持续减少，人们对生活质量的要求急剧上升，未来粮食紧缺问题依然十分突出，而且还面临着资源、环境、气候变化等问题，粮食产量和生态安全关系到人类的生存和发展。为此，作物遗传育种必须采取相应的育种策略，以保障作物生产的可持续发展。作物遗传育种目标将由单一的追求"高产"转向"优质、高产、多抗、高效"复合育种目标。以分子辅助选择育种和转基因育种为主的分子育种的兴起，将为提高作物产量和品质、增强抗病虫性和抗逆能力，达到节约能源、减少投入、保护环境等可持续发展目标提供新技术支撑。

(1) 更加重视重要功能基因的发掘与利用

种质资源是育种的物质基础。近代作物育种成就举世瞩目，主要得益于一批重要种质的发现和利用，以及育种技术的创新和应用。例如，水稻、小麦矮秆（半矮秆）基因的发现和利用，产生了第一次绿色革命；水稻细胞质雄性不育基因（CMS）的发现和利用使中国乃至世界水稻生产上了一个新的台阶，增产效果显著（15%~20%）。袁隆平因其突出成就而被誉为"杂交水稻之父"。水稻光温敏核不育基因的发现和利用为两系法杂交水稻的育种提供了物质基础。理想株型与杂种优势利用的结合，掀起作物的超高产育种。因此，种质资源的收集、保存、发掘和利用越来越受到各国政府和育种家的高度重视。

一方面，作物本身的有利基因（性状）挖掘和利用加快。目前，国际上克隆了具有明显表型性状的水稻功能基因83个，其中22个为我国科学家克隆，此外，我国科学家还定位QTL 8000多个，这些基因或QTL主要涉及控制分蘖、粒型、粒重、粒数、抽穗期、粒色、株高、株型、叶片形态、茎秆强度、抗旱相关性状、耐盐和耐冷、抗白叶枯和稻瘟病等性状，从栽培稻中克隆出了 *MOC*1（Li et al.，2003）、*GS3*（Fan et al.，2006）、*GS5*（Li et al.，2011）、*GW2*（Song et al.，2007）、*DEP*1（Huang et al.，2009）、*OsSPL*14（Jiao et al.，2010）、*OsSKIPa*（Hou et al.，2009）等基因，从野生稻中克隆了 *Xa23*（Zhang et al.，2002）、*SHA*1（Lin et al.，2007）等基因。另一方面，种质资源的概念已经拓展，其研究开发利用的趋势是扩大亲缘距离进行远缘或超远缘育种，如水稻开发利用亚种间优势；小麦育种跨越了五大亲缘关系，在种、属甚至族间进行基因重组。特别是近年来由于基因工程等生物技术的发展，已经打破了物种的界限，实现有利基因在植物、动物和微生物间的转移，进一步拓宽了种质资源的利用范围。

(2) 更加广泛应用现代生物技术

分子标记辅助选择技术和转基因技术将被广泛应用，其与传统育种技术有机结合将引领我国"第二次农业绿色革命"。生物技术能突破基因在动物、植物、微生物之间的转移，从而极大地拓宽了种质资源的利用范围，而且可以直接进行基因型的早期选择和在实验室内操作，可以大大提高育种效率，缩短育种年限和减少工作量。生物技术育种不是常规育种的替代，两者相辅相成将是一种必然的发展趋势。常规育种已积累了基因利用、重组和诱变等相结合的丰富经验，基因工程需要由细胞工程作为基础，且细胞工程、分子育种的产品都需要通过田间试验个体和群体的鉴评，才能进入生产应用。为了发挥各种方法的互补潜力，提高育种效率和效益，需要进一步促进常规技术与生物技术的结合，建立综合的育种技术体系。

作物遗传育种是当代农业科学发展的前沿学科之一，是基础农学研究的核心和重要组成部分，是发展农业科学和提高农业生产的重要理论技术基础，对作物生产力的提高，对"两型"农业生产的发展将产生巨大的带动作用。近代作物遗传育种的历史经验和发展趋势表明，作物新材料的发现、作物遗传改良新方法的建立和建设"两型农业"新思路的提出，都有可能使作物育种水平得到明显提高，从而促进"资源节约型、环境友好型"可持续农业的发展。

7.2 "两型农业"作物育种的思路与目标

"两型农业"以优质、高产、高效、生态、安全为主要特征，不仅注重农作物"优质、高产"，而且强调劳动生产率和土地利用率的提高，还要对生态环境进行保护和修复，其意义是在保证农产品数量与质量的前提下，以节约用地、节水、节约化肥、节约农药、节约种子、节能、资源综合循环利用和农业生态环境建设保护为重点，通过提高资源利用效率来降低资源投入强度，解决目前我国农业发展与资源环境之间的主要矛盾，促进人与自然、经济和生态系统的和谐发展与可持续发展。对作物遗传育种而言，品种必须能够适应这一变化和要求。通过挖掘作物生产潜力，依靠其生物学特性，在节约资源和能源、保护环境前提下，实现作物生产的"高产、优质"目标，是两型农业生产体系对作物遗传育种提出的高标准要求，也是顺应时代发展的必然。

7.2.1 "两型农业"作物遗传育种的基本思路

参考绿色超级稻培育的基本思路（张启发，2005；肖景华和罗利军，2010；罗利军，2005；黎志康，2005；Zhang，2007），两型农业作物品种培育的基本思路是将作物品种资源研究、基因组学和分子育种技术紧密结合，加强抗病、抗虫、抗逆、营养高效、高产、优质等重要性状生物学基础的研究和基因发掘，进行作物品种改良，培育大批抗病、抗虫、抗逆、营养高效、高产、优质的两型农业作物新品种。两型农业基于农业资源与环境的考虑，对育种思路和程序应当进行合理设计与取舍，亦即育种家应该采取什么样的思路和技术路线去实现这一目标。目前中国稻作界专家认为，超级稻除了"产量超级"外，在新的历史时期应赋予新的科学内涵，研究目标应实现"产量超级、优质、多抗（抗病虫害及逆境）、适应性广、低耗、高效"的同步改良与全面突破，即绿色超级稻应是在不断提高产量、改良品质的基础上，实现基本不打农药，大幅度降低单位面积化肥用量，节水抗旱的新型水稻品种。因此，两型农业生产体系所期盼的作物新品种需要在首先保证高产和优质的前提下，不断融入抗性基因和提高其节水抗旱性能。在常规育种技术难以高效实现多基因聚合的情况下，分子育种技术将是一种有效的工具（黎志康，2005）。

7.2.2 "两型农业"作物品种的理论设计

（1）品种的遗传组成

作物的品质和产量除受环境和栽培技术等影响外，主要受遗传控制。要实现两型农业作物品种的优质超高产，必须充分发挥作物品种间或亚种间的杂种优势，保持双亲适当的遗传距离，利用双亲优良性状的显性效应和上位性效应，发挥超显性作用，协调品质、产量与抗性的矛盾，实现超高产、优质与多抗的协调统一，使两型农业作物品种的遗传组成与当前作物高产品种明显不同。

（2）品种的功能作用

由于两型农业是资源节约和环境友好的作物生产体系新模式，其相应的作物品种也就具备比现有品种更多或不同的功能作用。除满足基本的食用和消费需求外，还应拥有改善土壤、农业用水等生产环境，维护土地生产力和生态平衡，减灾防灾，保障食品安全等功能。减少化肥和农药的投入能使土壤的清洁度和结构得以改善提高，有毒、有害物质积累减少，使土地的生产力获得一定的修复和补偿，有益农业微生物也可得到繁殖发展，进而促进农业生态环境的改善。

（3）品种的株叶根型与生理生化特性

在继承我国60多年作物遗传育种的历史经验和超高产育种的基础上，结合两型农业作物品种的功能设计，两型农业作物生产体系对品种的株叶根型也有一定的要求：①根系活力好。根系发达、不早衰，土壤水分和养分吸收利用能力强，对土壤重金属等有毒、有害物质钝感，在收获器官中积累少。②株叶型好。茎秆粗壮，抗倒伏能力强；多穗与重穗协调性好，收获指数高；适合机械化生产。③群体结构好。叶面积指数和根/冠比合理，光合效率高。④综合抗性好。能抗多种病虫害，节水抗旱，适应性广。

7.2.3 "两型农业"作物品种的基本特征

（1）个体特征

两型农业作物品种的单株在根系形态和株叶型方面具有一定特征，区别于一般意义上的作物品种。由于需要高效吸收、转运和利用土壤中的水分和营养元素，品种根系必须纵向与侧向分布广泛、根数多、根系穿透力强，总体上根系发达，但也应在合理根冠比值范围内。株叶型特征以能达到优质超高产为选择基本依据，但叶片形态因节水抗旱要求而与非抗旱品种有所不同，茎秆特性须与抗倒伏能力相结合，土壤营养元素的吸收和利用能力在一定程度上也与株叶形态相关联，需要研究甄别。

（2）群体特征

两型农业作物品种的群体特征是在传承目前优质超高产品种的群体特征基础上，融入抗病虫和抗逆及营养高效基因性状后而形成的，是由具有相应遗传组成亲本所决定的。由于单位面积穗数和穗重呈极显著负相关，适宜穗数与较高穗重结合，可减少穗数对穗重的抑制，有利于在高效个体基础上形成高产群体；还能优化光能利用，提高光合效率；使群体通风透光好，进一步减少水稻病虫害发生；高成穗率使整个栽培模式从能源多耗型转向能源集约型，为优质超高产提供可靠保障。

7.2.4 "两型农业"作物育种目标

品种是作物生产体系中最基本的组成部分，为保障我国农业可持续健康发展，华中农业大学张启发院士提出的绿色超级稻培育基本目标是在不断提高产量、改良品质的基础上，实现基本不打农药，大量少施化肥并节水抗旱。在两型农业生产体系下，农作物育种应该以优质超高产和抗多种有害生物为主要目标，并且具有作物营养高效和节水抗旱的特性，才能逐渐改变目前高产对化肥和农药的依赖性，实现环境保护和农业生产可持续发展。

（1）优质超高产

土地是农业生产不可缺少的最重要资源之一，但随着社会经济发展，我国耕地总面积逐年减少、耕地质量不断下降，我国农业生产将面临日益严峻的耕地资源约束。保持有限土地上的高产和进一步开发产量的增长潜力，成为作物遗传育种永恒的主题，也是"两型农业"的最基本要求。随着我国人民生活水平的逐步提高，人们的食物消费也由满足温饱转向注重营养和健康，因此优质超高产是目前我国国情的必然要求。目前水稻开展了绿色超级稻培育，其他作物也根据市场需求，实施了面包小麦育种、高赖氨酸玉米育种、彩色优质棉育种等。两型农业生产体系下的超高产粮食作物品种收获指数达到0.55左右，大面积推广增产幅度在10%以上。农产品的优质与其用途密切相关，需最大限度地满足具体使用要求。例如，稻米品质是品种遗传特性与环境因子综合作用的结果，其最重要的性状为整精米率、垩白率、胶稠度、直链淀粉含量等，两型农业水稻品种必须提高这些指标在国家标准《国家优质稻谷》中的达标率。此外，黑米、红米、糯米等特色专用稻及功能稻米的研究与开发也是品质改良创新的方向之一。

(2) 抗多种有害生物

两型农业体系下的作物品种需要抗多种有害生物。由于多种病虫害频繁交替发生，导致农药使用过量化和多样化，农药残留直接危害着人畜健康，加大了环境污染程度，导致生态失衡，有害生物抗药性亦增强，对农作物的破坏力进一步扩大。大量和多种农药的投入，在保证目前作物生产的同时也产生了太多的负效应，使人与环境之间的矛盾更加突出，作物生产低成本、安全、持续发展的难度日渐加大。强调环境友好的两型农业必须解决这个矛盾，选育和推广能抗多种病虫害的作物新品种，从减少农药用量到最后基本不打农药，逐步消除农药对作物生产环境的负面效应，扭转生态失衡的局面，保证农产品的食用安全性，保障人们的生活质量与生命健康。抗多种有害生物的作物新品种培育，是打造两型农业必不可少的手段之一。抗性属于复合性状，可根据不同作物和地区，来制定具体的目标性状。例如，水稻常年发生的病害主要有稻瘟病、纹枯病和白叶枯等三种，近年来稻曲病、水稻黑条矮缩病、水稻条纹叶枯病等也逐步蔓延；水稻螟虫、飞虱呈加重发生趋势，培育对这些病虫害具有综合抗性的多抗水稻新品种将是一种经济、安全且有效的措施。在节约资源、保护环境的品种需求下，当前迫切需要开展培育集抗多种病、虫害于一身的多抗新品种。种质资源和优异基因的发掘、鉴定和利用是两型农业作物多抗育种突破的关键，采用基因组学和生物技术可将多种抗性基因聚合于优质超高产作物新品种中，培育出符合两型农业生产体系要求的作物新品种。

(3) 作物营养高效

作物营养高效即在化学肥料尽可能低的投入条件下获得尽可能多的农产品产出。目前我国农业生产的高产出是以高投入为代价的，其化肥施用量远远高于世界平均水平。自新中国成立以来，我国的作物单产水平达到了较高的水平，除去矮化育种和杂种优势利用等品种因素外，化肥和农药等成为推动作物生产力提升的主要动力。然而随着时间推移，化肥和农药的增产作用呈现出边际效益递减趋势。化肥的过量施用对水体造成了严重污染，甚至对土壤结构产生破坏，影响到农业生产对土壤的可持续利用。为追求更高产，过度使用化肥使我国成为十年来世界上化肥消费增加最快的国家，而同时低肥贫瘠的耕地依然占据全国耕地面积的近三分之一，极大地降低了作物品种"高产、优质"特性的发挥。目前我国主要粮食作物的氮肥利用效率仅27%，绝大部分施用的氮肥不能被作物吸收、利用（张福锁等，2008；张卫峰等，2008）。因此，根据作物基因型之间对土壤及肥料中营养元素吸收和利用效率上的差异，利用作物耐低营养环境的遗传多样性，寻找耐低营养元素的优良基因型，培育适合于不同栽培条件的营养高效新品种，减少化肥施用量，提高营养元素利用率，减少污染，节约化肥资源，减轻对土壤环境的破坏程度，将是发展两型农业作物育种的重要目标之一。作物品种的高产实现必须减少对氮、磷、钾等大量元素的过分投入，培育氮、磷、钾高效利用新品种，对促进作物生产的高产、高效有重大意义。

（4）节水抗旱

目前全球水资源日益贫乏，旱灾日趋严重，区域性、季节性干旱危害严重，我国又是世界13个严重缺水的国家之一，也是农业水资源严重紧缺的国家之一，农业水资源紧缺已经成为继耕地之后长期制约我国农业发展的因素。开展农作物节水研究也是保障我国粮食安全的需要，因此要求作物品种具有较高的水分利用效率（water use efficiency），这对提高作物稳产性、缓解我国水资源短缺状况以及保障粮食安全均具有十分重要的战略意义，也是两型农业作物品种的必然要求。通过长期的研究认为，水分利用效率可以将抗旱性和丰产性统一于一体，是一个可以定量化的综合抗旱节水研究指标，包括抗旱、耐旱、节水、高效用水和高效产出等多方面内容，高水分利用效率是今后作物遗传育种的一个重要研究方向。因此，培育水分利用高效新品种，减少作物生产过程中水分资源的过度消耗，缓解水资源短缺，并且能够抵御适度干旱胁迫，保证稳产和高产，是两型农业生产体系中的一个重要课题。通过陆稻抗旱性研究利用和其他抗旱种质或基因资源利用，改良水稻的节水抗旱能力，争取在水稻生产过程中节水30%～50%。小麦、玉米等旱地作物可利用高水分利用效率种质资源，培育水分利用效率和产量双高新品种，进一步挖掘作物节水潜力。

7.3 基因组与转基因技术应成为作物育种的关键技术

7.3.1 加快发现重要性状基因（QTL）及其遗传网络

作物生长发育的进程与表现取决于作物自身的基因及基因与基因、基因与环境的互作。基因是作物育种的物质基础。随着现代分子生物学、特别是基因组研究的飞速发展，为作物育种提供了大量的有利基因，为从种质资源鉴定到新品种选育提供了一系列的技术方法。近年来，在国家"863"计划、转基因重大专项的支持下，我国在农作物有利基因鉴定与筛选，功能基因组、蛋白质组和代谢组学研究，高产、优质、抗病虫作物种质资源创制与新品种选育方面已取得了重大的进展，但总体上，尚存在以下问题。

（1）作物种质资源的精细鉴定评价尚未全面展开，特别是对复杂性状的研究不够，新基因发掘速度缓慢

至目前为止，我国对农作物种质资源的大规模鉴定，基本上只是初步的定性评价，由于经费与条件的限制，对某些性状还缺乏科学的鉴定标准；如水稻的抗旱性鉴定，通过国家攻关项目所实施的近6万多份材料的抗旱性结果只能作为参考，因为整个鉴定过程没有进行科学合理的水分控制。目前，我国科学家已构建了较完善的水稻功能基因组研究平台，从水稻中克隆了一批具有重要应用前景的功能基因，相关理论研究走在了世界的前列。但是，对复杂性状相关基因的研究不够，在育种实践中成功应用的例子不多。

（2）缺少重大突破性的新种质与新品种，特别是符合两型农业发展要求的新品种很少

由于受人口不断增加和耕地不断减少的双重压力，我国农作物育种一直将高产作为首要目标，而耐肥、抗倒是基本的选择指标，结果包括以下两点：一是使育种亲本主要集中于少数几个基本材料，缺少对优质、多抗、高效育种材料的创制，导致育种骨干材料遗传基础狭窄，如我国长江流域籼稻品种间的最大遗传相似性达到99.8%，重大突破性的新材料不足；二是育成的品种不符合两型农业的要求，生产上往往需要在最佳的土肥条件、大量投入的条件下才能达到高产。目前，特别缺乏节水抗旱以及对某些重大病虫害高抗的育种材料，如水稻纹枯病、油菜菌核病、棉花黄萎病等世界性的病害。

发展两型农业，培育适合于两型农业生产的农作物品种是关键，其核心是发现相关的遗传基因，明确其遗传网络与代谢特性，根据两型农业的内涵，发现和利用农作物高产、优质、高效、多抗相关基因。水稻作为基因组研究的模式作物，已发现一批优良基因，可应用于发展适合于两型农业的水稻品种：

GS3：从水稻中克隆的一个影响籽粒重量的关键基因（Fan et al.，2006），可通过控制粒长来影响产量构成因素，即千粒重。

GW2：控制水稻粒重的基因，编码一个新的E3连接酶，可能参与了降解促进细胞分裂的蛋白（Song et al.，2007）。

GW5：控制水稻粒宽与粒重的基因，可增加外颖壳的细胞数目进而使谷粒变宽，粒重增加（Shomura et al.，2008）。

GW8：基因高表达可促进细胞分裂，使籽粒变宽，提高灌浆速度，增加千

粒重,从而促进水稻增产(Wang et al., 2012)。

Ghd7:控制水稻的每穗颖花数,同时可以影响株高和开花期(Xue, 2008)。

S5:水稻广亲和基因(Chen et al., 2008)。

MOC1:控制分蘖的基因,编码一个核蛋白,能够促进腋芽的分生(Li et al., 2003)。

IPA1:能使水稻向秆壮穗大的理想株型发展,基因PA1发生突变后,会使水稻分蘖数减少,穗粒数和千粒重增加,同时茎秆变得粗壮,增加了抗倒伏能力(Jiao et al., 2010)。

PROG1:控制水稻株型驯化的基因,编码一个功能未知的锌指蛋白,对水稻的株型发育起重要的调控作用(Jian et al., 2008)。

Epi-df:具有较强的降低株高的作用。通过调控该基因的表达,可以有效控制籼粳杂种的株高(Zhang et al., 2012)。

D53:部分显性矮秆基因,参与分蘖抑制激素独脚金内脂生理生化途径,影响生长素运输积累,可使植株矮化,增加分蘖数(Zhu and Xiong, 2013)。

LAZY1:影响水稻分蘖角度,调节株型(Li et al., 2007)。

Wx:主要影响水稻的直链淀粉含量,同时还影响胶稠度与糊化温度(Wang et al., 1995)。

Chalk5:是一个胚乳特异表达的控制腹白率的正调控因子,影响外观品质、精米产量和储藏蛋白质的总含量(Li et al., 2014);。

SKC1:耐盐基因,编码离子转运蛋白,维持钠离子平衡(Ren et al., 2005)。

SNAC1:抗旱基因,可控制气孔关闭,增加植株在干旱情况下的保水功能(Hu et al., 2006)。

OsSKIPa:可显著提高水稻抗旱能力(Hou et al., 2009)。

DWA1:特异性控制干旱逆境下表皮蜡质合成,进而控制植物对干旱的适应能力。

张启发2009年出版的《绿色超级稻的构想与实践》一书,对水稻有利基因定位和功能基因组研究的成果作出很好的归纳,涉及大量的有利基因,可利用于水稻的分子设计育种。

7.3.2 适应于目标区域的作物新品种的分子设计育种

(1)目标区域

农作物生长在一系列复杂的生态环境中,这一环境决定了品种的表现。我国幅员辽阔，生态环境存在很大的差异，包括不同的气候、土壤、降水量等。事实上，即使在同一块农田也没有完全相同的环境，而在不同的年份及不同地块之间也会发生各种环境的变化。

所谓目标区域，是指所培育的新品种将要推广种植的区域，在这个区域内，期望品种有良好的表现。因此，不同的目标区域对品种的要求是不同的，新品种选育必须有的放矢地针对特定的目标区域。在发展"两型农业"这个大的背景下，农作物品种的选育应根据不同的生态条件与种植要求，确定不同的育种目标，因此，掌握目标区域的自然条件，是作物育种工作的基本要求。

1）土壤条件。根据我国土壤资源普查结果，在我国耕地中，优等地、高等地、中等地和低等地面积占全国耕地面积的比例分别为2.67%、29.98%、50.64%和16.71%。中低等地主要类型包括瘠薄型、干旱缺水型、坡耕地型、渍涝水田型、渍涝旱地型、盐碱型、风沙型等（见本书第6章），显然，不同耕地条件对品种的期望是不一样的，对于高产田块，土地肥沃，灌溉条件好，发展两型农业要改变目前的种植方式，大幅度地降低化肥的施用，推广种植氮磷高效的品种，并实行节水栽培。中低产田，根据不同的类型，培育不同的品种，如针对干旱缺水型土壤培育节水的农作物品种；针对渍涝水田型培育耐淹的品种；针对盐碱型土壤培育耐盐碱的农作物品种。

2）水资源。我国是贫水大国，水资源短缺、干旱损失严重已成为我国农业生产的瓶颈，因此，无论是雨水充足的"丰水"地区，还是易受干旱影响的"贫水"地区，合理利用淡水资源、减少农业用水仍然是发展两型农业的主要任务之一。事实上，即使是所谓的"丰水"地区，仍存在着季节性缺水和水质性缺水的问题。因此，提高品种的水分利用效率，培育节水抗旱的农作物品种，适应于绝大多数的目标区域。

3）极端气候。近年来，我国气候灾害频繁，经常发生所谓"多年难遇"的极端高温、极端低温，对农业生产影响甚大，按两型农业的基本要求，要从品种改良上增加农作物品种应对极端气候、减少产量损失的能力。另外，一些适合不同时期播种，生育期较短的"救灾品种"，对于灾后恢复农业生产，具有重要意义。

4）生物逆境。生物逆境主要是指影响农作物正常生产的病虫危害。从理想的品种改良愿望出发，希望育成的新品种对所有的病虫害都具有抗性，但事实上很难做到，因为每一种病虫害都涉及不同的遗传基因及其作用机制，目前很难将所有的抗性基因集中到一个品种并能有效地发挥作用；不同的生态区其病虫害发生发展的规律也是不一样的，不同的地区，优势病虫害不一样，同一种病虫害，由于其生理小种（生理型、菌株）不一样，危害的程度也不一样；

农作物的病虫害也在发生变化，如稻瘟病生理小种，经常发生变化，要求品种的抗性基因也要随之发展变化。因此，作物育种要明确不同目标区域的主要病虫害及其变化，选育适合于目标区域的品种。

5）不同的种植方式。作物育种要明确目标区域的种植方式及其发展变化。随着两型农业的发展，农业生产的种植方式将会有重大的变化，作物育种要适应这种变化。例如，随着农业机械化的推广，需要适应于机械化种植的品种；随着农作物免耕或少耕方式的发展，特别需要扎根能力快、与杂草竞争能力强、后期抗倒的作物品种。

（2）分子设计育种

传统的作物育种，往往是利用本地的传统品种与某一性状特别突出的品种进行杂交，如稻瘟病重发地区引进高抗稻瘟病种质，加大分离群体，进行高强度的田间选择，经过6~8代的选育，育成抗稻瘟病强的新品种。然而，随着稻瘟病菌株的变异，新的优势小种形成，先期育成的品种抗性随之丧失，不得不再重新进行新一轮的杂交育种。

随着现代生物技术、特别是基因组研究的深入，使基于目标区域的作物新品种分子设计育种成为可能，将极大地有利于两型农业的发展。

分子设计育种是指充分利用现代分子生物学研究的成果，特别是功能基因组研究的成果，在明确农艺性状表型与基因型效应及其基因间的互作和基因与环境互作的基础上，对新品种进行分子设计进而根据设计模版选育品种。分子设计育种的概念最早由荷兰科学家Peleman于2003年提出，近年来相关科学家对这一概念进行了完善与细化，王建康等（2011）绘制了作物分子设计育种流程图（图7-1）。

作物分子设计育种包括以下几个组成部分：

1）筛选与鉴定重要农作物种质资源，定位相关农艺性状的基因位点及其遗传网络，明确其等位变异和遗传效应，确立基因型与环境的相互关系，为作物分子设计准备育种元件。

2）针对不同的目标区域，确定适应于该区域生态条件和生产条件的目标基因型；模拟目标基因型的表型效应，筛选与优化育种方案。

3）根据育种方案，通过现在生物技术与常规技术相结合，培育新品种。

对于某一特定区域如言，最有效的方法是充分利用现有的育种基础，积极引进本地区急需的基因资源，进行加值育种（vales adding breeding），通常采用的策略是利用适应于本地区的品种作受体亲本，通过现代基因转移技术（分子标记辅助选择、基因组辅助选择、转基因等），转移目标基因，对受体亲本进行遗传改良。

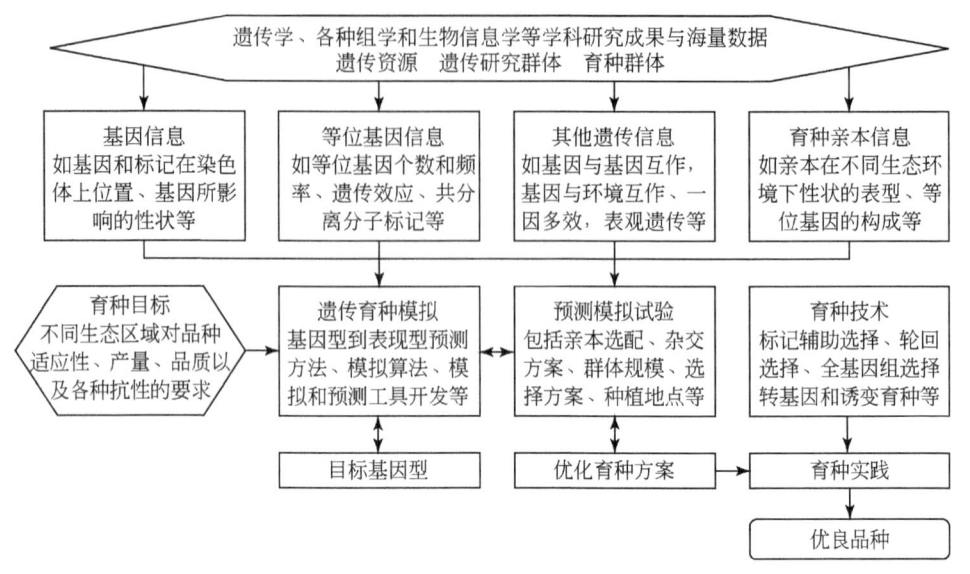

图 7-1　作物分子设计育种流程图

资料来源：王建康等，2011

7.3.3　基因转移、累加与种质创新

（1）分子标记辅助选择（marker assisted selection，MAS）

分子标记辅助选择是指在育种过程中，充分利用目标基因（QTL）分子标记定位的信息，根据分子标记与目的基因紧密连锁、呈现共分离的特点，在分离世代中取单株进行分子标记检测来推测和获得目标基因的基因型。

分子标记辅助选择实质上是对供体目标基因的选择，又称前景选择，其可靠性主要于取决分子标记与目标基因间连锁的紧密程度。因此，开发与目标基因紧密连锁的分子标记对于实现有效的基因转移至关重要。实践证明，利用分子标记辅助选择技术转移主效基因，如抗病基因，较易成功，可极大地提高育种的效率。在水稻上最成功的例子便是抗水稻白叶枯病基因 Xa 21 的利用。

1989 年，国际水稻研究所鉴定发现，来源于印度的长药野生稻（*Oryaza Longgistiminata*）对所有的菲律宾的 6 个白叶枯病菌株表现抗性，进而与籼稻品种 IR24 杂交，通过不断回交，将抗病基因转移到 IR24 的遗传背景中，育成等基因系 IRBB21，并将该基因命名为 Xa21（Khush et al.，1990）。作为一个单基因，稳定遗传，转基因第一代植株接种来自于中国、哥伦比亚、印度、印度尼西亚、韩国、尼泊尔、泰国等国家的 32 个不同的白叶枯病菌株，其中对

29个菌株表现抗性（Wang et al.，1995）。Song等（1995）成功地克隆了该基因并进行了详细的功能研究。Willians等（1996）将6个分子标记定位于包含Xa21的水稻第11染色体区域，建立了基因与分子标记的连锁关系。随后，华中农业大学利用水稻恢复系明恢63与IRBB21杂交并进行连续回交，逐代用分子标记检测Xa21，育成抗白叶枯病的恢复系（Chen et al.，2000）。安徽省农业科学院将IRBB21携带的Xa21导入光敏核不育系3418S，育成抗白叶枯病的籼型光敏核不育系3418S。其抗性达到了IRBB21的抗性水平，且保持了3418S的优良经济性状和明显的光敏核不育特性（罗彦长等，2003）。同样利用分子标记辅助选择技术，Jiang等（2004）将Xa21与抗虫基因cry1Ab/cry1进行了聚合。

如上所述，分子标记辅助选择的核心是把常规育种中的表型选择转化为基因型选择。其原理在于，一旦发现与目标性状基因/QTL紧密连锁的分子标记，就可在亲本确定的分离育种群体中根据连锁分子标记基因型选择带有目标基因/QTL的理想基因型或基因型组合的个体，进而培育优良品种。MAS技术具有不受环境影响，世代间稳定遗传的特点。因而可大大提高育种的选择效率，并对打破不良基因连锁、减少遗传累赘具有特殊意义。然而，MAS的成功应用完全取决于对目标性状的基因/QTL定位研究所获得的遗传信息。因此，国内外MAS至今在实际水稻育种中的应用仅限于少数影响主要农作物重要性状的主效基因，如抗病或抗逆基因等的转移和聚合，但在多基因影响的重要农艺性状遗传改良上的应用非常有限。

（2）全基因组选择（genomic selection）

对于涉及多基因控制的复杂性状，如产量、抗旱性等，分子标记辅助选择难以取得明显成效，主要原因：一是后代群体的选择是建立在QTL定位的基础上，而基于双亲的QTL定位结果有时不具有普遍性，QTL定位研究的结果不能很好地应用于育种中；二是缺少合适的统计方法和育种策略，将这些数量基因位点有效地应用于数量性状的改良（王建康等，2011）。

2001年，Meusissen等提出了全基因组选择技术。随着分子标记特别是基因内标记开发数量的不断增加，特别是大量的作物基因组测序的完成，构建的连锁图谱的密度越来越密，利用遍布全部基因组的分子标记（SNP）进行相关基因的筛选，特别是进行背景选择，将大大提高育种的效率，实现高通量的分子技术育种。

20世纪末，国际水稻研究所启动了由14个水稻主产国参与的"全球水稻分子育种计划"，其基本思想是集中来自世界上各水稻主产国的丰富多样的品种资源，通过大规模杂交、回交和分子标记鉴别选择相结合的方法，将这些品种资源基因组片段导入各国的优良品种中去，从而实现优良基因资源在分子水平上的大规模交流，培育出大量的近等基因导入系（图7-2）。在此基础上，进行水稻重要新基因发掘和突破性的新品种选育（黎志康，2005）。

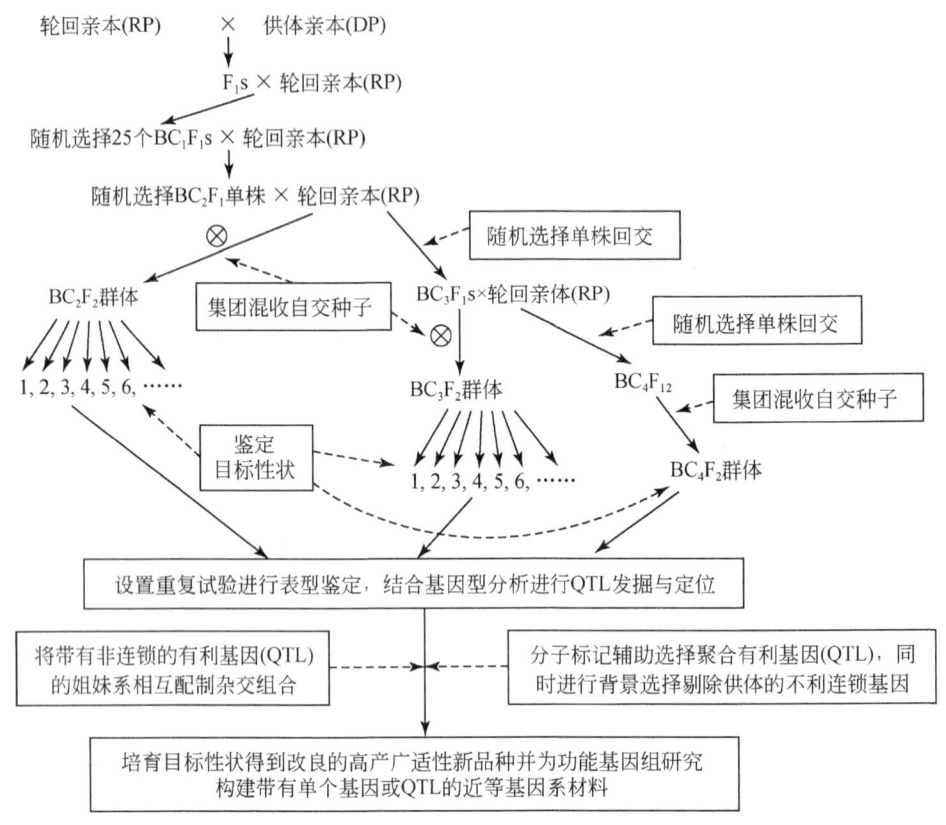

图 7-2　近等基因导入系的构建，基因（QTL）鉴定与标记辅助选择培育新品种的回交育种程序

我国学者积极地参与了该计划的部分策划工作。1998年，我国部分科研单位加入这一计划之中，先后获得国家自然科学基金、农业部"948"重大专项和国家"868"项目的资助。通过几年的努力，基本上形成了一条较为成熟的基于等基因导入系的水稻有利基因发掘、种质创新和新品种选育的技术体系。基本建成了我国水稻种质创新与功能基因研究的资源平台和分子育种与种质创新的技术平台。

（3）转基因技术

转基因技术是指利用生物技术将人工分离和修饰过的基因（目的基因）导入生物体基因组中，并且使所导入的目的基因的表达，引起生物体的性状发生改变（性状修饰），并且这种改变是可遗传的。经转基因技术修饰的生物体被称为"遗传修饰过的生物体"（genetically modified organism，GMO）。作物转基因技术是随着分子生物学和作物组织细胞培养技术不断地发展，在20世纪70年代中期兴起的一门作物育种新技术。它包括把一个包含目标基因的外源核苷酸片段构建到质粒载体中，然后转入植物细胞或组织，或通过基因枪，直接打入受体细胞，并使其在受体细胞或再生的植株中稳定保留和表达，最后通过有性或无性繁殖传递给后代。

理论上，利用转基因技术进行作物品种改良，由于导入的仅仅是单个基因，因此仅仅是该基因控制的性状得到了改良，而受体的绝大多数基因正常表达，育种效率相对于常规育种大为提高。特别是作物转基因育种技术可以打破基因交流的种间隔离，扩大有利基因的范围，创造出自然界中没有的新种质材料，因此，转基因技术已成为现代作物育种的重要手段，是国际农业高技术竞争的焦点和热点。

1983年世界首例转基因植物培育成功，标志着人类用转基因技术改良农作物的开始。1988年，HInchee等利用农杆菌介导法获得了大豆的转基因植株，将nprII基因和抗草甘膦基因导入大豆（Hinchee et al.，1988）。最有成效的是美国Monsanto公司利用农杆菌介导法将抗除草剂的Roundup基因转入大豆，培育了Roundup Ready转基因大豆，得到了大面积的产业化（Widholm，1996），将转基因品种种子与农药同时销售，获得了巨大的利润。

由于转基因作物可有效地解决作物生产过程中的诸如病虫害和杂草等的问题，具有重大的商业价值，已成各国政府支持的重点。目前，国际上已有30个国家批准了数千例转基因植物进行田间试验，涉及的植物种类达40多种。1994年转基因番茄在美国批准上市，1995年转基因棉花获准商业化生产，转基因油菜在加拿大获准大田推广，1996年，转基因玉米在美国开始商业化生产（叶兴国等，2006）。总之，抗虫、抗病、抗除草剂的转基因棉花、玉米、大豆、油菜等已进入大规模商业化应用阶段，至2013年，17年间全球转基因作物的种植面积增加了100倍以上，从1996年的170万公顷增加到2013年的1.75亿公顷，使转基因作物成为现代农业史上采用最为迅速的作物技术；1996~2012年，发达国家获得的累计经济效益为590亿美元，发展中国家产生的经济效益为579亿美元。此外，2012年发展中国家的经济效益为86亿美元，占全球187亿美元的45.9%，而发达国家为101亿美元（Clive，2013）。我国政府多年来高度重视转基因农作物的研发和产业化，自1986年"863"计划启动以来一直被列为优先发展领域，经过从"七五"开始至今共5个五年计划的努力，我国科学家在转基因植物的研发与产业化方面取得了很多重大进展。我国是世界上继美国之后，第二个拥有自主研制抗虫棉的国家，至2004年，抗虫棉种植面积达370万亩。

商品化的转基因作物拥有常规作物所没有的优良特性，如抗虫、抗病、抗除草剂等，除了产业巨大的经济效益之外，还产生了巨大的社会效益。抗虫以及抗除草剂作物的成功推广不仅提高了农作物产量，而且减少了化学农药用量，减轻农药对环境的污染，降低生产成本。多年的数据表明，转基因作物的大面积种植已产生如下效益：①大量减少农药施用；②有效地控制害虫和杂草；③免耕、保护土壤、提高地下水质；④增加食品安全性、有益于健康；⑤增加农民的收入；⑥提高产量。据中国科学院农业政策研究中心的调研分析，在1999~2001年，我国种植抗虫棉面积约270万hm^2，共少用农药123 000t，增产棉花9.6%，每公顷效益近2000元。

7.4 建立服务于"两型农业"的作物品种的评价和审定制度

7.4.1 目前我国作物品种评价和审定制度所存在的问题

我国目前对于新育成的主要农作物品种，除了育种者对自己选育的品种在稳定后进行评价外，还需参加由所在省种子管理部门组织的品种区域试验和生产试验，达到审定标准后通过省级或国家级审定，才能依法推广。

所谓区域试验，是指种子管理部门对品种选育单位或个人选育达到三性标准（整齐性、一致性和稳定性）的品系，进行丰产性、适应性、生物与非生物抗性以及品质性状的全面鉴定。而品种审定就是对新育成的或引进的品系，由专门的省级或全国品种审定委员会，根据品种区域试验和生产试验的结果，全面分析和综合审查评定其推广应用价值和适应范围。品系一经审定，方可称为品种，在审定时划定的区域范围内推广种植。

虽然我国品种区试的历史可追溯到20世纪30年代，如1932年农业部中央农业实验所对所收集的100多个小麦品种在8个省进行了区划研究，但正式进行全面而规范的品种区试工作是在20世纪70年代后期以后。1978年，国务院批转《农业部关于加强种子工作的报告》，要求中央和地方根据自然区划，将品种区试、示范、审定、繁殖和推广等环节联结起来，建立全国和各省农作物品种审定委员会，负责新品种审定、命名、登记、提出推广意见。1989年，我国颁布了《中华人民共和国种子管理条例》，明确规定，农作物品种必须经审定才能推广。1995年，农业部成立全国农业技术推广服务中心良种区试繁育处，负责全国农作物品种区域试验工作。2000年，《中华人民共和国种子法》颁布实施，从法律上明确规定了主要农作物品种在推广应用前须通过国家级或省级的区域试验和审定。2001年，农业部根据《中华人民共和国种子法》制定了《主要农作物范围规定》和《主要农作物品种审定办法》，各省也相继参照制定了地方性的有关规定与办法，至此，我国农作物的品种区试与审定工作在法律规范下在国家和省级两个层次上开展工作。

这种国家和省两级农作物品种审定制度，正是在我国改革开放最为活跃的时期所推出的，当时对品种的要求是"高产出"，在此背景下，陆续推出了一大批高产的农作物新品种，在生产上大面积推广，推动了我国农作物品种结构的调整与生产效益的提高。

然而，随着我国对发展持续农业的深刻认识，对保护环境要求的日益提高，现行的品种区试与审定制度暴露出明显的问题，不利于"两型农业"的发展。

（1）品种选育以通过区试为导向，忽视了生产实际需求

由于只有通过审定的品种才能推广应用，并且品种一经审定，选育者便不存在任何责任风险，同时，审定品种的多少已成为品种选育单位考核的主要指标，因此，不少育种单位往往以品种能否通过区试作为品种选育的目标，而忽视了生产上广大农民对品种类型的实际需要，其结果是近年来国家与省级审定委员会虽然审定了大量的农作物品种，但这样品种类型大多不相上下，审定后推广面积小，少见有突破性的品种。

（2）以高产为主要目的，忽视了肥料利用效率，导致施肥量不断攀升

由于品种审定往往以高产为主要目标，在区域试验中要求保证有足够的化肥投入，因此，耐肥抗倒的品种往往容易通过区试，而肥料利用率高的品种不能通过区试审定。在区域试验方案中，往往要求施肥量是中等偏上，没有明确数量，试验点在执行试验时，一般是参照当地的大田施肥量适当增加。例如，2008年浙江浦江县良种场杂交水稻区试点每亩总施肥量为16.2kg纯氮（吴洪山等，2008），2006年国家和浙江省早稻、中稻、晚稻区域中的氮肥施用量分别为14kg、16kg和18kg纯氮，分别比农民大田生产高1.2kg、2kg和1.3kg。在这种区域试验的导向下，育种者在选育品种的过程中不得不进行耐肥抗倒的选择，其选育出的品种对化肥的要求越来越高。我国超级稻选育开始以来不同时期所选育的代表品种有"协优413""协优9308"和"国稻6号"，早期的"协优413"高产示范方的施氮量为12kg左右，中期的"协优9308"增加到14kg左右，而"国稻6号"则达到17kg以上了，越来越远离国际上普遍认为的高水平水稻生产每公顷150kg的施氮量。区域试验的导向造就了超级稻的高

投入、高产出，同时也带来了水稻生产环境的恶化。

（3）区域试验方案中忽视品种的节水抗旱特性，审定品种节水抗旱性差

水资源短缺和干旱愈发严重已是不争的事实。一方面，农业用水占我国总用水量的70%以上，而水稻用水占农业用水的70%，每年由于干旱损失粮食达300亿kg，生产上急需节水抗旱的农作物品种；另一方面，在我国主要农作物、特别是用水大户水稻的区试与审定中，并没有对品种的节水抗旱特性进行考察，由于区试的导向，目前通过审定的品种，节水抗旱性极差，特别是近年育成的超级稻品种，选育时所利用的亲本基本上都是高产水稻品种，少见节水抗旱性强的旱稻品种，在选育过程中，也不考虑品种的节水抗旱特性。例如，在我国大面积推广的超级稻"二优培九"，抗旱性极差，后期稍遇干旱胁迫，即结实率下降、籽粒半饱，产量大幅度降低。

（4）区试点大多为高产田，忽视了占我国耕地面积大多数的中低产田与逆境影响

几乎所有的区试方案，对区试点的试验地有明确要求，即土地平整、肥力中上等且均匀一致、前茬一致；排灌方便，保证足够的肥水供应；位置适当、交通便利、利于观摩考察。为满足这些条件，区试点大多安排在研究院所、良种场等高产稻区，不能代表我国占绝大多数的中低产田的生产条件。这样，通过的品种往往在高产稻田表现高产，但一到农民田里，产量即大幅度降低。目前，我国超级稻育种计划选育的大批超级稻品种，在高产稻田亩产可达700kg、在精耕细作的情况下甚至达到亩产800kg以上，虽然这些品种已有一定推广面积，但对提高我国的平均单产贡献不大。例如，2001年湖南省全省水稻平均单产为420.58kg，此时超级稻已经开始大面积推广，据大众科技报2006年10月31日报道，超级稻在我国已累积推广1.12亿亩，但实际上，2002年、2003年、2004年、2005年和2006年，湖南省水稻平均单产分别仅为398.9kg、404.7kg、409.9kg、403.3kg和409.4kg，一直未达到2001年的产量水平。

（5）区试田块要求精耕细作，与生产上实际情况相差甚远

区试方案中，对试验过程中的每一个环节都有较为严格的要求，要做到精细整地、深耕匀耙、畦正沟直、土块细碎、田间无杂草；要做到精细管理、底墒充足、水肥保证、及时防治虫害。而在生产实际中，我国目前的情况是由于种植业效益太低，农村中大多数青壮年进城务工，加上化肥农药价格上升，农民种粮积极性下降，难以做到精耕细作，因此，通过精耕细作筛选出来的品种，虽然在区试中表现突出，但通过审定后在生产上表现平平（赵保献等，2006）。更为重要的是，在生态环境压力日益严重的情况下，精耕细作已不适

合持续农业的发展,而免耕或少耕才是农业生产发展的方向,现有审定的绝大多数农作物品种,不适合于免耕或少耕的种植方式。

(6) 区域试验点难以代表所有生态区域,特色品种不能通过审定

我国农业生态极其复杂,现在以行政辖区范围内设置的区域试验点,难以代表各地的生态情况,虽然《主要农作物品种审定办法》规定,每一个品种的区域试验在同一生态类型不少于5个试验点,但实际上由于区域试验工作量大,经费匮乏,无法按这一要求实施省级区试。例如,江苏省每年承担国家区试的试点便有120多个,每年安排各类区试的试点有400多个,近100个单位承担试验与鉴定任务,参试品种达500多个(阙金华和周春和,2008)。湖北省水稻生产划分为6个生态区,根据《审定办法》,一组水稻品种的省级区试就须设立30多个试验点,根本没有财力做到。目前一般是将全省范围视同一个生态类型区而设立区试点的数量,只能在每一个生态区安排一个区试点,而对于一个品种的评价而言,是以所有试验点的性状平均值为标准的,这样,省级区试很容易淘汰那些只适应某个特别生态类型区的品种(严重兵和孙会兰,2002)。

由于存在上述问题,在目前的品种区域试验与审定制度的导向下,不但有两型农业特性的品系不能被筛选出来,所选育的品种大多不符合两型农业发展的要求,而且大部分审定通过的品种推广不开,如四川省2002～2008年全省水稻、玉米、小麦、油菜、棉花、甘薯、大豆、马铃薯等8项农作物参试品种累计达5752个,共审定436个,大部分品种推广面积不大(邓丽,2008)。2006～2008年我国平均审定水稻品种数434.3个,按年均品种更新率20%计算,年均有287.3个审定的水稻品种推广面积在10万亩以下或没有推广(杨仕华等,2010)。反过来,一些在区试中被淘汰、没能通过区试的品种,"违法"大面积种植推广。例如,玉米杂交稻中"单2号"、"鲁原单4号",在区试中没有达标,但在大田生产上表现很好,成为大面积推广的品种。1997年山东省推广面积万亩以上的50多个品种,经区试、审定通过的品种不到一半(刘嗣元,1998)。辽宁省2005～2006年大面积推广的品种"盐丰47",参加区域试验中增产不显著,没能通过区域试验获得审定资格。但在生产实践中被农民接受,只能非法推广,最后由于种植面积大了,种子管理部门也只能认定了事。

7.4.2 作物品种的评价与审定制度应符合两型农业的发展

发展两型农业,必须依靠农业科学技术的进步。其中,优良品种发挥着重要的作用。《种子法》规定了我国主要农作物必须经过两级区域试验和通过审定才能推广,因此,现行的品种评价与审定制度已成为品种选育的重要导向。

而其中的一些不合理的规定，已成为制约"两型农业"发展的严重障碍。

根据"两型农业"的科学内涵（见本书第1章），建立"两型农业"的生产体系，就是要转变农业生产方式，立足于提高资源利用效率和保护生态环境。其主要内容是在提高资源利用效率和保护生态环境的前提下，发展优质、高产、高效、生态、安全的现代农业。两型农业生产体系内涵丰富，其最主要的问题就是要解决农业发展与资源、环境的尖锐矛盾。其出路是依靠科学技术的创新，其中更为重要的是政策创新。

显然，从农作物品种选育与推广的角度，迫切需要改革创新现行的品种评价与审定制度，当前急需解决的问题有以下两点。

（1）修改《种子法》，取消现行品种审定制度，建立品种登记制度，品种的评价与管理和国际管理制度接轨

现行的品种区试与审定制度实质上是计划经济的产物，存在着政府大包大揽，由政府出钱运行、政府承担所有责任的弊端，不符合目前市场经济的发展。事实上，政府负担不断加重，但仍满足不了目前区试与审定要求政府增加投入的呼声。更为重要的是，由于我国生态环境的多样性，必然要求农作物品种的多样性，即使政府进一步大幅度增加投入，仍解决不了代表所有生态环境的问题。

目前发达国家大多采用品种登记制度。美国于1939年颁布《联邦种子法》，制定种子颁证条例。品种选育者自己负责评价所选育的品种，然后向种子证明机构提交有关品种的名称、选育过程、特征特性、种子样品等材料，获取品种证明，拥有品种知识产权，然后在美国作物学会主办的学术刊物"Crop Sciences"上公布。政府无需投入，品种经营完全商品化，选育者对自己选育的品种负责。日本实行的是品种登录制度，包括农林登录和种苗登录。其目的是对育成的新品种进行命名，保护品种和育种家的权利。选育者对自己选育的品种进行特征特性与适应性鉴定，提供有关品种的详细资料，包括品种名称、选育方法与过程、特征特性、适应地域、栽培措施等，向农林水产省提交登记申请书。审查官进行文件审查和现场调查，明确品种是否具备"区别性"、"均一性"和"稳定性"，进而决定登录并公告。

在我国实行品种登记注册制度，一是加强了育种目标与生产实际的联系，育种家根据市场需求选育品种，由育种者确定品种的适应区域，因为只有育种者本人才对品种有足够的了解。二是有利于品种尽快推广应用，目前的情况是在育种者对品种进行了多点试验的基础上，再提交省级预试，然后再进行二年的区域试验和一年的生产试验，审定后才能推广，而实行品种登记，可大大缩短品种评价的时间，尽快将科技成果转化为生产力。三是有利于适应于不同生

态条件的品种尽快育成。育种者将根据不同的目标区域，采用不同的育种策略，选育不同类型的新品种，如对于不同类型的中低产田，选育不同类型的品种，如耐盐碱品种等，对于不保水的望田天，选育耐旱的品种，有利于针对两型农业的要求，筛选不同类型的品种。四是育种家自始至终对自己的品种负责，而不是像现在一样品种一经审定，即使在生产上出现了问题，育种家也无责任，所有责任由政府承担。五是杜绝了目前品种区试与审定过程中的不正之风（赵保献等，2006），经营者必须经营过硬的品种，种子经营部门的效益与风险挂钩，使种子经营部门不敢经营生产上通不过的品种，从根本上杜绝由于种子制度问题对农民产生的危害。

（2）修改《农作物品种审定办法》，建立基于两型农业的作物品种评价与审定制度

在现有的区域试验制度下，充分考虑两型农业的发展，围绕"优质、高产、高效、生态、安全"和"资源节约、环境友好"的指导思想，设置区域试验方案、全面合理地评价农作物新品种。

1）在降低（至少不增加）投入的前提下评价新品种的增产能力。应大幅度降低目前农作物品种区域试验中的化肥施用量，可分步实施，最终达到减少化肥施用30%以上的目标；以此为导向，引导育种者改变"耐肥抗倒夺高产"的育种目标，加大营养元素高效利用种质的筛选与创新，大幅度提高新品种对化肥的利用效率。

2）合理评价新品种的节水抗旱能力。在所有区域试验中增设节水抗旱组，彻底改变目前水分充分供应，特别是水稻区试中大水漫灌的现象，在节水50%的前提下，根据品种在不同生育期对水分的需求规律，合理灌水。在科学的水分控制条件下，评价品种的抗旱能力。

3）在中低产田增加区域试验点，合理评价品种在中低产田中的表现，充分保证稳产性好的品种通过区域试验。

4）在区域试验中增设免耕或粗放栽培组，筛选适合于免耕和粗放栽培的新品种，有利于推广保护型耕作，改善生态环境。

5）建立针对特色品种的审定制度，评价审定特色品种，如特别适合于某一生态区的品种、符合某种工业用途的品种等。

第8章
"两型畜牧业"生产体系研究

1978年以来，我国的畜牧业得到了迅速的发展，生产规模不断扩大，集约化程度越来越高。据统计，1980~2000年我国肉类、奶类和禽蛋产量年均以10%以上的速度增长；从1991年开始，畜牧业产值在农业总产值中的比例实现了持续的增长，我国肉、禽、蛋的总产量连续多年保持世界第一，2012年畜牧业总产值达27 189.4亿元，占农业生产总值的30.4%。但是近五年来，畜牧业产值增长趋于平缓，2003~2012年畜牧业总产值指数（取上年为100）分别为107.3%、107.2%、107.8%、105.0%、102.3%、106.8%、105.8%、104.1%、101.7%和105.2%。[①] 由于多年来，我国畜牧业采用"高投入、高消耗、高污染"的传统的粗放型发展，所暴露出的问题和矛盾日益突出。"两型农业"的提出促使我国畜牧业由传统发展模式转变成节约资源，节约能源，保护生态的循环经济发展模式，同时也为我国畜牧业的可持续发展提供了指导依据。

8.1 中国畜牧业生产体系面临的资源与环境问题

目前，中国畜牧业生产系统（或生产方式）大体有三种：放牧生产系统、农牧结合生产系统和工厂化生产系统。这三种生产系统正处于同时并存和不断演变的过程之中，放牧生产系统的地位正在削弱，农牧结合生产系统仍占主导地位，工厂化生产系统处于快速发展阶段。从管理方式来看，这三种生产系统都在不断提高其专业化、集约化和产业化水平。从发展趋势看，可持续发展受制于资源和环境问题。

8.1.1 中国畜牧业生产体系面临的资源与环境问题的背景

8.1.1.1 中国畜牧业正处在由传统畜牧业向现代畜牧业转变的关键时期

我国经济发展整体水平正处在人均GDP超过4000美元阶段的经济社会发

---

① http://data.stats.gov.cn.

展重要转型期。国务院在 2007 年年初提出的《关于促进畜牧业持续健康发展的意见》中指出，当前我国畜牧业正处在由传统畜牧业向现代畜牧业转变的关键时期。张存根（2006）分析了中国畜牧业的发展历程后，认为从 1949 年新中国成立至今，中国畜牧业的发展经历了恢复与发展时期（1949～1957 年）、曲折发展时期（1958～1978 年）、改革开放时期（1979～1996 年）和转型发展的新阶段（1996 年至今）四个阶段，同时认为 1996 年是中国畜牧业发展转型期的标志性年份，当年全国主要畜产品供求基本平衡，并出现结构性、地区性相对过剩。王济民等（2006）也认为目前中国畜牧业区域布局日趋合理，规模化、集约化和产业化程度显著提高，畜牧业已经进入发展的转型期并且有以下几个特征：①规模化饲养比例稳步提高，传统农户散养开始分化发展并接受不同程度的现代化改造；②畜牧业生产已由数量增长型向质量效益型转变，内涵式增长正成为我国畜牧业发展的主要增长模式；③城市居民对畜产品消费已进入追求质量安全的阶段，而农村居民仍然停留在数量扩张模式；④农业发展重心逐步从种植业向畜牧业转移，畜牧业在某些地区已经成为农业发展的核心和主导；⑤畜牧业将成为小康户、小康村的摇篮，建设现代农业的突破口，食物安全的主要支柱。

8.1.1.2 转型期畜牧业面临着不断增加的食物需求和日益严峻的资源环境的双重压力

作为人口众多的发展中国家，我国一直对粮食安全问题高度重视，我国农业的伟大成就之一是用不足全世界 1/10 的耕地养活了多于世界 1/5 的人口。处在转型期的中国，未来一段时间内人口还会继续增加，对食物数量的需要也会继续增加；随着经济社会的发展，人们对畜产品的需求同样会继续增加。但是，我国自然资源相对不足，人均资源占有量少，供需矛盾日益突出的局面将长期存在，这一现实已经成为制约经济可持续发展的主要因素。随着畜产品需求的持续增长和产业化、规模化的深入发展，处在转型期的中国畜牧业对饲料粮和水资源的需求将不断提高。许多专家（王济民等，2006；韩俊和潘耀国，2005）指出，随着人们对畜产品需求的不断增加，生产畜产品的饲料粮问题将成为中国粮食安全的主要问题。一般认为，目前我国每年饲料粮消费约占粮食消费的 40% 左右，总量约为 2 亿 t。根据各地典型饲料配方和部分省饲料原料来源调查估算，以 2009 年粮食产量为基数，估算玉米、稻谷、小麦、薯类和高粱等谷物的饲料消费分别占其年产量的 65%、15%、20%、30% 和 50%，分别为 10 660 万 t、2925 万 t、2302 万 t、899 万 t 和 369 万 t；豆粕消费量约为 3050 万 t，合计 20 205 万 t。预计"十二五"期间，我国饲料粮消费仍将以每年 1.5%~2% 的速度递增，年增饲料粮消费 300 万 t~400 万 t（李大鹏和王晓红 2010）。蛋白质饲料短缺是制约中国畜牧业发展的关键因素，中国每年从国际市场上进口的大豆和豆粕已占到国内需求量的 50% 以上，进口的氨基酸占到国内需求量的 60% 以上。对于饲料玉米的生产，虽然近年来播种面积和产量都有所增加，但仍满足不了饲料生产需求，2001~2004 年已经连续 4 年动用国家储备粮作为饲料粮，饲料粮的大量消费对我国粮食安全构成了严重威胁（张仲秋，2004）。快速发展的中国畜牧业对生态环境的压力也越来越大。北方牧区草地的生态环境渐趋恶化，近年来，中国北方草地退化、沙化和碱化正以每年 200 万 hm^2 的速度发展，从总量上看，我国北方 90% 的草地已经或正在出现退化（邓蓉等，2005）。农区的专业户小规模饲养场和规模化畜禽饲养场周围的地区环境也受到了严重的损害，使得畜牧业养殖的废弃物污染已经成为继工业污染之后的又一个亟待解决的新的有机污染源。据报道（王方浩等，2006），2003 年全国畜禽粪便（鲜重）总产生量达到了 30.9 亿 t，是当年工业固体废弃物总量的 3 倍。在一些养殖集中地区，尤其是大城市郊区，脱离周边环境承载能力盲目发展大规模养殖场，造成的环境污染问题非常严重。2006 年，王济民等调查发现：上海全市 729 家大型、中型畜禽养殖场只有 57 家周围环境比较好，其余 672 家周围河流水质已发黑发臭，有机污染物指标超过国家地面水环境质量五类标准 100 倍以上。

8.1.2 我国畜牧业面临的资源问题

畜牧业生产是一种生物资源的再生产，是畜禽的自然再生产与经济再生产的结合。人们长期受传统发展模式的影响，习惯沿用传统的经济增长方式，进行畜牧业生产与经营。所以畜禽品种资源的多样性遭到破坏、天然草地退化、饲料资源污染等问题日益突出。

8.1.2.1 畜禽品种资源

我国畜禽种质资源十分丰富，畜禽品种数量约占全世界的 1/6。根据《中国畜禽遗传资源状况》（2004 年），已认定的畜禽品种（或类群）576 个，其中地方品种（类群）426 个（占 74%）、培育品种 73 个（占 12.7%）、引进品种 77 个（13.3%）。但据有关部门调查，目前我国有 50% 的地方品种及群体数量急剧下降或消失。处于灭绝或濒危状态的优良地方品种占 20% 以上，并且日趋严重，其中以猪的品种资源流失最为严重，鸡的品种次之。由于片面追求短期的经济利益而大量引入外国优良品种、盲目杂交，不重视地方品种资源保护和利用，导致地方品种、引入品种和培育品种三者结构的失衡，使畜禽遗传多样性受到严重的威胁和破坏。

8.1.2.2 饲料资源

随着我国畜牧业的快速发展，对饲料的需求迅速增加，但我国饲料供应量和需求量极不平衡。据杨在宾等（2008）报道，我国80%的肉鸡、58%的蛋鸡、23%的生猪和14%的反刍动物养殖中采用商品饲料，剩余部分则依靠传统式饲养方式。近几年来，能量和蛋白质饲料的供需极不平衡，尤其是蛋白质饲料，国产豆粕仅能满足需求量的15%，饲料粮短缺仍是一个突出问题。由于我国地少人多，粮食是限制饲料资源的主要因素。据专家预测，2030年，我国人口将达到16亿人，粮食的总需求量为7.43亿t，超过目前生产能力的50%。通过增加复种指数和采用科学技术提高单产，我国粮食产量在2030年有望达到7.1亿t，基本能够满足粮食需求。但是，2010年、2020年、2030年我国粮食需求的38%、43%和50%将用做饲料。同时耕地面积将进一步缩小，大约只有现在的80%。除了粮食问题外，科学研究与技术开发水平低也是制约饲料资源的因素。

我国是个人口大国，国内粮食的自给率的高低直接关系到民众的生活安定，因此保障人民口粮长期以来一直是我国粮食生产的第一目标。畜牧业对粮食消费一直在起调节的作用，因为在传统生产模式中，饲料粮往往并不是最主要的饲料成分。例如，传统的生猪散养方式把剩饭、菜叶、植物茎叶等任何猪可以食用的东西都用作饲料，饲料粮常常只是其中的辅助部分（Tian and Chudleigh, 1999）。畜牧业对粮食消费生产上的调节作用开始受到关注是在20世纪80年代粮食生产连年实现丰收之后，由于口粮消费基本上得到了保障，剩余的粮食可以用来发展畜牧业生产。在这一历史背景下，中国农业科学院（1985）和刘少伯等（1988）倡导大力发展畜牧业，这使得饲料粮问题开始受到关注。直至20世纪90年代前期，饲料粮仍然被看做生产的粮食用于满足口粮消费之后的剩余部分（中国中长期食物发展战略研究课题组，1993）。为了分析我国畜牧业发展与粮食生产消费的关系，表8-1列出了我国各五年计划期末的人口、粮食总产量、人均口粮消费和畜产品的产量情况。

从表8-1可以看出，"六五"计划以前，我国粮食总产的连年上升保障了口粮的消费，从"一五"期末的1957年到"六五"期末的1985年，全国粮食总产增加了1.8亿t，年均增加657.4万t。这一时期人口增加了3.98亿人，年均增加1400万人，我国粮食总产的快速增加保障了在人口逐年增长的情况下口粮的消费，人均口粮消费量稳步上升，从1957年的200kg/人上升到1985

年的253kg/人。这一时期肉类总产量由"一五"期末的398.5万t增加到了"六五"期末的1926.5万t,年均增加54.6万t。该时期粮食生产的主要目标是基本解决吃饭的问题。

表8-1 我国各5年计划期末人口、粮食总产量和肉类总产情况

时期	人口（万人）	粮食总产（万t）	肉类总产（万t）
"一五"计划期末（1957年）	64 653.0	19 505.0	398.5
"二五"计划期末（1962年）	67 295.0	15 441.0	194.0
"三五"计划期末（1970年）	82 992.0	23 996.0	600.0
"四五"计划期末（1975年）	92 420.0	28 452.0	800.0
"五五"计划期末（1980年）	98 705.0	32 056.0	1 205.4
"六五"计划期末（1985年）	104 532.0	37 911.0	1 926.5
"七五"计划期末（1990年）	114 333.0	44 624.0	2 857.0
"八五"计划期末（1995年）	121 121.0	46 662.0	5 260.1
"九五"计划期末（2000年）	126 743.0	46 218.0	6 125.4
"十五"计划期末（2005年）	130 756.0	48 402.0	6 938.9
"十一五"计划期末（2010年）	134 091.0	54 647.7	7 925.8

资料来源：1957年、1962年、1970年和1975年数据来源于《新中国50年农业统计资料》；其余数据来源于历年《中国统计年鉴》和《中国畜牧业年鉴》

20世纪80年代以来，我国人口数量也在逐步上升，"十五"计划期末的2005年较"六五"计划期末的1985年，全国人口增加了2.6亿人，平均每年增加1300万人，人口增幅与"一五"至"六五"期间相当，1985～2005年，粮食总产增加了1.0亿t，年均增加524.6万t，增加幅度小于上一时期，同时人均口粮的消费量也下降了近100kg，但肉类总产在这一时期却增加了5816.6万t，年均增加290.8万t，大大超过了上一时期年均增加54.6万t的幅度。事实证明，当口粮消费得到保障后，畜牧业就能够利用余粮迅速发展，20世纪80年代中期至今，我国畜产品的连年增产也是在全国粮食总产量作为口粮有余的情况下发生的。

8.1.2.3 草地资源

我国是世界上草地资源最丰富的国家之一，草地面积占世界草地总面积的12.4%，仅次于澳大利亚，居世界第二。我国有草地近4亿hm^2（未包含我国台湾、香港和澳门地区相关数据），占中国陆地总面积的41.41%，是耕地面积的4倍。草地可利用面积3.3亿hm^2，占天然草地资源总量的84.27%，是

农田的2.2倍。当农业进入现代社会后，草地资源遭到了高速的掠夺。我国草地的沙化面积占陆地国土面积的18.2%。草地资源的日益短缺和人民生活水平提高，对食草家畜需求的提高，导致草畜矛盾进一步激化。因此，建设高效优质的现代草业，科学的经营管理和对草种品种的良种化，是我国草业发展的必然选择。

长期以来，我国对舍饲畜牧业的过度重视在某种程度上限制了草地畜牧业的发展，而且在"以粮为纲"的主导下形成了"猪-粮"单一系统，严重地降低了生产水平和生态健康（任继周，2005），畜牧业的发展也面临着前所未有的挑战，此时草地畜牧业的发展潜力逐渐显露出来，国家也逐渐开始重视草地畜牧业的生产能力和经济效益。我国是畜牧业大国，要想持续稳定地发展畜牧业，发挥草地资源优势必不可少。

除了草原面积外，草原生产力也是衡量畜牧业发展潜力的一个重要因素。谢双红（2005）将草原生产力定义为一定时间内单位面积草原的载畜量，并对15个主要草原省区进行了20世纪80年代和2003年、2004年平均载畜量的比较，单位面积草原的载畜量都有不同程度的下降，总体上大约为80年代的80.44%，下降了19.56%，其中有7个省份的载畜量有所上升，上升最多的是云南省。我国的草地资源虽然丰富，但由于自然和人为的因素导致一定程度的破坏。草原的退化不仅造成生态环境的恶化，还在某种程度上影响到人们的食物安全。为了应对草地质量的退化、数量的减少，建立一定的人工草地显得尤为重要。世界各国都十分重视人工草地的建立，人工草地面积占草地总面积的比例新西兰为80%，加拿大为20%，美国和俄罗斯也都在10%以上，而我国人工草地只占全国草地面积的3%（许志信，2000）。

8.1.2.4 水资源

畜牧业是水资源的一个重要消耗者，占了全球人类水消耗的8%以上，主要是用于饲料作物灌溉。畜禽会导致固化土壤、减少渗透、使河道沿岸恶化、使泛滥平原干涸、降低河床，也对淡水更新有影响。畜禽导致的森林砍伐也增加了水土流失、减少了旱季水流量。FAO（2006年）认为畜牧业对水资源的大量消耗主要原因是动物会消耗大量的农作物、饮用水和生产用水。报告指出，每生产1kg的农产品，其消耗的水资源量分别是：玉米需900L的水、稻米需3000L、鸡肉需3900L、猪肉需4900L，而牛肉耗水竟高达15 500L。长期以来，我国农业用水在我国总用水量中占有最大比例，目前我国农业用水仍占总用水量的60%~70%。

8.1.3 我国畜牧业面临的环境问题

在畜禽养殖集约化和机械化程度快速增长的同时，也带来严重的环境污染，主要原因是畜禽废弃物和污水不经处理直接排放。20世纪80年代后期，为保障大中城市畜产品的及时供应，许多养殖场集中建在大中型城市周边，造成城市污染加剧，引发了养殖业污染问题的日益升级。

畜禽废弃物污染已成为我国主要的农业面源污染之一。国家环境保护总局对全国23个省、自治区、直辖市规模化畜禽养殖业污染情况进行了调查，结果显示规模化畜禽养殖业污染呈现三大突出问题：粪便排放量大；畜禽污染物波及面广且危害大，畜禽粪便的COD排放量已经远远超过工业与生活污水排放量之和；呈现较为严重的生态压力（杨进，2002）。而畜禽废弃物对环境的污染主要是畜禽粪尿随意堆置、排放，导致氮磷大量流失，造成空气、土壤和水体污染。

8.1.3.1 我国畜禽粪尿排泄总量巨大

目前我国畜禽粪尿排泄系数还没有统一的国家标准，对畜禽排泄物的估算所采用的排泄系数差异大，估算出的粪尿排泄总量也相差较大。根据《中国农业统计年鉴》全国畜禽2003~2008年存栏量和出栏量见表8-2和表8-3。

表8-2　2003~2008年全国畜禽存栏量　　　单位：万只

畜禽	2003年	2004年	2005年	2006年	2007年	2008年
猪	46 601.68	48 189.10	50 335.00	49 440.90	43 989.40	46 291.50
牛	13 467.18	13 782.70	14 157.70	13 944.30	10 594.70	10 576.10
马	790.02	763.70	740.10	719.50	702.80	682.10
羊	34 053.65	36 639.20	37 266.10	36 896.60	28 564.80	28 085.10
驴	820.69	791.90	777.30	730.80	688.80	673.30
骡	395.74	374.10	360.50	345.10	298.70	295.60
家禽	505 812.07	516 188.00	533 348.70	536 483.80	501 925.20	528 197.50

表8-3　2003~2008年全国畜禽出栏量　　　单位：万只

畜禽	2003年	2004年	2005年	2006年	2007年	2008年
猪	57 200.60	61 800.80	65 898.70	68 050.30	56 508.40	61 016.60
牛	4 703.30	5 018.90	5 287.70	5 602.90	4 359.50	4 446.10

续表

畜禽	2003年	2004年	2005年	2006年	2007年	2008年
马	156.80	156.20	156.90	153.80	151.20	141.60
羊	25 958.40	28 343.00	30 804.00	32 967.90	25 570.60	26 172.70
驴	212.30	217.60	217.40	222.90	216.30	215.20
骡	65.50	63.70	60.10	61.40	58.10	54.20
家禽	888 587.90	907 021.60	986 493.60	836 724.60	957 865.90	102.20
兔	31 938.40	33 986.10	37 840.60	40 367.60	44 087.50	41 529.90

根据公式：总粪尿排泄量＝畜禽饲养数量×日排泄系数×饲养天数，计算2003～2008年畜禽粪尿排泄总量。其中：畜禽排泄系数根据文献报道取平均值（表8-4）。猪、兔和家禽的饲养天数少于一年，根据出栏量计算；其他大动物饲养天数超过365天，根据存栏量计算。据此，估算出2003～2008年全国的畜禽粪便排泄总量见表8-5。据报道，2000年全国畜禽粪便年产生量约为17.3亿t，是工业废弃物的2.7倍。2003年年末全国畜禽粪便排放量达28.9亿t，是2000年的1.67倍，是当年我国的工业固体废弃物10亿t总量的2.89倍。2003～2006年的排放量呈逐年递增趋势，2007年之后由于禽流感，粪尿排放较前几年有所下降，但总体仍呈上升趋势。专家估计，到2020年，中国畜禽粪便总量将达到42.44亿t（张福锁，2006）。

表8-4 畜禽粪尿日排泄系数及饲养周期

项目	猪	牛	马	羊	驴	骡	家禽	兔
粪（kg/d）	2	20	16.16	2.3	13.7	13.7	0.15	0.46
尿（kg/d）	3.3	10	—	1.5	—	—	—	—
合计（kg/d）	5.3	30	16.16	3.8	13.7	13.7	0.15	0.46
饲养周期（d）	180	365	365	365	365	365	210	90

资料来源：陈微，等.2009.基于畜禽粪便养分含量的畜禽承载力研究.中国畜牧杂志，45（1）：46-50；王方浩，等.2006.中国畜禽粪便产生量估算及环境效应.中国环境科学，26（5），614-617

表8-5 我国2003～2008年畜禽粪便排放量　　　　　单位：万t

畜禽	2003年	2004年	2005年	2006年	2007年	2008年
猪	54 569.37	58 957.96	62 867.36	64 919.99	53 909.01	58 209.84
牛	147 465.62	150 920.57	155 026.82	152 690.09	116 011.97	115 808.30
马	4 659.85	4 504.61	4 365.41	4 243.90	4 145.40	4 023.30
羊	47 232.41	50 818.57	51 688.08	51 175.58	39 619.38	38 954.03

续表

畜禽	2003 年	2004 年	2005 年	2006 年	2007 年	2008 年
驴	4 103.86	3 959.90	3 886.89	3 654.37	3 444.34	3 366.84
骡	1 978.90	1 870.69	1 802.68	1 725.67	1 493.65	1 478.15
家禽	27 990.52	28 571.18	31 074.55	32 054.18	30 172.78	32 193.00
兔	1 322.25	1 407.02	1 566.60	1 671.22	1 825.22	1 719.34
总计	289 322.79	301 010.49	312 278.38	312 134.99	250 621.74	255 752.79

8.1.3.2 畜禽粪便的环境效应

（1）畜禽粪便耕地负荷

畜禽粪便对环境的效应主要表现在农田耕地负荷和环境污染上。目前对于畜禽粪便处理的主要出路仍然是作为有机肥还田，许多畜牧业发达国家也将农田作为畜禽粪便的负载场所（王方浩等，2006）。采用农田畜禽粪便负荷量这一量化指标来衡量各省（市）的环境承载能力，以增强畜牧业导致的环境污染状况的可比性。根据各省（市）及全国畜禽的粪尿排泄量、各类畜禽的粪尿含 N 量和猪粪当量换算系数（表8-6），换算成猪粪当量并计算耕地负荷量，各省（市）耕地面积由中国国土资源部发布。

表 8-6 畜禽排泄物含氮量及猪粪当量换算系数

项目	猪粪	猪尿	牛粪	牛尿	马粪	羊粪	羊尿	驴粪	骡粪	禽粪	兔粪
氮/%	0.6	0.4	0.31	1.1	0.38	0.43	0.6	0.38	0.38	1.37	0.87
猪粪当量换算系数	1	0.67	0.52	1.84	0.63	0.72	1	0.63	0.63	2.28	1.46

资料来源：王方浩，等.2006. 中国畜禽粪便产生量估算及环境效应. 中国环境科学，26（5）：614-617；沈体忠，等，2009，武汉城市圈农田畜禽粪便负荷量估算与预警分析. 湖南农业科学，2：134-136

采用公式：$q=Q/S=\sum XT/S$ 计算负荷量，式中 q 为畜禽粪便以猪粪当量计的负荷量（$t \cdot hm^{-2} \cdot a^{-1}$）；$Q$ 为各类畜禽粪尿相当猪粪总量（t/a）；S 为有效耕地面积（hm^2）；X 为各类畜禽粪尿量[t/a，注：各类畜禽每年一个饲养期（a）产生的粪尿重量（t）]；T 为各类畜禽粪尿换算成猪粪当量的换算系数。根据上海市农业科学研究院提出的畜禽粪便负荷警报值分级标准，用畜禽粪便猪粪当量负荷量同当地耕地以猪粪当量计的有机肥理论最大适宜施肥量的比值 R，来间接表达各地区畜禽粪便负荷量承受程度。根据中国农业大学李国学的研究，虽然畜禽品种不同并且存在区域差异，但是一般认为每公顷土地能够负荷的畜禽粪便为 30~45t。从环境风险的角度考虑，以最高限度 45t 为有机肥最大理论适宜量来进行全国各地区畜禽粪便污染的预警分析，计算各省（市）的环境预警值 R 和预警级别。预警级别为：Ⅰ级，$R<0.40$ 时，对环境不构成威胁；Ⅱ级，$0.40 \leq R<0.70$ 时，对环境稍有威胁；Ⅲ级，$0.70 \leq R<1.0$ 时，对环境构成威胁；Ⅳ级，$1.0 \leq R<1.50$ 时，对环境有较严重影响；Ⅴ级，$R \geq 1.50$ 时，对环境构成严重影响。2003~2008 年各级别预警值各预警级别所占省（市）情况见表 8-7。

表 8-7　2003~2008 年各级别预警值所占省市数目

年份	预警级别Ⅰ	预警级别Ⅱ	预警级别Ⅲ	预警级别Ⅳ	预警级别Ⅴ
2003	7	13	6	2	3
2004	7	15	5	1	3
2005	5	14	8	1	3
2006	6	14	7	1	3
2007	10	16	2	1	2
2008	10	16	1	2	2

从 2003~2008 年的统计数据可知，河南、山东和四川三省的畜禽粪尿排泄量位居前三位，其排放总和大约占全国的 1/4。其中，牛粪尿排放量居各省畜禽粪尿排放的首位，其次是猪粪和羊粪。由于牛的饲养周期长，且日排放粪尿为所有畜禽中最高的，所以即使饲养数量较猪、家禽等少，但粪尿排放总量在 2003~2008 年一直都处于首位。

全面反映一个地区畜禽粪便是否过载及对环境是否构成潜在污染，对畜禽粪便农田负荷量承受程度进行风险评价是十分有必要的。由几年的统计数据可知，不同省份农田负荷量之间差异很大，最大的负荷量为西藏，六年的平均负荷量为 242.88 $t \cdot hm^{-2} \cdot a^{-1}$，其次为青海和北京，分别为 119.88 $t \cdot hm^{-2} \cdot a^{-1}$ 和 75.68 $t \cdot hm^{-2} \cdot a^{-1}$。农田负荷量最小的是山西和黑龙江，2007 年之前黑龙江的负荷量最小，6 年的平均负荷量为 7.65 $t \cdot hm^{-2} \cdot a^{-1}$，2007 年后山西的农田负荷量最小，平均为 9.60 $t \cdot hm^{-2} \cdot a^{-1}$，最大和最小负荷量之间相差 31.73 倍。西藏的耕地负荷量过大，可能是由于当地主要养殖牛、马、羊等排泄系数较大的动物，土地很少用于农作物种植，故有效农田面积与其他各省相比最少，且牛羊粪便主要作为生活能源处理。畜禽粪便排放量最大的山东和河南省，由于耕地面积广阔，所以粪便负荷量较低。

预警分析结果表明，至 2008 年年末我国农田畜禽粪便负荷预警级别为Ⅰ的省由 7 个增至 10 个。与 2003 年相比，2008 年吉林、安徽、江苏、重庆和贵州的预警级别由Ⅱ转为Ⅰ，即畜禽粪便造成的污染对环境不构成威胁，表示这

5个省的环境负荷量减少,环境有所好转。畜禽粪便预警级别为Ⅱ的省由13个增至16个,其中天津、山东、河南、湖南和海南的预警级别由Ⅲ降为Ⅱ,上海由Ⅳ降为Ⅱ,表示环境有所好转。而内蒙古和浙江的环境预警值由Ⅰ升为Ⅱ,表示环境污染有所恶化。2003~2008年,预警值为Ⅲ的省个数变化最大,由2003年的6个省降为2008年的1个省,除四川外,其余的5个省预警值都由Ⅲ降为Ⅱ。预警值为Ⅳ和Ⅴ的省,六年来基本保持不变。2003年全国的预警值 $R=0.81$,属于Ⅲ类预警级别,且随后3年,预警值呈增加趋势,2005年预警值达到最高 $R=0.85$,总体上看,我国的畜禽粪便负荷量已对环境构成威胁。2006年后由于禽流感,畜禽饲养量减少,粪便负荷量有所减少,导致2007年和2008年 R 值降为0.73和0.75,但仍大于0.7,对环境仍存在威胁。我国2003年对环境存在威胁的省占77.42%,而2008年降至67.74%,整体上看,畜禽粪便排放而导致的环境污染有所遏制。由于我国目前畜禽场的选址没有与农田的消纳能力配套,其污染程度可能更大。

(2)畜禽粪便纯氮、磷养分耕地负荷

畜禽粪便农用是最直接,最有效的措施。利用好粪便,能够提高土壤肥力,实现养分再循环,但是过量的施用粪肥尤其是猪粪,仍然会导致养分流失及淋失,引起地表水,地下水污染。畜禽粪便中存在着大量潜在的污染物,单位耕地面积内营养元素的负荷反映畜禽粪便对土壤的污染风险。根据粪尿中主要成分的含量(王方浩等,2006),计算出各省(市)畜禽2003~2008年排放的总氮和总磷耕地负荷见表8-8。

表8-8 2003~2008年畜禽粪尿养分耕地负荷　　单位：kg/hm²

省份	2003年 氮	2003年 磷	2004年 氮	2004年 磷	2005年 氮	2005年 磷	2006年 氮	2006年 磷	2007年 氮	2007年 磷	2008年 氮	2008年 磷
北京	357.94	116.65	383.79	127.65	352.45	119.84	307.43	104.73	262.53	90.02	248.31	84.79
天津	140.55	43.46	142.08	43.69	146.00	45.59	139.04	44.39	82.60	26.41	86.34	27.82
河北	138.44	37.25	147.49	39.56	155.75	41.96	158.57	43.08	102.33	28.15	102.62	28.42
山西	63.71	14.80	63.50	14.77	64.26	14.86	71.09	16.54	43.91	10.34	44.40	10.82
内蒙古	123.80	27.83	148.98	33.60	152.79	34.63	159.44	36.24	143.75	32.17	149.60	33.60
辽宁	113.50	32.13	123.73	34.96	121.74	35.18	119.78	35.17	114.46	34.59	118.22	36.00
吉林	74.00	21.29	76.57	22.01	80.27	23.13	84.28	24.03	78.13	22.33	68.17	19.35
黑龙江	36.50	9.03	38.46	9.50	38.72	9.58	36.42	9.10	33.46	8.45	33.86	8.56
上海	210.29	76.90	72.44	22.65	121.16	43.75	95.81	33.26	80.76	28.67	90.98	30.96
江苏	88.24	27.28	87.87	27.01	89.36	27.75	89.96	27.88	63.94	22.44	67.38	23.72

续表

省份	2003年 氮	2003年 磷	2004年 氮	2004年 磷	2005年 氮	2005年 磷	2006年 氮	2006年 磷	2007年 氮	2007年 磷	2008年 氮	2008年 磷
浙江	73.57	23.52	73.50	23.31	75.28	24.55	74.76	24.69	63.17	21.85	72.35	25.48
安徽	89.49	25.04	86.55	24.66	84.44	24.27	73.34	21.64	57.57	18.67	60.56	19.72
福建	107.01	33.39	111.07	34.80	117.62	37.18	117.48	37.28	93.59	30.80	105.57	34.72
江西	96.11	28.79	101.00	30.40	105.55	32.03	106.13	32.59	84.49	27.24	89.61	28.74
山东	175.37	49.79	181.58	52.02	192.84	56.48	178.91	53.93	137.85	41.71	136.66	42.45
河南	162.78	41.65	177.09	45.10	183.18	47.04	194.46	50.01	123.04	33.45	128.44	35.12
湖北	75.52	22.03	77.81	22.69	81.09	23.79	78.24	23.42	70.62	21.29	77.10	23.32
湖南	129.24	36.88	149.60	42.78	151.54	42.79	151.31	43.06	112.15	32.35	116.60	33.82
广东	163.30	56.46	161.60	55.66	167.94	58.20	174.64	60.95	151.88	55.12	162.02	58.94
广西	103.87	27.51	102.66	27.07	109.44	29.67	111.91	30.59	98.65	31.60	105.92	33.99
海南	134.48	37.33	139.71	39.43	137.97	38.90	140.10	39.69	100.62	31.05	113.02	34.64
重庆	76.10	21.65	81.84	23.36	87.52	25.13	90.59	25.81	60.66	18.60	67.81	21.05
四川	149.80	40.03	159.52	42.71	171.03	45.99	175.86	47.57	164.46	44.64	166.30	45.27
贵州	86.73	21.04	91.92	22.29	97.07	23.65	100.58	24.58	67.21	16.78	68.52	17.15
云南	84.97	20.87	89.59	22.06	94.49	23.25	94.03	23.35	86.93	21.73	87.64	22.10
西藏	1351.61	300.87	1393.31	310.29	1369.16	305.61	1388.51	310.12	1359.99	303.57	1369.27	305.84
陕西	64.75	15.53	70.21	16.81	71.93	17.29	75.01	17.98	49.25	12.06	50.66	12.52
甘肃	82.24	18.87	83.78	19.20	102.68	22.68	97.04	22.22	93.65	21.37	96.67	21.94
青海	751.03	166.41	754.30	166.97	770.07	170.72	761.84	168.79	722.71	161.12	723.79	161.17
宁夏	93.33	21.50	103.42	23.70	109.92	25.25	103.65	23.88	90.02	20.65	98.23	22.32
新疆	203.80	45.43	213.55	47.75	218.46	49.12	215.50	48.34	181.19	40.09	148.92	33.18
全国	114.34	30.29	120.37	31.82	125.12	33.32	125.35	33.56	101.69	27.84	103.17	28.51

我国2003～2008年平均的氮、磷排放量分别为1405.4万t和377.46万t，排放量相对较高的几个省份分别是内蒙古、山东、河南、四川和河北。而氮、磷耕地负荷相对较高的省份则是北京、上海、西藏和青海。比较我国近几年的氮磷耕地负荷，发现从2003～2006年逐年呈上升趋势，2007年有所下降，而2008年随着禽流感的退去以及养殖业的恢复，氮、磷耕地负荷有回升趋势。

研究表明，化肥施氮量应该控制在150～180kg/hm²，超过这一范围就会引起环境污染（朱兆良，2000）。欧盟的农业政策结合粪便年施氮量与土壤质地，肥力和气候等有关因素，规定粪肥年施氮量的限量标准为170kg/hm²，超过这个值将会带来硝酸盐的淋洗（Anonymous，1991）。而由于磷的移动性差，评价粪便磷养分的环境效应时，还要考虑土壤的供磷水平，过量的磷会通过土壤进入地表径流而造成水体污染（Roland et al.，1993），因此土壤的粪肥年施磷量不能超过80kg/hm²（Oenema et al.，2004）。2003年年末氮耕地负荷超过标准150kg/hm²的省份有北京、河北、河南和山东；北京磷耕地负荷标准超过70kg/hm²，居全国之首。到2008年年末，超过氮磷耕地负荷标准的省份仅有北京、西藏和青海，说明我国的养殖业环境污染有所好转。由于西藏地区，大部分畜禽粪便还用作能源使用，因此耕地负荷不能有效表示其环境污染的程度。

国内外畜禽养殖中氮、磷的消化吸收转化率普遍很低，van der Peet-Schwering等（1999）报道母猪、断奶仔猪和生长肥育猪氮排出量占总摄入量的比例分别为76%、46%和67%；磷排出量占总摄入量的比例分别为75%、38%和63%。田宗祥（2009）研究表明妊娠母猪、保育猪和育肥猪N排出量占总摄入量的比例分别为65%、80.2%和42.7%；磷排出量占总摄入量的比例分别为63.7%、79.8%和48.3%。这不仅造成营养资源的浪费，同时也造成环境污染。含有大量氮、磷的粪便不经过无害化处理直接进入水体或者被氧化成硝酸盐后经径流，下渗污染地表水和地下水，造成水体的富营养化，从而使水体变黑发臭，使一些鱼类无法利用低等的浮游生物、藻类和其他水生生物大量繁殖，这些生物死亡后产生的毒素使水中的溶解氧大大减少，用受到污染的水灌溉农田，会使农作物大大减产。粪便中的有机物进入水体后，也会大量消耗水中的溶解氧，威胁水生生物的生存。根据王凯军等（2004）的分析，猪粪污水中未清除猪粪时含有COD（化学耗氧量）13 000~20 000mg/L、BOD（生物耗氧量）6500~10 000mg/L，清除猪粪的污水含量分别为6000~10 200 mg/L、3500~6000 mg/L。

除了氮、磷和有机物污染，粪便对环境的还会造成重金属、病原菌和臭气污染。为了提高饲喂畜禽的生长速率，增强抗病能力，畜禽饲料中往往添加高剂量的铜、锌和少量砷元素，但生物学效价很低。全国每年使用的微量元素添加剂为15×10^4~18×10^4 t，大约有10×10^4 t未被吸收利用，随粪便排出污染环境（刁治民等，2004）。重金属元素的迁移能力差，很难被植物吸收，进入土壤后则很难去除，会导致土壤物理性状的退化从而导致土地的利用效率降低，农作物减产，还可以通过生物链富集危害人体的健康。畜禽粪便在厌氧的环境条件下可分解成氨气、硫酸、乙烯醇、二甲基硫醚、硫化氢、甲胺和三甲胺等100余种恶臭气体，危害人类健康，加剧空气污染，其中对人畜健康影响最大的是氨气和硫化氢。畜禽粪便还传播人畜共患病，2004年爆发的主要通过畜禽粪尿和分泌物传播的禽流感更揭示出畜禽养殖场污染存在的巨大隐患。此外，畜禽粪便可影响畜禽的自身生长，如由粪便产生的氨气、硫化氢等气体可使猪的生产性能下降，严重时会造成仔猪中毒死亡，氨气还影响猪的繁殖性能。以氨气为例，空气里氨气的体积分数达到5×10^{-5}，幼猪的增重率会下降12%，达到10^{-4}或5×10^{-4}则生长率将会下降30%；鸡舍空气中氨气的体积分数达到2×10^{-5}时则会引发鸡的角膜炎，并且新城疫的发病率将会大幅度上升，达到5×10^{-5}时鸡的呼吸频率就会下降，产蛋量减少（刁治民等，2004）。硫化氢危害眼睛和呼吸道，浓度高时引起中毒乃至死亡。除此之外，甲烷和氨气也是温室效应的影响因素之一，据研究，甲烷对气候变暖的增温贡献大约为15%，在这15%的贡献率中，养殖业甲烷的排放量最大（张玉珍等，2003）。

8.2 问题产生的原因分析

畜牧业产生的污染已成为我国第一污染源，并且随着当前畜牧业的快速发展，所带来的生态环境问题更加明显和长期存在。因此，找准污染原因，采取相应措施减少或杜绝环境污染，恢复畜牧业的生态损失，是摆在人们面前的一项长期而艰巨的任务。

8.2.1 畜牧业由分散经营转为集约经营

随着农村产业结构的调整，规模化畜禽养殖迅速发展，动物饲养方式由自然放牧向舍饲、半舍饲转变，经营方式由粗放经营向集约经营转变，畜牧业逐渐转为集约化，饲养规模较大。使畜禽粪便污染量加大，且污染区域集中化。据不完全统计，2005年全国规模化畜禽养殖场（只统计猪、牛、羊、鸡等大宗畜禽）约为578万个，其中，生猪（年出栏50头以上）183万个，肉牛（年出栏10头以上）48万个，奶牛（年存栏5头以上）35万个，羊（年出栏30只以上）187万个，肉鸡（年出栏2000羽以上）47万个，蛋鸡（年存栏500羽以上）78万个。全国大中型畜禽养殖场11 952个，其中，生猪（年出栏3000头以上）6354个，肉牛（年出栏500头以上）1273个，奶牛（年存栏200头以上）1889个，肉鸡（年出栏10万羽以上）1778个，蛋鸡（年存栏5万羽以上）658个。大中型养殖场数量约占规模化养殖场总量的2.07%，但养殖数量约占12.5%［全国农村沼气工程建设规划（2006~2010年）］。规模化养殖在大中城市的发展尤为迅速。生产规模和数量的迅速扩大使养殖废弃物剧增，由于养殖场周围没有可对粪便消化的大片土地，各地出现了类似于工厂企业的大型污染源。

8.2.2 畜牧场由农牧区向城郊区转移，农牧脱节

我国传统畜禽养殖以家庭分散饲养为主，废弃物可通过周围农田施肥而自然消化，形成良性循环。几十年来，以畜—肥—粮循环为主要形式的农业生产模式，在我国农业生产上形成了很好的生态平衡体系。随着市场经济的发展和人民生活水平的提高，对蛋、奶、肉等畜产品的需求量逐渐增多，为了便于畜产品的产、供、销一条龙的配套，1988年农业部提出了"菜篮子"工程。畜禽养殖业从牧区、农区向城市、城镇周边大量转移，从人口稀少的偏远农村向人口稠密的城郊地区逐渐集中。虽然"菜篮子"工程取得了喜人的成绩，但却忽视了对畜禽废弃物的处理，结果导致了严重的农牧脱节，养殖业与种植业的分离，养殖者不种地，废弃物没有土地及时消纳，畜禽废弃物这一宝贵的农业资源不能得到及时利用，使得畜禽粪便的污染加大了对城市，城镇的环境压力，使农业面源污染更加恶劣（倪丹成和黄文芳，2009）。据报道，一个万头猪场的废弃物排放量相当于11万~13万城镇人口的排放量。

8.2.3 有机肥的利用逐渐被化肥所取代

肥料是农业生产资料的要素，对提高土壤肥力，改善农作物营养，提高农作物产量具有重要作用。1965~1988年，化肥施用对农业总产出的贡献率达4.17%，对土地生产率提高的贡献率达41.43%，对劳动生产率增长的贡献率达53.89%（王周，2008）。由于其增产作用明显、使用方便，以及化学工业的迅速发展，化肥生产量越来越大，化肥施用量不断上升，有机肥用量锐减。据农业部农业技术推广中心统计（黄鸿翔等，2006），有机肥在肥料总投入量中的比例，1949年占99.9%、1957年占91.0%、1965年占80.7%、1975年占66.4%、1980年占47.1%、1985年占43.7%、1990年占37.4%、1995年占32.1%、2000年占30.6%，2003年全国有机肥施用量仅占肥料施用总量的25%。进一步导致禽畜粪便不能及时还田，形成了畜禽粪便对环境的污染。根据调查，一些散养地区畜禽粪便的还田利用率一般为30%~50%，大城市郊区的利用率一般不到20%。畜禽粪便生产商品有机肥的量更低，在商品化率相对较高的上海市也仅占总量的2%~3%（黄鸿翔等，2006；王海燕等，2007）。因此，化肥的大量使用，畜禽废弃物资源化利用率低，有机肥施用量少，加剧了农业面源污染。

8.2.4 畜禽饲养管理不科学及滥用兽药和饲料添加剂

尽管畜牧业的发展趋向于规模化、集约化，但仍有大量的养殖场由于科学知识缺乏和经济条件的限制，不根据畜禽的生理特点和营养需要采用科学的饲料配方和饲养管理方法，造成饲料中营养元素利用率低，随粪尿排出体外导致环境污染。使用抗生素、激素、微量元素已成为畜禽防病治病、保健促长的需要，这些药物和添加剂的降解产物会随粪尿排泄到体外造成环境污染，为了追求更快更高的经济效益，滥用这些兽药和饲料添加剂也是导致环境污染的一个重要原因。

8.2.5 畜禽粪污处理技术与设备落后

发达国家治理畜禽粪便主要分为产前、产中和产后治理。产前治理在发达国家对养殖场污染物的治理主要采用源头控制的对策，主要通过制定畜禽场农田最低配置（指畜禽场饲养量必须与周边可蓄纳畜禽粪便的农田面积相匹配）、畜禽场化粪池容量、密封性等方面的规定进行。产中治理主要采用动物营养性环保措施，推广畜禽养殖场清洁生产技术，降低粪便排泄量、污水产生量和降低污水氨、氮浓度。产后治理主要是对畜禽粪尿进行资源化和无害化处理，主要有3种模式：厌氧-还田利用模式、厌氧-自然处理模式和厌氧-好氧处理模式。虽然我国在畜禽粪污处理技术和装备上有一定的研究与创新，但与发达国家相比还较落后，主要表现在集成技术少，处理粪便设备少、总处理能力小，处理设备运转不正常和二次污染严重等方面。目前所采取的处理方法，都不同程度地存在二次污染，如沼液和沼渣由于存在再次处理问题，因此产生严重的二次污染。

8.2.6 我国畜禽养殖业环境管理法制还不健全

畜禽养殖业的环境污染，已经引起有关部门的重视，对新建、改建、扩建的大中型集约化畜禽养殖场的建设，要求进行建设项目环境保护影响评价，但与我国畜禽养殖业造成的严重污染现状相比，其管理力度极其不够。虽然我国制定了与农业面源污染防治相关的系列政策法规和标准，如《中华人民共和国农业法》（1993）、《基本农田保护条例》（1998）、《中华人民共和国清洁生产促进法》（2002）、《畜禽养殖业污染防治管理办法》（2002）、《中华人民共和国畜牧法》(2005)、《畜禽养殖业污染物排放标准》(GB18596—2001)、《畜禽养殖业污染治理工程技术规范》(HJ497—2009)、《畜禽规模养殖污染防治条例》(2013)等,但这些政策法规多停留在指导和建议层面,而具体的实施方案没有出台,且监管不力。另外,部门管理脱节,致使农业发展政策与农村环境保护体系实现双轨制,没有有效地协调在可持续发展的框架内(倪丹成和黄文芳,2009)。因此,加强我国畜禽养殖业环境污染管理极为迫切,任务也极其艰巨。

8.3 国际上"两型畜牧业"经验借鉴

自20世纪50年代开始,发达国家的畜禽养殖业由传统畜牧业朝规模化、集约化方向发展,人们追求畜禽养殖的高投入、高产出的同时,也带来了严重的环境污染问题。在这种背景下提出采用循环经济模式发展生态畜牧业,以资源的高效利用和循环利用为核心,以"减量化、再利用、资源化"为原则,以低消耗、低排放、高效率和优质、安全、生态为基本特征,实现畜牧业可持续发展。

8.3.1 国外生态畜牧业发展模式

为了拯救农业生态环境,促进健康安全食品生产,1972年11月5日在法国成立了国际有机农业运动联盟(International Federation of Organic Agriculture Movements, IFOAM),带动了全球生态畜牧业的发展。截至2000年,全球有141个国家发展生态畜牧业。世界各国根据各自的土地、资本和劳动力等自然资源条件,形成了各具特色的发展模式,主要有三种模式:一是以土地投入为主、草畜平衡为特征的草地畜牧业发展模式,澳大利亚和新西兰为典型代表;二是以资本投入为主、集约化生产为特征的农牧结合的畜牧业发展模式,美国和欧洲为典型代表;三是以劳动力投入为主的广大发展中国家的传统畜牧业发展模式(刘玉满,2007;颜景辰等,2007)。如今,生态畜牧业成为世界畜牧业发展的一个浪潮,世界各国对生态畜牧业给予高度重视和支持。澳大利亚联邦政府于20世纪90年代中期提出了可持续发展的国家农林渔业战略,并推出了"洁净食品计划"。奥地利于1995年实施了支持生态畜牧业发展的特别项目,国家提供专门的资金鼓励和帮助农场主发展生态畜牧业。法国于1997年制订并实施了"有机农业中期计划"。日本于1971年就成立了全国有机农业研究会,开始有机农业发展;1986~1995年有机农业进入快速发展阶段,日本农林水产省于2000年制定了《日本的有机食品生产标准》；日本有机农业的发展目标是选择以合理利用资源和有效保护环境为基础的"环境保全型农业"发展道路。

8.3.2 国外"两型畜牧业"发展概况

8.3.2.1 采用科学技术提高畜禽养殖业的资源利用率和转化率

按照"整体、协调、循环、再生"的原则，世界各国均采用先进的科学技术以确保畜禽养殖业资源的低消耗、高效转化和循环利用，其主要措施是：①培育优良畜禽品种，提高畜禽生产性能，缩短存栏时间、提高饲料转化率，从而降低饲料消耗和减少粪尿排泄量；②采取标准化养殖技术，从畜牧场选址、设计、生产工艺、饲料配制、饲养管理、疫病防治和环境控制等生产全程进行标准化管理；③调整畜牧业生产结构，建立"资源-产品-废弃物-资源"的循环经济体系，充分利用畜牧业资源，如利用农作物秸秆发展节粮型畜牧业，将畜禽粪便制成饲料、生物有机肥或沼气等以消除畜牧业发展可能带来的环境污染；④避免掠夺式利用草场，采取人工种草和围栏放牧等方式，做到以草定畜、草畜平衡，防止草原荒漠化，维护草原生态环境。

8.3.2.2 通过立法防治畜禽粪便污染

20世纪70年代日本养殖业引起的环境污染十分严重，发展成"畜产公害"，为此先后出台了《废弃物处理与消除法》、《防止水污染法》、《恶臭防止法》、《资源有效利用促进法》等法律，对畜禽污染管理作出明确的规定。例如，规定猪的粪污排放标准：BOD最大为160mg/L，日平均为120mg/L以下，SS（悬浮物）最大为200mg/L，日平均为150mg/L以下。通过立法促进了循环经济的构建，降低了资源的消耗，提高了产业的附加值，缓解了畜禽养殖对环境造成的压力。美国通过立法将养殖业划分点源污染和非点源污染进行管理，1997年的清洁水法将工厂化养殖业与工业和城市设施一样视为点源污染，排放必须达到国家标准。联邦水污染法中的规定侧重畜牧场建设管理，超过一定规模必须获得环境许可。加拿大各省都制定了畜禽养殖业环境管理的技术规范，对畜禽养殖场的选址及建设、畜禽粪便的储存与土地使用进行了严格细致的规定。如果违反规定造成环境污染事故，将由地方环境保护部门依据《联邦渔业法》、《环境保护法》和《水资源法》等的有关条款进行处罚。20世纪90年代欧盟各成员国通过了新的环境法，规定了每公顷载畜量、畜禽粪便污水直接农用的限量和圈养畜禽密度等标准，限制饲养规模，鼓励粗放饲养，遵守规定的都可以获得养殖补贴。德国规定畜禽粪便不经处理不得排入地下水源或地面。挪威1970年颁发《水污染法》，禁止在封冻和雪覆盖的土地上倾倒任何牲畜粪肥，禁止畜禽污水排入河流，防止畜禽污水污染水源。丹麦规定根据每公顷土地可容纳的粪便量，确定畜禽最高饲养量；施入裸露土地上的粪肥必须在施用后12h内犁入土壤中，在冻土或被雪覆盖的土地上不得施用粪便；每个农场的储粪能力要达到储纳9个月的粪量，以减少粪便污染。荷兰畜牧业高度密集，全国每年约有17%的畜禽粪过剩。为了防止畜禽粪便污染，1971年立法规定，直接将粪便排到地表水中为非法行为；从1984年开始不再允许养殖户扩大养殖规模。英国与畜禽废弃物防治相关的法规有《水法》（1989年）、《环境保护法》（1990年）等，规定所有的畜禽废水的排放都要获得国家河流管理署的批准。英国虽然其人口和工业比较集中，但畜牧业远离大城市，与农业生产紧密结合。经过处理后，畜禽粪便全部作为肥料，既避免了环境污染，又提高了土壤肥力。综上所述，国外对畜禽废弃物环境污染的管理，主要是粪便资源化利用还田作肥料或用作燃料生产沼气，废水进行无害化处理后达标排放。

8.3.3 国外"两型农业"的典型案例——荷兰 De Marke 农场

荷兰是世界上最大的奶产品出口国，60%以上的耕地面积为农牧结合的奶牛场。20世纪60年代以来，荷兰奶牛养殖场为了提高单位耕地奶产品产量，依靠大量资源（化肥和饲料）投入，无限制地增加奶牛数量和养殖密度，与此同时，土壤养分盈余增加，并导致严重的环境问题。但是，近20年，随着欧盟农业政策改变，规定了生产配额，不得不限制单位耕地奶牛饲养数量。资源节约型和环境友好型奶牛场在荷兰应运而生。De Marke 奶牛农场作为典型的"两型"试验农场建立于1992年，其目标为保证奶产品产量不降低的情况下，到2015年硝酸盐淋溶减少75%，氨挥发减少70%，土壤氮、磷盈余分别减少70%和97%，与此同时减少资源投入（van Keulen et al.，2000；Aarts et al. 2000）。

De Marke 农场采用"土地利用-养分-作物-畜禽粪尿-畜禽养殖"的综合管理策略（表8-9）。

表 8-9　De Marke 农场养分管理策略

土地利用	养分管理	作物管理	畜禽养殖
牧草-玉米轮作；玉米种植比例高于常规管理的农场	畜禽粪尿最大限度返还农田，减少化肥施用量；液体粪尿肥采用注射施用，实时施用，80%施用到牧草；化肥养分需求考虑绿肥、生物固氮等	玉米收获前，在行间种植田闲作物黑麦草，充分利用土壤中残留的有机氮	选育高产奶牛品种；降低奶牛脂肪/蛋白质；夏季养殖，采用放牧和饲料喂养结合

资料来源：Hilhorst et al.，2001

De Marke 农场与传统农场相比（表8-10），氮素总投入减少50%，化肥氮投入由每年 330 kg/hm² 减少到 52~96kg/hm²，饲料氮投入由 182 kg/hm² 减少到 74~84 kg/hm²；牛奶和肉产量保持不变；氮素盈余由 487 kg/hm² 减少到 140~198 kg/hm²；氮素利用效率由 14% 提高到 27%~35%。氮素平衡状况与理想农场相当（Aarts et al.，2000）；通过养分综合管理措施，地下水硝酸盐含量由 220 mg/L 减少到 55 mg/L，接近欧盟规定的饮用水标准（50mg/L）（Aarts et al.，2001）。

表 8-10　荷兰传统农场、De Marke 农场和理想农场氮投入-产出账户

单位：kg/(hm²·a)

	项目	传统农场 1983~1986 年	De Marke 农场 1993~1996 年	理想农场
输入	化肥	330	52~96	67
	饲料	182	74~84	41
	大气沉降	49	49	49
	生物固氮	0	5~12	30
	其他	7	22~37	5
	总计	568	215~271	192
输出	牛奶	68	62~65	62
	肉	13	9~10	8
	总计	81	72~75	70
养分盈余		487	140~198	122
输出输入比 %		14	27~35	36

资料来源：Aarts et al.，2000

8.4　"两型畜牧业"生产体系建设中重大技术问题

两型畜牧业是以资源节约和环境友好的生产技术体系作为农业和农村发展

改革的目标任务，就要遵循"减量化、再利用、资源化"的循环经济理论，坚持畜禽产业发展与资源开发、环境保护的有机统一，发展以畜禽养殖业为载体的农业循环经济，实现畜禽产业和生态建设的协调可持续发展。按照"高产、优质、高效、安全、生态"的现代农业生态要求，发展两型畜牧业，必须攻克生产体系建设中的重大技术问题。

8.4.1 畜禽粪便排泄系数及污染物含量测算

畜禽粪便排泄系数是指单个动物每天排出粪便的数量，受品种、体重、生理状态、营养水平、饲料组成、饲喂方式和季节等影响，差异很大。畜禽粪便排污系数是准确测算污染物数量的基本前提和重要保证，也是定量评估和预测畜禽养殖污染强度的核心技术。科学合理准确的排污系数将有助于了解不同地区或全国的畜禽粪便污染程度，科学制订废弃物的减排计划，开展畜禽养殖废弃物无害化处理，有利于畜禽养殖业发展规划和产业政策的制定，推进"两型畜牧业"可持续发展。但是到目前为止，我国还没有畜禽粪便排污系数的测定数据或国家标准，所使用的排污系数均是借鉴国外文献，即使有少量报道，研究也不够系统和全面。同样，氨、甲烷、氮氧化合物等温室气体排放量和污染物中含量的研究也是如此。因此，非常有必要开展我国畜禽养殖业粪便排污系数、温室气体排放和废弃物含量研究，为畜禽废弃物减排、无害化处理和环境预警提供理论依据。

8.4.2 畜禽养殖业废弃物源头减量化关键技术

畜禽养殖业废弃物排放受品种、年龄或体重、生理状态、营养水平、饲料组成和饲喂方式等众多因素的影响，大量的饲料未被畜禽消化而排出体外，既浪费了饲料又污染了环境。许多研究表明：改良畜禽品种，缩短饲养周期，提高饲料利用率；采用低蛋白日粮，使用合成氨基酸及植酸酶降低粪尿中氮磷的排出量；使用复合酶制剂和益生素等，提高饲料转化率，降低不可消化营养素的排出量；使用有机微量元素，降低微量元素的排出量等方法都能从源头上降低粪尿废弃物的排放，除此之外，开发新的养殖模式如生态养殖，规范饲养管理等都是减少废弃物污染的重要措施。

8.4.2.1 应用生物工程新技术开发新型畜禽品种

一是利用转基因技术生产转基因动物。在畜牧业中，利用转基因手段可以达到改善动物生产性能的目的。例如，表达牛生长激素的转基因猪生长速度比对照组快10%~15%，饲料报酬提高16%~18%，胴体中脂肪下降80%。把生长激素或促生长因子基因导入家畜基因组中，加速生长速度，提高饲料报酬。1985年，科学家第一次将人的生长激素基因导入猪的受精卵获得成功，转基因猪与同窝非转基因猪比较，生长速度和饲料利用率显著提高，胴体脂肪率也明显降低。除此之外，将外源性的植酸酶基因与猪唾液腺特异性启动子构建的载体导入猪体内，能够使猪唾液中分泌植酸酶，从而增加对饲料中磷的消化率，减少体外磷的排放。2001年加拿大圭尔夫大学研究小组的Golovan等利用小鼠的腮腺分泌蛋白基因启动子使转植酸酶基因猪的唾液中分泌肌醇六磷酸酶，与野生型猪相比，粪便中的磷减少了75%，同时减少了饲料中磷的添加。

二是利用胚胎生物技术加快良种的繁殖速度。胚胎工程技术的发展和应用，加速了良种畜禽繁殖速度，可在较短的时间内获得大量的可用于生产的良种胚胎，从而加速良种畜禽核心群的建立和良种畜禽的推广，这对提高畜产品产量和质量具有重大的理论意义和经济价值。现已发展成熟的胚胎生物技术主要有体外受精、胚胎冷冻、胚胎分割、胚胎性别鉴定和控制、胚胎细胞核移植、胚胎融合以及外源基因导入技术等。

8.4.2.2 合理配置饲料，实施科学的营养调控

解决废弃物污染问题应该从源头做起，做到源头控制、中间预处理、末端治理的全过程控制管理。源头控制包括科学的配方饲料、科学的饲养管理，以及开发新型饲料以提高畜禽对饲料的利用率。

（1）多阶段饲养的配套技术

根据不同的营养需要将畜禽划为不同的阶段，再进行饲养的方法称为多阶段饲养法。随着日龄和体重的增加，畜禽对营养的需要量也会相应的变化，根据营养需要调整饲料配方，不仅能有效满足其营养的摄取，还能降低对氨基酸和磷的摄取，既满足了需要，又减少了有害物质的排放，既经济又环保。

（2）源头减量关键技术研究和集成

在搭配使用各种饲料原料以满足动物第一氨基酸需要的同时，往往造成其他氨基酸的过量，因此日粮的蛋白水平高于需求量。理想的蛋白模式是，动物日粮中使用合成氨基酸如赖氨酸、蛋氨酸等，可降低饲料中粗蛋白水平，提高日粮中氮的利用率，从而减少氮的排放。刘学剑（2005）的研究表明，在0~3周龄和4~6周龄雏鸡的玉米-豆饼型日粮中分别添加0.1%的赖氨酸，同时粗蛋白水平降低3%，不仅肉鸡的增重和饲料利用率有所改善，且干物质、氮的排放量分别降低了7.84%~9.69%和22.49%~23.73%。

畜禽植物性饲料中约75%的磷是植酸磷，其吸收利用率很低，大部分从粪尿中排出。畜禽粪肥中的氮磷比值大约是作物生长所需要氮磷比值的2倍。粪肥满足作物氮需要的同时，会使土壤中磷的含量增加，造成土壤的营养累积和水体的富营养化。日粮中添加植酸酶可释放出动物能够利用的磷，从而使原经粪便排泄的磷被吸收利用，如添加植酸酶0.08%，减少60%的磷酸氢钙，猪粪尿磷排泄量减少了30%~34%。使用植酸酶可提高畜禽对磷的消化吸收，从而在植物性饲料中减少或者完全不添加无机磷，可以大大降低生产成本和对环境的影响。

除此之外，植物中，尤其是麦类籽实中含有大量的NPS，即非淀粉多糖，具有抗营养作用，添加NSP降解酶可以消除NSP的抗营养作用，使饲料中营养成分得以充分利用，减少饲料浪费，降低动物对环境的影响。饲料中有机微量元素的添加代替无机微量元素，可以减少添加量，从而降低微量元素排放对环境的污染。

（3）应用生物工程新技术开发利用新的饲料资源

新饲料资源可用来开发包括代用饲料、微生物饲料、新的植物性饲料、浮游生物饲料和转基因植物饲料等在内的环保新型饲料。代用饲料的来源可以是农副产品和部分工业废弃物，它的发展将为工农业废弃物转化为高营养的饲料资源带来希望。微生物饲料是将微生物菌体或其相应物质直接饲喂动物，参与动物胃肠道微生物群的生态平衡及维护胃肠道的正常功能，从而达到动物保健及提高生产性能的目的，是当今世界新蛋白质饲料资源的发展方向，其不仅蛋白质含量高，而且富含多种维生素。目前国内外专家正在研究许多浮游生物作为未来粮食和饲料的可能性，特别是种类繁多的藻类植物，蛋白质含量高，繁殖速度快，产量高，成本低，是一种具有开发前途的动物饲料资源。尤其值得提出的是，中国农业科学院开发出了一种转基因玉米，它能帮助改善牲畜饲料的营养价值，并减少污染。这种转基因玉米生产的种子富含植酸酶，它能帮助牲畜消化磷，既能减少磷的污染，又能降低饲料成本。

8.4.2.3 畜牧业生态养殖技术

生态畜牧业主要是指：把全部的资源利用起来，形成优化的、高功能、高效益的动物转化体系，实行无污染生产，多层次利用，实现生态、经济两个良性循环，最终达到生态结构良好，物尽其用的动物生态系统，形成可持续发展的态势。有人提出"猪-沼-果"生态模式，把沼气作为生态农业的纽带，产生的沼渣作为高质量的肥料和饵料再进入果园和鱼塘及系统内的其余环节。卓玉莲（2006）根据福建长乐市人多地少的实际，提出了"牧-沼-果（菜）、牧-沼-鱼-果、牧-菌-沼-果"结合的立体农业模式，鼓励处理的粪便上山下田，实现自行消化，做到零排放。高迎春等（2006）建议，养牛场采用"中心畜牧场加粪便处理生态系统加废水净化处理生态系统"的人工生态畜牧场模式，粪便采取固液分离，固体部分发酵生产沼气，沼渣作瓜、菜、果、草的肥料，液体部分进行土地外流灌溉净化，使废水变成清水循环利用。生态养殖既解决了环境污染问题，又增加了经济效益，使畜牧生产走上了良性循环的轨道，通过畜牧业生态的良性循环来实现畜牧业的高产、高效、无污染、持续发展和生态环境的改善，是促进畜牧业可持续发展的重要途径。

8.4.3 畜禽粪便的无害化和资源化利用技术及其装备

畜禽废弃物中含有粪尿经厌氧分解产生的硫化氢、氨、醇类、酚类、酰胺类、胺类和吲哚等有机物，以及大量的病原菌、微生物等多种污染物，对环境造成了严重威胁。养殖场的畜禽粪尿及污水若处置不当，不仅对土壤、水体、大气产生严重的污染，而且还严重危害人类的健康和畜禽养殖业的生产安全。畜禽粪便的处理过程包括畜禽粪便的收集、未经处理粪便的运输、畜禽粪便的固液分离、粪便及废水的存储、处理与利用和处理过粪便的运输，最终达到的目标要求技术先进、处理效率高；经济上可行、效益好；降低粪尿的二次环境污染；营养成分的有效利用。目前，国内外畜禽粪便的无害化和资源化利用主要是除臭气，用作饲料、肥料和能源。

8.4.3.1 粪便除臭技术

畜禽粪便中有机物经微生物发酵可产生100多种臭味化合物，既影响畜禽的健康，又污染空气、影响人类健康。目前，除臭技术主要有物理、化学和生物学方法，如饲料中添加吸附剂、遮蔽剂、中和剂和微生物制剂等。虽然畜禽场臭味有了一定改善，但污染物质依然存在，未能从根本上解决问题。

8.4.3.2 饲料化技术

粪便资源的饲料化，是畜禽粪便综合利用的重要途径，尤其是鸡粪。由于鸡的肠道较短，对饲料的消化吸收能力差，饲料中约有70%的营养成分未被消化吸收即排出体外，鸡粪中粗蛋白含量高达25%～28%，高于大麦、小麦和玉米粗蛋白含量的65%，且氨基酸的种类齐全，含量也较高，并含有丰富的矿物质和微量元素。当然，畜禽粪便含有丰富的营养成分，但又是一种有害物的潜在来源，有害物质包括病原微生物（细菌、病毒、寄生虫）、化学物质

（如真菌毒素）、杀虫药、有毒金属、药物和激素。通过研究标准化饲养技术和粪便处理技术，使用安全生态的饲料添加剂，经过加工处理后可成为较好的畜禽饲料资源。华中农业大学利用一种双翅目昆虫水虻转化畜禽粪便。水虻的幼虫可以在粪便中生长，将碳源和氮源转化成虫体，减少粪便累积量，转化率达45%以上。水虻转化过程中产生的大量前蛹（蛋白质含量42%，脂肪含量35%）可以作为动物蛋白饲料添加剂。利用筛选到的具有高效解磷、解钾、抗病能力的菌株芽孢杆菌，接种水虻转化粪便的剩余物质中进行进一步的固态发酵，将其转化成多功能的微生物肥料。

8.4.3.3 肥料化技术

畜禽粪便经过固液分离后的固形物或干粪，采用厌氧发酵法、快速烘干法、高温有氧堆肥、生态循环（饲养家蝇、蚯蚓和水虻）等生产生物有机肥。随着我国有机食品和绿色食品的发展，有机肥料需求量将不断增加，具有较大的市场前景。但目前畜禽粪便生产有机肥作为资源化利用所在比例降低，且技术与工艺不够成熟和配套；同时，相关处理设备质量较差，如固液分离设备返修率高、处理效率低。因此，应重点研究粪水固液分离技术和粪便废弃物收运接口技术、高温好氧堆肥中发酵过程优化及控制、发酵菌剂优化及扩繁技术、系列畜禽废弃物发酵调控剂、畜禽养殖废水高效处理技术、畜禽固体废弃物低碳处理技术和厌氧出水净化技术等畜禽废弃物无害化处理和资源化利用关键技术、工艺和装备。

8.4.3.4 能源化技术

能源化技术主要是沼气和发电工程。国内外循环经济的发展经验证明，沼气工程是"两型农业"中联系种植业和畜禽养殖业的最重要基础设施，为有效解决畜禽粪便的无害化和资源化提供了一条有效的技术方案。沼气提供能源（燃料或发电），沼液和沼渣作肥料，是经济、环境和资源同步发展的优先选择，具有很大的市场潜力。粪便发酵产生的沼气有赖于无氧环境、充足的有机物、适当碳氮比与pH、较高温度（35℃）等条件。但是，目前多数沼气工程存在投资大，运行效益低，产沼气率不够稳定（夏天产气多，冬天产气少），低温发酵技术不成熟；沼液和沼渣再利用率低，制作商品肥的技术不成熟，沼液和沼渣无法消纳或转运，成为二次污染源。因此，沼气工程应重点研究大型沼气发酵工程装置与工艺流程、产沼原料配比、低温发酵技术，以及沼液和沼渣的高效利用技术。

8.5 政策建议

畜禽养殖业的发展和规模直接与人们的生活水平密切相关。但是，大量畜禽废弃物如不经妥善处理而排放，既造成资源的极大浪费，也对环境产生严重的污染。因此，按照"减量化、再利用、资源化"循环经济的要求，制定"两型畜牧业"可持续发展政策。

8.5.1 制度科学规划

根据我国畜牧业发展规划、各地利用情况、"两型畜牧业"要求以及各地区的实际情况，制定中长期的农村废弃物控制管理规划，科学规划为畜禽禁止养殖区、限制养殖区和适度养殖区。禁止养殖区内不准新建畜禽养殖场，原有的养猪场必须限期搬迁或关闭；限制养殖区内不再新建畜禽养殖场，原有的养猪场实现逐步外迁；适度养殖区根据土地或环境资源的承载能力适度发展畜禽养殖。在保证适当畜禽产品供给的前提下，以消除畜禽废弃物对环境的严重污染为目标，大力推行清洁生产，变废为宝，实现畜禽粪便减量化、无害化、资源化。

8.5.2 构建"两型畜牧业"生产技术体系

按照"资源-产品-废弃物-资源"的循环经济模式，构建"两型畜牧业"生产技术体系：即完善良种繁育体系，培育优良品种，提高畜禽生产性能和饲料转化率，降低饲料消耗，减少粪尿排泄量；推广标准化养殖体系，通过畜牧场合理选址和设计、采用科学饲料配方和新型饲料添加剂，提高饲料利用率，减少氮、磷的排放和恶臭产生；健全动物疫病防治体系，降低畜禽死亡率，保障人和动物健康。调整畜牧业生产结构，发展节粮型畜牧业，充分利用秸秆资源；合理利用草原资源，草畜平衡。研究开发和推广畜禽废弃物无害化处理和资源化利用技术，减少环境污染，提高畜禽养殖业的附加值和经济效益。

8.5.3 建立"两型畜牧业"相关法律和法规

我国先后出台了一系列管理规范来防治养殖业造成的环境污染问题，如《畜禽养殖业污染防治管理办法》（2001）、《畜禽养殖业污染物排放标准》

（GB18596—2001）、《畜禽养殖业污染防治技术规范》（2005）、《畜禽养殖业污染治理工程技术规范》（HJ497—2009）等，对畜禽养殖场的建设、废弃物堆放、处理和排放都提出了一系列要求，但比较粗放，可操作性不强，处罚力度低。2013年国务院公布了《畜禽规模养殖污染防治条例》，从2014年1月1日起实施，条例要求：畜禽养殖场、养殖小区应当根据养殖规模和污染防治需要，建设相应的畜禽粪便、雨污分流设施，畜禽粪便、污水储存设施，有机肥加工、制取沼气、沼渣沼液分离和输送、污水处理、畜禽尸体处理等综合利用和无害化处理设施，未经处理不得直接排放。因此，应该在《循环经济促进法》框架下制定资源化、减量化、资源的循环利用和废弃物再利用的法律；根据《畜牧法》和已有畜禽废弃物治理管理办法、标准或规程，制定畜禽废弃物治理、污水处理、畜禽场温室气体排放治理的具体实施办法、排放标准及监督管理办法，加大监管力度，确保畜牧业的可持续发展和人类健康。

8.5.4 建立"两型畜牧业"的政策和保障机制

加强对"两型畜牧业"的组织领导，制定"两型畜牧业"发展规划和目标，加强农业、畜牧、环保、财政、税收和金融等相关部门之间的沟通与配合。明确责任，落实政策，尽快形成支持"两型畜牧业"的配套性政策体制，尤其是畜禽养殖业污染防治和废弃物综合利用的政策，如按照养殖规模补贴环保费，同时对排出污染物的责任方给予一定数额的惩罚。对已建和将建养殖场要严格环评手续，加大谁养殖谁治污，环保不过关的养殖场不许使用，环保没有保证的产品不许上市等措施力度。

第9章
"两型农业"与中国水产养殖业生产体系研究

水产养殖业是古老而发展迅速的行业。早在公元前1142年（殷末周初），已知凿池养鱼，公元前460年，范蠡编写了《养鱼经》，为世界最早的养鱼文献。20世纪50年代末和60年代初，被称为"四大家鱼"的青、草、鲢、鳙四个品种，在人工繁殖技术上取得关键性突破，使得我国淡水鱼类的养殖获得巨大的发展。70年代以来，由于国家支持，水产养殖业进入高速发展阶段，产量每年以2%~3%的速度增长，至1989年，我国成为世界上最大的水产养殖生产国，此后，我国水产业发展更为迅速，2010年，我国水产品总量达到5350万t，同比增长4.6%。如今，水产品已成为我国第一大出口农产品，而且产量和出口量仍呈上升趋势。水产养殖业的发展不仅满足国内人民日益增长的蛋白质需要，而且对推动农村经济发展，提高农产品出口竞争力等方面都起着重要作用，因此，在我国农业生产乃至整个国民生产体系中占有极为重要的位置。

我国水产养殖业不断发展壮大，已具备一定的规模和优势，形成了养殖、种苗、饲料、加工、运输、冷藏、保鲜、包装、批发市场、进出口等产业链，并涌现出一批全国水产业龙头企业。然而，我国养殖业以及与之相关的水产品加工业总体上仍处在较低水平，大多数养殖单位采用的生产方式也较为落后，随着水产业的迅猛发展也带来了一系列问题，如养殖环境恶化、水产品的药物残留、资源浪费以及病害频繁发生等，对我国水产养殖业的持续发展造成不利影响。因此，有必要改良过去粗放式的养殖模式，加强养殖管理，采用先进的技术和方法，促进产业整体的更新换代，以期建成环境友好型和健康节约型的水产养殖产业。

9.1 中国水产养殖业发展概况

9.1.1 淡水养殖业发展概况

过去,淡水养殖鱼苗来源于天然采捕,鱼苗来源得不到有效保证,因此水产养殖发展缓慢。1958年,我国首先突破鲢、鳙人工繁殖技术难关,其后又陆续解决草鱼、青鱼、鲮鱼、梭鱼、斑鳢、中华鲟等20多种养殖鱼类和珍稀鱼类的人工繁殖难题。在新品种的研发上,我国成功地进行淡水鱼类杂交育种理论与技术的研究。自20世纪70年代以来,我国鱼类进行了超过25个鱼种间的远缘杂交和8个鲤鱼种内杂交,先后育成兴国红鲤、荷包红鲤、建鲤、高寒鲤、颖鲤抗寒品系和彭泽鲫、异育银鲫、松浦鲫等多个品种及其品系。利用杂交、低温休克、静水压力和核移植等方法获得鲤、草鱼、鲢、白鲫、水晶彩鲫的3倍体和4倍体。在引种与移植驯化方面,我国是世界上引种最多的国家之一。60年代以来,我国累计已引进鱼类40种以上、虾类8种以上,如罗非鱼、斑点叉尾鮰、加州鲈、罗氏沼虾等。在保证鱼种供给的基础上,我国学者对鱼类发育、生长、饵料、水质等方面做了大量研究,大大提高了苗种生长速度、成活率、培养规格、单位产量等综合效益,较好地解决了发展鱼类养殖的"瓶颈"问题,推动了鱼类养殖业的发展。

在养殖技术上,我国学者在传统养殖经验基础上,提出水、种、饵、密、混、轮、防、管的八字精养法,形成一套高产、高效的养殖生态学理论;在研究多种鱼类混养、轮养等生物学特性基础上,提出新的鱼种放养模式。在人工饵料研究方面,基本查清各主要淡水鱼类的营养成分和营养需要量,研制出主要养殖鱼类饲料配方和营养添加剂,极大地提高了经济效益。对江河等天然水体提出了有效捕捞技术(赶、拦、刺、张联合捕捞法,网箔法等),也提高了捕捞效率。

在鱼病防治上,通过对寄生虫病学、病毒学、鱼类免疫学等学科的研究,基本查明危害我国主要淡水养殖鱼类的100多种疾病的发病病原、病因、病理,研究了防治方法,基本控制了大规模危害鱼病的情况,为我国淡水渔业的发展提供坚强保障。

由于苗种繁育、养殖以及鱼病防治等技术革新,我国淡水养殖平均产量从1949年的10 kg/亩,猛增到1999年的182 kg/亩(表9-1);养殖面积从1949年的1000万亩,增加到2000年7897万亩(表9-2);淡水养殖总产量从1949

年的52万t，增加到2000年的4279万t（表9-3），养殖效益从1949年的0.6亿元，增加到1999年4122亿元（表9-4）淡水养殖产量占淡水产品总产量的90%以上，占我国水产品总产量的40%以上，占世界淡水养殖总产量的60%以上。2000年我国人均水产品占有量达33.8kg，超过世界平均水平（22kg）。

表9-1 全国历年淡水养殖水面亩产统计表

年份	淡水养殖平均产量/（kg/亩）	池塘平均产量/（kg/亩）	湖泊平均产量/（kg/亩）	水库平均产量/（kg/亩）
1949	10	—	—	—
1978	18.5	46	9	6
1980	20.5	50	9	6
1983	30	71	11	7.5
1990	75	159	29	17
1999	182	316	64	57

"—"表示该栏无相关资料

资料来源：国家统计局农村社会经济调查总队（2000）

表9-2 全国历年淡水养殖水面面积及产量统计表

年份	淡水养殖面积/万亩	淡水养殖总产量/万t	池塘养殖面积/万亩	池塘养殖产量/万t	湖泊养殖面积/万亩	湖泊养殖产量/万t	水库养殖面积/万亩	水库养殖产量/万t
1914	328	3	—	—	—	—	—	—
1936	—	17	—	—	—	—	—	—
1949	1000	10	—	—	—	—	—	—
1957	1583	56	950	36	519	4	114	1
1965	2969	51	—	—	—	—	—	—
1970	4082	58	—	—	—	—	—	—
1976	4918	74	1215	52	890	9	1955	12
1980	4296	90	1232	60	793	8	1900	12
1985	5531	238	1887	175	933	14	2063	21
1990	5752	446	2123	426	924	27	2132	36
1995	7004	941	2787	695	1236	59	2274	82
2000	7897	1513	3319	1088	1319	93	2430	149

"—"表示该栏无相关资料

资料来源：国家统计局农村社会经济调查总队（2000）

表 9-3 历年我国渔业产量变化情况统计表

年份	总产量/万 t	捕捞量/万 t	养殖产量/万 t	淡水养殖产量/万 t	人均水产品占有量/（kg/人）
1914	—	—	—	3	—
1920	—	—	—	2.3	—
1936	52	35	17	17	—
1949	52	41	11	10	0.85
1957	347	269	78	57	4.8
1965	298	236.6	61	51	4.1
1976	448	344	104	74	4.8
1980	450	315	135	90	4.6
1985	705	396	309	238	6.8
1990	1237	628	608	446	11
1995	2517	1164	1353	941	20.5
2000	4279	1701	2578	1513	33.8

"—"表示该栏无相关资料

资料来源：国家统计局农村社会经济调查总队（2000）

表 9-4 1949~1999 年我国水产业总产值变化情况表

年份	水产业总产值/亿元	占农业总产值比例/%
1949	0.6	0.2
1952	1.3	0.3
1957	2.9	0.5
1962	7.7	1.8
1965	10.1	1.7
1970	10.9	1.5
1975	19.0	1.5
1980	21.0	1.3
1985	69.1	2.4
1988	109.8	3.3
1995	2517	—
1999	4122	11.0

"—"表示该栏无相关资料

资料来源：国家统计局农村社会经济调查总队（2000）

9.1.2 海水养殖业发展概况

中国海水养殖历史十分悠久，贝类养殖已有2000多年的历史，最早的文字记载见于明代郑鸿图的《业蛎考》。海水养殖初期，我国养殖品种少，产量低，收成看天。从20世纪50年代起，由于国内对碘需求大增，在曾呈奎、吴超元等科学家的努力下，先后解决了海带筏式养殖、夏苗培育、外海施肥、南移养殖、切梢增产等一系列技术问题，到1958年，海水养殖藻类达3.8万t（湿重），养殖面积达6.1万亩。50年代末期，我国学者先后完成了梭鱼等20多种海水鱼的人工育种研究，随后，我国也开展了泥蚶、溢蛏、菲律宾蛤仔、青蛤等滩涂贝类的人工育种研究。紫菜养殖在60年代也进入快速发展阶段，使我国一跃成为紫菜生产大国。70年代中期，中国科学院海洋研究所研究出贻贝的室内人工育苗和自然海区半人工采苗技术，也大大促进行业的发展。70年代末期，"文化大革命"结束后，政府推行农村家庭联产承包责任制，对海水养殖生产方式产生了重要影响。山东、福建等多处开始对沿海滩涂、水面进行承包，1985年国务院《关于放宽政策，加速发展水产业的指示》确定了"以养为主，养殖、捕捞、加工并举，因地制宜、各有侧重的方针"，确定了开发荒水、荒滩可以承包30年以上的政策，1986年《渔业法》首次以法律形式明确了养殖水域使用权、承包经营权等权利。《海域使用管理法》、《海洋环境保护法》、《动物防疫法》、《水产苗种管理办法》等一系列法律法规，从环境、苗种、用药等方面对养殖生产进行规范，使制度环境进一步完善，这一系列的政策加上国内逐渐形成的市场需求，对水产养殖起了推动和促进作用。这一时期，众多海水养殖的技术问题也得以解决，对虾工厂化育苗和养殖等系列技术在青岛取得突破，使对虾养殖成为年代海水养殖的亮点。1978年，对虾产量仅0.12万t，1991年，产量达22万t，增产180倍。网箱养殖技术的推广也促进我国海水养殖业的发展，海水养殖鱼类年产量从1992年的6万t，发展到2002年的56万t，使我国成为世界第二大海水养殖鱼类生产国。

9.2 中国水产养殖业生产体系面临的资源与环境问题

随着养殖产业规模不断扩大，中国水产业养殖方式由半集约化向高度集约化发展，水产养殖的环境影响也日益突出。例如，大量投喂人工配合饲料，残饵引起的养殖水体水质恶化；各种消毒、杀菌等化学药物被滥用，导致水体环境的失衡和水产品污染；种质资源退化造成养殖品种抗病力下降，病害增多，质量下降；养殖管理以及配套设施不完善；水、电资源浪费严重等。这些问题不仅对于水产养殖自身不利，而且也造成养殖环境周边地区的生态环境问题，将阻碍水产养殖业的健康发展。

9.2.1 养殖水质恶化问题

淡水养殖过程中，养殖动物的排泄物、残饵和残留药物、细菌和病原体（Liu et al.，2002）进入水体。容易引起水体富营养化和藻华的发生（Tovar et al.，2000）。水产养殖排放的废物主要有三种形式：固态废物、悬浮物和溶解态废物。粪便和残饵在水中往往以固态废物的形式存在，一部分沉积在养殖水体底部，另一部分可被分解成悬浮物或溶解态废物。由于分解过程需要细菌的参与，且消耗氧气，因此养殖水体中残饵和粪便过多，容易引起水体缺氧。分解出来的废物中，悬浮物可刺激鱼鳃，对养殖鱼类健康造成不利影响。溶解态废物中，氨和硝酸盐离子是主要的含氮废物，氨是水生动物尿液中的主要成分，水中氨浓度过高时，可引起水生动物氨中毒，而硝酸盐离子是自然界中氮的最常见的一种形式，它对鱼类无毒，然而，当水中溶解氧含量过低时，会转变成有毒的亚硝酸盐离子。目前，池塘养殖是淡水养殖中主要的养殖方式，我国的池塘养殖模式发展于20世纪70年代末，至今仍以"进水渠+养殖池塘+排水沟"为主要养殖形式，保持池塘水质主要依赖于水源水的注入以及增氧机增氧来实行，无法有效抵御环境水质变化和水域污染。

海水养殖，主要养殖方式仍是近海滩涂养殖，然而，部分海域由于水产养殖容量超负荷，布局不合理、不科学，导致污染严重。象山港由于养殖活动，过剩饵料和鱼类排出的粪便经过日积月累已达1m多厚。富营养化可能威胁水生态系统的平衡，导致赤潮频发。渤海生态环境报告指出，由于污水排放量逐年增多和赤潮的影响，渤海经济鱼类产量大幅度下降，鱼类结构趋向单一化。在中国，多个海湾呈富营养化状态，如大连湾、杭州湾、胶州湾等。由此可见，富营养化已成为水产养殖系统平衡的主要威胁之一。

9.2.2 药物的使用问题

水产养殖过程中需要使用很多化学药物，主要用于杀菌、杀虫、去污、保持水质稳定等。其中很多种药物虽然具有很强的药效，但由于具有较强的残留性和毒性，已受到管制或者被禁止使用。然而受到利益的驱使，违禁药物的使用屡禁不止，加上很多农户对水产药物的使用方法不清楚，导致我国水产品被污染的情况时有发生。近年我国水产品出现药物污染的事件大致有：输港水产品中检出孔雀石绿，致使香港停售 30 多种淡水鱼；2006 年上海市食品药监局在大菱鲆 30 件样品中全部检出了硝基呋喃类、环丙沙星、氯霉素、孔雀石绿等禁用药物残留。2007 年广州海洋资源环境监测中心对广州市水产品渔药残留检测结果显示，31 个杂食性鱼类样品中检出 1 个氯霉素超标，18 个肉食性鱼类样品中检出 1 个磺胺类药物超标（何歆，2007）。由于在我国水产品中检出药物残留，因此引起社会对水产品消费的不安，而且对我国水产品的出口也造成不利影响。

滥用药物对养殖环境也造成不利影响。①因为很多药物都是广谱性，药物在杀灭病源生物的同时，也会杀灭或抑制水体环境中的有益生物群落，造成水体环境微生态失衡。②频繁使用药物可能导致病菌、病虫对药物的抗药性增强，同时由于天敌数量剧减，病虫病害的控制将更为困难。③理化性质稳定的药物和药物代谢中间产物的残留，可能会在一些水生生物体内产生累积并通过食物链放大，对人体健康构成潜在危害。④进入水体沉积物中一些难降解的化学农药可长时间存在并可能构成二次污染源，再次进入水体在环境中反复循环，破坏生态平衡。因此水产药物不合理使用严重地威胁着水体环境的生态平衡、生物多样性，不但影响水产养殖业的可持续发展，而且对人类的健康构成威胁。

9.2.3 种质资源退化问题

随着人工繁育历史的延长，由于不断进行近亲繁殖，致使某些养殖品种个体一代比一代小，生长缓慢，亲鱼成熟年龄和个体也越来越小，抗病力低，种苗成活率显著下降，导致养殖过程中用药次数及用药量增加，鱼产量及质量均下降，产出的水产品不符合国家无公害食品要求，也对我国水产品安全及出口产生了不良影响，每年造成惨重的直接和间接经济损失。因此，做好退化品种的提纯复壮工作，选育高品质养殖品种并研发出种苗生产技术等问题急待解决。

此外，养殖品种的退化也与养殖动物逃逸有关。一些养殖场管理不完善，养殖鱼类逃逸到天然水体，与野生种群杂交，影响当地的种质资源。

9.2.4 养殖管理不完善的问题

养殖管理包括饲料的选择、投喂，水质调节、充氧，选择合理的套养方式，减少养殖动物应激，合理使用药物，处理养殖污水等环节。事实上，很少养殖户能在以上环节都做好，一方面受限于养殖知识的普及，另一方面受限于配套设施和资金投入。而养殖管理不善，除了影响水产品产量和质量外，也可导致养殖污水的排放量增多，从而污染周边地区的水环境。

9.2.5 资源浪费问题

目前养殖场对养殖用水的管理和处理普遍较为落后，多采用粗放的方式进行生产，耗水量大，水资源的浪费现象较为明显。此外，水是比热很大的物质，要养殖热带品种，或者鱼类的越冬保温，都需要大量热量以维持水温，而很多养殖场的保温系统也不完善，造成大量的能源浪费，因此水产养殖能源的浪费问题也不容忽视。

9.3 问题产生的原因分析

9.3.1 养殖水体富营养化的成因

水产养殖废物的排放几乎不可避免。因为养殖过程中无论以精养还是半精养的方式都需要投喂饲料，而投喂饲料的营养成分只有很少一部分为养殖动物所利用。原因主要有以下几个方面。一是饲料投喂后部分或被风吹走，或溶于水中。二是不同养殖动物对饲料的适口性不同，并非所有饲料都为养殖动物所摄食。三是饲料本身的营养成分并非完全适合养殖动物，在代谢过程中总有部分不能被养殖动物吸收利用。因此，过多的残饵进入水体，促成养殖水体富营养化的过程。

9.3.1.1 饲料利用率低

叶元土和罗莉（1998）等研究了鲤鱼养殖中，饲料流动的情况。按饲料系数2.0计算，每产出鲤鱼1000 kg，需投喂饲料2000 kg，但有1490kg残饵未被利用而留存于水体中，其中包括70.4 kg氮、18 kg磷进入养殖水体。因此，未被利用的饲料和粪便将排放到养殖环境中，Tovar（2000）估计，生产1t鱼需向环境中排放氮和磷分别达到14.25kg和2.57kg。对虾养殖方面，根据2000年对虾类养殖的统计结果，仅广东、广西、海南三省，对虾养殖总面积为2.2×10^5亩，约占全国对虾养殖面积40%，按平均水深为1.0 m，按照每天换水 7.5% 计算，三省份每日对虾养殖排放废水达到 $1.1 \times 10^5 \mathrm{m}^3$。污水中，氮和磷含量约为 0.19% 和 0.40%（Li et al., 2004）。污水的碳、氮、磷之比适合蓝藻的生长，而且溶解物和沉积物比其他废水多，因此对环境的影响同样不可忽视。

9.3.1.2 投喂方式不合理

在实际生产中，大多数养殖户都不能够做到让鱼吃够而饲料也刚好吃完。由于担心鱼吃得不够，长得慢，养殖户往往向网箱中投喂过量食物。以大亚湾东升网箱养殖区为例，该养殖区面积为 $520\pm305\mathrm{m}^2$，鱼排数为 124 ± 24 个，鱼排网箱数为 29 ± 10 个，2005~2007 年，每年该养殖区投入饲料鱼、饲料的重量几乎是养殖鱼类总重量的 6 倍（许忠能，2007）。在养殖区，增加养分负荷将导致浮游植物，浮游动物和细菌快速增长，从而导致水体富营养化的发生。太湖是中国第三大淡水湖，总水域面积 3.5×10^6 亩。水产养殖仅在太湖东南面积 2.0×10^5 亩的水面（杨再福等，2003），鱼类养殖一年后，浮游植物大量生长，丰度相当于非养殖区的 3 倍，异养细菌丰度也增加了 3~4 倍（杨再福等，2003）。

9.3.2 滥用药物的问题成因

水产养殖过程中经常应用许多药品，如疫苗、激素、肌肉色素、麻醉剂和水处理化合物等。化学药物的使用，主要用于改善养殖环境及防治养殖动物的病害。然而，许多药物成分没有明确标示，对应不同养殖品种，如何使用，用量多少，很多养殖户也仅凭经验使用，这样，容易造成药物使用不当、投放过量的情况。药物可以溶于水进入水环境，而饲料中的化学药品既可通过粪便排入水中，也可通过未食的饲料散失。化学药品的摄取、分布和消失取决于养殖种类、化学药品的理化性质、饲料组成和环境因素。化学药品的消失有的需要几天，有的需要几个月。

9.3.2.1 高密度养殖导致养殖环境恶化，病害增多

现代养殖中，养殖者为了经济利益，往往采取高密度养殖的方式以提高产量，然而，高密度养殖对养殖动物产生胁迫。一般养殖鱼类负荷量不能大于 3000 kg/亩，比较合适的最大载鱼量约为 1800~2300 kg/亩，一般精养池，对虾放养苗量在 75 万尾/亩左右。但实际生产中，养殖密度往往超过这个最大负荷量，对虾放养苗量在 150 万尾/亩很常见，有的甚至高达 450 万尾/亩（裴琨，2008）。

高密度养殖，必然增加水体溶解氧的消耗，而且由于投饵量和排泄物的增加，养殖环境进一步恶化。于赫男（2007）研究了不同放养密度对罗氏沼虾养殖环境的影响，结果表明，随着放养密度的增大，罗氏沼虾活动频率和攻击频次明显增加，从而导致耗氧率和排氨率升高。

此外，高密度养殖导致养殖动物非特异性免疫力下降。李玉全等（2007）检测高养殖下密度对凡纳滨对虾非特异性免疫因子的影响，结果显示，高密度养殖可显著降低对虾酚氧化酶活力、过氧化物酶活力、抗菌活力和溶菌活力，而与应激有关的酶、超氧化物歧化酶（SOD）则显著升高，实验还显示，存活率、体长增长、体重增长率均有所降低。

9.3.2.2 部分违禁水产药物廉价、易得、除病效果好，导致其使用屡禁不止

以孔雀石绿（malachite green，MG）为例，国内水产养殖业中，孔雀石绿是使用最多的违禁药物之一，它具有高致癌性与残留性，起初用作染料，应用于制陶业、纺织业、皮革业、细胞化学染色剂和指示剂等方面，价格低廉，容易获得。孔雀石绿对真菌、霉菌和寄生虫有很强的杀灭特性，在水产养殖中可用作寄生虫药、杀菌剂、抗菌剂。另外，孔雀石绿对治疗鱼身碰撞刮伤相当有效，可以防止细菌感染，避免伤口溃烂、扩散。而国家虽然禁止其在水产中的使用，但是没有禁止售卖。因此，一些渔民在防治鱼类感染真菌时使用，也有运输商用作消毒，以延长鱼类在长途贩运中的存活时间。孔雀石绿消毒时操作方便，价格低廉，只需少量即有效果，因此，长期以来孔雀石绿在水产养殖业中的使用极为普遍。

9.3.2.3 养殖户用药方法不正确

有些药物虽被允许使用，但其用量、使用时间和使用方法都有特别规定。养殖户若不熟悉药物使用方法，容易出现用量过大，使用时间过长或将在养殖动物不适合用药的生长阶段使用药物等情况。其结果往往是用药效果不好，养殖动物生长缓慢，水产品受到药物污染。

这类药物中，抗生素是较常见的一类，长期以来，抗生素在水产养殖中的使用引起许多争议。因为一方面，抗生素能有效杀灭和抑制包括细菌、病毒、支原体、衣原体等微生物的生长，可用作防治细菌、真菌引起的疾病。有些抗生素能提高养殖动物对饲料的消化率。另外，在饲料中添加抗生素，能降低某些营养成分的需求量。另一方面，抗生素也可对养殖动物和环境造成危害。因为抗生素不仅杀灭有害微生物，同时也可杀灭许多有益微生物，如光合细菌、硝化细菌、水生动物肠道的有益细菌等，导致水生动物消化吸收障碍和水质恶

化，也影响水生动物的免疫系统。另外，使用抗生素会产生相应的耐药菌株，药效将越来越差，疾病防治越来越困难，用药成本也随之上升。抗生素若残留在水产品中，将对人类身体健康造成潜在威胁。

因此抗生素与类似药物在水产养殖中的使用是一把双刃剑，合理使用能有效防治养殖动物疾病，使用不当，则对养殖动物本身和养殖环境造成危害。每种抗生素的使用都有其使用量和使用方法，如土霉素，根据我国农业部（1994年）和世界粮农组织（FAO）的标准，使用量每千克体重不能超过20mg，鱼肉中的最高残留量不能高于0.1mg/kg，而且喂食土霉素的鱼类按照规定，上市前要有一定的停药期。然而，最近也有抗生素超标的现象出现，对我国水产品出口造成障碍。例如，2008年，日本从我国一家福建公司输日的养殖河豚活鱼中检出土霉素超标后，对从我国进口的河豚强化检查，检查比例提高到30%。

9.3.3　养殖动物的配套设施和技术尚待完善

淡水养殖，在养殖前，相应的配套设施就应该准备周全。以池塘养殖为例，水源首先必须无污染、清洁。池塘大小、朝向、形状、深度、护坡、底部必须符合生产要求。进排水闸门大小要合适，而且要有拦栅。这是因为鱼类在放养初期往往聚集成群在沿岸边巡游，对有流水注入的水道，鱼往往奋力上溯。鱼逆流而上时，能通过比自身体周长小的网目。在静水条件下，拦网的网目应该不大于放养鱼种最大周长95%置信区间下限的1/2，栅距不能大于鱼种头宽95%置信区间下限。而有流水的地方，网目和栅距还要适当缩小。进排水管道一般用水泥预制管或PVC波纹管，水泵、增氧机等机器也要适时检查。如果养殖场有需要，越冬、繁育设备也应该准备好。此外，养殖场地、道路、办公、生活房屋、库房、围护、供电、供水、生活垃圾、污水处理等配套设施也是需要的。然而，目前只有小部分养殖场具备以上完善的设施。而技术方面，目前大多数养殖户在环境，尤其是气候变化方面，缺乏有效的应对措施，在养殖过程中，如何保持水质、改善底质、疾病预警等方面也成为淡水养殖的热点问题。

海水养殖方面，由于近海污染逐渐严重，发展趋势是离岸养殖，深水、抗风浪网箱、养殖用筏、人工鱼礁等设施及其养殖技术尚需进一步研究。而工厂化海水养殖成套设备也是海水养殖的热点问题。

9.3.4　粗放型的养殖方式占用大量资源

至2004年，我国淡水养殖面积达11 000万亩，其中，池塘养殖面积达

3594万亩。池塘养殖，其水质保持只能靠水源注入与增氧机增氧，这种养殖方式对水、电消耗非常大，而且大多数养殖场缺乏对养殖污水的处理措施，排出的污水容易对其他水源造成污染。相对的，日本、欧美等国家逐渐采用封闭循环温流水高密度养殖系统，养殖污水经净化系统过滤、沉淀、消毒后重新用于养殖，节水节能，对周边环境也不造成污染。

9.3.5 对遗传多样性的保护不够重视

由于兴修水利造成江湖阻隔，鱼类洄游通道受到阻断，而且湖泊的污染日趋严重，湖泊面积逐渐缩小，鱼类产卵场受到破坏，天然鱼苗的量和质都有所降低。我国长江渔业资源呈不断下降趋势，在20世纪50年代，四大家鱼天然鱼苗年平均产苗达40亿尾，90年代已经下降至6.6亿尾左右；上海市长江口是蟹苗主要生产区，80年代平均年产苗11 774kg，2002年，年产苗仅40kg。长江捕获物趋于小型化，物种组成逐渐单一，江河洄游性鱼类减少，比例下降。70年代，宜昌江段渔获中，四大家鱼尾数比为6%，重量比为34%，圆口铜鱼尾数比为32%，重量比为9%，长条铜鱼尾数比为11%，重量比为4%，进入90年代，四大家鱼尾数比降为3%，重量比降为10%，圆口铜鱼尾数比降为3%，重量比降为1%，长条铜鱼尾数比增长至37%，重量比增长至40%，蒙古红鲌、翘嘴红鲌、黄尾鲴、细鳞斜颌鲴等原产于长江的鱼类几乎找不到。

9.4 国际上"两型水产养殖业"生产体系的经验借鉴

欧美等国对于环境友好型和资源节约型的水产养殖业尤为重视。这主要可归结于两方面的原因。一是水产养殖业的重要性，水产养殖业是国外发展最为迅速的行业之一。水产养殖业的发展不仅满足人们对水产品日益增长的需求，而且可推动农业的发展和农产品出口。二是这些国家对环境资源保护非常重视，长期以来，欧美等国对水产品的获取以捕捞业与水产养殖业并举的方式进行，水产养殖业的可持续发展，可一定程度地减少人们对于捕捞业的依赖，防止过度捕捞对渔业资源的破坏。

关于"两型水产养殖业"的实现手段，主要有两个。一是减少养殖水体污染源的投入，主要措施包括新型饲料、新投饵手段的开发，改良养殖品种，使其饲料需求更低、生长速度更快。二是对养殖污水的处理，而养殖污水最主要的污染物质是氮、磷，它来源于饲料和养殖动物排泄物。

9.4.1 饲料的研发

生产1kg活鱼约需1~3kg干重的饲料（假设饲料系数约为1~3）。饲料中大约75%的氮、磷未被使用，排到水中浪费掉（Gutierrez-Wing and Malone，2006）。集约化养殖系统中，饲料大部分未消化完全就被排泄掉（Amirkolaie，2005）。罗非鱼每天向水中排放的排泄物重量，相当于同重量人体排泄物重量的4.8倍（Flemish government，2005）。活鱼的废物排放约为人的5倍，这是因为鱼类消化能力比很多陆生动物都差，鱼类的消化能力反映在肠道的解剖结构上，鱼的肠道长度一般较短，肠道长度与体长之比很小（Hertrampf and Piedad-Pascual，2000）。例如，鲤鱼肠道是体长的2.0~2.5倍，人的肠道是体长的3~4倍，而牛、羊肠道分别是体长的20倍和30倍以上。因此，对于鱼类，食物在肠道中只停留很短时间。为此，鱼饲料必须具有较高的消化率。通常情况下，鱼体内含有65%~75%的蛋白质（Hertrampf and Piedad-Pascual，2000）。此外，鱼利用蛋白质作为能量，不像陆地生物那样使用糖和脂肪。一般来说，鱼类对蛋白质的需求约为哺乳动物的2~3倍。

除了废物的大量产生外，养殖过程中过于依赖鱼粉和鱼油也加大了水产养殖占用环境资源的份额。全球范围内，水产养殖产量中，约三分之一作为鱼粉的生产原料而被添加到饲料当中（Delgado et al.，2003）。用于生产鱼粉的鱼占总产量的比例从1988年的10%，到1994年的17%，再到1997年的33%。随后，由于主要鱼粉生产国家，如秘鲁、智利等实行新的捕捞配额制度，鱼粉产量以及捕鱼量也趋于稳定，该比例变动不大。1992~2003年，各种养殖鱼类消耗鱼粉和鱼油的量见表9-5。

表9-5 1992~2003年，各养殖品种年消耗鱼粉和鱼油量（干重）

单位：千t

项目	1992年	1994年	1995年	1998年	1999年	2000年	2001年	2002年	2003年
1 虾									
鱼粉	232	241	420	486	407	372[a] 428[b]	510	480[c] 487[d] 522[e]	670
鱼油	27.8	29	42	34.7	33	30[a] 36[b]	42.5	41.7[c] 39[d] 42[e]	58.3

续表

项目	1992年	1994年	1995年	1998年	1999年	2000年	2001年	2002年	2003年
2 贝类									
鱼粉	9.5					93	119	122[c] 60[e]	139
鱼油	0.5					7.7	10.4	12.2[c] 12[e]	13.9
3 有鳍鱼类									
鱼粉	180	100	266	419.9	492	635[a] 533[b]	505	640[c] 417[d] 702[e]	590
鱼油	36	20	80	122.5	170	249[a] 121[b]	120	140[c] 106[d] 125[e]	110.6
4 鲑鱼									
鱼粉	201	351	317	485.7	437	491[a] 525[b]	595	554[c] 455[d] 554[e]	573
鱼油	60.4	169	176	264.9	273	309[a] 262[b]	282	253[c] 364[d] 443[e]	409
5 鳟鱼									
鱼粉	142	171	202	219.4	170	189[a] 159[b]	179	169[c] 180[d] 221[e]	216
鱼油	47.3	91	115	123.4	85	95[a] 93[b]	104	96[c] 168[d] 147[e]	126
6 鳗鲡									
鱼粉	72.3	93	136	133.5	182	173[a] 186[b]	180	179[c] 174[d] 190[e]	171
鱼油	18.1	19	68	21.4	36	17[a] 14.9[b]	15	15.2[c] 10[e]	11.4
7 遮目鱼									
鱼粉	19.3		32	26.6	37	36[a] 37[b]	37	38[c] 42[d] 57[e]	36
鱼油	9	9	11	8	9	6[a] 3.7[b]	4.2	4.7[c] 6[d] 10[e]	5.2

续表

项目	1992 年	1994 年	1995 年	1998 年	1999 年	2000 年	2001 年	2002 年	2003 年
8 罗非鱼									
鱼粉	29		69	72	61	55^a 61^b	70	68^c 73^d 95^e	79
鱼油	0	2	5	7.2	9	8^a 10^b	11.6	13.5^c 10^d 14^e	15.8
9 鲶鱼									
鱼粉	23.4	22	22	50.5	18	15^a 23^b	24	21^c 12^d 14^e	24
鱼油	9.3	8	9	6.3	6	5^a 5.8^b	6	7.2^c 6^d 7^e	8
合计									
鱼粉	963	1084	1728	2256	2091	2316^a 2413^b	2585	2685^c 2217^d 2873^e	2936
鱼油	234	380	494	649	662	716^a 554^b	668.8	666.2^c 732^d 829^e	802

a 参考文献为 IFOMA (2000); b 参考文献为 Tacon (2003); c 参考文献为 Tacon (2004); d 参考文献为 Pike 和 Barlow (2003); e 参考文献为 Pike (2005)

1 虾包括所有海虾,对虾等根据 FAO 关于水产动植物 (ISSCAAP) 代码 45 的国际标准统计划分 (FAO, 2005); 2 淡水甲壳类动物,包括淡水对虾,河蟹和小龙虾,根据国际标准统计分类号 (ISSCAAP) 代码 41; 3 有鳍鱼类包括所有海洋鱼类,根据 ISSCAAP 代码 3,鲻鱼除外; 4 鲑鱼包括大西洋鲑,银鲑鱼,大鳞大马哈鱼,大马哈鱼,马苏大马哈鱼和红大马哈鱼等所有鲑鱼物种 (ISSCAAP) 代码 23; 5 鳟包括所有在 (ISSCAAP) 代码 23 划分出来的鳟鱼,包括虹鳟,海鳟,溪红点鲑等; 6 鳗鲡包括所有在 (ISSCAAP) 代码 22 所列出的河鳗; 7 罗非鱼包括所有 (ISSCAAP) 代码 12 列出的罗非鱼品种不含其他鲷鱼; 8 鲶鱼包括所有在 (ISSCAAP) 代码 13 所列的杂食性鱼种

由表 9-5 可见,用于制作对虾饲料的鱼粉和鱼油,11 年间分别增长 180.3% 和 110.0%。用于制作甲壳类动物饲料的鱼粉和鱼油,11 年间分别增长 1429.0% 和 2680.0%。用于制作有鳍鱼类饲料的鱼粉和鱼油,11 年间分别增长 224.4% 和 208%。用于制作鲑鱼饲料的鱼粉和鱼油,11 年间分别增长 275.7% 和 578%。用于制作鳟鱼饲料的鱼粉和鱼油,11 年间分别增长 806.3% 和 167%。用于制作鳗鲡饲料的鱼粉,11 年间分别增长 80.7%,而鱼油使用量

则只有原来的37%。用于制作遮目鱼饲料的鱼粉，11年间增长45.6%，而鱼油使用量则只有原来的42%。用于制作罗非鱼饲料的鱼粉，11年间增长226.9%，鱼油使用量增加15.8t，而用于制作鲶鱼饲料的鱼粉从1992年的2.3万t，到2003年的2.4万t；鱼油从1992年的0.9万t，到2003年的0.8万t；鱼粉和鱼油消耗从1992年的3.3万t，到2003年的3.2万t，消耗量略有下降。制作饲料的鱼粉总量，11年间增长了212.3%，鱼油增长了243%。由于还有大量用于制作饲料的鱼粉和鱼油未统计，实际上，鱼粉和鱼油的实际使用量很可能远大于表中所列数据。鱼粉和鱼油的大量使用，促使水产养殖需要更多水资源、土地资源和能源，这样，由于水产养殖占用大量资源，对其他行业也造成的额外负担。因此，开发新的蛋白质来源以替代饲料中的鱼粉和鱼油，同时不影响饲料质量的相关研究相当热门。

意大利学者Alessio等（2006）研究了用黄豆作为饲料中的蛋白质源投喂埃及鲷仔鱼后对其生长和消化道发育的影响。结果表明，分别用18%黄豆和30%黄豆作为蛋白质源投喂埃及鲷仔鱼，发现其生长与鱼粉作为蛋白源的对照组无显著性差异，对其消化道发育也无显著性影响，证明了黄豆作为蛋白源，对埃及鲷仔鱼的喂养效果不比鱼粉差。

微藻也经常作为饲料应用在水产养殖当中，微藻作为饲料有很多优点，其一，微藻在自然水体中大量存在，本身就是水生生物喜好的食物之一，因此，作为饲料可以很好地被水生生物消化吸收。其二，微藻具有很高的营养价值，而且含有特殊成分，除了色素外，还有必需脂肪酸和维生素。其三，微藻可直接应用在水产养殖当中，无需加工。实际应用中，微藻可以在虾塘和鱼塘养殖，也可单独养殖，需要的时候再投喂。其中螺旋藻和雨生红球藻是目前使用前景最好的两种藻类。这两种藻类有很高的营养价值，因此应用前景广阔。美国是最大的螺旋藻生产国，但是由于螺旋藻收集成本较高，而且保存不容易，如今还较少用于水产养殖。雨生红球藻富含虾青素，而虾青素是优良的饲料添加剂，能增加水生生物着色，促进鱼卵受精，美国对于雨生红球藻的生产工艺研究较早，目前，我国也有将该藻类应用于饲料中的研究。微藻的使用，可部分替代水产养殖业对鱼粉的依赖。

其他植物方面，麻疯树种子也可作为另一替代品。麻疯树是一种用于抗旱的大型灌木，原产于美国热带地区，现广泛分布于非洲和亚洲的热带和亚热带降雨较少的地区，如果种植条件适合，麻疯树生长速度非常快。奥地利学者Henning（1996）估计每年的种子产量为$2.5 \sim 3.5$ t/ hm^2，而且麻疯树抗逆性强，即使栽种在贫瘠的土地上也可正常生长，起到巩固水土的作用。麻疯树种子营养丰富，约含60%的植物油，可提炼植物油，留下的油饼含超过50%以上的植物蛋白，可用作鱼类的饲料的蛋白源。德国学者 Makkar（1997）报道了将麻疯树油饼作为饲料中蛋白源，用于投喂鲤鱼（Cyprinus carpio），生长结果显示，麻疯树油饼经过加热处理（121°C 和 66% 湿度处理 15 分钟），虽然饲料中仍有大量胰蛋白酶抑制剂和凝集素，但是仍可使鲤鱼增重 243%，对照组是增重 303%。大型植物的使用都面临着组织中存在着消化酶抑制成分的问题，因此，其加工工艺仍需改进。

除了植物外，酵母在饲料的使用中也较为常见。酵母蛋白作为饲料中的蛋白源，有多种优势。第一，酵母中含有丰富的蛋白质，高达 40%~60%。第二，酵母中的蛋白质的消化率可达 96%，净利用率达 59%。第三，酵母含有完整的氨基酸群，包括人体必需的 8 种氨基酸，而且在谷物蛋白中含量较少的赖氨酸，在酵母中含量也较高。此外，酵母中的氨基酸比例接近联合国粮农组织（FAO）推荐的理想氨基酸组成值，故其营养价值较高。第四，酵母中还含有一些功能蛋白，如金属硫蛋白（简称 MT），它具有广泛的生物功能，在体内主要参与微量元素的储存、运输和代谢、拮抗电离辐射、清除羟基自由基及重金属解毒等多种作用。酵母还含有丰富的助消化酶（酵素），能帮助日常饮食中的营养、酵母本身的营养，以及外源补充的营养更好地消化、吸收和利用。第五，酵母蛋白是酵母本身所含有的，而非多种蛋白来源的简单混合。美国学者 Peng（2003）等使用分别含 1%、2% 和 4% 干重酿酒酵母的饲料投喂杂交条纹鲈，基础饲料含 40% 的蛋白质、10% 的脂肪和 3.5kcal/g 的热量，结果显示，由于酿酒酵母高蛋白含量且容易被吸收，3 个添加酿酒酵母组的杂交条纹鲈的增重率和摄食率均显著高于对照组。

9.4.2 养殖废物的清除

9.4.2.1 氮的去除

水产养殖的集约化导致环境压力的增加。水产品生产过程产生的污染废水，内含吃剩的饲料和粪便，从水产养殖体系排入水环境，无论是饲料和粪便都富含蛋白质，其中氨是蛋白质代谢的最终产物。在水中，NH_3（氨）和 NH_4^+（铵）的平衡取决于 pH 和温度（Timmons et al.，2002）。这两个形式的总和被称为总氨氮（TAN）。虽然这两个形式的氨对鱼都有毒，但毒性较强的是不带电荷的 NH_3（氨），原因在于它是脂溶性的，比带极性的和水溶性的铵离子更容易穿越生物膜（Körner et al.，2001）。氨氮在水中浓度高于 1.5mg/L 就可对养殖鱼类产生毒性，而在大多数情况下，水产养殖系统中可接受的氨水平只有

0.025 mg/L（Neori et al., 2004）。而且，毒性在很大程度上与养殖品种、养殖动物所处的生长阶段、固体颗粒、各种难降解有机物、表面活性化合物、各种金属和硝酸盐含量有关。养殖系统除氮包括两部分外，养殖系统水源除氮和养殖系统内部除氮，水源除氮方式包括传统的土塘处理和微生物处理。养殖系统内部除氮包括微生物对游离氮的固着去除和絮凝去除。

(1) 水源除氮

以色列学者Neori等（2004）研究了土塘对养殖污水中氮的去除。土塘处理系统包括待处理的养殖池，曝气沉淀池以及养殖植物池塘。各池之间互通，形成完整的流通体系。在这里，要将待处理的养殖池中释放出的含氮废物，通过曝气沉淀池沉淀不溶颗粒，由软体动物和海藻吸收其他可溶的营养物质，从而从养殖水体中被去除。该系统的主要缺点是净化效果不稳定，这是由于植物种类和不同养殖密度对吸收效果不尽相同造成的（Hargreaves, 2006）。但是，不可否定的是，该系统除了可以去除水中的营养物质外，还可用于生产有经济价值的植物和卤虫，增加养殖收入。该养殖系统中自养植物还可以提高水体的含氧量，并调节和改善酸性环境（Neori et al., 2004）。

微生物处理系统大致可分类为物理、化学和生物过程。物理过程通过沉淀或机械过滤去除固体颗粒。化学过程往往与物理方法和生物方法一起使用。大多数化学品共有的缺点是，他们在水中有残留。而目前比较好的处理方法是使用臭氧作为消毒手段。此外，通过紫外线照射也被认为是可靠的消毒手段。这些方法避免对养殖动物造成直接伤害，同时也避免了残留物质造成的二次污染。而生物过程在养殖废水处理过程中的主要作用是对水的硝化。法国学者Gutierrez-Wing与美国学者Malone研究了一套包括生物转盘、滴过滤器、流化床过滤器、珠过滤器、固定膜过滤器的硝化装置，可用于淡水和海水养殖。硝化细菌是生物过程中处理养殖废水中氮的主要生物，但是硝化细菌相当敏感，容易受到各种因素的影响，如基质、溶解氧浓度、有机质、温度、pH、碱度、盐度的影响，而且容易被各种抑制剂所抑制（Ling et al., 2005）。此外，水中C/N比必须处于较低水平，因为高C/N比值会影响异养菌在生物过滤器中进行硝化作用（Michaud et al., 2006）。

生物转盘在欧美等地用于处理生活污水已经几十年了，现在广泛应用在水产养殖中，作为硝化过滤器来使用。生物转盘技术是基于一个浸在水里的基板，这块板由高密度聚氯乙烯或聚苯乙烯组成，并连接在轴上（Brazil, 2006）硝化细菌生长在基板上，旋转给它们带来充足的水和空气，生物转盘转动时，由细菌完成氮的转化。一般来说，生物转盘由一系列的部件组成，其转化过程也分为几个阶段（Brazil, 2006）。生物转盘对TAN去除率较高，每天可去除

TAN 0.19~0.79 g/m² 薄膜。Brazil（2006）报道了循环水养殖系统中，生物转盘对罗非鱼养殖水体的去氮效率，该养殖系统获得了每天约 0.42 gTAN/m² 薄膜的去除。滴滤器进水处有一个固定媒介床，养殖废水通过它流过厚度较小的好氧生物膜（Eding et al.，2006）。由于水呈滴状滴下，因此与空气接触面加大，提高了溶解氧浓度，并可去除水中的二氧化碳；废水中的有机物质，被吸附在好氧生物膜上，被生物降解。商业用的滴滤器，TAN 的面去除率在每天 0.24~0.55 gTAN/m²。观察到滴滤器每天最高 TAN 去除率为 1.1 gTAN/m²，平均每天 TAN 去除率约为 0.16 gTAN/m²（Eding et al.，2006）。

以色列学者 Timmons 等（2006）报道了另外一种过滤器：下流式微珠过滤器（downflow microbead filter）是由滴滤器与颗粒型生物过滤器等组合而成。具有颗粒更小的媒介和高特异性的表面区域，循环水通过填充床，悬浮固体颗粒被固着，然后经过生物过滤器。媒介由聚苯乙烯粒组成，直径为 1~3mm，有 36%~40% 的孔隙率表面积范围 1150~3936 m²/m³（Timmons et al.，2006）。

美国学者 Summerfelt（2006）设计的流化床砂生物过滤器（fluidizeds and biofilters）已被广泛应用到循环养殖系统中。它能有效保持良好水质，这是因为过滤砂具有较高的表面积，即 4000~20 000 m²/m³。该过滤器的优点是成本低，缺点是与滴滤池一样不曝气，因此，需要额外充气。这些过滤器也必须工作在一个狭窄的水流量范围内，以维持过滤床适当的膨胀度。生物转盘具有最高的 TAN 面去除率，而微珠生物过滤器、滴滤器和流化床砂生物过滤器紧随其后。虽然生物转盘对于 TAN 有很好的去除效率，但是它的使用成本较高。而其他三种过滤器生产成本则相对较低。

（2）养殖系统内部除氮

自然界中去除三氮的途径，包括藻类、异养细菌对氨氮的吸收，以及自养细菌将氨氮转化为硝酸盐氮等。提高异养微生物在水体中的密度可加强微生物的固着作用和絮凝作用，从而加速池塘有机和无机废物的去除。而且固着微生物与生物絮凝物本身也可作为饲料使用。这两种方法都是解决水产养殖中水质问题的可行方法，还可以减少鱼粉的使用。

日本学者 Azim 和 Wahab（2005）报道了一种简单易行的养殖系统内部除氮技术，固着生物处理技术，其作用方式是通过固着生物，可以是藻类、细菌、真菌、原生动物、浮游动物和其他无脊椎动物在水中对养殖废物的吸收来实现的，而且固着生物可有助于控制水中溶解氧浓度和 pH。固着生物，如浮游植物可以在几乎所有类型的水体中找到，从小池塘到海洋，从最贫到最富营养状态。只要光照充足，水深 0.5m 以上，就能产生很强的光合作用。生产力可达到每天 1~3 g C/m² 基质或 2~6g 干物质/m²。

并非所有鱼都可以摄食固着生物，因为固着生物有不同形态而且不同鱼类适应能力也不同。虽然直接的实验证据较少，但是水产养殖鱼类大多可以有效摄食固着生物。除专一食草动物外，藻、碎屑和底栖食性的鱼类也可以摄食固着生物。

固着生物平均 C/N 比是 10 (Azim and Asaeda, 2005)。同化效率约为每天 $0.2\ g\ N/m^2$。表面积越大，固着生物增长的面积就越大，越有利于处理集约化水产养殖产生的废水。此外干物质产量约每天 $4g/m^2$，干物质中蛋白质含量约 25%。这相当于一般饲料的质量，可用作饲料以节约成本。除了需要大面积养殖外，还需要注意的是同化作用完全依赖于阳光。在阴天或阳光不足的日子，氮的吸收率就很低。另一个问题是固着生物的获取不容易。因此，不适宜将固着生物处理技术应用到高密度水产养殖当中。然而，在产量较小，养殖密度不大的养殖体系仍大有作为。另外可使用各种材料，如电线杆、竹子等水平放置在池塘作为固着生物的基质。由于固着生物可以很容易地在鱼塘中生长，因此管理要求不高。

生物絮凝技术是另外一种应用于养殖系统内部的除氮技术，该技术在美国使用较普遍。该技术是利用水中浮游植物、细菌、有机物颗粒和食草细菌等对氮进行絮凝 (Hargreaves, 2006)。如果水中碳和氮保持良好平衡，则铵和有机含氮废物将很容易被细菌等吸收，加上碳水化合物，将促进池塘里的细菌生长。异养菌对铵的固定化速度很快，水中的氮被吸收然后被微生物转化为蛋白质，其同化速度比硝化作用快得多 (Hargreaves, 2006)。其原因是细菌增长率很高而且细菌同化效率很高 (Hargreaves, 2006)，每吸收 1g 碳就可以产生 0.5g 生物量 (Eding et al., 2006)。

在自然环境中，微生物结合形成不定形的絮凝。这些絮凝形成速度似乎与表面积大小无关。如果絮凝多孔，液体将渗透通过絮凝，这将提高絮凝内部细胞的营养供给并且降低池塘内絮凝的沉降速度。生物絮凝可以作为放养鱼类的食物。而这取决于鱼的种类和对食物的喜好程度，以及鱼的大小、絮凝块大小和絮凝密度。其好处就是减少投饵量，此外，异养微生物的大量生长可能对致病菌有一定的控制作用 (Michaud et al., 2006)。例如，在生物絮凝中可找到诸如聚-β-羟基丁酸酯、PHB 等可消除致病菌的有效生物成分 (Halet et al., 2007)。

9.4.2.2 磷的去除

淡水养殖中，未经处理的废水中含大量无机磷，排放到水中，将导致水质恶化，并且对环境造成诸如富营养化等一系列效应。因此有必要提高废水处理中磷的去除技术。

强化生物除磷（EBPR）是一种新型去磷技术。通过微生物将磷吸收到细胞内，形成多聚磷，从而降低水中无机磷的浓度，而积累多聚磷的微生物将通过澄清器处理。这种方法比一般化学方法更经济，而且不造成二次污染，但其缺点是，微生物对磷的吸收能力有可能因为其他原因而受到抑制或者丧失。

过去 30 多年，人们一直在寻找适合去除水中无机磷的微生物，而 *Acinetobacter* 属一直被用作去磷微生物，而且这种菌需要单独培养。而最近，美国学者 Venter（2004）发现红环菌目 *A. phosphatis* 适合用于 EBPR，因为这种菌可在生物反应器上富集，也不需要单独培养，而且其基因组测序也将完成，基因组的测序为后续的定量工作提供了基础，而实时定量聚合酶链式反应技术（real-time PCR）是目前常见的测定菌种数量的方法。

9.5 "两型水产养殖业"生产体系建设中的重大技术问题

我国水产养殖业的迅速发展与所取得的成就举世瞩目。但是生产过程中仍有不少问题，如水产养殖对周边水域造成污染，优良养殖品种少，养殖病害多，饲料产业滞后，养殖设施、装备、技术落后，水域开发利用布局不合理等。"两型水产养殖业"要求提高资源利用效率，并以生态环境保护为核心，以节地、节水、节药、节能、资源综合循环利用和农业生态环境建设保护为重点，推广应用集约生态养殖等节约型技术，减少面源污染、废弃物生成，注重环境保护，促进水产业实现可持续发展。因此，对水产养殖业生产有更高的要求，一批重大技术问题也尚待解决。

9.5.1 优化养殖条件，减少养殖废物的排放

目前，我国大多数养殖户采用粗放型的养殖模式，养殖用水往往直接排放到周边水体，而没有经过加工处理。比较理想的养殖环境是，环境中的资源都得到充分利用，环境中生产者（植物）、消费者（动物，包括养殖动物）之间的物质和能量能有序高效地交换。其中一个较有效的生态养殖模式是农田养鱼。利用人类排泄物作为能量来源，经过无害化发酵，沼气用于发电、照明、开车；沼液用于培养小球藻，小球藻作为鸡、鱼、家禽、家畜的饲料添加剂，发酵物用作农田作物肥料，也可用作培养黄粉虫、蝇蛆、蚯蚓，而且不污染水质。将黄粉虫、蝇蛆、蚯蚓用作鱼饲料喂鱼，鱼排泄物作为农作物肥料，促进农作物生长。另外，农作物吸收粪便中的氮、磷等营养物，改善鱼类养殖环境，从而形成物质的良性循环。此养殖模式投入少、施药少，对环境基本无负

病害多发。

目前,水产饲料中,鱼粉是主要的蛋白质来源。因为它不仅蛋白质含量高(通常高于60%)、所含必需氨基酸齐全,富含鱼类生长繁育必需的成分,且适口性好。然而鱼粉含磷较高,而大多数鱼对鱼粉中磷的利用率很低,未被吸收的磷会随残饵和粪便进入养殖水体,导致水体的富营养化发生。因此,研究如何减轻鱼粉带来的磷污染问题已日益迫切。

9.5.4 加强病害防治,规范渔药使用

2007年11月农业部组织相关质检机构对22个城市水产品中氯霉素和孔雀石绿及硝基呋喃代谢物污染状况进行例行监测,结果是:22个城市水产品中氯霉素污染监测合格率为99.8%,孔雀石绿污染监测合格率为95.7%,硝基呋喃代谢物污染监测合格率为92.7%。

2008年我国出口到日本、美国和欧盟的水产品共163万t,受阻案件302件,其中:鱼类出口日本受阻案件34件,因药残超标19件,约占56%;出口美国受阻案件126件,因药残超标42件,占33%;出口欧盟受阻案件41件,因药残超标11件,占27%。虾类出口药残超标的问题最为严重,出口日本受阻案件11件,因药残超标7件,占64%;出口美国受阻案件99件,因药残超标89件,占90%;出口欧盟受阻案件6件,全部为药残超标。虽然受阻案件中药残超标者并非全部为养殖水产品,但从检出的药物种类看,养殖水产品占的比重大,主要药物有:孔雀石绿、呋喃类、赭曲霉素、三聚氰胺、甜蜜素、二噁英、二嗪农等。由此可见,药物残留问题不仅对人们健康造成潜在威胁,也对我国水产品出口造成不利影响,因此建立病虫害的早期快速诊断技术,病害的生态防治技术,制定药物的使用规范,开展水产养殖动物免疫学及免疫防治技术成为当务之急(赵法箴,2004)。

9.6 政策建议

我国加入世界贸易组织后,养殖水产品出口量增长迅速,养殖水产品的质量安全问题备受国内外关注。水产品质量与安全,养殖过程中对环境的影响,生产过程中耗费的资源等问题既是水产业的大事,也是全社会的大事。而本书提出"两型水产养殖业"的建设就是为了解决这一问题,需要全国各相关行业的密切配合,需要全社会的合力,既要着眼于现在,也要着眼于未来,必须下大力气着重抓好以下几方面的工作。

9.6.1 加大科研投入，提高创新能力

针对当前良种少、良种覆盖率低、饲料技术落后、全价人工配合饲料应用率低、以及高效、安全、低毒、低残留的新型替代药物和疫苗研发滞后、有效治疗药物少等现状。应在如下几方面有所突破：

1）水产养殖新品种的选育研究。无论杂交、多倍体或转基因技术，都需要大量投入，包括科研人员、科研经费以及种质资源的投入。而目前，种质资源的保护力度尤其不够，体现在，我国多种名优鱼种现在正面临灭顶之灾。而无论技术如何先进，没有可供操作的基因，性状优良的新养殖品种根本无从谈起。因此这方面需要政府重视，注重保护鱼类天然繁殖场以及栖息地。建立主要养殖品种的育种平台技术体系。通过杂交、选育、驯化等手段，重点解决抗病力强的品种筛选问题，致力于培育一批生长快、抗病力强、品质好的养殖新品种，并以优惠政策加以推广。转基因技术是一项新技术，其安全性以及逃逸后对环境的影响一直是具争议的话题。因此，转基因鱼技术的研究应该是与风险评估齐头并进，以保护该前沿技术在满足社会需要的同时不对人们健康及环境造成负面影响。

2）主要养殖品种健康安全养殖技术研究。尤其需要解决主养品种种苗生产技术以及测定养成阶段中最科学合理的养殖容量、最低资源耗费、最快生长速度、最小环境影响的养殖模式和技术工艺问题。

3）效果好、价格低廉渔药的开发研究。重点研究养殖环境对养殖生物健康的影响，以便及早防止病毒性、细菌性病害和寄生虫病害的发生。研发高效、安全、低毒、低残留的新型水产养殖药物，解决主要品种常见病害防治的新型替代药物，同时开展相应的药物动力学研究，解决使用量和休药期的问题。

4）新型渔用饲料的研究。着重解决饲料中蛋白质的替代问题，开发出来源广、价格低廉、替代效果好的植物蛋白源以部分或完全代替鱼粉。对主养品种不同生长阶段的营养生理及饲料工艺进行研究。解决不同养殖品种不同生长期的营养需求问题，开发研制出针对性强、效价高、氮磷排泄低的人工配合饲料，满足生产需要。

9.6.2 进一步完善相关法律法规，做到依法监管

各级政府对水产品质量安全工作一直极为重视，并将其列为重点工作来

抓，相继出台了一系列法律法规和管理办法。例如，在国家层面，重新修订了《渔业法》和《兽药管理条例》，颁布实施了《食品安全法》和《农产品质量安全法》；农业部制定实施了《水产苗种管理办法》、《水产养殖质量安全管理规定》等。这些法律法规对规范水产养殖生产，监管水产养殖投入品的生产和经营活动起到了很好作用。但是，在上述这些法律法规中，有的是管宏观的，如《渔业法》、《食品安全法》和《农产品质量安全法》，针对性和可操作性都有所欠缺，需要有与之相配套的、针对性强的、可操作的、分门别类的"管理条例"或"实施办法"。农业部制定的"管理办法"很具体，针对性也很强，可是属于部门规章，约束力有限，执行起来很难。因为水产养殖投入品的监管牵涉的部门和方面太多，工作难度很大。因此国家和相关行业主管部门（联合）应尽快制定一批结合水产业发展实际的、有针对性的、可操作的法律法规，使水产养殖投入品的监管有法可依。

尤其是应立法加强鱼类天然产卵场的保护，禁止滥捕滥捞，河流上游水质必须立法保护。水产品的各生产阶段应有法律法规监督，防止滥用违禁药物，另外，药物的用量和使用方法也应有明确规定，水产品的加工、运输、包装、销售和使用等各环节都应该监督好、管得住。

9.6.3 加强科普宣传、技术培训和推广工作

据不完全统计，我国从事水产养殖业的总人数达700万~800万人，他们当中大多数文化水平较低，科学素质较低、生产技能较低、专业技术水平较低。同时，中国的水产养殖户多属分散经营、单枪匹马闯市场的传统模式，组织化程度也不高。目前传统的养殖模式占绝大多数，"靠天吃饭"的现象还难以改变。渔民常见的做法是"养啥看邻居，喂啥靠自己，收啥在老天"。

各级养殖部门应组织科技下乡工作，定期为渔民普及养殖知识，举办各式各样的培训班、讲座，帮助养殖渔民解决一些生产中存在的问题。政府应加大投入，加强政策扶持，建立新的教育体系和畅通有效的交流系统，着力抓好科普宣传和技术推广工作。利用各种渠道和宣传媒介，如广播、电视、网络、报纸、杂志等，宣传科学健康的养殖理念，传播科学规范的用药方法，推广先进适用的养殖技术和优良品种，普及法律法规知识；各级水产推广机构应定期或不定期地组织不同类型的技术培训班，让广大养殖户能及时了解新的养殖品种、新的养殖工艺和技术方法，把知识送到村边，把知识送到池塘，现场帮助养殖户解决生产中的实际问题和困难，总之，方式可以多种多样，时间可长可短。

9.6.4 加强水产养殖各环节的监管

有关部门应以促进环境友好型水产养殖业为目标，建立水产品质量控制与安全监管体系。根据我国现行的法律法规，渔用饲料、水产苗种及渔药的生产经营都必须经过一定程序的审批许可，而且对饲料和渔药生产厂（车间）还要求通过 GMP 标准审查。水产苗种跨省运输必须进行检疫，以防止水产疫病的传播，对假冒或套牌生产的伪劣渔药、不合格的劣质饲料进行通报并予以查禁，在生产、销售、运输、用药等环节严格把关，严格执法。

要做好水产品的安全监管工作，首先要做好以下几方面工作：一要各部门互相合作。对水产养殖投入品的监管，涉及多个行业的行政主管部门，有工商、农业、卫生、技术监督等部门。因此要想把生产、运输、包装、销售等环节都把住、管好，这些相关部门必须从大局出发，既各负其责又通力配合、协调行动。建立有效的沟通协调机制，做到分工明确、协调有序、监管高效。二要惩帮结合，加强管理。对故意造假、恶意坑渔者应依法严惩；对并非故意而是不懂法规、不按标准要求生产的厂商，应该向其宣贯法规和标准，帮助他们改进生产工艺，提高产品质量，既维护法律威严，维护市场秩序，做到以人为本，服务企业。三要建立起有效的群众举办渠道，发动群众打击假冒伪劣产品，在保密的前提下，对群众的重大举报给予精神和物质奖励。只有这样多部门配合，多层次联动，官民联手，才能真正建立起并维护住一个经营守法、诚信有序的水产养殖投入品市场。

9.6.5 支持创办经济合作组织，提升养殖业的社会组织化程度

当前我国水产养殖业存在的主要问题，一是生产者的传统养殖方式和管理理念与现代消费理念不相适应，不顾环境容量与技术条件盲目追求高产量，造成各种疾病频繁发生，且存在不规范用药现象。二是科技创新能力不足，高效、安全、低毒、低残留的新型替代渔药和疫苗研发严重滞后，针对性治疗措施偏少。此外，良种覆盖率低，饲料技术落后，养殖水域自身污染等也都对水产品质量产生了不同程度的影响。三是渔业生产自身行为的可控性与外部因素不可控之间的矛盾长期存在，一些开放式的养殖场所对外源环境污染难以控制。在现行体制下，渔业行业主管部门的管理手段有限，面对众多企业和千家万户的分散经营生产，势必造成监管的缺位，难以解决水产养殖业发展中的问题。因此，最好的办法是政府采取扶持政策，支持水产养殖业者发展创办经济

合作组织，合作组织代表组织成员对外统一采购，统一应对市场，对内统一提供种苗、饲料，统一技术指导及提供信息服务等。这样既可以减少养殖者（成员）的生产成本，提高他们应对市场风险的能力，做到一家有难大家帮，又可以弥补政府行业主管部门管理行为的缺位，共同维护一个健康和谐的发展水产养殖的社会环境。

第10章 "两型园艺产业"生产体系研究

自20世纪90年代以来，我国园艺产业得到迅猛发展，园艺产业在调整农业结构、增加农民收入、改善农产品出口结构以及弥补农产品贸易逆差中均发挥了积极作用。园艺产业是典型的劳动密集型产业，属我国农业生产中的优势产业，但相比荷兰、以色列等技术密集程度极高国家的园艺产业，我国的园艺产业发展任重而道远。尤其是在当前全球资源短缺和环境恶化问题日趋严重，而全球的贸易一体化又不断推进的情况下，只有选择发展资源节约型和环境友好型的"两型"园艺产业，才能确保我国园艺产业得到长远发展。

10.1 中国园艺产业生产体系的现状与问题

10.1.1 园艺产业生产体系现状

园艺（horticulture），通常是指果园、菜园、西甜瓜园、有观赏价值的花园或公园以及风景园的营造、育苗和栽培管理技术及其产品的生产过程。而园艺产品是指果品、蔬菜和花卉等产品的总称，其包括的品种复杂、范围很广泛，包括水果类、蔬菜类、花卉类和其他园艺产品四个大类（祁春节，2006）。园艺产业是中国的一项传统产业，我国蔬菜、水果、茶叶的种植面积和产量均居于世界首位，水果、蔬菜、花卉、茶叶几乎已经成为人们日常生活中的必需品。园艺产品仅次于粮食作物，在我国农业中也占据重要地位，特别是在维持农产品贸易平衡中扮演着重要角色，2008年蔬菜、水果及其制品出口已经超过水产品，成为第一大类出口农产品（参考2009年中国农产品出口分析报告）。

10.1.1.1 园艺产业生产全面发展，产业素质提高

我国的园艺产业经过"十五"和"十一五"期间的高速发展，整体素质

明显提高,生产得到全面发展。2009年,我国园艺作物播种面积为51 856.05万亩,比2001年的43 790.85万亩增长了18.41%。据FAO统计,2009年中国园艺作物（包含水果、蔬菜和茶叶）的收获面积和产量分别占世界的33.03%和37.52%,与2001年的28.37%和32.20%相比,略有上涨。在种植结构上,我国园艺产业的播种面积占农作物总播种面积的比例逐年上升,从2001年的19.57%上升到2009年的21.79%。具体而言,果园面积为16 709.25万亩,总产量达到12 246.39万t,比2001年分别增长了21.08%和7.08%;蔬菜（含瓜果类）播种面积31 122.90万亩,总产量69 972.9万t,比2001年分别增长11.51%和26.71%;茶园面积为2772.75万亩,总产量为135.86万t,比2001年分别增长62.05%和93.62%;花卉种植面积为1251.15万亩,销售额达719.76亿元,比2001年分别增长239.08%和233.47%。

在人均占有量上,2009年我国水果的人年均占有量达到91.75 kg/人,是2001年的1.76倍;2009年我国蔬菜的人年均占有量达到524.24 kg/人,是2001年的1.21倍;2009年我国茶叶的人年均占有量达到1.02 kg/人,是2001年的1.85倍。

从全球范围来看,我国园艺作物（水果、蔬菜和茶叶,不含花卉）生产面积占世界的比例由2001年的29.20%,提高到2009年的33.03%;产量占世界的比例由2001年的33.88%,上升到2009年的37.52%,园艺产品生产位居世界第一。

10.1.1.2 园艺产业布局与产业结构不断优化

农业部相继出台《优势农产品区域布局规划（2003~2007）》和《优势农产品区域布局规划（2008~2015）》,以及《特色农产品区域布局规划（2006~2015）》等,近十年共形成苹果和柑橘2个优势区域布局、15个特色蔬菜、25个特色果品、4个茶特色饮料以及3个特色花卉的特色农产品区域布局,生产结构不断得到优化。

过去的十年,我国不断优化园艺产品品种结构,引进、选育出一大批优质、高产、高效的园艺新品种,淘汰替换了低产低效以及市场竞争力弱的品种,快速发展了设施果蔬园艺产品种植业;另外相应增加了早熟和晚熟品种,延长了园艺产品的上市期,缩小了园艺产品上市的季节性价差,基本实现了"淡季不淡,旺季不烂"的周年均衡供应。

10.1.1.3 园艺产品质量显著提升

过去十年,随着园艺产品生产管理的标准化以及无公害技术的推广运用,园艺产品的安全质量和商品质量得到了进一步的提高，蔬菜、果品、茶叶的合格率均为95%左右；对园艺标准园产品进行农药残留监测结果显示，水果、茶叶的合格率达到100%，蔬菜为99.8%；农业部2009年农产品质量安全例行监测结果显示，259个大中城市蔬菜中，农药残留监测全年平均合格率为96.4%；2009年95%以上的茶叶产品质量安全水平达到或超过了《无公害茶叶》标准要求，名优茶产量比2001年增加了近3倍；优势产区的柑橘、苹果和梨的优质果率得到较大的提升。

10.1.1.4 园艺产品国际贸易快速发展

园艺产品贸易在我国农产品贸易中占有重要地位，2001年我国加入WTO后，随着园艺产业的迅速发展，园艺产品贸易也出现了较强的增长。2001年，我国园艺产品（包括水果、蔬菜、茶叶和花卉，不含加工品）的进口额为6.02亿美元，到2009年增长到28.80亿美元；在出口上，我国的园艺产品也表现出强劲的增长势头，2001年园艺产品出口额合计为25.58亿美元，到2009年达到81.25亿美元，同比增长217.68%，贸易顺差扩大到52.45亿美元。中国农产品贸易自2004年开始出现贸易逆差，贸易逆差额约为46.40亿美元，到2008年，贸易逆差扩大到181.60亿美元，园艺产品贸易为减小我国农产品贸易逆差起到重要作用。

10.1.1.5 园艺产业带动农民增收显著

园艺产品生产与粮食作物相比效益较高，园艺产业带动农民增收的效果显著。据统计，2009年我国园艺产业的总产值超过12 000亿元，占到种植业总产值的45%以上，相比2001年增长了近80%。2009年我国园艺产品播种面积占农作物播种总面积的21.79%，但产值却占到45%左右，以全国9.6亿农村人口计算，对农民人均收入的贡献值达1500元以上。同时，园艺产业属于劳动密集型产业，整个产业的迅速发展缓解了农民的就业问题。另外，园艺产业链的延伸也带动了其他相关产业的发展，为城乡居民提供了大量的就业岗位。

总之，近十年来园艺产业迅速发展，产业链条不断拓展，带动了其他相关产业的迅速发展，成为农民增收的重要途径。园艺产业发展不仅保障了城乡居民基本生活品的市场供给，还提供了大量的就业岗位，缓解了城乡居民收入的差距，在平衡农产品贸易收支逆差中起到重要作用，是我国农业与农村经济发展的重要支柱产业。

同时，园艺产业实现现代化与可持续发展，还面临着一系列的突出问题与约束条件。当前中国园艺产业正处在一个由依靠规模外延扩张向依靠科技提高效率、走资源节约与环境友好的可持续发展道路的转变节点上，只有克服种种难题，才能使产业得到真正的发展。

10.1.2 园艺产业生产体系中存在的问题

10.1.2.1 产业发展靠外延式规模扩张，生产效率提升缓慢

FAO 统计数据显示，我国园艺产品种植面积一直处于扩张状态（图 10-1），2009 年中国柑橘类水果、植物根及块茎、水果和蔬菜的总收获面积超过 4700 万 hm^2，同比增长 2.4%。1990~2009 年，中国柑橘类水果、水果类、植物根及块茎和蔬菜类（瓜类）面积的增长倍数分别为 0.82 倍、1.14 倍、-0.05 倍和 2.4 倍，而同期单产的增长倍数分别为 1.56 倍、1.55 倍、0.17 倍和 0.05 倍。由此可见，园艺产品在近 20 年的发展中，仅柑橘类水果在种植面积扩张的同时，生产效率得到较大幅度的提升；水果类和植物根茎类园艺产品在面积扩大的同时，单产水平相应提高；蔬菜类产量的增长几乎全靠种植面积的扩张。1990~2009 年，中国园艺产品总产量增长了 2.45 倍，其中种植面积扩张了 2.4 倍，而单产仅增加了 5%。业内有关专家指出，"过去我国园艺产业基本上是靠外延规模扩张，无论是基础设施，还是技术水平，变化都不大，标准化生产水平也不高"（江娜，2010）。

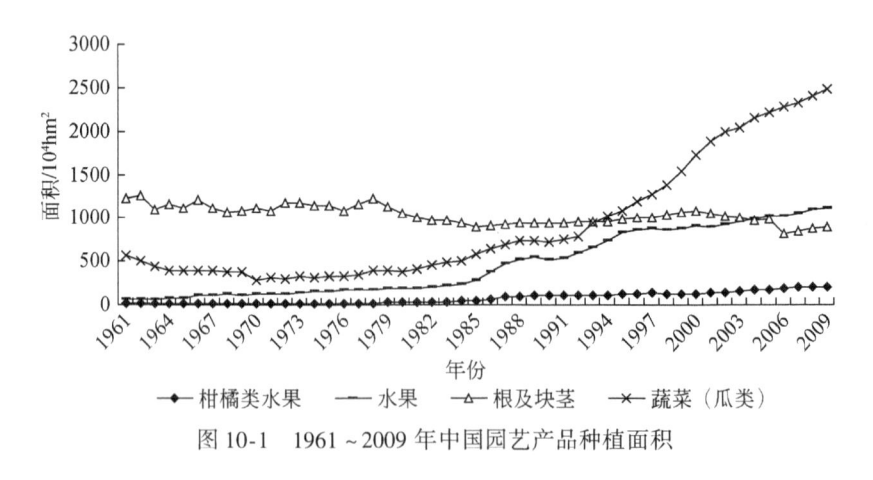

图 10-1 1961~2009 年中国园艺产品种植面积

10.1.2.2 种苗供应体系不健全，种苗质量难以保障

育种育苗是园艺产品生产的基础和关键环节。当前我国园艺产品种苗生产过程中仍然存在一系列的突出问题，如育种育苗组织化和专业化程度低、科技

含量低、操作不规范等。吴建军（2011）就蔬菜育苗中存在的问题归纳为三点：一是蔬菜育苗极为分散。我国有4000万户以上的蔬菜种植户，绝大多数采用自育自用方式，育苗成本高，秧苗质量差。二是育苗设施简陋。一家一户的育苗设施简陋，防寒保温和遮阳降温效果差，影响幼苗生长发育，培育出的秧苗质量差。三是育苗方式方法滞后。目前我国蔬菜育苗方式以传统的床土、营养钵育苗为主。传统的蔬菜育苗基质为营养土、有机肥等，存在营养土配比难以掌握、育苗工序难以简化等问题，易导致土壤肥力下降，影响作物生长；而且熟土累积有大量的病菌和虫卵，易导致苗期甚至是大田期土传病虫草害发生蔓延难以控制，必须使用大量的农药来控制，因而易造成苗期有害物质的积累，影响蔬菜质量，造成环境污染，危害人类健康。

以柑橘良种体系为例，当前柑橘果树育苗中存在的主要问题：第一，组织化程度低。从事果树种苗生产的农户分散，种苗生产杂乱无章，且没有规范的良种母本园、示范园和采穗圃。当某一优良品种出现后，众多单位或个人争先从外引进，实行无规划的更换，又进行简单的接穗繁殖，有些则直接用于嫁接繁育进行种苗大田定植，有些则产生了品种间的混杂。第二，专业化程度低。现有从事良种繁育的农户，绝大多数不掌握专业技术，通常认为育苗是良种繁育体系的全部，开展良种繁育工作是利润驱动下的偶然行为。因而不讲生产条件，种苗生产无连续性，舍不得投入，生产过程中不讲科学，不遵循程序，采取的是游击战术，致使生产的种苗质量难以得到保障。第三，科技含量低。良种繁育工作现在仍处于低水平的重复阶段。国外的良种繁育企业，已经大量采用脱毒繁育技术、无土繁育技术、设施育苗技术，有的甚至采用了组织培养繁育技术，但很大程度上仍沿袭传统的大田繁育技术，无论是繁育方式、生产周期、种苗的品质，还是该行业的经济效益，都远远落后于世界良种繁育的领先水平。第四，品种资源保护意识不强。无论是科技部门，还是生产单位，往往看重优良品种的引进工作，想尽一切办法筹措资金，甚至争取政府财政支持，一旦品种引进后，则放松了对该品种资源的保护和市场运作，致使引进品种的投入难以回收。

10.1.2.3 园艺产品安全问题突出，外观品质和内在品质均影响到产品质量的提升

农业部副部长牛盾（2008年）指出，"作为鲜活农产品，不仅应具备营养、安全等内在品质，而且其新鲜程度、色泽、形状及可利用部分的大小等外在品质也十分重要"。评判园艺产品的优劣，通常也就从外观品质和内在品质两个方面进行。我国水果的大小、外观、整齐度、果面光洁度、颜色等外观品

质的指标与国外存在较大差距，而农民出售的蔬菜大多散装，既不便于储藏和搬运，又容易在运输和装卸过程中造成外伤，加大损耗，外观质量差。农业部于2008年已经开始制定并发布部分蔬菜的外观等级规格标准。

除了外观品质的问题外，近年来，果蔬产品的食用安全问题日益引起人们的关注。含重金属的农药、化肥、植物生长调节剂等的不当使用会造成园艺产品食用安全隐患，而工业三废的排放直接污染了农村生产生活环境，更会造成园艺产品的直接污染，某些果蔬产品的有机磷、重金属、硝酸盐、亚硝酸盐等有害物质含量超标，食用安全令人担忧。张莹等（2010）对哈尔滨市蔬菜水果有机磷农药残留情况的抽检结果显示，蔬菜中共检测出甲胺磷、敌敌畏、氧化乐果和水胺硫磷4种有机磷农药，特别是国家禁用于蔬菜上的氧化乐果在20种蔬菜中均有检出，检出率为12%；蔬菜检测不合格率为17%，其中叶菜类、根茎类、瓜果菜类的不合格率分别占11%、0.5%和5.5%。水果中检测出甲胺磷、敌敌畏和氧化乐果3种有机磷农药，不合格率为3.08%。此外，高晗等（2010）对新乡市3大类蔬菜的抽样调查显示，硝酸盐污染较严重，亚硝酸盐含量总趋势是：叶菜类（2.418 mg/kg）>根菜类（2.045 mg/kg）>果菜类（1.887 mg/kg）。庞荣丽等（2006）通过对郑州市主要蔬菜和水果取样调查，采用紫外法测定了57个蔬菜和水果样品中硝酸盐含量。根据国家标准，所测样品中瓜果类、叶菜类蔬菜和水果没有超标样品，根茎类蔬菜白萝卜8个样品超标，超标率为72.7%。张永志等（2005）对温州市场上19种蔬菜和水果的123个样品中重金属Hg、As、Pb、Cd的含量状况的调查研究，得出结论：温州市场上大多数的蔬菜、水果品种的重金属检出率都较高，只有少数几个品种，如包菜的As，芥菜的Hg、As，萝卜的As，苹果的As，茄子的As，四季豆的As，香菇菜的Hg、As等指标的检出率在50%以下。

另外，我国花卉的质量情况也不乐观。出口花卉产品中优质花卉较少，在国际市场上以价格低为主要竞争优势。例如，中国出口的花卉大类——康乃馨在日本市场的占有量位居第二，但由于品质问题，价格一直低于哥伦比亚等国的产品。另以富贵竹为例，在南方一个主产区，2003年富贵竹出口量达到了6114 t，比上年增长了近80%，而产值仅增加50%左右，其原因是盲目扩充数量而忽视产品质量，导致富贵竹出现摆放周期短、出芽易霉烂等质量问题，在国际市场上的价格一路下滑（曾端香等，2007）。

10.1.2.4 设施园艺发展速度快、效率低，设施与技术装备落后

设施园艺具有周年生产、集约化程度高、能够大幅提高资源利用率和劳动生产率的特点，成为现代农业的重要标志（朱明，2004；孙振，2009）。我国

设施园艺产业经过30多年的发展，取得了令世人瞩目的巨大成就，并在近年来呈现出前所未有的加速发展势头（魏晓明等，2010）。据农业部种植业司（2009）统计，截至2008年年底，我国设施园艺面积已突破334万hm²（含小拱棚），但设施装备化、机械化、自动化、智能化水平低，环境控制能力差，生产技术水平不高，已成为我国设施园艺进一步发展的瓶颈。生物技术、工程技术和信息技术的集成运用还不成熟，特别是占中国设施面积90%以上的日光温室，仍未实现环境控制自动化、生产环节机械化，以至劳动生产率低、产量和质量及效益不高，产品的市场竞争力差（张睿，2010）。

当前我国设施园艺也存在很多问题，李圣超（2008）将其归纳为四个方面：①我国设施园艺面积虽居世界第一位，但是以简易的类型为主，设施环境可控程度与水平低，抗御自然灾害能力差，遇灾害性天气和年份生产没有保障，农民遭受损失，市场供应出现波动。②设施园艺工程科技含量较低，无论设施本身还是栽培管理，多以传统经验为主，缺乏量化指标和成套技术，不符合农业现代化的要求，与发达国家相比差距很大，尤其表现在作物的产量水平，尽管我国也有高产典型，但很不普遍，大面积平均单产与发达国家相距甚远。设施园艺发达的荷兰、日本、以色列等国家，无论蔬菜还是花卉，平均产量往往是我国的几倍乃至十几倍。荷兰温室番茄年产量中等水平即可达到60万kg/hm²（即4万kg/亩），是我国的4~5倍。③我国设施园艺的生产经营方式以个体农户为主，劳动生产率很低，只相当于发达国家的1/10，甚至1/100。规模化、产业化的水平更低，小农经济的生产和经营与日益发展的市场经济矛盾越来越突出，更难以走出国门与国际市场接轨。发达国家的设施园艺工程已形成独立的产业体系，我国还是分散的，以小型的乡镇企业为主，尤其在"硬件"的生产与制造方面的技术水平、工艺水平不高，无法和发达国家相比。④目前我国设施园艺的迅猛发展存在一定的盲目性，高科技示范园区遍及全国，但内容雷同，设施园艺有较强的地域性，必需因地制宜才有效果。而目前一些地区或单位，不从当地的实际情况和气候特点出发，盲目模仿别人，不惜重金进口外国大型温室，甚至还有个别领导把园艺设施建设做为"形象工程"、"政绩工程"，只顾建设而没有明确的生产目的，设施虽然建起来了但效益很差。这些现代化温室冬季需要加温，夏季还需降温，耗能多、运行成本高，不适合中国国情，加之缺乏高素质的管理人才和"大锅饭"管理体制，使得生产不但不能赢利，还严重亏损，体现不出高科技示范作用，挫伤了生产者的积极性，对今后设施园艺工程的发展带来负面影响。

10.2 "两型园艺产业"生产体系面临的资源与环境问题

10.2.1 园艺产业生产体系面临的资源问题

10.2.1.1 园艺产业发展面临与粮争地问题，产业规模进一步扩张难度大

园艺作物种植面积不断扩大，"九五"期间，蔬菜、果园、茶园三大园艺作物面积为2730.23万hm^2，占农作物播种面积的17.5%，比1995年增加37.7%；"十五"期间，三大园艺作物面积进一步扩大，2005年达到3131.58万hm^2，占农作物播种面积的比例上升到20.1%，在2000年的基础上又增长14.7%（张国庆等，2007）。截至2009年，我国园艺作物播种面积已经达到3457.07万hm^2。园艺产业规模迅速扩张，在一定程度上会导致园艺产品与粮争地的问题。我国现有的18.26亿亩耕地资源，既要解决13亿人口吃饭穿衣问题，又要发展园艺等高附加值作物，统筹发展难度非常大（江娜，2010）。维护国家粮食安全一直是农业面临的第一要务，所有产业发展都要以"不与粮食争地"为前提，所以在有限的土地资源约束下，国家仍需进一步对包括粮食作物、棉花、油料、糖类及园艺作物等的种植业结构进行统筹规划，而园艺产业也不可能再仅仅依靠扩张种植规模谋发展，需要利用现代科技提高生产效率。

此外，当前既有的耕地资源也面临着各方面的侵蚀，包括自然因素以及社会发展因素。一方面，当前现有耕地资源面临着沙漠化、水土流失等诸多问题。全国荒漠化和沙化监测（2004年）显示，全国荒漠化面积约263 616 800 hm^2，沙化面积约173 966 300 hm^2。截至2009年，全国水土流失治理面积约1 045 448 000 hm^2。另一方面，城市化发展也在不断推进。2000年以来我国每年建设用地都在3 000 000 hm^2以上（参考国家统计局2009年数据），根据冯·杜能的"孤立国"模型，包括果蔬在内的园艺产品生产圈处于城市核心之外的第一层，也就是说，城市扩张用地中首先被占用的是园艺产品等经济作物的种植用地。因此，在耕地资源有限，甚至是在缩减的状况下，园艺产品与粮食争地问题会逐渐显现并成为一个突出问题。

10.2.1.2 园艺作物需水量大与淡水资源匮乏之间的矛盾突出，产业生产方式亟须转变

我国是一个淡水资源严重缺乏的国家，人均占有量仅为世界平均水平的

1/4，人均实际可再生水资源总量也在逐年下降（表10-1），预计到2030年，我国缺水量将达130亿 m^3（刘昌明和陈志恺，2001）。农业是我国淡水资源的最大需求者，农业用水一直占用水总量的60%以上，但当前农业生产水资源利用效率较低，如喷灌、微灌、渠道防渗、管道输水、膜上灌水等节水灌溉新技术效果有限。据已有资料显示，2006年局部灌溉设施灌溉面积仅占灌溉总面积的1.21%[①]。

水对于园艺作物栽培生产至关重要。灌溉与排水是园艺植物栽培生产中一项经常性的工作，不但耗时长、用工多，而且随着水资源供应的急剧减少，对园艺植物灌排水技术的要求也不断提高。园艺作物灌溉也需要一定的知识基础，如不同园艺植物因生育特性、环境因子、栽培条件等不同，适宜灌溉期也存在着差异。依据植物的生活习性、生长发育规律等特性，合理地利用有限的水资源，适时排灌，积极发展节水农业，对我国这样一个水资源缺乏的农业大国尤为重要。新型节水灌溉技术在园艺产业中的应用普及度略高于粮食作物，滴灌技术在我国蔬菜、花卉、水果、药材、林木等的种植上应用广泛，微喷技术在园林、运动场、花卉和果树种植上使用较多，但相比园艺产业发达国家仍有相当的差距。

表10-1 我国淡水资源及淡水利用状况 *

时期	人均实际可再生水资源总量 /(m^3/年·人)	农业取水量占实际可再生水资源总量的比例/%	配备完全控制局部灌溉设施的面积（滴灌、喷灌或微喷灌、涌泉灌）/1 000 hm^2	配备完全控制灌溉设施的总面积（地面灌溉、喷灌和局部灌溉面积总和）/1 000 hm^2
1978～1982 年	2 802（1982 年）	13.77（1982 年）	—	49 083（1982 年）
1983～1987 年	2 595（1987 年）	14.62（1987 年）	—	48 961（1983 年）
1988～1992 年	2 410（1992 年）	14.61（1992 年）	—	50 026（1992 年）
1993～1997 年	2 287（1997 年）	14.36（1997 年）	—	50 991（1995 年）
1998～2002 年	2 196（2002 年）	—	—	—
2003～2007 年	2 125（2007 年）	12.61（2007 年）	754.9（2006 年）	62 559（2006 年）
2008～2012 年	2 112（2008 年）	—	—	—

* AQUASTAT. 2011. www.fao.org/nr/water/aquastat/main/index.stm.

10.2.1.3 人力资源劣势明显，成为制约现代园艺产业发展的"瓶颈"

发展标准化、集约化、规模化与市场化的现代园艺产业，亟须一批具备科

[①] AQUASTAT. 2011. www.fao.org/nr/water/aquastat/main/index.stm.

学文化素质和经验管理能力的从业人员，使得先进的科学技术转化成现实的生产力，显然当前我国的果农、菜农还很难做到这一点。尤其是在设施园艺大发展的阶段，作为一种受控农业，其受管理技术的影响程度比自然农业大得多。当前我国的设施园艺与发达国家的差距，主要在于科技水平及科技含量的差距，说到底是人才素质的差距（李圣超，2008）。

李西萍和张强（2004）指出，园艺产业从业农民状况制约产业发展的障碍表现在：农民技术素质较低，商品质量意识淡薄；农民栽培管理水平低，有相当一部分农民对最基本的栽培技术都没有很好地掌握；重栽培、轻管理，重数量、轻质量，轻视产品安全，滥施禁用农药。还有一些专家指出，未来中国实现农业现代化的最大困难，不是缺少资金和技术，而是缺少学科技、懂科技的农民（毕丹霞，2008）。从业人员素质的高低直接关系着园艺产业现代化能否实现，当前对园艺产业人力资源培训重视程度不够，需要国家制订合理的人才计划并出台相应的人才培训支持措施。

10.2.2 园艺产业生产体系面临的环境问题

10.2.2.1 园艺生产的废弃物处理欠妥，造成农村生产和生活环境污染

园艺产业已经成为一个四季产业，现代温室技术为保障人们一年四季都能享用新鲜蔬菜、瓜果起到巨大作用。现代温室技术的一个重要组成部分就是农用覆盖材料，这些农用覆盖材料，可以有效增温保温，减少水分蒸发，防止土壤板结，还能提高肥料利用率，改善近地面光照条件和抑制杂草生长，调节生长季节，有效增加作物产量。农用覆盖材料技术的推广大大提高了农业生产率和经济效益，很大程度上平缓了果蔬产品供应的淡旺季供需矛盾，但这些农用覆盖材料在使用后被废弃在田间地头，成为农村环境"白色污染"的重要来源。

园艺产业生产中常见的覆盖材料主要有棚膜（含温室棚膜、大棚膜、小拱棚膜）和地膜。其中棚膜易于收集，回收价格高，所以回收率也高，但地膜厚度一般在 0.01 mm 左右，使用后回收价值低且费工费力，多被废弃在田间地头（蒋高明，2007）。我国地膜使用量和覆盖面积在逐年增加，据国家统计局统计，2009 年我国地膜使用量达到 1 127 934 t，地膜覆盖面积超过 15 501 123 hm^2，同比去年分别增长 2.01% 和 1.26%（参考国家统计局 2009 年数据）。这些由聚乙烯材料制成的地膜，自身难以降解又得不到有效回收处理，对耕地和农村生产生活环境都造成严重污染。

10.2.2.2 化肥农药等投入品施用不当，造成水土资源污染与环境破坏

果蔬施用化肥和农药不当会产生毒副作用，既增加生产成本又可能影响人体健康，且对大气、水体、土壤和生态系统都会造成一定程度的破坏。已有资料显示，喷施农药仅有20%~30%的药剂会附着在植物体上，而有30%~50%降落在地面上，有5%~20%漂浮在大气中（曾大盈，1981）。施用的农药通过挥发、扩散、尘降等各种方式和途径进入大气、土壤、地面水和生物体等生态环境中。而化肥施入土壤后，一部分被植物和微生物吸收利用，一部分被土壤吸附固定，其他部分进入环境，可能造成对环境的污染。植物对化肥利用率较低，氮肥利用率约为40%~50%，磷肥利用率约为10%~20%（夏荣基和陆景陵，1981）。钾肥中的氯化物或硫酸盐，也会随径流流入地面水和地下水。磷肥、磷酸盐也会通过土粒、地面径流（即水土流失）而进入水体，为地面水提供磷素。氮肥中的氮素一方面容易通过径流作用和淋溶作用流入水体，在微生物的作用下，以氨氮、亚硝酸盐和硝酸盐的形态影响水环境质量，并与磷素一起为地面水体发生富营养化提供养分，对地面水环境质量造成一定的不利影响。氮肥施入土壤后，约有25%左右的氮素随水流失。其中，通过径流作用而随地表水流失的氮素约占15%；通过淋溶作用而随地下水流失的氮素约占10%（国际氮肥工业中心，1988）。

长期对化肥农药等投入品施用不当，造成的主要问题有：①导致土壤结构变差，土壤板结，地力下降，农作物减产；②致使种植区地下水硝酸盐污染超标，严重影响农村生活用水和生产灌溉用水安全；③氮肥浅施、撒施后往往造成氮的逸失，造成空气污染，破坏大气臭氧层。袁仲和杨继远（2009）经对河南省15个乡镇、50个行政村、1000个农户的调查结果显示，有90%以上的农户在选购农药时首先考虑的是病虫害的防治效果；70%以上的农户不知道蔬菜、瓜果等农产品农药残留超标会危害人体健康；90%的农户使用农药时不采取任何安全防护措施；80%的农户随意丢弃用过的农药包装物和剩余农药。调查农户中有220户种植蔬菜，所有调查农户都对蔬菜使用过农药，其中有192户农户在收获前15天使用过农药，占87.3%；45户种植果树的农户全部对果树使用过农药，而且有41户在水果收获前15天使用过农药，占91.1%。无论是粮食还是蔬菜、果树，在收获前15天是禁止使用农药的，从调查的数据可以看出，农户对农药使用规定的了解程度不是很高，违规农户占很大比例。此外，高新昊等（2011）通过对山东省16个地市农村地区的地下水进行取样及硝酸盐含量监测，结果显示，受氮肥投入量及地下水埋深等因素的共同影响，不同作物种植类型地下水硝酸盐含量差异明显，其中露地蔬菜区最高，其次为

果树区、设施蔬菜区及粮棉油作物种植区，地下水硝酸盐含量超标率分别为65.71%、60.71%、50.98%、24.74%。汪仁等（2009）在 2005~2008 年就辽宁省蔬菜主产区的调研资料显示，蔬菜主产区地下水硝酸盐含量平均值为 21.26 mg/L，也超过了国家制定的安全饮用水标准（<20.00 mg/L）。朱兆良等（2006）项目组调研显示，东部地区农民对谷物施肥和施药过量 10%~30%，对蔬菜的施肥过量可达到 50% 甚至更高，蔬菜种植区地下水的硝酸盐污染明显增加，山东寿光地下水污染超标率达 60%。与化肥过度使用相比，当前人畜粪便等有机肥利用率低，反而成为农村环境的污染源（表10-2）。

表10-2 2002 年和 2015 年中国畜禽粪便的有机肥利用情况　　单位:%

畜禽	有机肥利用比例（占畜禽粪便产生量）		有机肥中 N 利用比例		有机肥中 P 利用比例	
	2002 年	2015 年	2002 年	2015 年	2002 年	2015 年
肉牛	44	48	47.6	46.7	26.4	27.3
猪	43	34	26.3	31.5	33.3	34
家禽	10	11	19.2	18.7	35.2	36.4
奶牛	3	7	6.8	3.0	5.2	2.4

资料来源：朱兆良，David Norse，孙波. 2006. 中国农业面源污染控制对策. 北京：中国环境科学出版社

10.2.2.3　环境灾害频繁，园艺产业生产环境恶化

环境灾害是由于人类活动影响，并通过自然环境作为媒体，反作用于人类的灾害事件。环境灾害在某种程度上具有突发性，而且造成的经济损失远远超过一般环境污染，对人类身心健康与社会安定的影响不亚于自然灾害。它的发生不仅取决于自然条件，在很大程度上更是人为因素造成的（何永梅和李力，2010）。近年来，高温、干旱、洪灾、雪灾、地震等自然灾害频频发生，严重扰乱了正常的园艺产品生产活动。据国家统计局最新数据显示，2009 年全国受灾人口达 47 933.5 万人，直接经济损失 2 523.68 亿元，其中旱灾尤为突出，受灾面积达 29 258 700 hm^2。此外，洪涝、山体滑坡和泥石流受灾面积达 7 643 700 hm^2，风雹灾害面积 5 493 100 hm^2，台风灾害面积 1 145 700 hm^2，低温冷冻和雪灾面积 3 672 500 hm^2。另外，2009 年突发环境事件共 418 次，其中水污染 116 次，大气污染 130 次，海洋污染 2 次，固体废弃物污染 55 次，其他污染 115 次，直接经济损失达 43 354 万元。环境污染事件多发，也对整个农业生产环境造成威胁。

水果、蔬菜、花卉和茶叶等园艺作物极易受到环境灾害的影响。除了露天

的园艺产品生产易受环境污染及灾害影响外，设施园艺也会受到打击。2010年2月，山东寿光遭遇20年来的最大的降雪，降雪量达到25.6 mm，地面积雪逾20 cm，约有30%的蔬菜日光温室发生变形，5%左右倒塌，使寿光及周边地区日光温室蔬菜生产造成严重损失（魏家鹏和于贤昌，2010）。

10.2.2.4 园艺残茬废物的再利用和清洁生产问题

当前园艺作物生产产生的作物残茬和废弃部分不能得到有效的处理，园艺生产的背后缺乏专门负责集中处理园艺作物垃圾的部门，废弃物的再利用情况不理想。以蔬菜为例，根据上海市容环境卫生管理局和环境工程设计科学研究院的分析报告（2005年），约80%的蔬菜废弃物进入了垃圾清运系统，只有20%左右用于沤制有机肥。一方面为避免蔬菜病虫害的危害，蔬菜废弃物不能直接翻耕还田，而蔬菜废弃物就地沤肥的土地机会成本又太大（占地380亩的园艺场，每天产生下脚垃圾8~10 t，垃圾自然腐熟要5~6周，至少要有一片能容纳280~420 t垃圾的土地）；另一方面，蔬菜下脚沤肥质量也难以保证，需要添加禽畜粪便，另外还需要人工把腐熟的肥料翻出使用，消耗人力成本大，因此一般园艺场都把蔬菜废弃物运出场外丢弃。

园艺产业生产一方面面临着化学品过量投入、生产过程管理不合理、产地环境质量下降、废弃物不合理处置等问题，另一方面盲目地直接施用有机肥会导致集约化园艺产区环境污染、养分利用效率低下，而且当前有机沤肥中含有的重金属难以提取或提取成本过高，从长期来看对土壤也会造成污染。总之，当前还是缺乏清洁生产与废弃物循环利用的管理机制、措施以及支持补偿机制，缺乏相应的法律法规等。

10.2.3 产生资源与环境问题的原因分析

10.2.3.1 技术原因

1）自主创新能力整体不强。我国的技术研发能力与世界上园艺产业发达国家之间还存在较大的差距，重大原始性创新成果和产业发展关键技术成果供给不足，一些园艺产品的品种和重大农业装备还主要依赖进口。

2）农业科技投入方式仍然单一，没有形成稳定的科技投入机制。科研工作以政府支持的公共研究为主导，农业龙头企业和民营农业科技机构等新型的农业科技服务机构仍处在发展初期，力量薄弱，还没有成为农业科技创新和服务的主体力量。

3) 农业科技成果转化与推广服务体系不畅。既有技术的转化与推广实施效果有限，农业技术推广体系虽然在区市一级还存在，但是在乡镇一级则已名存实亡，基层农技服务人员不足，农民采用新技术成本偏高，风险较常规技术大，主动应用新型农业技术的积极性不高。科研成果与农业需求仍存在脱节现象，基层农技推广机构力量不足，科普力度和广度有限，农业科技成果转化率仅为30%~40%，远低于发达国家的65%~85%。

4) 农业科技科研成果转化周期长。我国农业科技成果不仅转化率低，而且转化周期也比世界发达国家长。据有关部门调查，在技术较发达国家，一项农业科技成果转化时间是2年，而我国则需要7年，两者相差5年。主要原因是我国农民的科技文化素质低，经济和文化水平低，传统的生产习惯根深蒂固，对新的科技成果接受慢，小农思想依然严重（裴翠娟等，2010）。

10.2.3.2　管理原因

（1）种植者的环保意识、节约意识和素质低

种植者行为过失直接导致生产生活和生态环境的破坏，甚至以消费者健康为代价。就"白色污染"问题，当前农村尚未形成完整的废弃物回收系统，且回收这些污染物的成本高，收益却几乎为零，种植者根本没有积极性去保护环境。经济利益驱动作用重于社会公德，另一个突出表现在于生产过程滥用药、过量用药。生产者对果蔬作物病虫害发生的原理不清，对药性认识也不透彻，农药使用量又把握不准，在这种情况下不科学用药生产出来的产品危害性可见一斑。当前在园艺生产中使用高效、高残留的违禁剧毒农药现象还很普遍，如农药毒性大的甲胺磷、久效磷、呋喃丹等有机磷类，以及有机氯、有机氮类的毒杀酚、狄氏剂等低毒残留期长的农药，在生产中仍然没有完全杜绝使用。

（2）生产方式以家庭承包经营为主，组织化程度低

我国园艺生产大多仍以家庭承包经营为主，园艺专业合作社发展还处于起步阶段，农民组织化程度低，生产规模较小，生产技术、管理水平不规范，产品质量安全无保障，产业化营销阻力大，小生产与大市场的矛盾还非常突出。大多数园艺产品的生产管理仍沿用传统生产技术、栽培技术，而且很多产品存在"重生产轻管理"的现象。同时，我国园艺产业市场体系不完善，信息化水平较弱，缺乏辐射范围广的公共信息平台，缺少有效带动能力强的产地批发市场和有实力的龙头企业，导致产销不能有效对接。

（3）社会化服务体系不健全

技术指导不到位，科技没有完全发挥应有的作用，是造成资源利用效率不

高的主要原因之一。完整的社会化服务，除了提供相应技术和信息咨询外，还要做好种植者的从业培训。园艺产品种植技术，比粮食作物要求更高，要推进园艺产业的标准化生产，需首先规范种植者的行为，要从提高种植者的素质开始引导园艺产业发展。另外，基础设施不完善，节水灌溉新技术推广实施不畅，是造成水资源浪费的一个重要原因。

10.3 国际上"两型园艺产业"的经验借鉴

10.3.1 "两型园艺产业"发达国家的发展模式

10.3.1.1 荷兰的环保型园艺产业

荷兰被称为欧洲园艺产品基地，素有"世界花卉王国"之称（林建忠等，2008）。荷兰园艺生产面积约为11.30万hm^2，占全国土地面积的2.5%；园艺总产值124.36亿美元，占农业总产值的34.6%。其中花卉（鲜切花、球根花卉、观赏植物和盆景）生产面积为3.19万公顷，其中约20%为玻璃温室生产。蔬菜面积4.67万hm^2，其中露地蔬菜面积为4.25万hm^2，玻璃温室蔬菜面积0.42万hm^2。用于种植蔬菜的玻璃温室面积占全国玻璃温室总面积的40%。荷兰水果栽培总面积2.06万hm^2，其中苹果和梨等仁果类1.69万hm^2、占82%；核果类果树0.13万hm^2、占6.3%；小浆果类0.10万hm^2、占4.8%。另外，还有水果专用苗圃0.14万hm^2。各种栽培水果中，苹果的面积最大，约占总面积的62%。各类栽培水果的单位面积年产值平均为1.17万美元/hm^2。其中草莓的年产值最高，达到2.91万美元/hm^2；小浆果类次之，近1.74万美元/hm^2；仁果类1.04万美元/hm^2；核果类果树年产值较低，平均0.70万美元/hm^2（刘英杰，2003）。

荷兰政府非常重视环境保护和安全生产。1992年制定了生态标签的标准，1993年颁布相关法律，提倡保护生态环境生产。1995年以来，所有的荷兰花卉拍卖市场、研究协会和园艺组织者都参加了环境友好项目，参加项目者根据记录的环境数据能源消耗、农药和化肥施用情况等，每年都进行环保评分。对被评为A级的经营者，政府给予资金或物质鼓励。另外，政府还推行一项减少对环境破坏的政策，即每一位拥有玻璃温室的农户都与政府签订协议，要求到2000年化学制品使用量比1984～1988年的平均使用量减少60%，他们均达到了这一目标。目前荷兰花卉生产设施的80%都是按生态模式生产的，温室蔬菜，如番茄和甜椒等90%都采用生物防治，70%的温室蔬菜是按照环境意识栽培法（MBT）进行生产的（刘英杰，2003）。

荷兰花卉认证认可标准体系（MPS）是荷兰农业部、荷兰植物保护局、荷兰农业和园艺业组织联盟（LTO）、荷兰花卉拍卖和种植者协会等部门制定的行业性生产规范，是一项在国际上注册登记的环境保护标准。MPS于1994年启动，1995年政府设立基金项目资助研究，1999年在荷兰纳尔德维克开始实施，已经成为一种世界通行的标准化生产的认证体系。获得MPS认证，最基本的要求是符合病虫害防治手段、氮磷肥料使用、能源（包括天然气和电）、废物处理和水的使用5项主要指标（MPS，2003），种植者能否获得MPS认证完全取决于他们所采用的生产方式（王雁和吴丹，2005）。

(1) 病虫害的防治

对植物保护用品的使用情况必须每4周登记1次；允许使用的药剂是有限度的；对被使用的药剂数量和使用后的剩余数量，都必须进行控制；鼓励使用生物学植物保护用品；要针对每个植物组群确定特定标准。禁止在病虫害防治中使用气雾设备和气雾喷射器械。禁止使用毒性的派拉息昂和敌敌畏，只允许按照正确的剂量、在每个认证周期中最多使用1次二嗪农和庚烯。凡是CTB不准许在荷兰或相关种植业中使用的毒性物质，都被禁止使用。鼓励采用生物防治手段防治虫害，在必须使用农药时，应选择对环境危害最小的农药。MPS总部将农药分成3类，分别以绿色、黄色、红色标签表示各种农药对环境造成影响的程度，被贴绿色标签的农药对环境影响最小，而被贴红色标签的农药对环境的危害严重。

(2) 氮磷肥料的使用

对所使用的一切化肥，都必须每4周登记1次；鼓励高效率地使用化肥；对使用化肥的种类和数量都必须进行控制。氮和磷的使用量是有上限的，它是根据环保项目企业标准确定的。在磷酸盐中的镉的含量，最多不能超过20 mg/kg（供应商提供证明书）。使用常规肥料，也要根据作物需要施肥。种植者要使用环保型肥料进行合理施肥，既满足植物对营养的需求，又避免肥料浪费。

(3) 能源的使用

对一切形式的能源的使用，都必须每4周登记1次；鼓励高效率地使用能源；确定能源使用方面的标准；鼓励使用高效率能源。能源的使用量是有上限的。能源的消耗主要源自热水锅炉、联合热电供应装置、二氧化碳补充设备等。

(4) 垃圾的处理

鼓励充分处理垃圾；鼓励应用自然沤肥法；对垃圾中的各种不同成分，如有机物垃圾、塑料、介质、玻璃、包装材料以及其他无机垃圾等，都必须进行分类收集和运输。杀虫剂包装材料必须按照农业企业联合会的规定进行处理。种植者要出示关于垃圾处理的证明书。

（5）其他方面

用于生产花卉的块根和块茎原料，都必须来源于已经注册环保项目的企业。一个环保检验合格的产品，必须以环保的、可识别的和吸引人的方式包装起来。必须采用可重复使用的箱子，材料必须使用聚乙烯、聚丙烯或循环使用的纸张。禁止使用其他的包装方式。

10.3.1.2 以色列节水型园艺产业

以色列地处中东地区，国土范围内有大面积的沙漠，国内土地、水和劳动力资源都极为匮乏，但以色列却通过采用集约化并最大限度地利用有限资源，充分利用先进的科技手段，达到高度的机械化和信息化，在世界上创造了沙漠奇迹。以色列的园艺事业极为发达，已成为以色列农业的骨干产业和支柱，在出口创汇中更居重要地位（王鸣，1998）。以色列的园艺产品涵盖鲜花、水果和蔬菜。冬季利用温暖的气候资源和装备精良的保护地设施，生产长茎玫瑰、小枝香石竹、甜瓜、番茄、黄瓜、青椒、草莓、猕猴桃和鳄梨，大量出口销往欧美市场（李建伟，1995）。

发达节水灌溉技术和水资源循环利用技术是以色列发展园艺产业的一大特色。以色列节水灌溉主要有喷灌、微喷灌及滴灌。滴灌是以色列应用最广泛的一种节水灌溉技术。其内嵌式滴灌管线，基本解决了滴灌易堵塞问题，目前研制出居世界领先的压力补偿滴灌管线，在长达800 m范围内滴头的出流率均匀，水流变化小于10%。以色列的灌溉技术不断更新换代，主要有以下特点（周长鸣 2007）：①直接供水到植物根系。以色列的滴灌直接供水到植物根系，减少了水蒸发的损失，且直接灌溉作物的根系。②过滤系统比较好。有专门用于处理水质过滤，且自动化程度高的过滤站，采用电磁阀控制开关和反冲洗，主要产品有网式、叠片式、离心式、砂石过滤器，以色列还开发出多个系列的农业自动灌溉用的配套阀门，主要有电动和水动遥控电磁阀、减压阀、调压阀、安全阀或流量控制阀。③计算机在节水灌溉中应用普遍。耕地下面的湿度传感器可以传回有关土壤湿度的信息，传感器系统能通过检测植物的茎和果实的直径来决定植物的灌溉间隔。以色列80%以上的灌溉使用了水肥灌溉方法，直接接触植物的根部，并由计算机自动控制水和肥料使用，精确施肥，一次完成，有利于作物吸收水分和养分，又提高了劳动生产率。④无土栽培技术效果显著。以色列广泛应用其丰富的活火山岩石及蛭石作为基质，结合其先进的滴灌技术进行出口花卉蔬菜的无土栽培,在出口外销欧洲市场上效益非常好。

10.3.1.3 日本节能设施园艺产业

日本是世界著名的花卉生产国之一,也是亚洲最大的花卉消费市场,近几年,平均每年的花卉消费总额在5000亿日元左右(约合57亿美元)。而日本每年销售的鲜花,90%来自日本本国的花卉种植户(李伟,2009)。日本的设施园艺温室和无土栽培都较为发达,节能方法、措施、技术、设备等的研究、开发、实施与推广是日本政府、产学研各部门乃至经营农户共同关注的问题。另外日本的无土栽培设施与技术,以及果树有机栽培技术都达到相当高的水平,此外,在病虫害防治上也有很多颇有成效的做法。

截至2005年,日本设施园艺温室面积达522万hm^2,其中44%需要加温,而加温温室中的96%是以石油为能源。这种状况对一个能源依靠进口的国家,节能问题成为日本政府、产学研各部门乃至经营农户共同关注的问题,日本热衷于各种节能对策、方法、措施、技术、设备等的研究、开发、实施与推广(赵淑梅等,2008)。

首先,政府出台相关的政策支持,对节能设施园艺进行技术指导和财政补助。例如,2006年5月农林水产省生产局长发出"关于强化设施园艺等生产现场节能措施"的通知,要求对加热设备进行彻底检查维护、对园艺设施内保温措施的实施等进行现场技术指导。各县农业技术科、园艺振兴室以及园艺振兴协会、JA经济联盟等在此基础上制定了更为详细的对策,并利用互联网等手段进行宣传普及。2007年10月,农林水产省生产局园艺科颁发《设施园艺节能生产管理手册》,在此基础上又将主要节能管理环节制成卡片,即《设施园艺节能生产管理核对卡》。卡片清晰简明、内容明了易懂,便于提示经营管理人员根据手册要求对生产中的节能措施进行实施或核对,又便于对温室生产管理进行记录。此外,政府还根据农林水产省的规定,对于2006年使用了降低温室能耗机械、设备的温室,2006年开始导入高效加热器的温室,以及使用太阳能、地热能的样板温室,在财政援助金中予以补助。同时,在农林水产省"有关农林水产领域原油价格上涨对策"中,还明确了2007年度、2008年度财政预算上对设施园艺节能生产措施在财政补助、优惠税制以及融资等方面的详细规定(赵淑梅等,2008)。

其次,日本以各研究所、大学为首的科研机构积极研究开发的设施园艺节能技术主要集中在提高温室的保温性能、提高加温设备的热利用率、推行适当的温度管理以及开发新型替代能源等方面。从温室的构造、管理等方面提高温室自身的保温能力,根据作物的品种、生长期、天气及时段对温室生产实行变温管理，开发利用太阳能、地热能等石油替代能源（赵淑梅等，2008）。

10.3.1.4 加拿大工厂生产式花卉园艺产业

现代化花卉园艺产业已经成为加拿大的一个重要产业，该产业不仅为加拿大国内提供就业和税收机会，也是一个重要出口创汇产业。据统计，生产的花卉、园艺产品30%~40%出口美国和其他国家。归纳加拿大花卉园艺产业发展经验，有以下几点（赵友明，2011）。

（1）以企业生产为主，多种企业生产方式并存

加拿大花卉种植以企业生产为主，包括三类：①以室外种植为主，简易温室为辅的企业。这类农场大多生产绿化树苗、果树苗、木本花卉、多年生草本植物以及田种鲜切花类。②以现代化温室生产为主的企业。这类企业大多是高投入、高产出、高科技的大规模集约化生产的老牌子公司。一般一年四季生产，主要产品包括一年生盆栽花卉及多年生盆栽植物以及鲜切花类。由于这类企业代表加拿大花卉、园艺最高水平。③以销售为主，生产为辅的企业，如园艺中心、温室花木超市、生态娱乐中心。园艺中心不少是大型连锁店的一部分，只于春夏两季开放。温室花木超市，生态娱乐中心几乎全年开放。这类企业多是资金较雄厚的公司。

（2）生产技术水平高，配套设施全

一些大型公司经营农场，但更像现代化大工厂。从装土进盆、下种、栽苗、移栽、浇水、施肥、温湿度、光照调节均是由计算机控制，自动化操作。机器人也广泛用于生产之中。生物基因工程作物品系，病虫害生物防治，土壤肥力速测，酸碱度监控等广泛用于栽培之中。除农业部技术专家提供常规技术外，很多大公司与大学，研究所有直接联系。为确保花苗保质保量、准时到达客户手中，所有运输卡车均备有空调，卫星导航系统。此外，花卉园艺发展也带动配套资材发展，如花房建筑、设计、种类繁多的栽培基质、专用化肥、农药、生物控制的天敌昆虫、花卉包装材料、先进的自动化设备等。

（3）生产法规与市场流通体系健全

为简化产品进出口手续，加拿大动植物检验局与美国农业部达成协议，企业如果通过评估，验收和不定期实地抽查，企业可以申请到出口免检牌照。企业除给职工保险外，也给自己生产保险以防特大病虫害、火灾等。企业主们自发联合成立协会沟通信息、交流技术，向政府争取利益。他们也自己成立合作公司，如操作多伦多花卉拍卖市场、筹备各种培训班、展览会等，每年也赞助不少科技研究项目。

10.3.2 国际上"两型园艺产业"的借鉴与启示

10.3.2.1 政府引导、资源节约与环境保护观念深入人心

"两型"园艺产业发达的国家政府,在引导国民建立资源节约与环境保护意识上采取一系列措施,营造资源节约与环境保护的氛围,使得从政府到园艺产品生产者,都十分关注资源节约与保护环境。例如,以色列政府十分注重在全民中营造节水气氛,不断通过报刊、电视等媒体大张旗鼓地宣传"水贵如油",提醒人们善待水源,养成良好的节水习惯。以色列国民普遍形成了十分强烈的节水意识,对水资源的保护和爱惜观念已渗透到老百姓的生活之中。就连小孩也在家长的熏陶下,懂得"不浪费一滴水"的道理(降蕴彰和梁栋,2009);荷兰政府重视环境保护和安全生产,政府通过制定颁布相关法律提倡保护生态环境,并设定一定的激励机制,对于积极参加并取得成绩的环境友好项目的拍卖市场、研究协会和园艺组织者等给予资金或物质鼓励,调动了各主体的积极性。

10.3.2.2 充分发挥地域优势,优化产品结构和区域布局

发达国家在园艺产业布局选址上,往往因地制宜,充分利用自然条件与社会条件优势发展园艺产业,如加拿大花卉园艺,其区域分布格局异常明显,仅安大略省的花卉企业就占全国总量的55%以上,哥伦比亚省占20%左右,魁北克省10%,其他地区加在一起占10%~15%(赵友明,2011)。就安大略省布局来看,由于气候环境条件、水源条件、交通条件优越,以及依靠农业部大瀑布园艺所、硅尔夫大学植物研究中心和加拿大皇家植物园的强有力的科技支撑,50%的花卉企业都集中在哈密顿-大瀑布一带,使这一带成为加拿大名副其实的花卉、园林之乡。素有"世界花卉王国"之称的荷兰,也非常注重按照生态区划来组织园艺产品生产。荷兰鼓励非适宜区域改种其他适宜的农作物,禁止发展园艺产品;在最适宜区和适宜区内,根据区域特色和市场需求,适度发展园艺产品。

10.3.2.3 依靠科技进行专业化分工、标准化生产、机械化操作与集约化经营

专业化和标准化生产使得园艺产业发达国家园艺产业链中各个环节不但具有较高的生产效率,而且产品的品质较好。例如,荷兰拥有完整的专业化和标准化生产体系,园艺业的育种、种子种苗的培育、大田生产、设备生产与安

装、农业机械生产与供应、产品销售、加工等环节都由专业公司负责（刘汉成，2005）。加拿大的园艺产业按照工厂生产形式操作，装土进盆、下种、栽苗、移栽、浇水、施肥、温湿度、光照调节均是由计算机控制，自动化操作，机器人也广泛用于生产之中。生物基因工程作物品系、病虫害生物防治、土壤肥力速测、酸碱度监控等广泛用于栽培之中。为确保花苗保质保量，准时到达客户手中，所有运输卡车均备有空调、卫星导航系统（赵友明，2011）。日本的农业机械化在20世纪90年代已经普及，其大田蔬菜和粮食作物从下种到收获，整个全过程实现了机械化，蔬菜温室的光、气、热全部自动控制，特别是无土栽培蔬菜的温室普遍备由电子计算机进行程序管理，不只是在温、光、湿度控制方面实现了自动化，而且养液循环及养分配比都实现了自动化管理（张效梅，1996）。

集约化经营使得一些资源比较匮乏地区的园艺产业依然领先世界水平。例如，国土范围内有大面积沙漠的以色列，虽然国内土地、水和劳动力资源都极为匮乏，但以色列却通过采用集约化并最大限度地利用有限资源，充分利用先进的科技手段，采用高度的机械化和信息化，在世界上创造了沙漠奇迹，其园艺事业极为发达，成为农业的骨干产业和支柱，在出口创汇中更居重要地位（王鸣，1998）。集约化经营也是日本设施园艺发达的一个重要因素，截至2005年，日本设施园艺温室面积达522万 hm^2，其中44%需要加温，而加温温室中的96%是以石油为能源。因此，节能问题成为日本政府、产学研各部门乃至经营农户共同关注的问题，日本热衷于各种节能对策、方法、措施、技术、设备等的研究、开发、实施与推广（赵淑梅等，2008）。

10.3.2.4 科技水平高，重视新品种培育和新技术的研发与应用

高新科技是各园艺产业发达国家成功的重要原因，为确保其园艺产业在国际上的领先地位，各国非常重视园艺产业技术的应用与开发研究。例如，在温室生产、种植技术、加温节能、肥水管理、物流运输等方面，荷兰始终保持着领先地位；植物发电、温室能源生产、花卉即时供应、天然园艺产品物质提取等温室园艺研究前沿，吸引了世界各国科技工作者的目光；研发能量循环型温室，利用地热和废热发电技术获得可持续的能量，多重种植、移动式种植体系，能经济有效地利用太阳能（王雁和吴丹，2005）。以色列拥有世界上最先进的节水灌溉技术和水资源循环利用技术，且已有的高新技术在不断更新换代。以色列政府充分利用境内外的水资源来满足日常所需，能将生活污水总量的80%重新过滤用于农业灌溉，做到了水资源的循环利用。到2013年，以色列在全国范围内可实现所有水资源来自海水淡化（降蕴彰和梁栋，

2009）。日本的节能设施园艺温室技术、无土栽培设施与技术以及果树有机栽培技术都达到相当高的水平。日本以各研究所、大学为首的科研机构积极研究开发的设施园艺节能技术主要集中在提高温室的保温性能、提高加温设备的热利用率、推行适当的温度管理以及开发新型替代能源等方面。从温室的构造、管理等方面提高温室自身的保温能力，根据作物的品种、生长期、天气及时段对温室生产实行变温管理，开发利用太阳能、地热能等石油替代能源（赵淑梅等，2008）。

10.3.2.5 园艺产品认证体系完善，重视产品质量安全

荷兰花卉认证认可标准体系（MPS）已经成为一种世界通行的标准化生产的认证体系，通过 MPS 认证的产品，病虫害防治手段、氮磷肥料使用、能源（包括天然气和电）、废物处理和水 5 项主要指标必须均符合要求，这样的生产方式有效保证了花卉园艺产品质量。此外，荷兰有专业的咨询公司或组织向MPS 成员提供在环保问题上的技术，如采用生物防治保护作物，降低肥料泄出和节省能源等。加拿大食物管理系统几乎是目前世界上最完善的。加拿大食物检验局（CFIA）监控蔬菜产业，在温室和新鲜蔬菜交易场所中随机抽取样品进行检验，以确保其符合等级标准并遵守安全制度。加拿大食物检验局（CFIA）的检查员也会检查生产者和包装者是否符合特定产品标签条例。这种管理承诺在产业的各个层面都保证了产品的质量，是一种值得消费者信赖的方式（姚雪晗，2011）。

10.3.2.6 政府在园艺产业发展中扮演重要角色

从园艺产业发达国家的发展经验来看，各国政府在产业发展中起到了非常关键的作用。例如，通过各种渠道，宣传引导民众建立资源节约与环境保护意识；规划园艺产业布局，出台相关政策推进优势区域园艺发展；制定产品质量、生产规程、环境、作物保护、生态条件等各项标准，并监督与考核执行情况，实施相应奖励与惩罚措施；支持与推进高新科技研发推广，特别是生物技术、节能技术等公益类研究；出台相关的政策支持，对节能设施园艺进行技术指导和财政补助等。

10.4 "两型园艺产业"生产体系建设中的重大技术问题

10.4.1 园艺作物基因工程育种

(1) 园艺作物抗性育种

通过转基因生物技术将抗虫、抗病毒、抗细菌、抗真菌等基因导入蔬菜、花卉等园艺作物,培育具有抗虫、抗病菌的园艺作物新品种,尽量降低作物生长对化学药物的依赖,减少环境污染。

(2) 园艺作物抗逆基因工程育种

通过转基因生物技术提高园艺作物的耐盐性、耐旱性、耐寒性以及抗热性等,提高作物对自然环境恶化的抗性,也提高作物对光、热、水和土地等资源的利用效率,降低生产投入成本。

10.4.2 新型节水、节肥及土壤改良技术

(1) 再生水安全灌溉技术

再生水灌溉利用是世界范围内缓解农业水资源短缺的重要途径,需要构建完善的再生水安全灌溉的标准、规范体系,重点研究建立适合中国国情和区域特点的再生水适宜灌溉的作物分类目录、再生水安全灌溉区划方法、再生水安全灌水模式、再生水灌溉风险评价方法与标准及规范体系等(吴文勇等,2008)。

(2) 水肥一体化技术

综合考虑技术低成本、高效率和简单易于操作的特性,研制适合我国国情的水肥一体化技术,将灌溉与施肥融为一体。借助压力系统(或地形自然落差),将可溶性固体或液体肥料,按土壤养分含量和蔬菜种类的需肥规律特点,配制成的肥液与灌溉水一起通过可控管道系统供水、供肥,水肥相融后,通过管道和滴头形成滴灌,均匀、定时、定量,浸润蔬菜根系发育区域,使主要根系土壤始终保持疏松和适宜的含水量。这是目前最有效的一种节水灌溉方式,水的利用率可达95%。由于株间未供应充足的水分,杂草不易生长,因而蔬菜与杂草争夺养分的现象大为减少,也减少了除草用工。

(3) 有机肥安全施用技术

为避免过度施用有机肥造成的环境污染、养分利用效率低下等情况,一方

面，应加快堆肥技术和菌种研发，通过生化处理等技术手段，缩短有机垃圾的沤肥时间，节约土地使用，使沤肥能够便于管理和使用，节约成本。另一方面，以省力化、无臭化和减量化为技术导向，让农户和农业企业乐于使用堆肥。

(4) 退化土壤改良技术

通过生物技术研制和加工改造天然土壤改良剂或人工土壤改良剂，治理土壤污染、改良土壤结构以及进行盐碱地和酸化土壤改良等，增加稀缺的土地资源，提高既有园艺作物对土地资源的利用效率。

10.4.3 生产管理过程中的自动化设施及装备技术

根据我国设施农业的特点，需完善和开发以下装备技术（张睿，2010）。

(1) 设施关键环节装备技术

开发专用微型耕整地作业机械装备，要求体积和质量小，兼顾动力，操作性强，能减轻操作者的劳动强度，配套动力为 2.0~4.5 kW，作业主机应选电动机为宜，并开发相应的配套机具，可完成复式作业；开发适合设施内作业的小型精量播种装备，能实现行距、穴距及播深可调；开发相关育苗移植装备，尤其注重开发与微型耕作机配套的小型钵苗移栽机，实现多穴攫取秧苗和栽植自动作业，并能自动检测坏苗，主攻半自动机型，逐步系列化、标准化实现全自动；开发具有可操作性的自动嫁接技术装备，中耕植保装备，采摘、收获技术装备，以及采后清选、分级和加工包装等装备。

(2) 环境调控装备技术

在强调改善环境来提高生产率的同时，结合相应生产模式，开发可以根据设施动植物等生长需求特性的环境自动控制装备技术，实时调节动植物的生长环境，优化创造动植物在可控环境下适宜的成长发育条件，提高设施产品实现高产、高效、优质、安全、生态。

(3) 精准生产装备技术

根据植物生长和土壤特性和需求，开发精准变量施肥、施药、灌溉施肥、施药一体装备，以及精准灌溉的装备技术产品，精准、精量地进行设施农事作业装备，以最大限度地优化使用各项农业投入，获取最高产量和最大经济效益，提高资源利用效率，同时减少、杜绝化学物质使用，保护农业生态环境，保护土地等自然资源，提供绿色、有机、安全食品。

(4) 设施栽培介质效度装备技术

设施栽培中，尤其育苗基质的消毒，可防治枯萎病、根线虫病等，而消毒装备以物理方式最为环保、安全。而我国还没有成熟的装备技术，需借鉴国外经验，开发适应性好，消毒彻底，安全、环保的设施栽培介质消毒装备。

（5）设施生理生态信息获取装备技术

开发能够实时获取动植物生理、生态特性的装备技术。重点通过集成先进的机械、电子和控制技术开发出实时监控动植物生理、生态特性的生物传感装备，最大限度地获得动植物生长需求信息，最大限度地减少人为影响，以进行科学生产和信息化管理。

10.4.4 绿色园艺产品封闭供应链技术集成及产业化示范

根据绿色农产品封闭供应链技术集成和产业化示范，园艺产品封闭供应链技术集成需解决的重大技术问题亦包括（相关资料参考商务部市场体系建设司2007年的相关资料）：

（1）绿色园艺产品封闭供应链的网络节点设计及布局研究

构建网络节点布局优化算法模型，研究我国区域性绿色园艺产品封闭供应链在农村、城市的网络节点设计及布局。优化整合封闭供应链网络节点中的承接、联动关系，提出绿色园艺产品封闭供应链的网络节点布局方案设置及优化方法。

（2）基于JIT（准时制生产方式）的绿色园艺产品封闭供应链配送技术集成和标准化研究

实现装备技术、包装技术、动态监测及跟踪技术、流通加工技术等在绿色园艺产品封闭供应链配送过程中的技术集成，提出基于JIT管理技术的绿色园艺产品封闭供应链配送技术集成方案及技术整合方案。分析绿色园艺产品封闭供应链的发展方向和发展脉络，创新绿色园艺产品封闭供应链的运作流程，设计基于JIT的绿色园艺产品封闭供应链配送技术的技术标准。

（3）绿色园艺产品封闭供应链的信息技术和电子商务技术研究

优化封闭供应链的信息传递及协调互动机制，设计绿色园艺产品封闭供应链信息系统，开发或改进适用于绿色园艺产品封闭供应链管理的信息识别技术、数据共享及交换技术、跟踪监测技术，实现技术开发应用与集成应用研究结合。

（4）绿色园艺产品封闭供应链的流程优化及成本控制技术

从封闭供应链的需要出发，在管理技术上、流程优化上和技术集成层面上研究绿色园艺产品物流如何实现整体流程优化；总结封闭绿色园艺产品供应链的成本类型，运用现代物流与供应链理论研究绿色园艺产品封闭供应链的成本控制技术，实现绿色园艺产品封闭供应链的整体流程优化与成本控制。

（5）从农田生产到超市等市场终端的整体产业示范

提出绿色园艺产品通过封闭供应链进入市场的有效途径与可行方式，构建政府政策支持体系和企业合作联盟体系，实现绿色园艺产品封闭供应链从生产到销售的整体产业示范成果展示。

10.5 发展"两型园艺产业"的政策建议

"两型"园艺产业发展，要在不与粮争地的前提下，立足资源优势，坚持合理规划、适当集中原则，做大做强优势区域的园艺产业；强化科技支撑作用，推进我国园艺产业发展方式的根本转变，努力提高土地产出率、资源利用率、劳动生产率；推动产销机制创新，保障园艺产品稳定供应；加快构建具有中国特色的多功能性现代园艺产业体系，打造"资源节约型、环境友好型"的两型园艺产业。现对我国建设资源节约型和环境友好型"两型园艺产业"提出以下几点政策建议。

10.5.1 继续推动科技研发与提高技术转化效率

首先，继续支持资源节约和环境友好技术的研发工作，并通过加强国际合作交流引进国外先进技术，掌握提高生产力的技术发展方向，尤其是生物技术等高新科技，不断推动国内科技创新。其次，技术研发支持要着重倾向于可推广应用的技术。往往出现国家着重发展的技术与生产一线所需要的技术脱钩的现象，要解决这一问题，需要国家对科研方向的合理规划，既要研发世界高新技术，又不可忽视技术的可执行度。最后，我国当前技术推广体系在技术转化为生产力的过程中发挥的作用有限，因此要加大对技术推广的支持力度，加快农技推广服务体系改革步伐，完善社会化服务体系，突破我国技术转化率低的难题。

10.5.2 构建广覆盖、多层次农业技术推广体系

生产技术推广受阻的原因主要在于三个方面：一是农民节约资源、保护环境的意识缺陷；二是技术推广所需基础设施的资金困境；三是农民对新技术的掌握应用水平限制。国家应该在农民建设"两型园艺产业"中起到引导、支持、帮助的作用，一个广覆盖、多层次的农业技术推广体系恰好能够在国家和

农民之间起到中介作用。该体系应该注重解决上述技术推广受阻的三个问题，首先要大力宣传资源节约和保护环境的重要性，提高农民的环保意识和资源节约意识。旧的思想意识不转变，发展对资源与环境造成的威胁就难以从根本上消除。其次，新技术投入初期成本高，普通农民家庭对此费用难以负担，也是阻碍新技术的推广应用的一个重要原因。因此，在高新技术从实验室走向田间地头的过程中，政府在技术推广之初对于基础设施建设和培养人才的资金支持必不可少。新技术推广应用的另外一条较为可行的途径是改变现有的散户种植方式，鼓励更多的企业参与到园艺产品生产中来，用规模化、标准化种植替代传统分散种植。最后，技术推广体系中要涵盖一个有效的农民培训机构和农业人才培养机构，能够提高农民对新技术的敏感程度，并保证把新技术及时地推广到广大种植户当中。

10.5.3 建立奖罚分明的激励机制

就节约资源和环境保护行为，仅靠道德约束的效力非常有限。"两型园艺产业"发展更需要一套奖罚分明的激励机制，甚至是要有相关的法律、法规保障。对于严格遵照法规生产的企业和个人，政府可以给予资金或物质鼓励，激发企业和个人节约资源和保护环境的积极性；支持绿色、节能、环保、生态型园艺产品生产及园艺产品品牌建设，培育一批符合示范性品牌企业及名牌产品，支持节能节水环保的产品在市场上的地位。而对于污染破坏环境、浪费自然资源的行为，尤其是在以后资源环境条件不断恶化的情况下，政府则应逐步建立一套有效的监督检查机制，采取一定的惩罚手段抑制此类行为的发生，必要的时候可以考虑出台相关的法律法规。对于园艺产业的生产者，应出台相应的园艺作物生产管理办法，确定各种机污染物、植物生长调节剂等的使用标准，严格控制生产污染保障食品安全。

10.5.4 构建完整的园艺产品的质量认证体系

从长期看，如何构建一套完整有效的园艺产品质量认证体系，对产品的节能、减耗、环保水平作出恰当评估并非易事，除了国家需要在这方面研发投入支持外，还需要企业以及行业协会的共同配合努力。尤其是行业协会在监督检测园艺产品的生态质量上应该起着至关重要的作用。就当前来看，国内市场上消费的园艺产品与出口的园艺产品质量标准还不属同一层次，质量与卫生检验检疫都是针对出口商品，国内产品质量参差不齐，食品质量安全问题不容乐观。建立全民园艺产品的质量认证体系，实现"两型园艺产业"，力争逐步将以耗费大量资源和牺牲环境为代价的产品驱逐出市场。

10.5.5 完善农村社会化服务系统

当前我国农村的社会化服务系统并不健全，很多环节的工作还有疏漏。在园艺产品生产中，应该设立相应的机构向园艺产品种植者提供产前、产中到产后各个环节的"一条龙"式的社会化服务，对产前优种选育、生产资料供应以及提供各种种植信息及产品供求信息等，产中科技服务、防治病虫害，产后储运销售等提供全程服务。现代园艺产业发展离不开一个完整的社会化服务体系，该体系能够有效提供包括科技、经营、管理等各个方面的服务。

完善社会化服务还要在农村构建完整的废弃物回收系统。当前农村的废弃物回收还很随意，垃圾场随处可见，严重破坏正常的生产、生活和生态环境。政府应该鼓励农民参与垃圾处理工程，鼓励应用自然沤肥法，并对各种不同的生产生活垃圾进行分类、回收和再利用。在园艺作物集中产区，可以通过政府出资建设堆肥处理基地，购入和建造专门的堆肥处置设施，将一个地区的农业废弃物与禽畜粪便混合堆肥并就地施用。

第 11 章
中国农业非点源污染的现状、
成因和对策

环境污染可以分为"点源污染"和"非点源污染"。点源污染是指有固定排放点的污染源,主要包括工业废水和城市生活污水污染;非点源污染则没有固定污染排放点,指溶解的和固定的污染物从非特定的地点,在降水或者融雪的冲刷作用下,通过径流和淋溶等过程而汇入受纳水体并引起水体的富营养化或其他形式的污染。随着对点源污染的大力治理,非点源污染在我国环境污染中所占的比重呈现出上升趋势(高杰等,2007)。根据非点源污染发生区域和过程的特点,一般将其分为城市和农业非点源污染两大类。其中,农业非点源污染主要指农业生产和农村生活中产生的污染物,通过地表径流或地下渗漏过程进入水体引起的污染(葛继红和周曙东,2011)。

农业非点源污染已被全球公认是目前环境污染中最大的问题之一。据调查,目前 30%~50% 的地球表面已经受到非点源污染的影响,并且在全世界不同程度退化的 12 亿 hm² 耕地中,约有 12% 是由农业非点源污染引起(崔键等,2006)。2003 年美国环保局调查结果显示,农业非点源污染是美国河流和湖泊污染的第一大污染源,导致约 40% 的河流和湖泊水体水质不合格,是河流污染的第三大污染源,是造成地下水污染和湿地退化的主要因素(US Environmental Protection Agency,2003)。在我国,水体氮磷污染物中来自工业、生活污水和农业非点源污染的大约各占 1/3(赵永宏等,2010)。北京密云水库、安徽巢湖、云南洱海和滇池、江苏太湖等地表水体,绝大部分非点源污染比例都超过点源污染(Qin et al.,2007;于峰等,2008;中华人民共和国环境保护部等,2010)。并且,我国农业非点源污染对水体富营养化的影响将进一步加剧,农业和农村发展引起的水污染将成为未来可持续发展的最大挑战之一(崔键等,2006;黄晶晶等,2006;Sun et al.,2012)。

在诸多农业非点源污染源中,化肥已经成为农业非点源污染的主要诱因之一。近年来,我国农田随水流失及进入大气的氮素损失已接近投入氮肥总量的

45%，全国农户每年因过量使用氮肥造成的经济损失已经超过了 150 亿元（程存旺等，2010）。在中国东海，由于农业化肥的污染导致赤潮的发生越来越频繁（UNEP/GEMS，2006）。在美国，化肥施用量的增加促进农业生产率的不断提高，但是随着化肥投入的增加，也带来了环境问题（Uri，1997）。在欧洲，英格兰和威尔士的 128 个湖泊中，69% 的水中 P 素含量超过 0.1 mg/L（Hesketch and Brooks，2000）。

中国农业依靠占世界不到 1/10 的耕地资源为占世界近 1/4 的人口提供充足的食物，主要是依赖于现代化投入的增加以及农业技术的进步（Fan，1991；Stone，1993；Huang 和 Rozelle，1996）。新技术对农业生产的促进作用之一是不断增加使用农用化学品，特别是化肥（Pingali et al.，1997）。化肥施用一方面促进了农业生产，但另一方面它所带来的环境危害已经引起人们的重视，人们已经开始想办法解决由于化肥施用所引起的非点源污染及环境危害。在分析化肥施用对非点源污染的作用时，一个重要的假定前提是农民施用的肥料利用率不高或流失严重，更深层次的原因之一是农民过量施肥。然而，很多分析主要基于作物营养学、土壤学以及生态环境学的研究，从经济学角度评判的研究虽然有，但均是基于宏观或二手资料的研究，很少从微观行为角度来分析原因。

因此，本章的主要目的是通过经济学分析描述我国农业生产化肥使用的现状，评价中国农民施用化肥是否过量，农民的施肥行为是否是理性的选择，并在此基础上，分析影响农户的施肥行为的各种社会经济和政策因素。最后，借鉴国际上控制农业非点源污染的经验，结合我国实际提出调控和引导农户施肥行为的技术和政策措施，达到减少过量施肥、降低环境污染，同时又能保证农民收入稳定的综合目标。

11.1 中国农业生产中化肥使用的现状及其对环境的影响

11.1.1 从宏观层面来看，化肥的供给和需求增长迅速

在粮食生产中，化肥是增加单产的一个重要的投入要素。粮食产量的增加大部分是由化肥施用量的增加所导致。根据联合国粮农组织的资料，化肥对世界粮食增产的贡献率为 40%~60%。国内研究也认为，我国 52% 的农作物增产是施用化肥获取的（陈同斌等，2001）。

由于化肥在农业生产中的重要作用，1978 年以来，化肥的施用量迅速增

加（表11-1）。在1978~1980年平均总化肥的施用量为1100万t（折纯），到了80年代末，化肥施用量增加到2200万t，而到90年代末又增加到4000万t（国家统计局，2002年），并且随着21世纪国家开始对农民实行农资补贴和综合补贴，化肥的投入再次因此加速（喻元秀等，2009）。在中国改革开放的前20年，化肥消费总量翻了两番。化肥消费量迅速增长使中国在1986年超过美国，成为世界上最大的化肥消费者。到2007年，中国化肥施用量达5108万吨，占世界化肥消费量的30%，而中国可耕地面积却只占整个世界的10%（FAO，2008）。

化肥施用量的迅速增长也使中国成为世界上化肥施用强度最高的国家之一。尽管总的化肥施用量从20世纪80年代到90年代增加了4倍，但播种面积仅仅增长了4%，从14 800万hm²增加到15 500万hm²（表11-1）。在1975年我国平均每公顷施用化肥70kg，这一水平大致等于世界平均水平。而到了2000年，施肥水平达到每公顷280kg，是世界平均水平的3倍。如果根据化肥施用强度计算，中国化肥消费量也增加了将近4倍（FAO，2003）。从化肥施用的强度看，2002年中国排在荷兰、韩国和日本的后面位居世界第四，到了2008年，我国化肥施用强度已经位居世界第三（Sun et al.，2012）。

表11-1 1978~2002年中国化肥施用量和农产品产量

项目	1978~1980年	1981~1985年	1986~1990年	1991~1995年	1996~2000年	2001~2002年
化肥施用总量/百万t	11	16	22	32	40	43
氮肥施用总量/百万t	9	11	14	18	22	22
化肥生产总量/百万t	11	13	17	22	30	36
化肥进口总量/百万t	9	7	12	16	14	14
粮食产量/百万t	313	379	409	449	496	455
播种面积/百万hm²	148	144	146	149	155	155
化肥施用强度/(kg/hm²)	74	111	151	215	258	277
水稻化肥施用强度/(kg/hm²)				321	298	
小麦化肥施用强度/(kg/hm²)				272	277	
玉米化肥施用强度/(kg/hm²)				264	278	

注：化肥施用总量是指实际用于农业生产的化肥数量，包括氮肥、磷肥、钾肥和复合肥。化肥施用量是按折纯量计算数量；化肥施用强度是由第一行数据除以第六行数据得到

资料来源：张林秀等，2006

由于化肥消费量的迅速增加，也促使国内化肥生产量的快速增长。在20世纪80年代和90年代，通过价格政策和国有企业的直接参与来增加化肥的生

产量，中国化肥生产量由1980年的1200万吨（按折纯量计算）增加到2002年的3600万吨（按折纯量计算），增长了3倍（表11-1）。中国在1996年已经超过美国成为世界上最大的化肥生产者。

相对于迅速增长的化肥生产来说，化肥的消费量增加更快。在20世纪80年代和90年代，中国同时也成为世界上最大的化肥进口国。在1978~1980年，中国进口化肥900万t（表11-1），而在20世纪90年代，平均每年进口1400万~1600万t。在20世纪90年代中国进口化肥占整个化肥消费量的35%~50%。到了20世纪末，中国的化肥政策和要素禀赋使中国成为世界上最大的化肥消费者、生产者和进口国。

11.1.2 从微观层面来看，我国农业生产是高投入、高产出，农民施肥过量

中国农业生产展现出明显的高投入、高产出的特征。基于农户调查和农产品成本收益调查数据，张林秀等（2006）的研究发现，江苏省样本小麦生产的平均单产接近每公顷6t，而其余地区的小麦产量相对较低，在20世纪80年代为每公顷3.33t，90年代为每公顷3.87t。但仍然高于其他发展中国家水平（表11-2）。例如，当时印度小麦单产每公顷只有2.56t左右。同样，在河北和辽宁的农户调查，以及整个中国（在20世纪90年代中国农产品成本调查数据），玉米单产在所有的样本中也很高，超过每公顷5t。而水稻的平均单产在20世纪90年代超过每公顷6t。与此相对应，在江苏省，样本农民的小麦生产中每公顷化肥施用量为329kg（折纯量），油菜每公顷化肥施用量为243kg。北方的农民（河北和辽宁）每公顷的施肥量与南方相比较少，只有184kg，但即使是这样的水平也仍然远远高于世界的平均水平。实际上，中国的玉米生产中施用的化肥量还要高一些（在20世纪80年代按实物量计算586kg/hm^2，90年代按照折纯量计算为271kg）。河北和辽宁在1995年农户样本的化肥施用量与同年代全国水平不同，北方的农民倾向于少施肥，而且在河北和辽宁样本农户中，有灌溉条件的玉米播种面积很小，低于国家的平均水平（中国玉米的灌溉率为45%）。在20世纪90年代，中国的小麦和水稻生产中化肥每公顷施用量（按照折纯量计算）也很高，分别达到275kg和309kg。

农户数据还显示农民具有大量施用氮肥的倾向（表11-2）。在江苏省的小麦生产中，每公顷施用329kg化肥，其中240kg（73%）是氮肥。在油菜生产中氮肥的施用量虽然略低一些（为小麦施用量的60%，或每施用243kg化肥，其中146kg为氮肥），但油菜的化肥施用大部分也都是氮肥。在河北和辽宁农

户调查的样本中，施用氮肥的倾向更加明显，玉米生产中78%的化肥施用量是氮肥。另一项早期的研究也表明，农民对氮肥的投入有时甚至超过作物需要量的2~6倍（周健，1993）。

表11-2 不同尺度调查数据中的作物单产和化肥施用量

项目		单产（t/hm²）		肥料用量（kg/hm²）		氮肥用量（kg/hm²）		磷肥用量（kg/hm²）	
		均值	标准差	均值	标准差	均值	标准差	均值	标准差
江苏农户调查数据（1996年69个样本）									
小麦		5.84	0.91	329	104	240	73	75	36
油菜		2.04	0.57	243	147	146	90	93	78
河北省和辽宁省农户调查数据（1995年257个样本）									
玉米		5.32	1.28	184	122	143	78	15	23
中国农产品成本收益调查数据*									
1984~1990年	玉米	4.71	1.08	586	204				
	小麦	3.33	0.69	687	282				
	玉米	5.74	0.77	800	238				
1991~2000年	玉米	5.41	1.27	271	89				
	小麦	3.87	0.90	275	109				
	水稻	6.02	0.89	309	80				

* 化肥施用：1984~1990年按照实物量计算，1991~2000年按折纯量计算

但实证研究的结果发现，化肥的产出弹性①很低。在使用农户样本数据的模型中，总的化肥的产出弹性为0.08~0.10。而当仅仅使用氮肥投入时，弹性下降为0.04~0.08。在使用中国农产品成本收益调查数据的模型中，化肥产出弹性的范围为0.05~0.17。如果取所有估计值的平均数，大约是0.0955。虽然显著，但很明显，这么低的弹性意味着当化肥施用量增加带来的边际产出很小时，中国农民仍然会增加化肥投入。如果说有什么区别，那就是本书估计结果比其他文献（Putterman and Chiacu, 1994）的结果低（表11-3），一个可能的原因是许多以前的研究所使用的数据的时期比本书的还要早，是在总的化肥用量都很低的时期来估计单产和化肥投入之间的关系的。

---

① 产出弹性：指在技术水平和投入价格不变的条件下，若其他要素的投入量固定不变，单独变动一种投入要素的数量时，这种投入要素的相对变动所引起的产量的相对变动。

表 11-3 关于估计中国的化肥产出弹性各种研究的比较

项目	样本水平	函数形式	弹性	因变量	时期	肥料衡量方法
Fana	省级	Cobb-Douglas	0.27	农业总产值	1965~1985	折纯量
Mead	省级	Cobb-Douglas	0.031	农业总产值	1978~1980	实物量
Lin	省级	Cobb-Douglas	0.18	农业总产值	1979~1987	实物量
Kim	省级	Cobb-Douglas	-0.01		1981~1987	
Lee 和 Ma	县级	Cobb-Douglas	0.25~0.31	农业总产值	1987	实物量
Fleisher 和 Liu	农户	Cobb-Douglas	0.09	农业总产值	1987~1988	支出
Tang			0.15	农业总产值		
Chinn	农户	Cobb-Douglas	0.3~0.36	谷物产出	1929~1933	实物量
Fan 和 Pardey,1997	省级	Cobb-Douglas	0.15	GVAO	1965~1993	折纯量
Huang 和 Rozelle,1995,1996	省级	Cobb-Douglas	0.10	谷物产出	1975~1990	折纯量
Rozelle 等,1999	省级	OLS	0.19	谷物产量	1975~1990	实物量
Zhang 和 Carter,1997	县级	Cobb-Douglas	0.24	谷物产出	1980~1990	实物量
Huang 等,1994a	省级	Cobb-Douglas	0.10~0.21	水稻产量	1984~1990	实物量
Widawsky 等,1998	乡级	Cobb-Douglas	0.001~0.02	水稻产量	1984~1991	折纯量
Huang 等,1994b	农户	Cobb-Douglas	0.18	水稻产量	1986~1991	折纯量
Liu 和 Zhang,2000	农户	Translog	0.145~0.17	农业总产值	1990	支出
Wu 和 Meng,1995			0.14	谷物产出	1993~1994	
Nguyen 等,1996	农户	Cobb-Douglas	0.05~0.29	农业总产值	1993~1994	支出

资料来源：Putterman 和 Chiacu（1994），转引自张林秀等（2006）

通过计算化肥的边际产值与化肥价格的比率，张林秀等（2006）的研究还发现，中国农民大多是过量施用化肥的，但是不同地区的过量程度存在一定的差异。具体而言，江苏、河北和辽宁省总的化肥的边际产值与化肥价格的比率为 0.69~0.84；而氮肥大约在 0.90 左右（表 11-4）。即农民使用化肥的量超过了边际产品产值等于化肥价格的点。换句话说，农民新增加一元钱的化肥投入所获得的新增产值远不到一元钱；并且，农民实际上过量施用的氮肥已经达到一个相当大的程度。通过利用中国农产品成本收益调查数据进行分析，也得到了同样的结果。无论是分作物和分不同的时间段，还是采用不同的估计方法，估计的结果都一致显示，中国的农民在生产中过量施用化肥。分地区来看，长江流域过量施用的化肥程度最高。在 20 世纪 80 年代，过量施用化肥的程度已经达到 50%~65%；在 90 年代，化肥过量施用的程度不断增加，由 58% 增加到 70%。而中国的南方和西南地区的化肥过量施用程度相对较小，虽然水稻生产在20世纪80年代和90年代仍然过量施用化肥，但在这两个地区化肥过量施用的水平很低。导致长江流域化肥过量施用水平较高的原因可能有两个方面：一个是村集体要求农民增加产出（由于政策的原因，如粮食自给自足的目标）以及生产者通过增加化肥可以得到相应的回报；另外一个可能是因为长江流域的农户比西南地区的农户更忙，他们对于增加的机会成本的反应是一次施用更多的化肥。侯彦林等（2009）对农田氮肥污染典型研究案例进行归纳后也发现了类似的地域差异。

表 11-4　中国农民化肥过量施用的比率*

项目	江苏农户调查				河北和辽宁农户调查			
	总化肥施用量		氮肥施用量		总化肥施用量		氮肥施用量	
	FE	FE-IV	FE	FE-IV	FE	FE-IV	FE	FE-IV
化肥产出弹性	0.10	0.10	0.05	0.04	0.10	0.08	0.08	0.08
t-值	1.68	2.64	0.87	0.89	1.83	2.17	2.02	2.85
边际产出与化肥价格比率	0.63	0.61	0.47	0.40	0.84	0.69	0.93	0.91
边际产出与化肥价格比率的自助法（bootstrapping）分析结果								
均值	0.53	0.56	0.46	0.51	0.72	0.60	0.75	0.67
95% 置信区间								
最小值	0.41	0.44	0.29	0.27	0.58	0.45	0.58	0.49
最大值	0.65	0.68	0.64	0.74	0.87	0.76	0.91	0.86
检验								
t-值	7.98	7.23	6.08	4.17	3.80	5.10	3.01	3.53
概率	0.00	0.00	0.00	0.00	0.00	0.00	0.00	0.00
化肥过量施用比例/%	44	47	59	67	22	35	21	16

* 江苏农户调查、河北和辽宁农户调查1995年和1996年

资料来源：转引自张林秀等（2006）

11.1.3　过量施肥对环境的影响

化肥过量施用的直接后果之一是对水体的污染。自20世纪90年代末以来，我国湖泊富营养化迅速上升，且富营养化程度与化肥使用密切相关。以我国富营养化较为严重的太湖、滇池和巢湖为例，面源污染（包括人畜粪便和生活污水）已经成为入湖全氮和全磷负荷的主要来源，其中对全氮的贡献率分别为59%、33%和63%，对全磷的贡献率分别为30%、41%和73%（李贵宝等，2001）。来自农田的硝态氮和磷进入主要河流后，还会导致近海水体的

富营养化。近年来，河口地区和近海海域污染严重，赤潮发生频次增加，面积扩大。2000年我国沿海共发现赤潮28次，但2009年增加到68次，累计面积约14 102km^2（参考国家海洋局2001年与2010年相关数据）。

在中国主要湖泊、水系和近海海域面临着由于严重的富营养化造成的水体污染的同时，中国许多地区特别是农业集约化程度高、氮肥用量大的地区，已面临严重的地下水硝酸盐污染问题。调查表明，目前50%的城市地下水不同程度地受到污染。在苏、浙、沪的16个县中，饮用水硝态氮和亚硝态氮的超标率已经分别达到38.2%和57.9%（张福锁，1999）。尤其是在蔬菜种植地区，根据中国农业科学院在北方5省20个县集约化蔬菜种植区的调查，在800多个调查点中，45%的地下水 NO_3-N 含量超过 11.3mg/L，20%超过 20mg/L，个别地点超过70mg/L（朱兆良等，2006）。

施肥不当或过量施用还会破坏土壤结构，影响农业生产对土壤的可持续利用。具体表现在三个方面：①导致土壤中硝酸盐累积；②改变原有土壤的结构和特性，造成土壤板结，有机质减少；③化肥中有时含有重金属、有毒有机化合物甚至放射性物质等污染物，这些物质施入土壤后会有一定的积累，并通过土壤-植物系统的转化和迁移进入食物链，影响人体健康（任军等，2010）。

11.2　中国农业过量施用化肥的成因

11.2.1　粮食安全保障压力大

在过去50多年中，我国粮食产量不断增加，这在很大程度上归功于科技进步和制度创新。其中很重要的一点是现代农用投入品，特别是化肥投入的增加。统计表明，1961年，我国人均的谷物生产量约为世界的60%；而到20世纪末，除奶类外，我国的谷物和肉蛋类产品的人均生产量已经超过世界平均水平。"绿色革命"以来的经验表明，粮食产量的增长与化肥施用量的增加是呈正相关关系的。但是，与此同时，农业的非点源污染问题也日益严重。因此，为了保证粮食产量的持续增加，高水平的农业投入（尤其是化肥投入）在短期内将是不可避免的。如果没有有效的控制措施，农业非点源污染问题势必更加严重。

11.2.2　国家执行的化肥产业政策促进了农民对化肥的施用

在保障粮食安全的压力下，我国政策制定者一直持有如下观点：中国作为世界上最大的农业生产国和化肥施用量最多的国家，化肥工业要坚持自主发展，要保证化肥工业的发展和生产经营具有相应的地位；同时，以化肥工业为代表的农用工业，是支持农业发展的重要行业，国家对于化肥工业必须加强宏观调控。对于化肥的产、供、销和内外贸易，必须有政府的协调、指导、扶持和干预。因此，化肥产业就成为我国产业政策中的重要组成部分。我国化肥产业的政策主要包括以下三个部分：一是通过各种措施来保证粮食生产，其中一个重要的措施就是化肥作为对粮食生产者的奖励以低价等方式卖给生产者；二是通过给予化肥生产企业各种优惠和补贴的方法，降低化肥的生产成本；三是通过行政和市场等手段，调控我国的化肥销售价格，使之保持在一个稳定的水平上。

在上述化肥产业政策中，第一条直接引导农民在生产中施用更多的化肥。新中国成立后，政府通过对农业生产者提供低价化肥，作为调控农业生产结构、增加农民生产积极性的重要手段：1949～1952 年，党和政府为了恢复多年战乱引起的农业生产力的下降，向农民发放用于购买农具、耕畜、肥料、农药、良种等生产资料的贷款（国家农业委员会办公厅，1981），并积极组织化肥生产并进口农业生产所需的化肥。1957 年，化肥施用量就达到 37.3 万 t，比 1952 年，增长了 3.8 倍（国家统计局，2004 年）。人民公社成立后，我国的化肥生产和流通被纳入计划经济体制内，这在物资紧缺的年代，保证了化肥的供应，促进了我国粮食生产的发展。人民公社制度解体后，农村开始实行家庭联产承包责任制。此时国家对农产品实行计划定购和合同定购，并且为了鼓励农民的生产积极性，部分省份对农民奖励化肥。1987 年，中央政府在全国范围内统一实行合同定购粮食与化肥、柴油、预购定金"三挂钩"政策，规定每交售粮食 50kg，奖售平价尿素 5kg，平价柴油 1.5kg。在计划经济和计划经济向市场经济的转轨时期，这些政策极大地调动和保护了农民发展种植业生产的积极性，但也导致了化肥的过度施用。

另外，尽管我国在 2009 年撤销了化肥限价政策，但是我国政府近年大力投入的农资补贴政策在需求方面再次给予农民极大的激励。在这些政策的激励下，农民倾向于大量施用化肥而不是精耕细作。

11.2.3 市场发展和 WTO 对农民施肥行为的影响

尽管我国生产资料市场的发展要慢于产品市场，但是化肥进口量上升很快。20 世纪 80 年代，生产责任制使得农民生产积极性上升，因而无论是对国内化肥需求，还是化肥进口量均大幅度上升，但是国内化肥市场并不开放。到

90年代，虽然化肥进出口贸易还没有放开，国内已允许私人交易、国有生产资料公司与私营企业直接开始竞争。到中国加入世界贸易组织（WTO）前，化肥贸易仍然由化工进出口总公司进行，虽然政府的政策是鼓励国内生产，但是化肥的进口量上升很快。化肥的名义保护率下降（即化肥国内市场价格超过国际市场价格部分与国际市场价格的百分比下降）。中国加入世界贸易组织后，化肥价格总的来说会走低，而实际情况也表明入世以后化肥的价格下降了，这样更能诱导农民多施肥。

经济全球化，尤其是国际贸易自由化是当前和未来世界经济发展不可避免的趋势。随着中国加入世界贸易组织，中国对外开放的程度不断提高，对外开放给中国农业和农村经济发展带来机遇的同时也不断受到挑战。贸易自由化就像一把双刃剑，在给农民带来利益的同时也会产生一些负面的影响。研究者一方面研究中国加入世界贸易组织以后，贸易自由化对中国农村经济产生的影响，如从农业产出的角度分析贸易自由化产生的影响（Huang et al.，2004），另一方面研究贸易自由化通过农业投入品对农业生产者的影响。对中国化肥市场的研究表明（Qiao et al.，2003），贸易自由化可以降低投入品的市场价格，从而给生产者带来好处；由于我国和世界市场之间的各种化肥价格相差较大，即使附加了13%的增值税，进口商仍然有利润空间。因此，从农户生产者的角度考虑，贸易自由化将意味着化肥价格下降，这种成本的降低会刺激农户以增加化肥等投入要素的数量的增加来增加产出，我国农业生产者将从低价的投入品中获得好处。

尽管化肥价格的下降会给我国的农业生产者带来好处，但是给我国已经十分严峻的环境带来更大的压力。目前农业非点源污染已经成为我国水体污染和空气污染的重要来源，本书已经从经济学的角度证明了目前我国农户化肥施用是过量的，特别是氮肥和磷肥。化肥价格下降，农户化肥施用量增加，在增加产出的同时也对环境造成了污染。那么，在贸易自由化的条件下，价格变化如何影响农户的行为显得至关重要。为了量化分析入世后贸易自由化对中国农民施肥的影响趋势和影响量，中国科学院农业政策中心将其建立的部门均衡模型和农户模型相结合，分析预测了未来施肥水平的可能方向（李强和张林秀，2007）。研究结果表明：①贸易自由化使得农作物产出价格和投入价格都下降，而贸易自由化导致的农作物总种植面积变化却很小。由于不同作物化肥投入水平有差异，贸易自由化将促进作物结构变化。②尽管作物总面积基本不变，贸易自由化将会通过作物结构变化使化肥施用总量增加，但增量不大。③贸易自由化对化肥需求的影响不仅在不同作物间存在差异，而且在不同地区间也存在较大差异。

11.2.4 农业技术推广和信息对农民施肥的影响

我国从20世纪50年代起自上而下建立了各级科技体系,包括农业科研、教育和推广以及农业生产资料供应系统。其中农业推广机构遍布县、乡两级政府,属于政府部门下属的专门从事农业技术推广活动的组织,承担着主要的公益性农业技术推广任务。对于降低农民化肥施用量而言,农业技术推广单位可能在两个方面发挥重要的作用:一是对农民进行施肥技术培训,让他们知道减少化肥施用量的好处;二是在农村推广规范的施肥技术,如农田养分最佳管理技术。

但自1985年,我国政府先后启动了以允许科研与技术推广部门从事一些与专业有关或无关的经营创收活动为主要内容的农业科技体制改革,这项改革导致推广部门承担的公益性职能弱化。对于农业推广部门而言,在其通过创收增加经费收入来源的同时,政府的投资并未增加甚至出现阶段性减少(胡瑞法等,2004)。结果是,我国的农业技术推广投资强度(农业推广费用占农业国内生产总值的比例)不仅远低于工业化国家80年代的投资强度,而且低于低收入国家平均投资强度的水平(胡瑞法和李立秋,2004)。20世纪90年代初以来,由于经费短缺,一些地方的乡镇农业技术推广机构已名存实亡,造成推广速度下降,推广人员不再安心本职工作。一半左右的人员在从事行政执法、中介服务及经营创收等非技术推广工作。各种类型的创收性收入,包括行政性收费、服务收费和经营收入,占农技推广部门总经费的20%~30%。目前我国农业推广体系还存在着体制不合理、推广方式不适应市场需求等一系列问题。

尽管农业技术推广体系仍是农民获取新技术的重要途径,但是对农民施肥行为的影响非常微弱。农业部农村经济研究中心利用全国农村固定观察点调查系统,就农民获取农业新技术的渠道进行了全国性的农户问卷调查。调查结果表明,我国的政府农业技术推广体系仍然发挥着重要的作用(农业部农村经济研究中心课题组,2005)。但是,中国科学院农业政策研究中心对我国7省的28个县开展了国家农技推广体系调查结果发现:我国农技推广人员的知识结构非常不合理,十分缺乏从事先进施肥技术和收集、宣传新科技的推广人员。在优良品种、施肥技术、作物防疫、养殖技术和动物防疫5类农业技术中,农业技术推广人员对农民进行施肥技术培训最少,仅占培训总人次的3.5%,占样本地区总人次的0.84%。特别是在四川和甘肃两省,施肥技术培训仅占该省总培训人次的0.5%(1人)和0.6%(1人),几乎谈不上施肥技术培训;施肥技术培训最多的是河北省和浙江省,但占本省总培训人次也仅有

5.5%和5.2%。在推广人员下乡调研、推广项目的工作中，也仅有3.1%的农技人员对农民的施肥技术进行过咨询、调研和推广；因此，农民几乎得不到任何有关先进施肥技术的信息，农技推广部门在这方面的工作也接近空白。

虽然农业技术推广本身不到位已经是一个问题，由于体制的问题，如推广人员或机构直接参与化肥销售，农业技术推广的直接后果是导致农民多施肥。从农户获得的农业技术推广情况来看，对于三种作物，有农业技术推广人员来过他们村的化肥的施用量相对于没有来过的村要多［图11-1（a）］。而从农户是否接受过技术培训来看，接受过专业技术培训的人的化肥施用量要高于没有接受过专业技术培训的人［图11-1（b）］。这与农业技术推广的人员构成和推广内容有关。调查表明，除了推广人员只用少部分时间用于推广外，专业人员中土肥知识短缺（土肥专业的推广人员只占2%）、土肥管理技术推广空缺（推广土肥技术的占3.1%）也是严重的问题。

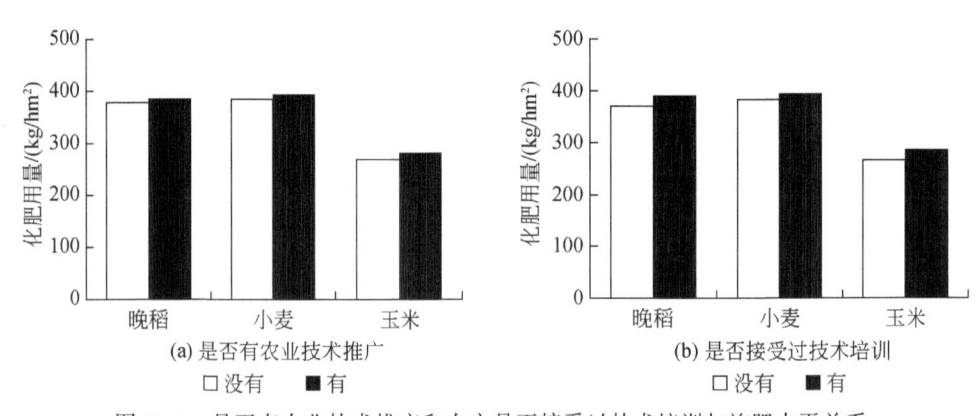

图11-1 是否有农业技术推广和农户是否接受过技术培训与施肥水平关系

多元回归分析的结果（何浩然等，2006）也表明，如果存在农业技术推广，则农户单位面积的化肥施用量会增加。这在一定程度上反映出农户信息错位。总的来说，只有信息不全、信息不到位和技术推广不力可以用来解释农户过量施肥的行为。中国科学院农业政策研究中心的一项研究表明，如果技术推广有针对性，技术推广方法到位，农民即使减少化肥使用量的30%，水稻也不会减产甚至还会增产。这说明如果农户能够获得必要的化肥施用方面的信息，农户就有可能改变其化肥施用的方式及其数量。

11.2.5 农户的认知水平对农民施用化肥的影响

农民缺乏相关的环境和化肥施用知识也可能导致多施肥。从调查得到的数据看出，在 393 个农户中，只有 24% 的农户认为施用化肥可能会导致环境污染；但同时 70% 的农户认识到施用化肥会造成土壤板结。这个现象说明农户施用化肥很少考虑化肥对周围环境（和自家的利益没有多大关系）的影响，而对涉及农户利益的土地质量比较关心。总体上，认识到施用化肥会导致污染的农户施肥水平较无此认识的农户略高，但差异不显著，而认识到施用化肥会导致土壤板结的农户在小麦和玉米中的施肥水平显著较无此认识的农户低。这说明环境问题不是农户关注的重点，即使是有环境意识也没有限制施肥量，但如果他们认为施肥多会导致土壤板结，就会有减少化肥使用量的意愿。

农民对地力理解的不一致导致盲目施肥。调查发现，农民对好地和差地的认识与实际土壤肥力之间存在着巨大偏差。这反映出农民对自己土地的认识并不科学，对土壤各养分指标的信息获取不完全或者根本没有获取。对农民而言，获取土壤养分信息的偏差，在很大程度上导致农民多施肥。由于对自己的土地状况不了解，仅能从其他村民或者村干部那里简单地认为自己的土地是好还是差，而根本无法知晓自己的地里氮、磷、钾等含量到底达到什么水平，为了保证产量，就大量施用肥料。如果能够让农民获得土地的相关土壤指标，那么在施肥时，农民就有可能在一定程度上减少该种化肥的施用，从而减少化肥总量的投入。并且施肥量随着土地质量等级的提高而增加，也就是说土壤本身肥力越高，施肥越多。此外，调查还发现，有机肥的施用并没有减少农民当期和下一期的化肥施用水平。

政府对化肥质量监管不力也使得农民多施肥。中国科学院农业政策研究中心的调查表明，如果农户过去曾经买过低质量的化肥，则种植水稻和小麦的农户倾向于多施用化肥，但是种植玉米的农户却倾向于减少化肥施用量［图 11-2（a）］。而市场上存在的低质量的化肥如果是增加的趋势，则农户倾向于增加化肥

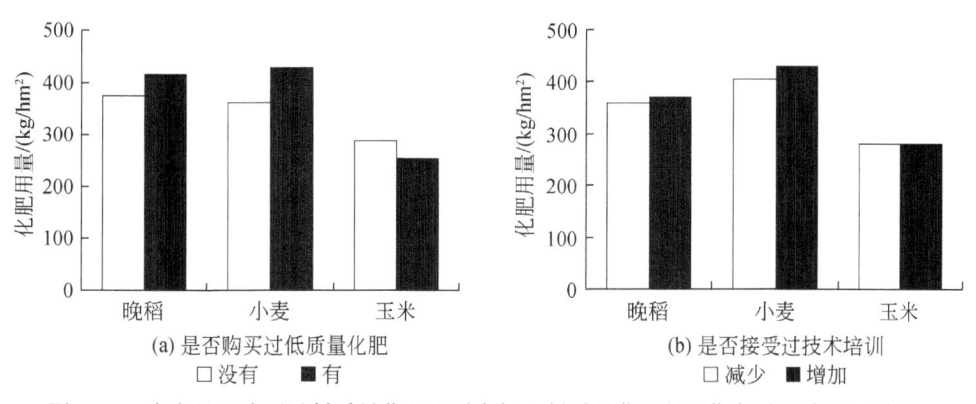

图 11-2 农户是否购买过低质量化肥和对市场上低质量化肥的预期与施肥水平的关系

的施用量，水稻和小麦的差别在20kg左右，而对玉米来说这种差异不明显［图11-2（b）］。调查还表明，有超过22%的农户认为他们在过去的几年中买到过低质化肥，还有20%的农户认为低质化肥越来越多。

11.3 国际上控制农业非点源污染的经验借鉴

相对于发展中国家而言，发达国家对农业非点源污染问题的认识和行动都比较早，并且已经取得了一定的成效，积累了一些经验。例如，据1990年的调查显示，美国非点源污染约占总污染量的2/3，其中来自农业的非点源污染又占非点源污染总量的68%~83%，导致50%~70%的地表水受到污染或影响。经过多年的治理，据2006年统计，该国农业非点源污染面积比1990年减少了65%（谭绮球等，2008）。在欧盟，自20世纪90年代初，各国通过农业政策的落实，提升农业科技水平，逐步实施氮、磷总量控制，至今，其氮、磷化肥用量分别下降了大约30%和50%，粮食总产和单产却分别增加了57%和80%（石嫣，2010）。总体而言，这些国家采取的农业非点源污染防治措施可以概括为三个方面。

11.3.1 法律手段

在发达国家，完整和健全的法律体系为控制和治理农业非点源污染奠定了良好的基础。例如，日本自1992年农林水产省首次提出"环境保全型农业"概念以来，日本政府逐渐重视以农业污染为主的非点源污染，并相继制定了一系列的法律来防治农业非点源污染，这些法律从农业非点源污染的"源头"（如《食品、农业、农村基本法》和《肥料管理法》）一直延伸到了农产品销售领域（如绿色环境标志制度）（冷罗生，2009a）。在美国，为了控制农业非点源污染对水体的影响，政府部门分别针对地表水和地下水污染制定了系统的法律条文（Schrama，1998），其中针对地表水的如《清洁水法》《海岸管理条例》和《安全饮用水法》，针对地下水的如《资源保护和可再生法》《环境风险、赔偿和责任综合法》和《农药使用联邦法》。

11.3.2 技术手段

先进技术应用是控制农业非点源污染的重要措施之一，各国采用的这些技术措施可以分为3类：①减少肥料的使用；②增加固氮作物的种植；③恢复或建立流域湿地功能（Howarth et al., 1996; Verhoeven et al., 2006; 余晓燕等, 2007）。例如，在欧盟，政府不仅大力研究和发展环境友好的农业生产技术，还通过政府奖励措施，推动农民采用新的替代技术，如农田最佳养分管理、有机农业或综合农业管理模式、农业水土保持技术措施等。这些技术操作简单，很少或基本不增加农民的费用，农民基于自愿原则采用。在重要的水源保护区和流域，制定和执行限定性农业生产技术标准，从源头上控制农业非点源污染。在美国，高效的塘类藻和人工湿地被用来处理污水，对减轻农业非点源污染起到了举足轻重的作用。

11.3.3 财政、税收和其他经济手段

发达国家政府每年都分配大量的资金用于农业非点源污染的防治。例如，2003 年在美国总统布什向国会提交的提案中，对全国 20 个重点流域治理增加 7% 的预算，用于加强对流域非点源污染治理的相关研究。在治理行动计划上，联邦政府设立了 500 亿美元的清洁水基金，主要作为"种子基金"，吸引地方政府共同投资，供农民、企业或地方通过无息或低息贷款的方式进行非点源污染治理。在欧盟，政府每年对每公顷农田实施的环境政策补贴可达 50~1000 欧元（石嫣, 2010）。

同时，一些国家还采用了税收手段来调节农民的化肥施用行为。例如，匈牙利和挪威分别在 1986~1994 年和 1988~2000 年执行了化肥税政策，丹麦在 1998 年引入了氮税政策，荷兰在 1998~2006 年采取了对超过养分标准的农民实行高税收的政策等。但实践表明，税收政策对改善环境质量的效果并不理想，而且还存在成本高昂等问题。但 Xiang 等（2007）对在我国洞庭湖区征收氮税的影响进行了模拟，结果显示，征收氮税利大于弊。

与以上强制性的税收手段相比，基于自愿和奖励的最佳养分管理措施在控制农业非点源污染方面取得了不错的效果。例如，美国最佳养分管理措施是美国综合养分管理计划的一部分，是指任何能够减少或预防水资源污染的方法、措施或操作程序，可以分为工程措施和非工程（管理）措施。其中，非工程（管理）措施包括规划、农户教育、奖励等形式，促使农民自觉使用廉价的环境友好技术。已有研究表明，具有养分管理规划的农民比没有养分管理规划的农民施用了较少的氮肥和磷肥（Shepard, 2005）。在欧盟，农田养分管理技术也被农户广泛采用。

许多发展中国家发现，很难监控防治措施是否实施。因此控制农业非点源污染的重点是采用志愿方法或者结合经济上的奖励（支付环境服务的工资）

或者处罚（如对污水非法排放的罚款）。虽然很多国家制定了针对环境安全的良好农业措施或者指导方针，但需要进行推广以及采取相应的奖励和处罚方法（如污染税）。

11.4　中国农业非点源污染的控制对策

11.4.1　政策建议

11.4.1.1　保持恰当的粮食自给率，保障粮食安全

根据《国家粮食安全中长期规划纲要（2008～2020年）》，我国粮食需求总量将继续增长。2010年，我国粮食总产量首次超过5.5亿t，达到5.7亿t；但是据预测，到2030年我国人口将达到16亿人，按人均400kg计算，粮食总产量应达到6.4亿t，需要在此基础上再增产0.7亿t。而同时，我国人均耕地面积已从1996年的1.59亩下降到当前的1.38亩，仅为世界平均水平的40%。考虑到耕地面积将不可避免地继续减少这一趋势以及日益凸显的水资源短缺等问题，粮食增产的压力很大。

保障国民基本食物安全是国家长期的战略目标。近50多年来我国在增加粮食生产、保证粮食安全方面取得了重大成就，但是，很多现象表明这些成就的取得在一定程度上是以破坏环境为代价的。新时期政府要面临的问题远比单纯追求食物安全要复杂。经济发展的新阶段必须同时兼顾食物安全和可持续发展。因此，在协调食物安全与持续发展时必须平衡好与环境保护的关系。这就需要重新思考和制定我国粮食的自给率水平。适当增加粮食的进口比例，可以减轻施肥对环境的压力，有利于环境保护。

11.4.1.2　加强农业基础设施建设，适时开展土地规模经营，提高农业生产效率

在现有技术条件下，要保证粮食安全，同时控制农业非点源污染，唯一的选择就是通过加强对农业科技研发和农业基础设施的投入提高农田的生产能力，提高农业生产效率；同时，在我国东部沿海经济发达地区，建议适时开展土地的规模经营，发展农业种植专业户，强调合理施肥技术和新型肥料的应用，降低施肥成本，提高种植业效益。同时，注重利用专业户做科技知识的传播和推广工作。

建议从宏观上调整各区域粮食基地建设规划和农业产业结构。在高产的粮

食基地，环境压力已比较大，主要是在保证高产、稳产的同时，减少不合理的过量使用化肥，提高粮食种植的经济效益。除了继续发挥东北黑土区域的生产潜力外，需要评估国家粮食增产的重点区进行战略转移的可行性，即从非点源污染严重的高产地区（如太湖平原区）转移到非点源污染低的中西部中产区。与低产田地区相比，中产田地区限制因子较少，增产潜力较大，改造成本不高，适合作为国家增产粮食的重点区域，配合灌溉、施肥技术，可以在较短的时间内较大幅度地提高中产田土壤的肥力和生产力，减轻高产地区粮食生产的压力。

11.4.1.3 增强农户的环境保护意识，激励农民采用环境友好型的农业生产技术

一方面，加强农民专业技术组织的建设。国际经验表明，农民技术协会或专业经济合作组织可以通过向其成员提供农资统一供应、农产品统一销售、农产品包装或精加工等集体投资、技术和信息统一提供等服务，来帮助解决小农户在现代市场经济发展中遇到的各种问题（黄季焜等，2010），同时可以引导农民增强公众环保意识。无论是从一般的技术推广、市场活动，还是环境保护来说，我国目前迫切需要建立这一类的农民专业技术组织。尽管政府已从多个层面在推动此类组织的建立，我国农民合作组织数量上也增长迅速，但是总体服务功能不强，提供的技术和信息服务主要包括市场价格和渠道信息、种植技术、植物病虫害防治、养殖技术、动物疫病防治和兽医服务，几乎没有发现有专门互相传递合理施肥知识的组织（邓衡山等，2010；黄季焜等，2010）。这一方面与国家没有形成制度有关，但主要是体现出农民或地方领导和技术人员对基本农业生产技术——施肥的重视不足。专业技术协会的成立既有利于将农民组织起来，共同交流，同时也会有利于将千家万户小农与技术推广部门联系起来，提高推广效率。另外，可以从公共信誉方面对环境友好的农作方式（如有机农业、生态农业等）进行鼓励。日本在发展可持续农业的过程中，设立了"生态农民"的荣誉称号，激励农民保护环境。

另一方面，加强宣传。各级负责农业和环境的公务人员应积极学习农业生态环境建设的意义和科学方法，学习国家的相关法律和法规，同时通过报纸、广播、有线电视等多种形式，加强对农业生态环境建设的宣传力度，帮助农民理解过量施肥会导致对水体环境的污染以及了解他们目前已过量施肥的现实，增强全民生态意识与参与意识。大量研究发现污染已经开始对农民生活产生不利影响，如饮用水问题等，但是农民往往还没有将其与自己的行为联系起来。要从节约成本和增加收入两个方面帮助农民提高认识。同时，在税收、信贷、

市场投入等方面为农业生态环境建设项目制定相应的政策体系，鼓励国内外企业和私人投资，调动乡村集体、农民个人和外商共同投资、参与农业环境治理工程的积极性。

11.4.2 环境立法建议

国外控制非点源污染的经验显示：非点源污染如果仅仅依靠技术层面上和经济层面上的治理，不仅治理难度大，投入成本高，而且在现有的技术条件下效果不理想。因此，我国应该从环境立法着手，强化农业非点源污染防治的法律责任，也为有关政府部门加强这方面工作和为基层职能部门提供执法的法律依据（冷罗生，2009b）。

我国现有的一些法律虽然在内容上对非点源污染的防治有所涉及，但还没有针对防控非点源污染的专项法律出台。我国涉及农业非点源污染防控的法律有《肥料登记管理办法》、《畜禽养殖业污染防治管理办法》、《畜禽养殖污染物排放标准》、《农药管理条例》、《农药管理条例实施办法》、《农业法》、《环境保护法》、《水污染防治法》，这些法律中关于农业非点源污染防治的规定也都过于原则化，没有制定切实可行的预防和控制措施（杨小山等，2008；赵永宏等，2010）。近年来，也有一些可喜的进展，仅以 2010 年为例，农业部在 3 月发布了《关于进一步加强重点流域农业非点源污染防治工作的意见》；10 月，环保部出台了《农药使用环境安全技术导则》和《污染控制技术规范》等国家环境保护标准，加强农业非点源污染防治。

我国的环境立法需要从两个方面展开，一是制定新的法律法规，填补农业非点源污染防治领域的一些空白。例如，在大部分省市已经制定了《农业生态环境保护条例》的基础上，我国应该尽快在国家层面上出台《全国农业生态环境保护条例》，大力推广"绿色农业生产"，促进有机肥料的合理施用。二是完善现有法律法规，补充有关农业非点源污染防治的条款，做好法律之间的衔接工作。此外，在有法可依的基础上，有效防治农业非点源污染还需要明确各个部门的责任。

11.4.3 技术体系建议

11.4.3.1 建立健全环境保护标准体系，全面监测农田环境容量和耕地质量

2010 年，环保部出台了《农药使用环境安全技术导则》和《污染控制技

术规范》等国家环境保护标准，这在我国建立和完善有关加强农业非点源污染防治的标准体系建设进程中迈出了可喜的一步。

但是由于非点源污染所具有的不确定性、隐蔽性、潜伏性等特点，其不易被发现，因此，我国应在第一次全国污染源普查农业源普查结果的基础上，建立国家环境监测信息系统。摸清农业非点源污染的组成、发生特征和影响因素，全面掌握农业非点源污染状况，提出农业非点源污染防治对策，并结合遥感、地理信息系统等技术开展农业非点源污染快速识别与诊断、监测与评价、预报与预警、农业非点源污染综合防治技术等方面的研究工作，为农业非点源污染防治提供持续科技支撑。另外，根据环境保护部和农业部相关的评价指标体系和评价方法，客观评价农业非点源污染防治效果。同时对各种绿色和有机农产品生产基地实施生态环境和农产品质量的动态监督制度。

11.4.3.2 以低投入、高产出和环境友好为目标，积极培育和推广作物新品种

长期以来，我国的作物育种工作一直以增加产量为重点，在此基础上注意抗病、稳产等特性。以此为导向的育种工作在帮助我国实现粮食安全目标的同时，也带来了严重的环境污染问题。随着社会经济的发展，我国的作物育种应以"低投入、高产出和环境友好"为目标，以作物种质资源的高效利用和基因改良技术为重点，加大对养分利用效率高、环境友好的高产作物品种的培育和开发。

11.4.3.3 建设高效的技术推广体系

针对目前化肥和农药施用及管理方面存在的问题，本书对农业技术推广服务提出以下建议：①在改革庞大的推广系统、减少富余人员、提高效率、减少与推广无关的职能的同时，着重于肥料和农药的管理和技术推广；②将农业技术推广与商业活动（如经销化肥和农药）严格分离；③增加推广投入，提高推广体系的推广功能；④引入参与式推广的理念，让农民有反映自己的问题的机会和渠道，同时让农民主动参与新的节肥、节药技术培训，使他们充分认识到自己的施肥和施药行为与环境保护的关系；⑤培训推广人员，加强知识更新，并提高技术推广人员的环境保护意识。

11.4.3.4 积极推广成熟的高效施肥技术

建议以我国农业的可持续发展为目标，根据"高产、优质、高效、生态、安全"及"低耗、低污染"的总原则，拓宽思路，加强农业生态系统中养分循环和优化养分管理的基础性研究，开发适合不同区域条件的、简便易行的施肥新技术，同时加强常规施肥技术的组装集成，从源头控制化肥氮磷的非点源污染（薛利红等，2013），其中的关键是控制氮肥的施用量。

首先，确定我国主要作物（小麦、玉米和水稻），根据科学方法确定不同区域的适宜施氮量，包括依据土壤供氮量的预测为基础的半定量确定方法和平均适宜施氮量法。在区域尺度上，以县为单位，建立农田精确施肥专家决策系统，基于土壤养分状况和转化过程以及作物生长模型，进行测土配方施肥，降低化肥损失。

其次，采用平衡施肥、深施和水肥综合管理措施，以及避免在作物生长早期大量施用氮肥。重点施用于生长旺盛时期等，以降低氮肥施入农田后的损失。

再次，在推广应用长效缓/控释肥（长效碳铵、长效尿素、涂层尿素、水稻专用肥、包膜肥料）的基础上，加强研制和开发新型高效肥料（如控释尿素、控释复混肥等）和氮肥增效剂，减少氮肥自农田的损失。

最后，还应该为合理开发和利用好有机肥提供技术和制度保障，引入激励机制，让农民充分科学地平衡好有机肥和化肥的施用和替代（Sun et al., 2012）。

11.4.3.5 开展流域综合规划和小流域治理

我国在非点源污染严重的区域应以流域/河网区域为单元，进行综合规划治理。在农田节氮、控磷、控药的基础上，建设农田生态拦截系统，原位减少农田排放；建设农村分散式生活污水处理系统；开展区域河流整治，建设生态河床；在养殖区开展养殖废水的回用（杨林章等，2013）。

农田生态拦截系统以小流域为单元，一方面调整种植结构，采用间种套作，减少耕地换茬时的裸露，控制和降低旱地露地蔬菜地的地表径流；另一方面建立农田养分损失的生态拦截系统，改造传统型土沟渠和现代型"三面光"水泥沟渠，建立生态拦截型沟渠，减少农田排水进入外围水体的营养成分浓度，保护水体环境（施卫明等，2013）。在高污染风险区（蔬菜地或花卉地）的周围，建立物理和生物隔离带，防止氮、磷的质流与扩散。加强农田区域的水环境保护，建立成本低、占地面积少的净化塘（渠）污水生态处理系统，通过人工湿地和水生植物强化净化农田区域水中污染物。对养殖鱼塘内的废水进行灌溉再利用。开展农田河网区生态河床建设，应用生态工程（如种植对毒素或微量重金属吸附性的植物）及仿生物群落对河流廊道植被进行生态修复，修复和重建水体生态系统，增加河流自净能力（杨林章等，2013）。

第12章
"两型农业"技术创新支撑系统

"两型农业"不仅是生产范式的革命,而且也是技术范式的革命,发展"两型农业"需要新的科学技术提供强有力的支撑与保障。依据循环经济遵循"减量化、再利用、资源化"3R原则,发展两型农业需要与之相适应和匹配的技术支持。"两型农业"要求的技术主要有:农业减量化技术、清洁化生产技术与废弃物循环利用技术、生物质能综合开发技术、转基因技术、综合集成技术等。

12.1 "两型农业"减量化技术

12.1.1 减量化原则与农业资源节约

减量化原则是循环经济的第一原则,属于源头控制方法,旨在源头减少投入生产和消费过程的物质流量,坚持生产和资源节约并重,实现资源和污染物排放的源头削减。在生产领域,减量化原则常表现为生产过程中的节能、节材、节约资源及节约土地,生产产品的体积小型化和轻量化,并要求产品包装追求简单朴实而不是豪华浪费以及产品功能增大化,从而达到减少废弃物排放的目的。在消费领域,减量化原则要求改变消费至上的生活方式,推崇政府绿色采购、倡导适度消费和绿色消费,反对使用一次性用品。

减量化原则在农业中的运用就是节约资源。发展"两型农业",节约资源和保护环境是其根本要求,但节约资源是第一位的,只有节约资源才能更好地保护环境。节约资源的核心目标就是减少自然资源系统进入社会经济系统的物质流、能量流通量强度,降低资源消耗强度,提高资源利用效率,实现社会经济发展与资源消耗的减量化,从而有利于环境保护。我国是一个人多、地少、水少,资源贫乏的国家,农业又是严重依赖水土等资源消耗的产业,节约资源对于中国农业的可持续发展更具有特殊意义。农业节约资源的重点和关键是围绕农业最重要的生产要素，如水、土、化肥、农药、种子等资源来进行，主要表现为节水、节地、节肥、节种、节药、节能、节粮等。

12.1.2 主要的"两型农业"减量化技术

12.1.2.1 节水农业技术

(1) 田间节水灌溉技术

田间节水灌溉技术指在从水源引水到田间灌水这两个过程中所采取的节水方法。这两个环节虽不与农作物吸收和消耗水分的过程直接发生关系，但因其中节水潜力比较大，所以应视为节水农业的重要发展方向。田间灌溉方法的好坏，直接影响到灌水均匀度和田间水量损失的大小。目前我国应用比较成熟的主要有以下几种田间节水灌溉技术（张令梅和李亚红，2004）。

1) 喷灌技术。同传统的地面灌水方法相比，喷灌技术具有适应性强的特点，原则上可用于任何地形，全部采用管道输水，可人为控制灌水量，对作物进行适时适量灌溉，不产生地表径流和深层渗漏，因此比地面灌溉可节水30%~50%，增产20%~30%，且灌溉均匀、质量高，有利于作物生长发育、减少占地，能扩大播种面积10%~30%，并能调节田间小气候，提高农产品的品质以及对某些作物病虫害起防治作用、有利于实现灌溉机械化、自动化等优点。目前，轻小型喷灌机、移动管式喷灌、卷盘式灌机和大型喷灌机的应用在我国比较普遍。喷灌要求有一定的机械设备和动力，投资较大，技术也比较复杂，应量力而行。

2) 微灌技术，包括微喷灌、滴灌技术。可根据作物情况进行全部或局部湿润灌溉，因为其一般只湿润作物根系附近的一部分土壤，因此更加节水，一般比喷灌省水15%~20%，且比喷灌能耗低、灌水均匀，水肥同步，有利于作物生长、适应性强，操作方便，可根据不同土壤入渗特性调节灌水速度、增产40%以上、能有效防止土壤盐碱化和土壤板结。近年来在我国西部地区，广大科研工作者在实践基础上，将滴灌和覆膜技术相结合，形成膜下滴灌技术，不仅灌溉用水量更少，投资费用少，而且地膜覆盖，水分蒸发更少，更有利于作物的生长发育，实现了浇水、施肥一体化和可控化，是一种节水增效的农田灌溉技术。

3) 改进地面灌水技术，包括平整土地、畦田规格优化技术，波涌灌溉技术及膜上灌溉技术等。地面灌溉是最古老的灌溉方法，但如果加以适当改进，灌溉效率可大大提高。一般情况下，土地平整程度越好，田间灌水有效利用率会更高。而畦田"长畦改短畦，宽畦改窄畦，大畦改小畦"的"三改"畦灌技术和控制灌水时改水成数的方法均可有效节省水资源。波涌灌溉是一项较新的灌水方法，通过间歇性灌水的方法可大大提高地面灌溉系统的效率，波涌灌溉（包括波涌沟灌和波涌畦灌）可节水10%~30%，灌溉效率平均提高50%~70%。

4）农业节水技术，包括水肥综合管理、蓄水保墒、推广抗旱优良品种、秸秆地膜覆盖、使用化学控制保水技术、深松蓄水等。其中秸秆地膜覆盖一般采用麦秆和玉米秸秆进行覆盖，不仅能有效地抑制土壤水分蒸发，还能防止地表板结，增加土壤有机质，从而改善土壤的蓄水、保水和供水能力；水稻控制技术的改进，如在江苏等地推广的"薄、浅、湿、晒"种植方式相比传统漫灌每亩可节水100m^3，增产25kg；我国常用的化学控制保水剂按其用途可分为种子抗旱制剂、作物蒸腾抑制剂、土壤保墒增湿剂和保水剂等，在采取工程节水灌溉措施的同时配合使用化学制剂可起到节水，增产的目的。

（2）改进传统的输配水技术

渠道是灌区输水的通道，传统的土渠引水，在从水源地到田间地头的过程中水量损失是巨大的，我国渠道中土渠占80%，土渠的渠系利用系数一般只有0.4左右。我国每年因渠道输水渗漏损失的水量高达1500亿 m^3，相当于三条黄河的年水量。采取渠道防渗措施或利用管道输配水可大大降低用水量。

1）渠系配套及衬砌防渗技术。渠道防渗技术是我国应用推广面积较大的一项技术，据统计，我国防渗渠道衬砌总长度为55万km，占渠道总长度的18%，控制面积0.1hm^2。近几年防渗渠道更是以5万km/a的速度递增。与土渠相比，混凝土护面可减少渗漏损失80%~90%，浆砌石衬砌可减少67%~70%。塑料薄膜或土工布复合防渗可减少90%以上。而近几年推广的混凝土U形渠槽不仅防渗还可提高渠道流速和输沙能力。

2）低压管道输水技术。它是利用低压输水管道将水直接输送到田间地头，从而减少了输送过程中水的渗漏和蒸发损失。具有节水、节能、节地、易管理、省工省时等优点，且投资相对较低。据统计，与土渠相比，低压管道输水灌溉技术可节电20%~30%，省地2%~5%，增产10%左右，是北方井灌区未来相当长的一段时间需要加以推广的主导输水技术。

实践证明，节水灌溉技术能够弥补传统灌溉的先天不足，满足各种作物、不同耕作栽培形式下的需水要求和对环境的要求，对调整农村产业结构，实现农村经济增长具有重要意义。

（3）开发利用多种水源

农用水资源除了包括地表水、地下水、土壤水以外，还有降水和净化回用的各种污水。在地表水资源匮乏、地下水资源承载能力有限，而土壤水储蓄又不是很大的情况下，采取一定的措施充分利用多种水源就成为节水农业发展的另一个重要方向。目前在这方面，我国主要采用的是雨水集蓄技术和污水回用技术。

1）雨水集蓄技术。雨水集蓄就是把对农业无效部分的天然降水通过工程设施集蓄起来，实施时空调节，补偿干旱时农田水分亏缺，实现农业生产力的稳定提高，改善农田生态系统。农业上主要是利用自然坡面公路等集流面收集雨水，汇入修建的水窖、水池或小塘坝储存，然后利用水泵进行抽水灌溉。雨水利用技术是我国北方山区、丘陵区节水农业的主要供水方式，在西北、西南等年降雨量大于250mm的地区得到了很大的推广。例如，我国甘肃省实施的"121雨水集流工程"，内蒙古自治区进行的"112集雨节水灌溉工程"都取得了很好效益。实践证明，雨水集蓄工程不仅增加农田中土壤水分的储量、增加作物产量，还能提高农业抵御干旱的能力，并且对调节气候，改善当地生态环境还有一定的帮助。

2）劣质水回用技术。劣质水包括海水、城镇生活污水及工业废水及高含沙浑水。污水回用技术在我国应用比较普遍，污水经适当处理后回用，将是解决干旱地区农业用水短缺的一个重要措施，也是水资源可持续发展战略的基本要求。

（4）先进的控制管理技术

现代农业越来越多地应用计算机网络技术和自动控制技术。计算机与信息技术相结合，可随时采集到土壤水分和养分、农作物生长状况的基础数据，实现田间墒情采集、河渠水位测量、雨水利用与雨量观测及供水计算的自动化，从而精确指导各种耕作活动。国外现代化灌溉控制器已得到很广泛的应用，而在我国灌溉自动控制技术由于技术或资金的限制，只是小面积的局部应用。据有关资料统计，对一个13.33hm^2左右典型的灌溉系统来说，在灌溉系统总成本增加5%~10%的情况下，即可完成由人工灌溉向自动灌溉方式的转变，可以产生很大的经济效益。在不投入大量资金或在资金短缺的情况下，可以通过提高灌溉管理水平的办法提高农业节水潜力。国际上公认灌溉节水的潜力50%在管理方面，采用科学、有效的管理方法，可以大量减少灌溉用水的浪费。

从用水方面看，通过合理使用自然降水和灌溉水资源，我国农业灌溉水利用率和自然降水利用率可提高10%；通过全面普及灌溉节水、旱作节水和生物性节水技术，每年可节水1300亿~1550亿m^3。

12.1.2.2 节肥技术

测土配方施肥是以土壤测试和肥料田间试验为基础，根据作物需肥规律、土壤供肥性能和肥料效应，在合理施用有机肥料的基础上，提出氮、磷、钾及中、微量元素等肥料的施用数量、施肥时期和施用方法。测土配方施肥技术的核心是调节和解决作物需肥与土壤供肥之间的矛盾，同时有针对性地补充作物所需的营养元素，作物缺什么元素就补充什么元素，需要多少补多少，实现各种养分平衡供应，满足作物的需要，达到提高肥料利用率和减少用量，提高作物产量，改善农产品品质，节支增收的目的。测土配方施肥技术包括"测土、配方、配肥、供应、施肥指导"五个核心环节、九项重点内容（农民科技教育培训中心和中央农业广播电视学校，2008）。

1）田间试验。田间试验是获得各种作物最佳施肥量、施肥时期、施肥方法的根本途径，也是筛选、验证土壤养分测试技术、建立施肥指标体系的基本环节。通过田间试验，掌握各个施肥单元不同作物优化施肥量，基肥、追肥分配比例，施肥时期和施肥方法；摸清土壤养分校正系数、土壤供肥量、农作物需肥参数和肥料利用率等基本参数；构建作物施肥模型，为施肥分区和肥料配方提供依据。

2）土壤测试。土壤测试是制定肥料配方的重要依据之一，随着我国种植业结构的不断调整，高产作物品种不断涌现，施肥结构和数量发生了很大的变化，土壤养分库也发生了明显改变。通过开展土壤氮、磷、钾及中、微量元素养分测试，了解土壤供肥能力状况。

3）配方设计。肥料配方设计是测土配方施肥工作的核心。通过总结田间试验、土壤养分数据等，划分不同区域施肥分区；同时，根据气候、地貌、土壤、耕作制度等相似性和差异性，结合专家经验，提出不同作物的施肥配方。

4）校正试验。为保证肥料配方的准确性，最大限度地减少配方肥料批量生产和大面积应用的风险，在每个施肥分区单元设置配方施肥、农户习惯施肥、空白施肥3个处理，以当地主要作物及其主栽品种为研究对象，对比配方施肥的增产效果，校验施肥参数，验证并完善肥料配方，改进测土配方施肥技术参数。

5）配方加工。配方落实到农户田间是提高和普及测土配方施肥技术的最关键环节。目前不同地区有不同的模式，其中最主要的也是最具有市场前景的运作模式就是市场化运作、工厂化加工、网络化经营。这种模式适应我国农村农民科技素质低、土地经营规模小、技物分离的现状。

6）示范推广。为促进测土配方施肥技术能够落实到田间，既要解决测土配方施肥技术市场化运作的难题，又要让广大农民亲眼看到实际效果，这是限制测土配方施肥技术推广的"瓶颈"。建立测土配方施肥示范区，为农民创建窗口，树立样板，全面展示测土配方施肥技术效果，是推广前要做的工作。

7）宣传培训。测土配方施肥技术宣传培训是提高农民科学施肥意识，普及技术的重要手段。农民是测土配方施肥技术的最终使用者，迫切需要向农民传授科学施肥方法和模式；同时还要加强对各级技术人员、肥料生产企业、肥料经销商的系统培训，逐步建立技术人员和肥料商持证上岗制度。

8）效果评价。农民是测土配方施肥技术的最终执行者和落实者，也是最终受益者。检验测土配方施肥的实际效果，及时获得农民的反馈信息，不断完善管理体系、技术体系和服务体系。同时，为科学地评价测土配方施肥的实际效果，必须对一定的区域进行动态调查。

9）技术创新。技术创新是保证测土配方施肥工作长效性的科技支撑。重点开展田间试验方法、土壤养分测试技术、肥料配制方法、数据处理方法等方面的创新研究工作，不断提升测土配方施肥技术。

12.1.2.3 节药技术

节药技术是指在不降低病虫害防治效果的前提下，采取提高农药利用率、增强药效等方式降低化学农药用量的技术。节药技术在降低农药合成能源消耗的同时，也降低了农药残留量，从而防止农业环境污染和提高农产品品质，具有节能减排降污的多重功效。从病虫害防治和农药使用过程看，节药技术主要有：

1）降低农药用量技术。根据病虫害发生规律，以及对虫情和防治条件（天气气候等）的准确预报，确定合理用药量和防治时间，减少农药用量，如种子包衣剂技术等。

2）机械节药技术。采用先进的农药施用机械进行精准喷雾作业，避免施药过程中的"跑、冒、滴、漏"现象，提高农药利用率，减少农药用量，如低量静电喷雾机、自动对靶喷雾机、防飘喷雾机、循环喷雾机等。

3）化学农药替代技术。主要通过物理防治技术和生物防治技术替代直接使用化学农药来减轻农作物的病虫害。

以武汉市为例，2008年前，武汉市年使用农药3200t，利用率只有30%左右，大部分流失到土壤中。近年来，武汉通过大力推广农业、生物、物理等相结合的综合防治技术，积极推广农作物抗病抗虫品种和稻鸭共育、稻虾共育等生态栽培及养殖模式，切实减少了化学农药的施用量。通过推行生物杀虫灭虫的方法与技术，每年在全市蔬菜基地推广杀虫灯5500余盏，受益面积20万亩；推广黄色黏虫板45万张，银灰色避虫网28.5万 m^2，性诱剂及诱捕器560套。通过以上综合措施，武汉市化学农药使用量比"十五"时期末下降了12.3%（朱江平等，2010）。

12.2 "两型农业"清洁化生产技术与废弃物循环利用技术

农业清洁生产是指在农业生产的全过程中，通过技术、管理与监控体系的调控，避免或减少各种污染，生产出安全卫生合格的农产品（食品），达到环境健康和农产品安全的目的。农业清洁生产既包含了工业清洁生产的基本含义，又有别于工业清洁生产的特征和内容。农业清洁生产包括清洁的生态环境（合适的无污染的水、汽、土、肥等自然环境）、清洁的生产过程（建设农业生态工程、水体立体养殖工程、农业废弃物质资源化再生工程等）和清洁的产出（金晶和曲福田，2006）。

农业清洁生产不是指单一的某项技术，而是一个技术群，需要应用生物学、生态学、经济学、环境科学、农业科学、系统工程学的理论，运用生态系统的物种共生和物质循环再生等原理，结合系统工程方法所设计的多层次利用和工程技术，并贯穿整个农业生产活动的产前、产中、产后过程。农业清洁生产的技术体系有环境技术体系、生产技术体系、质量标准体系，其中主要是以包括农业生态工程技术、综合防治技术为重点的生产技术体系（陈宏金和方勇，2004）。

12.2.1 农业生态工程技术

以发展生态农业而采取的工程技术称为农业生态工程技术，它是在20世纪60年代全球生态危机爆发和人们寻求解决并对资源环境进行保护的背景下产生的。它主要是通过生态系统中各生物物种充分利用空间和资源的生物群落的共生原理，多种成分相互协调与促进的功能原理以及物质和能量多层次、多途径利用和转化等原理的有效运用，建立能合理利用自然资源、保持生态稳定和持续高效功能的农业生态系统。

农业生态工程技术的主要特点是：①以发展大农业为出发点，按照整体、协调、和谐、共生的原则，全面规划、调整和优化大农业结构，使农、林、牧、副、渔各业综合发展，并相互支持、相得益彰，提高综合生产能力。②防治环境污染，重视农业生态环境的综合整治。③合理利用农业资源，大力开展农村能源建设和废弃物综合利用，实现农业生态系统物质、能量的良性循环和多层次利用，减少对外部投入的依赖。

中国有着数千年的精耕细作的农作传统和农业生产实践，在资源利用与保护、耕作制度及培肥土壤等方面积累了丰富和宝贵的经验和技术，如"轮、套种制度"、"垄稻沟鱼"、"桑基鱼塘"。这些技术在当今农业实践中仍然行之有效、广泛应用，并且在与当今现代科学技术结合后，又发展出了新的生产模式。农业生态工程往往是各种产业的综合体，除了一般的种植业、畜牧业外，还包括水产养殖、有机废弃物资源化养殖、果林与农作物及其加工业在内。在我国南方一般都以农户和农村为单位，进行农田与庭院相结合的生态农业建设，包括稻田养鱼、水产品立体养殖、畜禽养殖、食用菌养殖、再生饲料工程、再生能源工程等方面，构成了一个有多层次结构、网络状食物链的复合生态系统。

12.2.2 综合防治技术

两型农业要求的清洁生产是将综合预防的环境策略持续应用于生产过程和产品中，其实质是一项预防技术，包括清洁的投入、清洁的生产过程、清洁的产出。综合防治技术就是根据农业清洁生产标准的要求，综合地运用物理、化学、生物等技术防治危害农业清洁生产的各种因素。

(1) 合理的肥料投入和施肥技术

科学合理的施肥在农业清洁生产中起着重要的作用，它不但要满足作物生长的营养需要，培肥地力，而且要能控制因肥料本身而引起的病虫害传播、重金属污染和对土壤环境的破坏。由于土壤污染具有蓄积性、不可恢复性、隐蔽性，一旦受到污染即改变了土壤的成分，导致土壤性质改变且不易恢复、肥力下降，影响了作物的生长、发育和农产品的品质。农业清洁生产的施肥原则是：以精制有机肥、生物有机肥、有机无机复混肥为主，辅以其他肥料；以高浓度多元专用复合肥为主，单质肥料为辅；以基肥为主，追肥为辅。限制化肥用量，不用激素类叶面肥，做到因时、因地、因天、因作物合理施肥。

(2) 无公害的农药应用技术

化学农药是农业生产中大量应用的一类化学物质，由于施用量的不断增加，对环境的污染越发突出，对人、畜和农产品的安全构成重大的威胁。要使用安全、高效、低残毒的化学药物和生物药物，按照一般施药原则，进行不同类品种间的轮换、交替和混合使用，避免抗药性的迅速产生；注意在一定条件下与常规农药的配合使用；要特别注意操作技术和质量，施药时要均匀周到，以便最大限度地发挥药剂的潜力。

（3）生物防治病虫害技术

利用作物间的相生相克、共生互利关系，采用轮作、间混套种等种植方式控制病虫害与草害。通过调整收获和播种时间，打乱害虫食性或错开季节，可有效地减少危害。利用动物、微生物及作物分泌的化学物质来治虫、除草，通过放养天敌也能有效控制病虫害，如利用七星瓢虫捕食蚜虫等；选育新的抗病虫能力强及潜力大的作物品种和适于当地生态环境的家禽品种（吴孔明，2010）。

（4）农业废弃物资源化再生技术

农业生产过程中有很多的废弃物，如果不很好地处理并加以利用，必将对农业的清洁生产体系构成危害，如畜禽粪便、农作物秸秆、农业塑料、生活垃圾等。清洁生产通常利用食物链原理进行多层次分级处理。例如，作物秸秆处理技术，可采用物理方法，如切碎、蒸煮、膨化等，或用生物法进行青储、用微生物进行发酵，或通过糖化过程先把秸秆变成饲料，而后用畜禽的排泄物及秸秆残渣来培养食用菌，生产食用菌的残余料又用于繁殖蚯蚓，最后才把剩下的残余物返回农田；防止残膜污染主要是适时揭膜，即从农艺措施入手，改作物收获后揭膜为收获前揭膜，筛选作物的最佳揭膜期，既提高地膜的回收率，又提高作物的产量；对垃圾等固体废物可进行分类收集，通过好氧发酵（堆肥化技术）、厌氧发酵，将废弃物降解，转化成农业有机肥料，同时又可开发再生能源。农业清洁生产是对传统农业生产方式的一场新的技术革命，尽管有工业清洁生产作理论和实践指导，但农业清洁生产毕竟是一个新的领域，其生产条件、生产方式、生产技术等方面都有其自身的特点，需要不断地探索、改进和提高，以促进农业清洁生产的发展（卞有生，2000）。

12.3 "两型农业"生物质能综合开发技术

12.3.1 生物质能

生物质能就是太阳能以化学能形式储存在生物质中的能量形式，即以生物质为载体的能量。它直接或间接地来源于绿色植物的光合作用，可转化为常规的固态、液态和气态燃料，取之不尽、用之不竭，是一种可再生能源，同时也是唯一一种可再生的碳源。有机物中除矿物燃料以外的所有来源于动植物的能源物质均属于生物质能，通常包括木材及森林废弃物、农业废弃物、水生植物、油料植物、城市和工业有机废弃物、动物粪便等。

生物质能的特点可以概括为：①可再生性。生物质能属可再生资源，生物质能由于通过植物的光合作用可以再生，与风能、太阳能等同属可再生能源，资源丰富，可保证能源的永续利用。②低污染性。生物质的硫含量、氮含量低、燃烧过程中生成的SO_x、NO_x较少；生物质作为燃料时，由于它在生长时需要的CO_2相当于它排放CO_2的量，因而对大气的CO_2净排放量近似于零，可有效地减轻温室效应。③广泛分布性。缺乏煤炭的地域，可充分利用生物质能。④生物质燃料总量十分丰富。根据生物学家估算，地球陆地每年生产1000亿~1250亿t生物质；海洋年生产500亿t生物质（姚向君等，2006）。我国可开发为能源的生物质资源可达3亿吨。随着农林业的发展，特别是炭薪林的推广，生物质资源还将越来越多。

目前人类对生物质能的利用，包括直接用作燃料的有农作物秸秆、薪柴等；间接作为燃料的有农林废弃物、动物粪便、垃圾及藻类等，它们通过微生物作用生成沼气，或采用热解法制造液体和气体燃料，也可制造生物炭。生物质能是世界上最为广泛的可再生能源。据估计，每年地球上仅通过光合作用生成的生物质总量就达1440亿~1800亿t（干重），目前的利用率不到3%，多半直接当薪柴使用，效率低，影响生态环境。现代生物质能利用是通过生物质的厌氧发酵制取甲烷，用热解法生成燃料气、生物油和生物炭，用生物质制造乙醇和甲醇燃料，以及利用生物工程技术培育能源作物，发展能源农业。

12.3.2 能源作物

能源作物是指经专门种植用以提供能源原料的草本和木本植物。我国有大量不适于粮食生产但可种植高抗逆性能源作物的荒山、荒坡和盐碱地等边际性土地，选择适应不同生长条件的品种进行培育和繁殖，可获得高产能源作物，并大规模转化为燃料乙醇和生物柴油等液体燃料。我国可转换为能源用途的作物和植物品种有200多种，目前适宜开发用于生产燃料乙醇的农作物主要有甘蔗、甜高粱、木薯、甘薯等（玉米、马铃薯可用于生产燃料乙醇，但影响国家粮食安全，不宜作为主要品种开发），用于生产生物柴油的农作物主要有油菜等。在维护国家粮食安全的情况下，林木类能源作物正受到人们的广泛关注，如我国南方地区生长的麻疯树（小桐子）、光皮树、黄连木、乌桕树等。其中乌桕籽油是转化生物柴油的理想原料，通过酸碱催化脂交换法制取生物柴油。在特定的温度和压力下，采用一定的醇油比与碱性催化剂一起进行酯交换反应，混合产物经静置分为上下2层，下层为甘油层，上层为甲酯层。将上层的甲酯取出，洗去带出的甘油，再进一步反应得到最终产品–脂肪酸甲酯，酯化率达98%。据专家测算，零星种植的乌桕树进入盛果期的年均单株籽粒产量一般可达25~30kg，大树可超过50kg；集中连片种植的乌桕树林地，盛果期平均每公顷的年籽粒产量一般为11 250~13 500kg，可生产相当于23~28桶普通柴油的生物柴油，高产林地的年籽粒产量每公顷可达1.5万~1.8万kg，生产31~37桶代用柴油（郭瑞超等，2007）。

12.3.3 生物质能技术

生物质能利用技术可分为固体、液体和气体三种燃料技术（刘荣章等，2006）。

（1）生物质固体燃料

大部分生物质原始状态密度小、热值低，虽然不经过处理也可以作为能源使用，但无论是运输和储存，还是利用效率方面，都不能与化石能源相提并论。但如果对生物质进行一些处理，就可以有效弥补生物质能的不足。国际上目前使用最广泛的生物质能利用技术是固体成型技术，就是对生物质原材料进行加工，制成生物质压块和颗粒燃料。经过压缩成型的生物质固体燃料，密度和热值大幅提高，基本接近于劣质煤炭，便于运输和储存，可用于家庭取暖、区域供热，也可以与煤混合进行发电。

（2）生物质液体燃料

生物质液体燃料技术主要有两种：一种是通过种植能源作物生产乙醇和柴油，如利用甘蔗、木薯、甜高粱等生产乙醇，利用油菜籽或食用油等生产柴油。这种利用能源作物生产液体燃料的技术目前已相当成熟，并得到了较好的应用，如巴西利用甘蔗生产的乙醇代替燃油的比例已达到25%。另一种是利用农作物秸秆或林木质生产柴油或乙醇，这种技术目前还处在工业化试验阶段。总体来看，生物质液体燃料是一种优质的工业燃料，不含硫及灰分，既可以直接代替汽油、柴油，也可作为民用燃烧或内燃机燃料，展现了极好的发展前途。

（3）生物质气体燃料

生物质气体燃料技术主要有两种：一种是利用动物粪便、工业有机废水和城市生活垃圾通过厌氧消化技术生产沼气，用作居民生活燃料或工业发电燃料，这既是一种重要的环境保护技术，也是一种重要的农村能源供应技术。沼气技术目前已非常成熟，并得到了广泛应用。另一种是通过高温热解技术将秸秆或林木质转化为以一氧化碳为主的可燃气体，用于居民生活燃料或发电燃料。

我国农村的秸秆资源相当丰富，主要的农作物种类有稻谷、小麦、玉米、豆类、薯类油料作物、棉花和甘蔗。根据我国地理分布和气候条件，南方地区水域多、气温高，适合水稻、甘蔗、油料等农作物生产，北方地区四季温差大，适合玉米、豆类和薯类作物生长，故播种面积大于其他地区。小麦在我国各地区都普遍种植；棉花产地主要是华北、西部、华中地区。我国每年因无法处理的剩余农作物秸秆在田间直接焚烧的超过 2 亿 t，资源浪费十分明显（孙永明，2005）。

生物质能直燃发电简称"生物发电"，生物发电的燃料主要有能源林、林业废弃物以及农业废弃物等生物质，是可再生的资源，取之不尽、用之不竭。燃料发电过程中不会额外增加大气中 CO_2 总量，减少了对环境的污染。低碳环保的秸秆发电在我国极具推广潜力。

12.3.4 农村沼气

农村户用小型沼气技术已比较成熟，目前主推的是埋地圆柱形水压式沼气池，并已制定出国家标准（GB4750-84、GB4751-84、GB4752-84）。这种沼气池解决了进料和出料的矛盾，可以连续生产。农民不需冒生命危险去掏出沼渣。北方在沼气池上加盖塑料大棚，使沼气与养猪种菜相结合，组装成"四位一体"模式，成功地解决了冬季沼气发酵问题。各地从当地实际出发，把沼气与农民致富奔小康结合起来，形成生态家园富民计划，大大推进了农村户用沼气的发展，国家已将其列入西部大开发计划（袁开福和高阳，2008）。

12.4 转基因技术与第二次农业绿色革命

12.4.1 转基因技术与产业化发展现状

转基因技术是将人工分离和修饰过的基因导入生物体基因组中，由于导入基因的表达，引起生物体的性状的可遗传的修饰，这一技术称之为转基因技术（transgene technology）。转基因技术最大的特点就是通过获得优良基因进行跨物种交流，其本质是运用优良基因进行遗传改良。利用转基因技术可以改变植物性状，培养出具有高产、优质、高抗等优良性状的作物品种。对于农作物发展，能够实现对产量、品质和抗性等性状进行定向、精确的遗传改良，使依靠常规育种技术达不到的目标得以顺利实现。

随着转基因技术的迅猛发展，全球转基因技术产业化加速发展。根据国际农业生物技术应用服务组织（ISAAA）的研究数据显示（图12-1），全球转基因作物种植已从1996年的6个国家、170万hm²，发展到2009年的25个国家、1440万农户种植了1.34亿hm²。

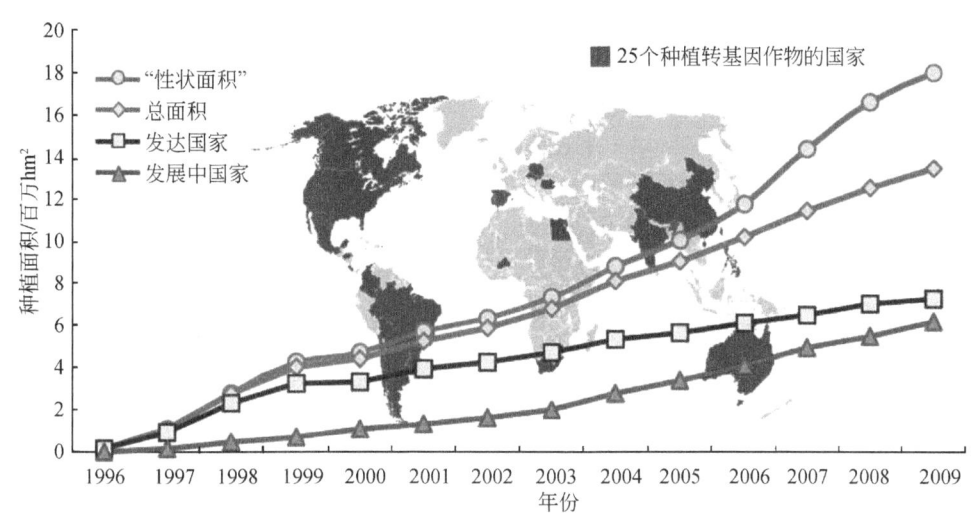

图12-1　全球转基因作物种植面积（1996~2009年）

资料来源：James，2010

从1996~2009年的累计种植面积达到10亿hm²，增长了80倍。全球大豆种植面积9000万hm²的77%为转基因品种，3300万hm²的棉花49%为转基因品种，转基因玉米占总面积1.58亿hm²的26%，转基因油菜为3100万hm²的21%，空前的发展速度使转基因技术成为近代科技史上应用最快的技术。

2013年全球转基因作物商业种植面积1.75亿hm²，美国90%的玉米、90%的棉花、93%的大豆和98%的甜菜都是转基因作物，澳大利亚99.5%的棉花和阿根廷100%的大豆也都采用转基因技术。在世界上的转基因技术应用大国中，中国排在第六位，位于美国、巴西、阿根廷、印度和加拿大之后。中国的转基因作物包括420万hm²棉花，6000hm²抗病毒木瓜。

转基因作物可以在产量、抗逆性和营养品质等方面较传统作物品种有显著改进，并且还能大大降低生产成本，提高效率，减少农业生产中的环境污染，产生良好的经济、环境和社会效益。据Cropnosis咨询公司估计，全球2009年转基因作物的市场价值达到105亿美元，相当于2009年全球作物保护市场522亿美元的20%，商业种子市场340亿美元的30%。自1996~2009年，全球转基因作物的累计收益高达623亿美元。在1996~2008年对农药活性成分的节约累计达到3.56亿kg，相当于节约了8.4%的农药。通过环境影响商（EIQ）的测量，这相当于减少了16.1%的杀虫剂。仅2008年，转基因作物通过减少化石原料的使用，减少杀虫剂和除草剂的喷洒，以及通过免耕等保护性耕作，总共减少CO_2排放量144亿千克，相当于减少700万辆汽车CO_2的排放量。转基因技术为人类彻底解决贫穷、营养缺乏、疾病、粮食安全和生态环境等问题带来了曙光和希望，对保证全球粮食安全和农业可持续发展展示了广阔的战略前景。

12.4.2 转基因技术与第二次绿色革命

近年来我国农业科学家提出了第二次绿色革命，即少投入、多产出、保护环境。转基因技术将在第二次绿色革命的实现过程中起到重要的作用，下面是几个转基因作物的例子。

(1) 转基因抗虫棉

转基因抗虫棉花在我国已大面积种植，它的推广大幅度地降低了农药的用量。在1999~2001年，由于种植抗虫棉，少施用农药12.3万t，每公顷的经济效益达3000~4000元。至2008年年底，已审定转基因抗虫棉品种155个，2008年的种植面积为380万hm^2，约占全国种植棉总面积的66%，减少化学农药用量约80余万t，减量70%~80%，棉农增产增收累计超过了300亿元，棉农的农药中毒伤亡事故大大减少。棉铃虫的食性较杂，除了棉花外还可能危害玉米、蔬菜等其他农作物。因此，人们最初预计转基因抗虫棉的推广可能会导致非转基因作物上棉铃虫的危害加重。但是科学家们经过1997~2006年的跟踪研究发现，转基因棉花可显著降低棉铃虫种群的整体数量，即转基因棉花的推广不仅使转基因棉花上的棉铃虫减少了，也使其他受棉铃虫危害的非转基因作物上的棉铃虫数量减少了。因此，转基因棉花不仅可以保护棉花不受棉铃虫的危害，同时也还能减轻其他非转基因作物上棉铃虫的危害，这是转基因棉花给人们带来的一个意外的惊喜。

(2) 绿色超级稻

水稻是最重要的粮食作物之一，是世界上超过一半人口的主食，稻谷产量约占我国粮食产量的40%，水稻生产中的农药、化肥、水资源等各项投入均在各作物之首，节约资源保护环境的潜力巨大。目前水稻生产上面临着一系列的问题：如人口的不断增长和耕地面积的减少对水稻产量构成持续压力；20世纪90年代以来水稻单产徘徊不前；生产上日益严重的病虫害使水稻的产量损失严重；水资源的短缺和频繁发生的旱灾使水稻大幅减产等；同时过量使用的农药和化肥还导致了环境污染和生态破坏。因此，我国科学家（Zhang，2007）提出了大力培育绿色超级稻的战略构想。绿色超级稻的概念归纳起来就是16个字，即少打农药、少施化肥、节水抗旱、优质高产。绿色超级稻的目标是提高产量，改良品质，大幅度地减少农药、化肥、灌溉和劳动力的投入，即培育的新品种不但要高产优质，而且要具备抗多种主要病虫害、营养高效、抗逆境等多种优良性状（张启发，2009）。由于绿色超级稻的培育涉及大量性状的改良，Zhang（2007）提出绿色超级稻培育两步走的建议：第一步，将绿色超级稻所涉及的基因通过分子标记辅助选择或转基因单个地导入最优良品种中，培育一系列遗传背景相同、单性状改良的近等基因系。第二步，将这些近等基因系相互杂交，实现基因聚合，培育聚大量优良基因于一体的绿色超级稻。

中国科学院农业政策研究中心研究了相关抗虫性水稻对农药施用、作物产量和农民健康效应方面的影响。他们（Huang et al., 2005；黄季焜和胡瑞法，2007）对我国培育的在湖北、福建地区试种的转基因抗虫稻的调查结果表明：①抗虫性水稻大幅度降低了农民的农药使用量和降低农民的劳动强度。农民种植转基因水稻平均每公顷可节省17kg（或80%）的农药投入，节省施用农药用工9个工作日。②抗虫性水稻可以显著挽回水稻因受虫害所造成的产量损失，种植抗虫性水稻可以使水稻增产6%~9%。不仅每公顷可节省投入600~1200元，还可大大缓解由于外出打工，农村青壮年劳动力不足的矛盾。③抗虫性水稻将在未来保障我国粮食安全、增加农民收入、提高农民生活（健康）质量、改善生产和生活环境等方面产生积极的影响。因此培育绿色超级稻所产生的经济效益、生态效益和社会效益将是十分巨大的。

（3）其他转基因作物

转基因技术还应用在其他农作物上，如延长储存期的转基因番茄，这种转基因番茄可以显著延长其货架期，是我国首例批准上市的转基因作物。有科学家利用转基因技术培育可以改善维生素A缺乏症的转基因金稻米，一般水稻中不含维生素A，而以水稻为主食的一些贫穷人口由于食物比较单一，容易患维生素A缺乏症。维生素A缺乏可能导致失明、抵抗力下降以及儿童死亡率上升等一系列健康问题，B2胡萝卜素是维生素A的前体，目前利用转基因技术培育了一种富含B2胡萝卜素的金稻米，食用这种金稻米可以显著改善在一些贫穷国家和地区流行的维生素A缺乏症。英国的科学家研制了一种可以生产抗性淀粉的转基因小麦，食用这种抗性淀粉可以降低人类患冠状动脉心脏病、某些癌症和糖尿病的风险，促进身体健康。

（4）转基因技术的新趋势和转基因作物新产品

现在作物转基因技术发展的新趋势主要有：无标记转基因技术（进一步

降低转基因作物的安全性风险）；质体转化技术（转基因不随花粉传播）；多基因转化技术（多性状同步改良）；时空特异性表达技术（在食用部分无转基因产物）以及不需组织培养的转基因技术（提高转基因作物培育的效率）等。

近年来，以转基因作物（或技术）为原料或基础开发出许多新产品以及应用到其他一些领域，如以转基因作物作为生物质能源的原料来源之一；以转基因技术作基础开发功能和保健食品，如开发必需氨基酸含量较传统作物提高的食品（稻米、玉米等）；培育微量元素增加的稻米；利用转基因技术生产富含 Omega23 的大豆；利用转基因技术培育具有治理环境污染功能的植物（生物抹布）以及应用转基因植物作为生物反应器生产抗体等。

总之，转基因作物有着巨大的潜在价值，即少投入，包括少施化肥，少打农药、少用水、土地、劳动力等；多产出，包括高产、优质，农产品的多用途以及食品的多样化等；保护环境；减少食品污染，有利于人类健康，减少环境污染，保障可持续发展，维护生物多样性。

12.5 "两型农业"综合集成技术

集成农业把一项农业科技成果所需的物质基础，制作成一个集成农业装备元件，再按照农业生产消费的需要把一个个农业装备元件组装起来，接着在农业生产生活中或农业科技园中测试应用，试验到最佳状态，然后大规模生产这种装备，在一定区域内普及这种装备设施，从而使现代农业水平不断提升。

12.5.1 集成农业主要技术特点

集成农业有诸多优势（卢辞，2008）：①技术密集。在农业设施装备上集成了大量的农业技术，在普及过程中集成了大量的制造技术、施工技术。②占有空间小，效率高，适宜性强。集成农业把主要元件或单元合理地设计在一个空间内，功能单元之间连接紧密，整体功能强大，农业生产效率高，适应于农业劳动者操作和管理。③生态与生存效益高。集成农业由于其设备的高效性，通常是使有限的农业生产资源发挥最大效益。例如，荷兰的温室集成农业模式，使生产资源和农业环境得到最大限度的利用，形成了著名的创汇农业；以色列的节水集成农业模式，使水肥等生产资料随滴灌管道智能化、精准化供给农作物，达到高效利用，形成了沙漠滴灌农业（潘光和刘锦前，2004）。④操作简单，便于普及。集成农业依存于看得见摸得着的农业设施，尽管其含有复杂多样的技术，却能够根据劳动者的能力设计操作技巧，农业劳动者在学习操作过程中便掌握了其所包含的大量农业技术，农业技术普及效率大大提高。

集成农业由集成技术、集成试验、集成制造和集成运用四个基本环节组成。每一个环节都可以集成不同的要素，使该环节达到最优，这一过程被称为横向集成模式。集成农业的每个环节相互联系，前一环节是后一环节的条件和基础，后一环节是前一环节的结果和延伸，这种联系将一项具体集成农业创造为最优化的集成链条，被称为纵向集成模式。横向模式在我国运用极为狭窄，显示出我国农业装备设施水平较低，特别是对于大宗农业生产几乎不存在相关集成设施的运用；而纵向集成农业在我国有长久的历史，特色十分鲜明。下面主要介绍纵向集成农业。

12.5.2 我国纵向集成农业的主要模式

根据卢辞、徐德利等的研究，我国纵向集成农业发展模式主要有五种基本类型。

12.5.2.1 南方猪-沼-果能源生态模式

以农户为基本单元，利用房前屋后的山地、水面、庭院等场地，主要建设畜禽舍、沼气池、果园等几部分，同时使沼气池建设与畜禽舍和厕所结合，形成养殖-沼气-种植三位一体的庭院经济格局。

南方"猪-沼-果"能源生态模式实现了经济、社会、生态三大效益的统一：首先，农业资源得到循环利用，提升了经济效益。一是促进生猪生产。通过兴办沼气，节约大量的薪柴和煤炭，因此砍柴、买煤不如多养猪。沼肥又是一种优质饲料，养猪提前15～30天出栏，尤其是与低成本养猪技术配套，效果更为显著，一头猪可节约饲料50kg。据调查和验收，建沼气池的农户一般比没有建沼气池的农户户平均多养3～5头猪。二是提供大量的优质沼气肥，推动果业和其他农业的发展。沼肥是优质高效的有机肥，不仅可以促进农作物生长和改良土壤，而且可以增强农作物和果树的抗旱、抗冻和抗病虫能力。"猪-沼-果"模式经营户沼气节能及其综合利用方面获得直接经济效益户均5000元以上。其次，大大促进了精神文明和物质文明建设，彻底改善了农村环境条件。尤其是实行沼气池、猪舍、厕所的结合布局，人畜粪便进入沼气池，消灭了蚊蝇滋生场所，一些寄生虫和病菌在沼气池内被杀灭，减少疾病传染，提高农民的健康水平，村容村貌大为改观；进一步解放妇女生产力，提高农民采用先进技术的意识。同时，开展"猪-沼-果"工程建设，是符合生态原理和系统工程方法的新技术，通过技术培训、学习和实践，提高了农民的科技素质，增强持续发展意识。最后，兴办沼气，开发再生能源，大大减少对森林资源消耗，农户建设一个 $6m^3$ 的沼气池，一年可节约柴草 25t，相当于 $0.35hm^2$ 林木年生长量；沼气肥是一种优质农家肥，对改良土壤理化性状及耕作性能有着积极的意义。施用沼气肥的水稻田，3 年后土壤有机质含量提高 16%，微生物十分活跃。土壤已不再是赖以化肥为代换物的简单介质，农民施用化肥、农药量大为减少，既减少农业投入，又大大减少化肥、农药对农产品、土壤和水的污染，从而提高了农产品的品质，为开发无公害农产品和绿色食品开辟了一条有效的技术途径。这样周而复始，使自然界和人、动植物以及微生物处于共生的良性生态环境。

12.5.2.2　北方四位一体能源生态模式

四位一体生态模式是在自然调控与人工调控相结合条件下，利用可再生能源（沼气、太阳能）、保护地栽培（大棚蔬菜）、日光温室养猪及厕所等因子，通过合理配置形成以太阳能、沼气为能源，以沼渣、沼液为肥源，实现种植业（蔬菜）、养殖业（猪、鸡）相结合的能流、物流良性循环系统，这是一种资源高效利用、综合效益明显的生态农业模式。运用本模式，冬季北方地区室内外温差可达 30℃ 以上，温室内的喜温果蔬正常生长、畜禽饲养、沼气发酵安全可靠。

四位一体模式的效益：①以庭院为基础，充分利用空间，搞地下、地上、空中立体生产，提高了土地利用率；②生产不受季节、气候限制，改变了北方一季有余、二季不足的局面，使冬季农闲变农忙；③高度利用劳动力资源。北方模式是以自家庭院为生产基地，家庭妇女、闲散劳力、男女老少都可从事生产；④缩短养殖、种植时间。一般每户每年可养猪 20 头，种植蔬菜 $150m^2$，年纯收入为 5000 元以上，提高了养殖业和种植业的经济效益；⑤保障了我国北方冬季城乡鲜肉和鲜菜供给，繁荣了市场。

12.5.2.3　西北五配套能源生态模式

五配套模式是延安及西北地区的主要庭院生态模式典型，将沼气池、果园、畜禽舍、水窖和滴灌系统 5 个部分配套建设。这个模式是从西北干旱的情况出发，以庭院为中心，节水为重点，日光温室内的畜禽生产和果园内的水果生产为经济收入，把沼气作为纽带，以畜牧业带动沼气生产，以沼液、沼渣促进水果生产，使林果业与畜牧业得到了结合。这样，既净化了环境，又减少了投资和病虫害，还增加了产品产量和经济效益，出现了生态经济的良性循环。按西北五配套模式建 1 口 $8m^3$ 的沼气池，存栏生猪 5 头，全年产沼气 380～

450m³；用沼气照明，全年能节约照明用电 200kW·h 以上；用沼气作燃料，全年节约煤炭 2000kg；年产沼肥 20t 左右，可满足 6 亩果园的生产用肥；用沼液喷施果树，能防治蚜虫、红蜘蛛等虫害发生，年减少农药用量 20%。利用沼肥种果，可使果品品质和商品率提高，增产 25% 以上。采用该模式长期施用沼肥的土壤，有机质、氮、磷、钾及微量元素含量都有显著提高，保水和持续供肥能力增强，能为建立稳产、高产农田奠定良好的地力基础。人畜粪便及时入池，经过沼气池密封发酵，杀死了虫卵病菌。

12.5.2.4 生态渔业模式

该模式是遵循生态学原理，采用现代生物技术和工程技术，按生态规律进行生产，保持和改善生产区域的生态平衡，保证水体不受污染，保持各种水生生物种群的动态平衡和食物链网结构合理的一种模式。我国具体实践模式主要有：

（1）池塘混养模式。池塘混养是将同类不同种或异类异种生物在人工池塘中进行多品种综合养殖的方式。其原理是利用生物之间具有互相依存、竞争的规则，根据养殖生物食性垂直分布不同，合理搭配养殖品种与数量，合理利用水域、饲料资源，使养殖生物在同一水域中协调生存，确保生物的多样性。

（2）海湾鱼虾贝藻兼养模式。根据海流流速合理布区，在同一海湾中同时进行鱼类、贝类、蟹类、藻类养殖的模式。其原理是吃食鱼、虾、蟹类网箱养殖的残饵、排泄物，一方面成为有机碎屑，直接成为吊养、底栖养殖贝类的饵料，另一方面在细菌的作用下分解产生营养盐类，促进浮游生物的繁殖，作为贝类的饵料，或作为藻类生长、浮游植物繁殖的营养盐类。养殖动物、浮游动物呼吸作用产生的二氧化碳供藻类生长、浮游植物繁殖；藻类、浮游植物光合作用产生的氧气供动物呼吸。

（3）稻田养殖模式。目前稻田养殖主要有稻田养鱼、养蟹、养贝等几种模式。鱼类可选择革胡子鲶、罗非鱼、鲤、鲫、草鱼；蟹类可选河蟹；贝类可选三角帆蚌。稻田养殖的关键是要做好管水、投饵、施肥、用药、防洪、防旱、防逃、防害、防盗等工作（徐德利等，2005）。

12.5.2.5 观光生态农业模式

观光生态农业模式是以生态农业为基础，强化农业的观光、休闲、教育和自然等多功能特征，形成具有第三产业特征的一种农业生产经营形式。观光生态农业是一种新型农业生产经营形式，也是一种新型旅游活动项目，是在发展农业生产的基础上有机地附加了生态旅游观光功能的交叉性产业，是当今旅游新需求的必然产物。观光生态农业是把农业、生态和旅游业结合起来,利用田园景观、农业生产活动、农村生态环境和农业生态经营模式,吸引游客前来观赏、品尝、习作、体验、健身、科学考察、环保教育、度假、购物的一种新型的旅游开发类型。观光生态农业模式主要包括高科技生态农业园、精品型生态农业公园、生态观光村和生态农庄等模式:

1) 科技生态农业观光园。主要以设施农业(连栋温室)、组配车间、工厂化育苗、无土栽培、转基因品种繁育、航天育种、克隆动物育种等农业高新技术产业或技术示范为基础,并通过生态模式加以合理联结,再配以独具观光价值的珍稀农作物、养殖动物、花卉、果品以及农业科普教育(如农业专家系统、多媒体演示)和产品销售等多种形式,形成以高科技为主要特点的生态农业观光园。

2) 精品型生态农业公园。通过生态关系将农业的不同产业、不同生产模式、不同生产品种或技术组合在一起,建立具有观光功能的精品型生态农业公园。一般包括粮食、蔬菜、花卉、水果、瓜类和特种经济动物养殖精品生产展示、传统与现代农业工具展示、利用植物塑造多种动物造型、利用草坪和鱼塘以及盆花塑造各种观赏图案与造型,形成综合观光生态农业园区。

3) 生态观光村。专指已经产生明显社会影响的生态村,它不仅具有一般生态村的特点和功能(如村庄经过统一规划建设、绿化美化环境卫生清洁管理,村民普遍采用沼气、太阳能或秸秆气化,农户庭院进行生态经济建设与开发,村外种养加生产按生态农业产业化进行经营管理等),而且由于具有广泛的社会影响,已经具有较高的参观访问价值,具有较为稳定的客流,可以作为观光产业进行统一经营管理。

4) 生态农庄。一般由企业利用特有的自然和特色农业优势,经过科学规划和建设,形成具有生产、观光、休闲度假、娱乐乃至承办会议等综合功能的经营性生态农庄,这些农庄往往具备赏花、垂钓、采摘、餐饮、健身、狩猎、宠物乐园等设施与活动。

第13章
"两型农业"生产体系制度创新与政策支撑系统

有效的制度是经济增长的关键（North and Thowmas，1973）。传统经济学主要在制度给定的条件下来分析经济发展的事实，只能识别出诸如要素积累、技术进步等最为直接的增长条件。经济发展是一种高度复杂的现象，必须着眼于经济成败背后的各种制度和价值体系。新增长理论的经验研究也表明，制度是重要的，其作用是可以被模型化的（萨拉-伊-马丁，2005）。"两型农业"建设围绕转变农业发展方式，以提高资源利用效率和保护生态环境为核心，是一种全新的农业发展方式。但建设"两型农业"生产体系并非一个自动的过程，需要转变思想、变革生产技术、制度创新和政策支撑系统等一系列因素的推动。

党的十八大指出，建设生态文明必须要加强生态文明制度建设。十八届三中全会进一步提出"必须建立系统完整的生态文明制度体系，用制度保护生态环境"。根据一般的政府治理理论，一个完备的制度创新和政策支撑系统需要政府、企业和社会三方的共同参与，三大主体建立起合作关系（即 public、private 和 people，简称 3P 模式），形成政府、企业、社会三种机制在治理主体上的有机整合（诸大建，2007）。在这一过程中，需要根据三大主体的不同特点和性质，科学组合各种政策工具，即各政策主体对应的规制性政策、市场性政策和参与性政策，构成全方位的"两型农业"政策支撑系统（图13-1），充分调动各政策主体的参与积极性。

本章基于上述治理理论政策分析框架，从政府、市场和社会三大角度，分三个小节对"两型农业"生产体系制度创新与政策支撑系统进行专门讨论，分析框架参考图13-2。

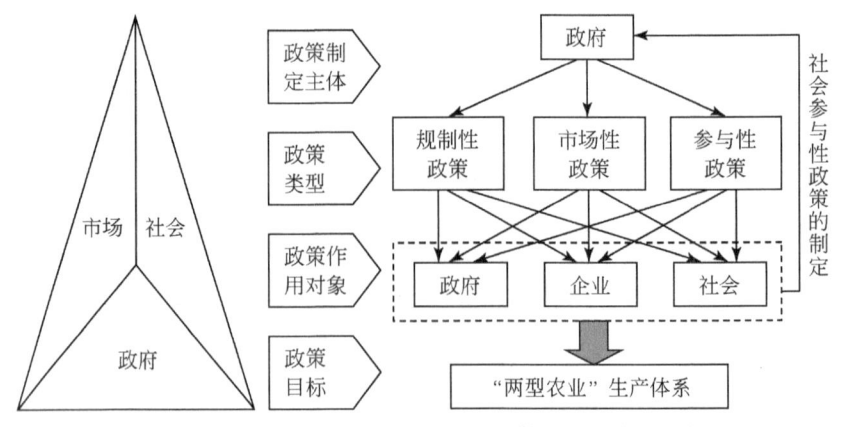

图 13-1　基于现代治理理论的治理主体和政策作用机制

资料来源：诸大建.2007.中国可持续发展总纲：中国循环经济与可持续发展.北京：科学出版社：314-316

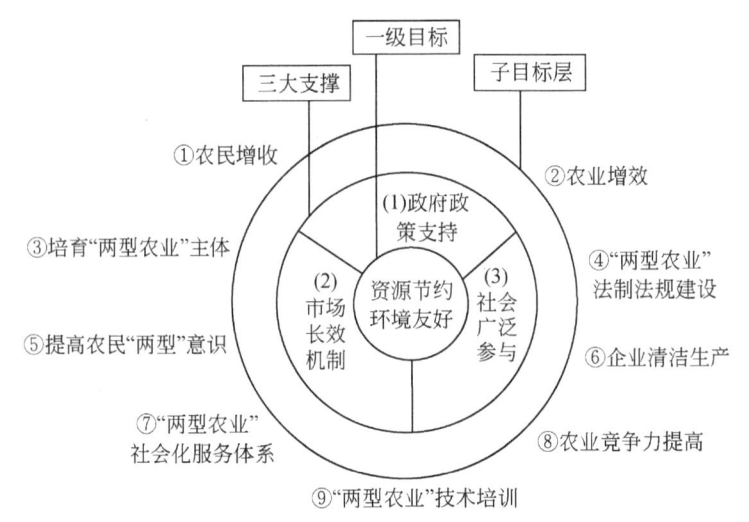

图 13-2　"两型农业"生产体系制度创新与政策支撑系统

13.1　"两型农业"发展策略与政府政策支持体系构建

党的十七届三中全会明确提出将"资源节约型、环境友好型农业生产体系基本形成"作为 2020 年农村改革发展基本目标之一，这是建设社会主义新农村的重大战略要求，是实现农业可持续发展、建设现代农业的必由之路。中国作为一个转型发展中国家，市场经济体制尚未完全建立，政府扮演了重要角色。建设"两型农业"的最大特点是涉及外部性问题，如环境外部性等，当存在外部效应时，市场机制会出现失灵，这通常需要政府介入以纠正市场失灵。因此，建设"两型农业"生产体系，必然要求政府建立和实施相应的政策支持体系和法律法规支持系统，提供政策支持。

以政府为主体的政策支持体系主要是指规制性政策。在一般公共政策体系模型中，规制性政策主要包括法律法规、规划计划、标准、禁令、许可证和配额等政策手段。规制性政策工具的成功往往依赖于昂贵的监督和执行成本，必须辅之以其他市场性政策进行组合。从现实情况来看，建设"两型农业"的规制性政策可以以颁布法律法规、编制规划和建立标准规范为抓手，从四个方面重点开展。

13.1.1 树立"两型农业"发展理念，强化科学发展意识

13.1.1.1 发展观的转变

在现今关于经济和社会政策的评估体系中，以获取GDP（或GNP）增长为目标的发展范式占主流地位。追求GDP总量及其人均水平的增长经常被作为发展的最终目标来看待。改革开放30多年来，在GDP导向的政绩考核体系下，各级地方政府处于一种"为增长而竞争"的状态。这虽然促进了经济快速增长，但也付出了沉重代价，如环境污染、资源耗竭等问题。发展中国家第一位诺贝尔经济学奖得主阿马蒂亚·森（Amartya Sen）曾毫不讳言，GDP导向的发展观是一种非常狭隘的发展观，明确指出"将发展等同于国民生产总值增长或个人收入提高、或工业化、或技术进步、或社会现代化等的观点，会产生严重的社会经济问题"（森，2002）。

自21世纪以来，中国政府经历了一个发展观的转变，积极寻找着问题的解决方案。自党的十六大提出"全面建设小康社会"以来，明确提出要转变发展观念，全面贯彻落实科学发展观和建设和谐社会。科学发展观的第一要义是发展，核心是以人为本，基本要求是全面协调可持续，根本方法是统筹兼顾，和谐社会的总要求还包括人与自然的和谐相处。党的十八大郑重指出，建设生态文明和美丽中国，是关系人民福祉、关乎民族未来的长远大计。观念是行动的先导。在建设"两型农业"过程中，各级政府要更新理念，尤其是强化对"两型农业"的认识，牢固树立"两型农业"发展意识，实现科学发展。只有让各级政府和行政官员从思想认识和内心深处深入理解"两型农业"的科学内涵，明确其迫切性与重要性，才能够促进其在农业实践过程中转变观念，将"两型农业"发展理念转化为自觉行动，实现从传统发展观向科学发

展观的转变。

13.1.1.2 "两型农业"是深入实践科学发展观的重要举措

科学发展观的本质在于妥善解决"为谁发展"和"如何发展"的问题，这与传统 GDP 导向发展观存在根本不同。在经济高速增长过程中资源与环境约束不断加大的情况下，科学发展观要求统筹人与自然和谐发展，建设资源节约型、环境友好型社会，实现人与自然的和谐相处和可持续发展。农业是深入实践科学发展观、建设"两型社会"的重要方面。这主要体现在两点：一是，农业的产业特性决定了其是一个占用和消耗自然资源较多的产业，包含了动植物活体的生长过程，是经济再生产与自然再生产的结合，对自然资源和环境的依赖性比一般产业要强。二是，农业生产活动对环境的影响大，现今农业大量使用了化肥、农药和机械等，需要消耗大量资源，有"石油农业"之称。与工业等其他产业相比，农业污染以面源污染为主，不宜采取传统末端治理方式，需要一种综合性的环境污染预防战略。所以，建设"两型农业"是构建"两型社会"的重要组成部分。

13.1.1.3 "两型农业"是转变农业发展方式的迫切需要

我国农业尚处于由传统农业向现代农业转型阶段，经营方式比较粗放。耕地减少、淡水短缺、生态环境恶化等资源、环境的承载能力问题，将是对今后农业发展的严峻挑战。以农业用水为例，我国农业灌溉水利用率和自然降水利用率可提高 10 个百分点；通过全面普及灌溉节水、旱作节水和生物性节水技术，每年可节水 1300 亿~1550 亿 m^3，相当于南水北调东线和中线工程建成后 5 年的调水总量（万宝瑞，2006）。从"两型农业"的发展本质来看，将"资源节约和环境友好"整合为一的发展模式，不仅能够很好地解决农业发展过程中面临的资源和环境承载能力问题，而且能够实现农业本身的不断增长，为国民经济夯实基础，最大限度地满足人民群众的生活需求。

13.1.1.4 "两型农业"是农业自身特质和发展的内在需要

农业是以有生命的动植物为主要劳动对象，利用动植物体的生活机能，以土地为基本生产资料，依靠生物的生长发育来取得动植物产品的社会生产部门。因此，农业生产周期长，受自然条件影响大，与自然生态环境水乳交融、密不可分。更进一步，农业与其延伸的农产品生产加工业系统、农产品贸易与服务业系统、农产品消费系统之间也是相互依存、密切联系、协同作用的耦合体（孙佑海等，2009）。农业产业部门之间依靠农产品建立的"天然联系"和整体性特征，是构建"两型农业"的客观自然条件。所以，要充分认识到"两型农业"是对人类社会经济系统与自然生态系统循环运动本质属性的回归，是追求经济、环境、社会效益相统一的新发展模式，是农业自身特质所决定的必然要求。

13.1.2 因地制宜，建立示范，加快制定"两型农业"发展规划

13.1.2.1 制定"两型农业"专项规划，科学发展

"两型农业"发展规划是各级政府对农业资源按"资源节约和环境友好"理念进行重新整合的纲领性文件，是"两型农业"发展的指南。"两型农业"生产体系是一项综合系统工程，涉及范围广，必须因地制宜，合理布局，统筹安排。

(1) 中央政府"两型农业"发展规划

在国家层面上，农业部门应尽快将建设"两型农业"与农业和农村发展规划、相关行业规划结合起来，把"两型农业"建设与社会主义新农村建设结合起来，按照有利于农业资源节约和环境保护的基本思想，依据减量化、资源化、无害化及再利用原则，明确发展方向、目标、重点和具体措施，找准工作的切入点。发展规划应提出未来相当长一段时期内（包括短期、中期和长期）"两型农业"发展的思路、途径、目标和模式及相关措施、支持重点领域与保障体系，要编制农业资源综合利用等专项规划，发展循环农业、农村沼气等工程建设规划，明确鼓励类、限制类和淘汰类农业产业项目，提出发展目标、重点和政策措施。同时建立健全有利于节约农业资源和环境保护的财税政策，对中央和地方的"两型农业"发展规划运用财政预算等手段予以支持，确保规划全面实施。

(2) 地方政府"两型农业"建设规划

在地方层面上，因为农业具有地域性、季节性等特征及各地资源禀赋、环境条件的差异性，"两型农业"必然难以整齐划一，必须充分体现各地区的地域特征。各级地方政府应在国家"两型农业"发展规划指导下，根据自身资源环境条件、比较优势、生产力布局和经济发展水平等实际情况，明确不同地区的农业功能差异，因地制宜进行统筹规划和综合研究，编制地方"两型农业"发展规划，使国家或省级层面宏观发展规划具体化、可操作化，为所在辖区"两型农业"发展提供战略指导。各级地方政府应按照民主化和程序化原则，通过调查研究、专家咨询、公众参与和科学论证等多种手段，明确目

标，量化措施，细化项目，增强各地方"两型农业"发展规划的时代性、针对性、有效性。

13.1.2.2 建立"两型农业"示范，发挥示范效应

重点建设和宣传一批示范工程，加强示范户建设，增强示范效应。各级政府可以结合"新农村""循环农业""生态农业"及"观光旅游农业"等项目建设，加强试点工作，重点在"两型社会"建设试验区和一些有典型代表性的地区，选择有代表性的企业、基地和农户建立一批"两型农业"示范点和示范户，进行"两型农业"试点示范。通过加强典型示范，以点带面，扩大影响和辐射面，探索经验并对外推广成熟模式，带动"两型农业"整体发展。

13.1.3 加强法律法规建设，为"两型农业"提供制度保障

13.1.3.1 借鉴国际经验，制定和完善"两型农业"法律法规体系

在资源利用和环境保护过程中，诸多行为主体的经济行为均会涉及外部性、公共产品及市场失灵问题，需要通过立法手段，清晰界定各行为主体的责、权、利关系，深入贯彻党的十八届四中全会精神，通过法律和制度手段形成强有力约束，构建"两型农业"发展政策长效机制。

目前，我国已颁布了多部与资源节约、环境保护相关的法律法规，在建设"两型社会"过程中发挥了重要作用。但专门针对"两型农业"的法律法规并不完善，在立法理念、内容和相关法律法规衔接上并不系统；某些政策与"两型农业"要求已不适应，存在明显缺位和不足。因此，应重点加强和完善现有资源环境法律体系，及时根据社会经济发展变化，构建适应"两型社会"和"两型农业"时代要求的法律法规体系。各级地方人大及常委会可根据本地区实际需要，在不与宪法和上位法律抵触的前提下，制定一些地方性的"两型农业"法规制度，包括一些对上位"两型农业"法律法规具体执行的地方性法规。

全面贯彻和执行国家已有农业资源节约利用和环境保护的法律法规，包括《循环经济促进法》《清洁生产促进法》和《农产品质量安全法》等，全国人大和地方各级人大每年应坚持对所在行政区域的法律法规实施情况开展检查。

借鉴美国、欧盟、日本及以色列等国农业可持续发展的成功经验，逐步探索和建立"两型农业"的专项法律法规，明确各行为参与主体在"两型农业"生产体系中的权利和义务。加紧制定相关农业技术法规与标准，包括乡村环境

清洁标准和农业清洁生产标准、农业投入品管理和畜禽养殖场污染防治和排放标准、农作物秸秆焚烧管理办法、农产品安全标准和检测认证体系建设等具体措施。实施农产品市场准入和清洁生产制度，将污染预防的综合环境保护策略持续应用于农业生产过程，从源头上控制农业污染。

13.1.3.2 明确法律法规责任，建立"两型农业"补贴、补偿制度

法律法规责任是整个制度建设进程中的重要组成部分，法律责任的空白及不当设置，都可能影响相关法律法规的实施效果。"两型农业"各项法律法规应明确政府管理机构及各类经济主体在"两型农业"中的权利和义务，明确违法时应承担的民事、行政和刑事责任。切实加强执法和监督检查力度，对违反法律规定，造成重大农业环境污染和农业资源严重浪费事故，严格依法处理。

逐步建立"两型农业"发展补贴、补偿制度和激励政策。对于建立秸秆和畜禽粪便饲料化、能源化及直接还田等项目要进行补贴，将各类"两型农业"技术、装备、机具等纳入农机购置补贴范围和鼓励发展产业目录，尽快制定出台生物质能源的应用补贴制度。探索建立生态补偿制度，实施生态效益补偿。按照"谁污染、谁治理；谁受益，谁支付"的原则，制定农业生态环境破坏的具体生态补偿标准和管理办法，建立农作物秸秆、畜禽粪便环境排放的补偿制度等。

13.1.4 强化政府公共服务职能，为"两型农业"提供公共服务

"两型农业"具有正外部效应，需要政府承担一定公共管理职能，但市场失灵并非政府干预经济的充分条件，政府干预本身也会出现政府失灵问题。政府应本着"有所为、有所不为"的原则，处理好与市场的关系，既不"越位"，也不"错位"，更不"缺位"，按照"公共服务均等化"的要求，建设服务型政府。

13.1.4.1 发挥杠杆效应，加大"两型农业"公共投入

首先，充分发挥政府公共财政对农业的投资职能，发挥杠杆效应，引导社会投资。推动农业发展方式的转变需要大量资金投入，但农业因为资源吸收能力有限，必须加大公共财政投入力度。具体操作上，应围绕国家"两型社会"建设试验区的政策要求，改革和调整国家公共财政分配结构，重点加大对"两型农业"财政投入。同时，在制度上明确各级政府对"两型农业"的财政

投入额度，列入财政预算，保证逐年增加。"两型农业"财政投入重点主要包括：相关基础设施建设，科研、教育和农业科技推广，农业结构调整（偏向于环境友好和资源节约方面）。基本思路是：努力增加"两型农业"财政投入总量；加强资金内部管理，提高投资效益；发挥"杠杆"作用，引导社会资金流入。最后，深化农村金融体制改革，通过小额信贷、贴息补助和保险服务等多种灵活形式，支持"两型农业"建设。

13.1.4.2 普及"两型"理念，加大"两型农业"宣传教育

大力宣传节约农业资源和保护环境的重要性，让全社会充分了解农业发展所面临资源条件的严峻性和农业环境污染的严重性，增强建设"两型农业"的紧迫性。

1）推广和普及"两型农业"技术。充分利用各种现代媒体和技术手段，结合科技入户、村务公开、科技示范户、专家大院和宣传卡片等多种形式，对广大农技人员、科技示范户开展简单实用的"两型农业"技术培训活动，建立"两型农业"示范户，做到"政策措施落实到村，技术要领普及到户"。

2）广泛开展"两型农业"宣传活动。通过广播、电视、光盘等现代媒体技术开展形式多样、贴近生活和生动活泼的农村秸秆、沼气和畜禽粪便等综合利用宣传教育活动，加强舆论引导和监督，培植一批"两型农业"建设先进典型，使广大农民将发展"两型农业"转化成一种内在的实际行动。

3）建立"两型农业"信息平台。尽快建立相关农产品生产、技术和市场信息平台，为"两型农业"发展提供信息服务。

13.1.4.3 积极为"两型农业"提供各种公共产品和服务

1）加强农业和农村基础设施建设。加强农田水利建设，抓好田间灌溉节水，搞好大型农田水利设施的新建、续建和配套工程建设，支持中小型农田水利设施建设，兴建一批重点灌溉工程；搞好农业综合开发，支持土地平整、土壤肥力改造和高标准农田建设，成片改造中低产田、组织宜农荒地开发；实行最严格的耕地保护制度。

2）推进资源节约型和环境友好型农业科技进步。国家科技计划应继续加大对"两型农业"关键技术的科技攻关力度，组织和开发有重大推广示范意义的资源综合利用、节约和替代技术项目；依靠公共财政支持一批"两型农业"重大发展项目，包括重大技术示范项目、重大资源节约技术开发和产业化项目等；对"两型农业"重大科研团队在科研立项、人才培养、资金支持

和科技基础设施能力建设等方面继续予以重点倾斜和支持。

3）加强对"两型农业"人力资本投资。结合不同地区现实条件和技术应用基础，积极开展对农民的"两型农业"技术培训；结合现存农业技术推广体系，加强"两型农业"生产体系各个环节技术指导，加快"两型"农业技术推广应用步伐。这一点将在本章第3节详细讨论。

13.2 "两型农业"生产体系与市场长效机制完善

党的十四大提出要建立社会主义市场经济体制，十八届三中全会进一步明确指出要使市场在资源配置中起决定性作用。"两型农业"生产体系建设离不开市场机制的这种决定性作用。市场性政策主要包括利用市场型政策和创建市场型政策两种。在一般公共政策模型中，利用市场型政策主要包括减少补贴、征收环境税和使用费、专项补贴及绿色采购等政策手段，创建市场型政策主要包括明确产权、民营化和权力分散及配额交易等政策手段。市场性政策应具有两个作用，一是引导生产系统朝减少资源消耗和污染排放方向转变，二是引导消费风气从奢侈型消费向公平满足型消费转变（诸大建，2007）。我国经济体制尚处于转型阶段，一是市场发育尚未完全，二是政府作用仍然很大。从现实情况看，各市场型政策工具必须与政府规制性政策有机结合，相辅相成。

13.2.1 深化市场体制改革，发挥价格机制在"两型农业"建设中的作用

13.2.1.1 理顺农业资源品价格，扩大市场机制作用范围

改革开放以来，我国农业市场化改革主要体现在农产品价格体制上，生产要素市场及农业自然资源的价格体制改革相对滞后。建设"两型农业"生产体系，本质上要求对农业资源进行重新优化配置，尤其需要以市场改革推动生产要素自由流动，促进农业资源合理开发、节约利用和有效保护。同时，通过经济激励机制和价格手段引导农民和涉农企业参与"两型农业"建设。

从目前的改革成果来看，调整资源性产品与最终产品的比价关系，理顺农业资源价格，逐步建立起能够反映资源性产品供求关系的价格机制，利用价格调控机制促进"两型农业"发展显得尤为迫切。这就涉及各类农业自然资源

的定价机制，只有形成合理的价格机制，才能够通过市场机制核算农业环境资源成本，达到保护环境和节约资源的目的。

13.2.1.2 明晰土地产权，促进耕地资源有序流转

"两型农业"建设在目前"兼业型""副业型"农业的背景下，实际推进工作存在一定困难，一个重要原因是规模狭小导致比较效益过低。这需要土地流转政策的支持。在实施最严格耕地保护政策基础上，要进一步明晰农村土地产权，包括土地承包经营权、租赁权收益、财产抵押权等，加强农地资源市场化配置，通过稳定农地产权促进农地有序流转，为建设"两型农业"和适度规模经营提供条件，促进农地资源节约利用。

土地征用过程中，首先，要注意农地产品价格的核算不仅要反映土地产品的成本投入及开发商的合理利润等传统土地产品成本，还应包括土地资源价格部分。这尤其要反映农地资源的生态环境保护代价及其休憩价值、旅游价值和环保功能等，将当前土地使用者应偿付的直接费用（包括内部环境成本，如耕地占用税、预防污染费、污染治理费等），未来土地使用者因当前使用者对土地的使用而可能遭受到的净利益损失（如土地质量下降）和外部不经济性（即当前使用者对土地使用过程中对他人造成的损失，包括内部化的环境成本，如环境污染罚款、赔偿等）都包括在内。

其次，加强农地出让的计划管理，加强政府对地价的控制和导向作用，建立城市地价动态监测体系和基准地价定期公布制度，对农地转用和征用要严格依法进行，有效防止农地资源的非正常减少。

最后，建立健全土地市场体系。在允许农地使用权可以市场流动的同时，把地价管理纳入法制化轨道，强化农地利用规划权威，严禁随意改变农地利用方向和发展规划，经营性用地要实行招标、拍卖和挂牌方式出让，培育和严格规范土地市场。

13.2.1.3 推进农业用水资源价格改革，建立水资源保护的补偿机制

农田水利是农业发展的命脉，除了增加公共投入以加强农田水利建设外，还应积极推进农业用水资源价格改革，合理确定水资源及农业用水价格。一般而言，农业用水价格应包括："水资源价格+水工程价格+污水排放价格"，但实践过程中，一般仅支付了水工程价格，这还远远不够。

从改革方向看，一是逐步提高水利工程供水价格。保证水利工程固定资产在考虑物价变动的情况下得到合理补偿，保证未来兴修水利的需要。

二是完善农业水费计收办法。从目前农业水价来看，必须提高农业用水价

格，节约水资源，从具体操作来看可以考虑对供水单位实施差额补贴（如按照农民的最高承受能力来确定中央财政补贴）来解决这一问题。

三是进一步建立和完善农业水资源保护的补偿机制。通过中央财政统筹协调和转移支付，加大补偿力度，鼓励区域间、流域间水资源使用权的转让、交易，利用价格手段来实现水资源合理配置。

13.2.1.4 大力鼓励生物质能开发，推进能源价格体制改革

生物质能主要是指以农林等有机废弃物及利用边际土地种植的能源植物为主要原料进行能源生产的一种新兴能源。近年来，全球生物质能逐步替代石化非再生能源的趋势非常明显，我国能源消费存在资源短缺、结构单一、石油进口依存度高等问题，必须大力鼓励发展。

这些措施主要包括：一是原料基地的补助。大力鼓励开发冬闲田、盐碱地、荒山等未利用的土地建设生物质能原料基地，对以"公司+农户"方式经营的龙头企业，视具体情况予以补助。

二是示范项目的补助。应鼓励一些具有重大意义技术产业化项目的集成示范，增加可再生能源技术储备，对这些示范项目予以补助。

三是税收优惠。对那些确实需要扶持的生物质能源企业，国家应给予适当税收优惠或减免。

四是建立风险基金制度，包括与石油价格波动挂钩的弹性亏损补贴制度。例如，当石油价格高于企业正常生产经营保底价时，国家不予以亏损补贴。如果石油价格长期低位运行，将适时启动弹性亏损补贴机制，对相关企业予以适当补贴。

对不可再生能源的节约和使用，要大力推进能源价格体制改革。这主要包括：引入竞争机制，消除垄断，形成竞争型市场结构；建立健全基于市场经济体制的能源监管体系；建立能源价格补偿与统筹协调机制。

13.2.2 拓宽融资渠道，促进社会多元化投资

13.2.2.1 依靠市场和社会，构建"两型农业"资金支持长效机制

建设"两型农业"生产体系需要大量资金投入，但其效益主要体现在社会效益上，需要大量公共投资。公共资金本身非常有限，更多地体现在"乘数效应"和"杠杆效应"上。市场经济条件下，必须充分发挥公共投入的这种"乘数效应"和"杠杆效应"。积极拓宽融资渠道，多渠道筹集资金，大力

促进多元化、社会化投融资体制的建立（张俊飚，2009），构建"两型农业"资金支持长效机制。

总之，要立足本地实际条件，打破行业和部门界限，降低市场准入门槛，给予各类资本尤其是民间资本平等的"国民待遇"，通过税收、信贷、价格、投资等多种经济杠杆和信息、技术服务，多层次、多渠道吸引社会资金，建立多元化投入机制。

13.2.2.2 建设良好市场政策环境，支持"两型农业"金融创新

通过乡村银行、村镇银行、小额信贷、贴息补助、成立发展基金和提供保险服务等多种灵活形式，探索建立政府监管下的综合性"两型农业"政策性保险机构，逐步发展"两型农业"政策性保险制度，对企业和农户参与"两型农业"生产体系建设予以资金支持和优惠。一些成熟的做法主要包括鼓励金融机构对技术含量较高和发展前景较好的"两型农业"项目提供专项贷款、设立政府"两型农业"发展专项担保基金等。总之，在防范金融风险的前提下，加快专门针对"两型农业"的金融创新。

13.2.2.3 发挥农业多功能，创新"两型农业"建设模式

首先，以"两型农业"为建设载体，发挥农业多功能，包括旅游观光和文化传承功能，发展观光旅游、生态农业和休闲农庄等。

其次，延长农业产业链，将农产品加工和农业生产有机结合，鼓励加工企业和农业服务企业对"两型农业"进行投资，探索"两型农业"产业化经营新模式。

再次，积极探索各种"两型农业"建设融资模式，按照"谁投资、谁建设、谁受益"的原则，明确事权与责任，鼓励社会投资。

最后，发展"以奖代补"和"以工代赈"等多种灵活形式，引导农民和村集体参与"两型农业"建设，形成良性循环的自我资金积累机制。

13.2.3 完善农业资源环境产权制度，探索建立绿色经济核算体系

除了加快传统生产要素的市场化进程外，相关部门应着手评估农业自然环境价值和实施环境使用付费制度，发展相关产权市场，实现农业环境与资源使用权及经营权的市场化。

13.2.3.1 完善农业资源环境产权制度

长期以来，我国生产要素市场并不完善，尤其在资源环境产权制度和成本核算方面急需加强，在农业资源环境产权制度方面更是如此，如农业水资源、土地资源和环境资源等，这在很大程度上引起了农业环境与资源管理的混乱。因此建立和完善农村各类农业资源及环境产权制度，形成稳定的产权尤其是所有权结构安排是建设"两型农业"生产体系的前提。

现阶段，国家作为公共产权主体的代表，是农业资源和环境的所有权主体，但由于中央到地方的多层级治理结构，农业资源与环境实际管理过程中却可能出现政出多门的所有权结构。从各种自然资源本身的特性来看，其产权形式呈现多元化特征，应根据不同资源特性探索建立分类多元化所有权结构。

13.2.3.2 根据不同农业资源特性，明确所有权、使用权等各自权能

完善现行农业资源换环境产权制度，一是，明确界定市场经济条件下农业环境与资源的使用权及经营权，按照不同资源性质，如生态资源公共性、外部性等将所有权、使用权及经营权做技术性分离，明确所有权、使用权及经营权各自权能，在维持所有权不变的前提下，逐步实现使用权及经营权市场化改革。二是，引入民间资本参与环境和资源的经营及竞争，形成多元化环境资源经营结构，为积极引入社会和民间资本参与"两型农业"建设、促进多元化投资提供配套产权激励。

具体来看，对排他性、竞争性较强，外部性较弱，产权较容易界定的自然资源，如生产用水、经济林、矿山和荒地等，应在平衡公共利益及所有者、使用者利益的前提下，明确将所有权与使用权及经营权相分离，让使用权及经营权进入市场交易，甚至对于某些产权特别清晰的自然资源可以将其所有权分配或拍卖给不同产权主体。对公共性和外部性很强，导致产权边界模糊难以界定的自然资源，如公共湖泊、大气、生态公益林等，应继续以公共产权主体为所有者，实行所有权、使用权及经营权相结合，由公共事业部门或政府特许下的企业继续经营。然而，无论对那种特性的资源，国家都应出台相关自然资源法律法规将其合法性予以规范。

13.2.3.3 建立农业排污权制度，完善排污权交易

目前，排污权交易在我国尚处于探索阶段。排污权交易主要局限于排污权的使用者必须向所有者购买或申请排污权使用权这一层次，这是排污权制度最基本的形式。在使用者之间相互购买或经营者出卖给使用者的层次上，我国排

污权交易市场发育并不完善。排污权的"存权"制度和间接所有制度也还没有完全建立起来。因此,在明确界定排污权的所有权、使用权及经营权以后,正式启动排污权交易市场还需要一系列配套措施。

主要包括:①排污权交易;②原始排污权有偿核发制度;③排污权交易与总量控制相结合;④占有排污权应按期交纳补偿费;⑤加强环境监测和监管。这是一个循序渐进的过程。

13.2.3.4 改革农业经济核算体系,探索绿色经济核算制度

现行国民经济核算体系没有计算自然资源的机会成本和环境污染的损失,这与发展"两型农业"生产体系的要求不相适应。世界银行推出了绿色经济核算体系,它在现行GDP中,对经济发展的资源环境损失予以核算,在GDP中考虑扣除由于环境污染、资源退化、人口数量失控等引起的经济损失成本,同时考虑外部影响,包括正的和负的外部性,核算考虑自然资源耗减成本和环境损失后真正的国民财富。

绿色GDP较为真实地反映了包括GDP在内的一系列经济指标和资源环境成本,体现了经济增长与资源节约、环境友好之间的和谐统一,可以纠正长期以来形成单纯强调经济增长而忽视自然环境及资源承载力的倾向,在农业领域尤其可以促进"两型农业"发展。

考虑到实际操作的难度,"两型农业"建设中可以先行试点:①农业环境年度调查;②农业环境资产年度核算;③农业资源损失年度估计;④社会经济和环境空间分析项目。这些试点可以为探索农业绿色GDP核算积累经验。

13.2.4 培育市场中介组织,健全"两型农业"市场服务体系

发展"两型农业",必须依靠农民的主体性参与,这需要完善的社会化市场服务体系作为保障,确保小农户进入大市场。

13.2.4.1 积极培育农村市场中介组织参与"两型农业"建设

如何确保小农户与大市场的有效衔接,是一个关键问题。通过成立和发展各类农业协会、专业协会和经济合作组织等市场中介组织和服务实体,积极开展技术服务、资金和项目服务,促进农业市场化、产业化和社会化运作,探索建立开放型、多功能、高效能的社会化服务体系,提高"两型农业"建设主体进入市场的组织化程度,是解决这一问题的必然选择。

对"两型农业"市场中介组织建设,一是要积极引导,鼓励社会资本投

资；二是要分类指导，特别是各类专业协会等；三是政策扶持，帮助其完善内部运行机制。总之，以各类中介组织为载体是引导农民参与"两型农业"建设的重要途径。

13.2.4.2　建立健全全产业链的"两型农业"市场服务网络

依托农民和中介组织，建设"两型农业"社会化服务体系的关键是建立产前、产中、产后全方位的市场服务网络。而且这种网络应具有公益性特征，不以营利为目的。

在产前，应有完善周全的"两型农业"发展规划、产业项目选择指导及分析预测和评估服务，减少"两型农业"项目选择的盲目性。积极推广使用有利于环境保护和提高农产品质量的绿色环保型生产资料，加强环保产品及低污染农产品投入物的开发研究，禁止高毒高残留农药的生产、销售和使用。支持农资企业与农资流通企业的合作，研制开发适合不同地区、季节及作物的"两型"农业生产资料，开展配送等社会化服务。

在产中，建立健全适合当地需要的"两型农业"生产技术服务和推广体系，"两型农业"生产体系各环节应有技术应用、管理和生物灾害防治等方面的指导服务，包括与其相配套的技术指导、信息咨询与传播等。积极组织科技人员深入农村，通过科技入户和科技示范，建立以县（如县农业局主管）为主的管理体制，将"两型农业"科技服务拓展到乡镇和村。

在产后，通过社会化服务体系提供全方位的产品流通、储运销售、加工物流和生态环保处理服务。加强"两型农业"产品市场宣传和营销。支持"两型农业"建设企业在农村设立再生资源回收网点。建立健全"两型农业"相关环节的检验、检疫、认证等机构，自上而下形成监控、服务体系，对农业环境及产品进行全程监测。

13.3　"两型农业"生产体系整合与社会参与机制建设

建设"两型农业"本质是为了实现可持续发展，可持续发展的重要原则是强调公众参与，公众参与是建设"两型农业"的社会基础。从目前世界公共治理模式的主流趋势来看，以信息公开、社区压力、公众、企业与行业协会参与为主要内容的社会参与性政策已成为市场性政策、政府规制性政策之外的重要管理手段。对"两型农业"而言，这些主要是针对现代农业建设主体——农民而言的。提高公众参与尤其是农民的"两型"参与意识是"两型农业"社会参与性政策的基本内容。

人多地少的基本国情决定了未来我国农业长时期内仍以小规模农户为主，但解决"小生产"与"大市场"的衔接问题，也是我国农业未来相当长时间内必须面对的问题。多年农业实践中，农业产业化成为解决"小生产"与"大市场"矛盾的有效途径，各种产业化模式应运而生。例如，龙头企业带动型（公司+基地+农户）、专业市场带动型（专业市场+基地+农户）以及主导产业、产品带动型（主导产业+农户）等（任庆国，2007）。但无论何种形式，龙头企业都是重要载体。

在这种背景下，本节分别从农民和龙头企业两方面对发展"两型农业"的公众参与性政策进行探讨。促进公众参与是一个系统工程，公众参与机制建设应以农民能力建设为核心，充分发挥其主体性作用。这具体包括教育引导型、管理保障型和科研推进型三类参与性政策，其中又以教育引导型参与政策尤为重要，培育新型农民成为"两型农业"的建设主体。龙头企业是"两型农业"建设的重要参与者，是构建"两型农业"生产体系和产业链条的关键连接点，实现"两型农业"生产体系整合，迫切呼唤龙头企业组织创新。

13.3.1 开发农村人力资源，培育"两型农业"建设主体

我国农村潜在人力资源十分丰富，必须从战略高度认识农村人力资源开发对建设"两型农业"的重大意义。实现这样一个历史性变化，要实现从传统农业发展方式下以开发自然资源为主转变，向现代农业发展方式下以开发人力资源和依靠科技推动为主转变，全面推进"两型农业"所要求的"资源节约"和"环境友好"。

13.3.1.1 转变投资观，加强人力资本投资

在 GDP 增长观和政绩考核体系导向下，一些管理部门片面将 GDP 增长与经济发展等同起来，导致农业发展偏重于追求物质财富，以发展"短、平、快"项目为主，在实际工作中"见物不见人"。这一方面导致对农业环境的破坏和资源浪费，另一方面导致"重物轻人""重量轻质""重快轻好"。

人力资本投资具有投资收益期长、见效慢、个人收益小于社会受益、获利不明显和积累性强等特点（卢卡斯，2005）。但目前这种依靠物质资源的投入型农业发展方式已经走到了尽头，依靠提高农业劳动力素质、对农民进行人力资本投资的发展方式具有比较优势，是保护环境和节约资源的必然之举，必须将人力资本投资战略视作经济发展转型的基本战略。

13.3.1.2 转变人才观，为"两型农业"培养实用型人才

在建设"两型农业"过程中，并不需要太多理论人才，要改变长久以来仅以文凭、学历高低来界定人才的错误观念，树立新的以用为主的人才观，培养技能型和实践型人才。凡能够掌握一技之长，在某一专业领域有所贡献人的都是人才，都可以为"两型农业"作贡献，并不在于学历高低。目前虽然农民整体素质不高，但并不乏一些掌握各种技艺的能工巧匠和"土秀才"，他们都应被视作人才。因此，需要更新和转变人才观，为"两型农业"多输送实用型人才。

13.3.1.3 构建合理的人力资本投资与回报机制

人力资本投资作为一种投资行为和经济行为，是要权衡成本收益的。作为一种投资就必须要获得相应报酬，更何况人力资本投资还具有不确定性、风险大等特点。无论舒尔茨（Schultz）、明赛（Mincer）等的研究，还是西方经济实践均表明，人力资本投资具有高回报率，其收益率要普遍高于物质资本投资。

但我国现行收入分配制度不尽合理，在国民收入初次分配中，劳动报酬相对资本报酬的份额较低，这使得人力资本投资回报率不高。尤其在广大农村，农民收入增长乏力，教育成本长期居高不下，大学毕业生"就业难"等，农民从事教育投资积极性不高。要充分调动农民的人力资本投资积极性，就必须深化收入分配制度改革，提高国民收入初次分配中劳动收入的份额，构建人力资本投资回报的合理机制，形成合理的经济激励。

人力资本投资包括教育、在职培训、健康医疗和职业迁徙（劳动力转移）四个方面（贝克尔，1987）。限于本书研究目的，"两型农业"重点在于培育建设主体，本节主要对农民教育和技术培训进行论述，这是构建"两型农业"生产体系社会参与机制的重要内容。

13.3.2 加大投入，强化农村职业教育，促进义务教育均衡发展

13.3.2.1 加大资金投入保障，改善农村办学条件

发展教育是人力资本投资的首要内容。针对我国城乡教育发展差距过大和农村教育投入长期不足的现实，各级政府要加大农村教育投入，改善农村办学条件，促进城乡义务教育均衡发展，将农村义务教育全面纳入国家财政保障范围，探索建立中央和地方共同负担的农村教育经费保障机制。另外，加大对整

个农业教育的投入力度。例如，加大对各种涉农大专院校、中等和高等职业学校涉农专业的投入支持力度。考虑到国家财力有限及保障农村义务教育的优先性，探索建立多元化的社会性办学模式，健全多渠道投入机制，促进涉农职业院校发展。允许一些有实力的龙头企业和专业合作组织在"两型农业"建设过程中，结合农业产业化实际需要，逐步兴办农民大学、农村职业学校和成人教育，鼓励依托职业学校进行农民培训。例如，可以依托农业高等院校，由地方、学校出资与龙头企业、个人出资相结合的资金筹措办法，鼓励校企合作，开办各类大专班。

13.3.2.2 切实加强"两型农业"教育

结合"两型农业"的需要，积极将农村教育纳入"两型农业"建设规划，对"两型农业"教育予以支持。

一是在农村国民义务教育阶段，从娃娃抓起，在义务教育中加大关于发展"两型农业"基础知识和科技知识内容的比重，如将其纳入一些选修课程的教学内容。

二是在农村职业教育和成人教育中，积极开设"两型农业"建设技术课程，开展资源节约和环境保护知识普及教育，提高农民实践"两型农业"的能力。

三是调整农村职业教育和成人教育结构，设置农业清洁生产、农业循环经济等"两型农业"技术专业，扩大面向农村招生规模。

四是结合政府公共服务职能，加大"两型农业"宣传教育，将"两型农业"宣传与教育紧密结合，通过专题讲座、培训班等多种方式，面向农民开展多种形式的资源和环境保护宣传教育，增强其发展"两型农业"的主动性。

13.3.3 明确目标，建立机制，强化"两型农业"技术培训

完善"两型农业"技术培训体系，培育"有文化、懂技术、会经营"的新型农民，积极开展对农民相关技术培训是加快"两型农业"科技成果转化最为直接的途径，也是成本最低、见效最快和最为现实的工作手段之一。

13.3.3.1 结合"两型农业"建设规划，明确技术培训目标

首先应明确"两型农业"技术培训的总目标，然后在总目标下设置具体分目标。总目标是全面提高农民参与"两型农业"建设的能力，实现农业发展的"资源节约"和"环境友好"。在这样一个总目标下，考虑具体不同农业

发展区域的差异性，因地制宜，结合"两型农业"发展规划，有层次、系统地开展具体目标制定。

例如，东部地区重点开展龙头企业的农业清洁生产技术培训，西部地区重点开展退耕还林、退牧还草的技术培训，有资源条件的地区重点开展生态农业和旅游观光农业技术培训，包括相应循环农业技术培训等。一定要结合当地农业资源禀赋条件制定"两型农业"技术培训目标，具体问题具体分析，纳入"两型农业"发展规划编制。

13.3.3.2 整合渠道，建设"两型农业"技术培训体系

农业技术培训体系是"两型农业"生产体系重要组成部分。从现实情况看，现有农业技术培训体系还存在一定不足。例如，以政府公办技术培训为主，市场力量发育不全；培训内容较为单一，大多仍采用传统应试教学模式，学用脱节现象较突出；培训方式灵活性不够，不太贴近农民实际情况，等等。有必要整合培训力量，建立一个与"两型农业"建设要求相适应的农业技术培训体系。

第一，给予"两型农业"技术培训体系建设以法制保障，制定较完善法律法规支持体系。第二，引入市场竞争机制，鼓励社会力量参与农业技术培训，建立多层次、多渠道、差异化的"两型农业"技术培训体系，适应不同地区、不同层次农民的实际需要。例如，鼓励专业合作组织、龙头企业等社会力量办学，鼓励竞争，逐步改变国家统一包办的格局。第三，保护农民合法权益，对市场化技术培训及服务机构规范管理，实行资质审查和认证管理制度。第四，灵活形式，创新培训方式。针对农民注重实际和文化素质不高的特点，采用农民易于理解和接受的方式，合理安排时间地点，除一般技术培训班、讲座和报告会外，着重抓好实践环节培训，如现场诊断、专家大院等。

13.3.3.3 多渠道筹措资金，加强"两型农业"技术培训

建设"两型农业"技术培训体系需要巨额资金支持，需要多渠道筹措资金，以政府公共投入为主，鼓励社会性投入。一是出台相关支持政策，加大投入力度，加强培训基地建设；二是严格管理预算经费，防止挪作他用；三是建立政府、用人单位和个人合理分担的社会化多元投入机制，探索实施委托、相互培养等多种方式；四是引导龙头企业对职工和农民开展"两型农业"技术培训，使其成为农业技术培训的重要力量。

13.3.4 培育龙头企业，推进产业化经营，促进"两型农业"发展

13.3.4.1 以龙头企业为载体，促进"两型农业"大发展

龙头企业的形成是市场、企业与农民多方面发展的共同需要，具有带动能力强、辐射范围广和资金实力雄厚等特点，能够引导生产、深化加工、服务基地和开拓市场。打造"两型"龙头企业，以龙头企业为重要载体，整合"两型农业"生产体系组成要素，加快相关"两型"技术标准的实施，推动农业标准化和清洁生产机制的建立，实现整个农业的"资源节约"与"环境友好"。

13.3.4.2 以农业产业化经营为依托，培育"两型"龙头企业

从宏观方面讲，根据"整体、协调、资源节约和环境友好"的原则，延长农业产业链，形成种、养、加工立体状一体化，实现资源的综合循环节约、清洁生产与农业生产标准化。在推进农业产业化过程中，立足于本地资源和市场条件，首先抓好农副产品生产基地和畜牧养殖基地建设，在生产基地做到"靠山养山、靠田养田、靠水养水"和资源永续利用；其次，在龙头企业发展项目上，选择具有资源优势、环境友好和市场发展前景，产业关联程度和辐射带动能力强的农产品加工项目；最后，将"两型农业"与农业产业化相结合，以农产品基地为依托，涉农企业为龙头，形成农工商、产学研一体化，通过延长产业链，提高附加值，促成农产品生产、加工、流通和消费的产业大循环，在农业产业化过程中建设"两型农业"。

从微观方面讲，重点培育一批"两型"龙头企业，提高其参与"两型农业"建设的能力，加快农业产业化和"两型农业"协同推进。从龙头企业参与"两型农业"的内在动力来看，要通过企业文化和管理队伍建设，将"两型"理念渗透到企业文化中去，将企业自身发展目标、社会责任感与"两型"理念有机结合起来。从龙头企业参与"两型农业"的外在动力来看，重点关注农业产业链的内部延伸、与关联产业的外在联动，加强"两型农业"产业链整合，拓展农业产业化经营领域。通过环境管制、经济激励和技术进步优化企业外部环境，促使其转变企业经营策略，积极投身"两型农业"建设。

13.3.5 加快"两型农业"科技创新与示范，提升龙头企业核心竞争力

13.3.5.1 促进"两型农业"技术集成示范，建设"企业主导型"技术创新体系

一般认为，技术创新主体是科研院所，但这是计划经济下形成的误区。市场经济下，企业才有经济激励去从事创新活动，通过创新来谋求垄断地位和超额利润。"创新主义经济学之父"熊彼特（1999，2009）将这种利润称为"企业家利润"，将企业家称为"创新的灵魂"。建设"两型农业"生产体系，更应明确认识到：企业才是从事技术创新的真正主体，龙头企业是建设"两型农业"的重要载体。大力加强"两型"农业技术集成与示范，逐步从制度上将农业技术创新主体由科研院所向企业，尤其是龙头企业转移，推进产学研一体化，通过建设"两型"龙头企业，形成"企业主导型"创新体系。

13.3.5.2 推进农科教、产学研结合，提升龙头企业技术创新能力

培育龙头企业的技术创新能力，重点从宏观（政府政策）和微观（企业组织）两个层次考虑，建立起以市场机制为基础、以政府引导和龙头企业为载体的"两型农业"技术创新外部政策环境和内部激励机制，推进农科教、产学研相结合。

从外部政策环境看，本章第二节提到要建立以政府引导、社会力量广泛参与的多元化"两型农业"投入体系，对农业的科研投入必须形成同样的稳定增长机制，支持龙头企业技术创新。同时，落实发展龙头企业的各项优惠措施，加大对其信贷支持力度，为其发展和技术创新创造良好环境。通过将龙头企业培育成技术创新主体，拓展农业空间的技术集成、示范与创新，为"两型农业"生产体系提供技术支撑。

从龙头企业组织创新看，以龙头企业为载体，积极开展"两型农业"技术集成与示范。选择有代表性的区域，尤其有针对性地选择适宜的农业生态类型区，结合"公司+基地+农户"等具体形式，在农户、农副产品生产基地、龙头企业和区域经济四个层面开展"两型农业"技术、模式和产业化的研究与示范，对技术集成进行总结分析，探索建立"两型农业"技术支撑体系。

13.3.5.3 以技术创新和示范推广为抓手，推进"两型农业"技术支撑体系建设

"两型农业"技术支撑体系具体包括技术创新体系和示范推广体系。技术创新体系重点开展"两型农业"关键技术的研究与开发。

首先，通过深化校企合作、企所合作，加强龙头企业与大专院校及科研单位的技术联姻，集中力量开展"两型农业"科技攻关。这不仅对那些科研实力较弱的龙头企业大有益处，还有利于改变长期以来大多数科技成果产生于科研院所而束之高阁，科技成果转化率和产业化程度低的状态。

其次，根据"两型农业"要求，龙头企业要加大适合市场需要的"两型农业"新产品和新技术研发力度，在一些核心技术上取得突破，提升核心竞争力。例如，农业清洁生产技术、绿色能源开发利用技术、农业废弃物的处理与资源化、节水农业和循环农业技术、农产品精深加工技术等。对相对成熟和具有良好市场前景的技术成果依托农业产业化模式进行技术集成和示范。

再次，在关键技术创新成果基础上，结合产业化过程中技术集成与示范实践，加快"两型农业"技术遴选、集成、组装和配套，形成标准化生产，迅速推向市场，向广大农村普及。

最后，加快"两型农业"技术集成和标准的制定与完善，包括相关技术和生产设备的生产规范、技术标准和规程及评价标准等。

在农业技术示范推广体系方面，龙头企业作为农户与市场的有效衔接点，不仅应成为技术创新的主体，还应成为农业科技向农民的传递者、推广者。建设"两型农业"要求在各生产环节最大限度地集成先进科技成果，但目前分散、小规模、兼业式和一家一户的小农模式很难采纳先进技术，农业比较效益过低导致农民缺乏采纳新技术的激励，这些因素严重制约了"两型农业"技术的推广应用。一方面要依靠龙头企业实现产业化经营，提高农业比较效益；另一方面，通过龙头企业联合、带动其他中小企业和分散性农户，形成规模和积聚，促进新技术成果产业化。总之，要发挥龙头企业的技术传播功能，将新技术成果应用于产业化各环节。

用质量标准化原则指导农副产品生产基地建设，建立完善的农产品质量标准体系和加工质量标准体系，把生产基地纳入标准化生产和管理轨道，提高基地建设水平。同时，龙头企业要加强对生产基地农民的"两型农业"技术培训，提高其掌握、应用"两型"技术的能力，从生产基地源头上推动"两型农业"建设。

13.3.6 优化农业产业化运行机制，促进龙头企业合理布局和集聚

按照不同资源条件和比较优势，选择适宜的主导产品和主导产业是发展农业产业化的前提条件，不合理的农业结构往往因为违反比较优势原则导致农业资源利用效率难以实现最优化，这才是对资源的最大浪费和对环境的最大破坏。要根据各地区资源禀赋和农业结构特点，按照比较优势原则，利用农业结构调整促成龙头企业合理布局，围绕延伸农业产业链，形成产业集聚，构建区域"两型农业"生产体系。

13.3.6.1 健康稳定的农业产业化运行机制是龙头企业发展壮大的体制保证

"两型"龙头企业除了加强自身经营管理外，还应推进经营机制创新，加强与农民、中介组织的利益联结机制。

1）完善企业与农户的衔接。大力发展订单农业，鼓励龙头企业设立风险基金；鼓励和引导广大农户以资金、土地、技术和劳动力等要素入股，形成更为紧密的利益联结机制，促成农业产业化经营由契约联结、服务联结为主向资产联结、资本联结为主发展。

2）大力推进企业与市场的衔接。充分利用"两型农业"产业化项目的区位和市场优势，加强农产品营销，开拓市场；同时，抓好"两型"农产品市场的培育，发挥本地专业批发市场对农产品销售的主渠道功能。

3）大力推进企业与农副产品基地的衔接。坚持合理规划，由龙头企业直接全程参与基地建设，提供"两型农业"各项服务、技术培训等，负责基地产品收购；生产基地要自觉接受龙头企业指导，按照龙头企业和"两型农业"要求组织生产，提供稳定合格的农副产品原料。

13.3.6.2 按照比较优势原则，科学规划，促进龙头企业合理布局和集聚

在"两型农业"区域布局和示范区建设过程中，加强龙头企业集中区建设，在各示范区和集中区培育一批特色鲜明的龙头企业，形成具有优势的主导产业和具有特色的主导产品，围绕它们开展深度开发和精深加工，通过提高附加值增强"两型农业"经济效益和示范效应。

在区域市场组织体系上，支持一批区域化、规模化并有较强辐射能力的批发市场和农产品零售市场，扶持一批跨行业、跨区域的重点流通企业，建设农产品"绿色通道"和"绿色"流通体系，增强"两型农业"示范区和龙头企业集中区的整体联动力。

13.3.7 提高经营管理水平，实施清洁生产，促进龙头企业组织创新

作为农业产业化经营的关键节点，培育"两型农业"龙头企业，企业本身要苦练内功，实施"资源节约型和环境友好型"管理，内部挖潜，科学管理，建立起一套有利于"两型农业"发展的企业管理体系和操作体系。

13.3.7.1 加强领导，明确目标，建立良好的企业管理制度

首先，建立健全龙头企业相关组织和领导机构，加强对资源节约、保护环境和节能减排等工作的领导与协调。对承担"两型农业"示范基地建设和"两型农业"产业化项目的龙头企业，必须成立专门领导小组和管理机构。

其次，制定目标明确的节能减排、资源节约与综合利用战略规划。"两型农业"龙头企业要将"建设'环境友好型和资源节约型'企业"作为编制企业发展战略与规划的重要指导原则，修订完善专门的《企业节能规划》、《企业环境保护规划》和《企业资源综合利用规划》等，明确提出企业各发展阶段节能减排、资源综合利用和环境保护的具体目标、重点工作及保障措施，主动执行国际规范，优先建立GMP（良好操作规范）生产标准、HACCP（危害分析及关键控制点技术）生产管理系统、SSOP（卫生标准操作程序）体系和ISO14000环境管理及标准化体系等，争取通过良好农业规范（good agricultural practices，GAP）和良好卫生规范（good health practices，GHP）等国际质量认证管理，确保企业能耗、污染排放和资源综合利用指标达到国内外先进水平。

最后，制定和完善节能减排、环境保护等管理制度，建立良好企业管理机制。龙头企业应完善节能减排指标考核体系，进行目标任务分解，制订年度达标计划，落实责任单位。建立健全配套监督和激励机制，将节能减排和环境保护成果与个人奖惩挂钩。在技术上，加强能源、资源综合利用的计量工作，提高龙头企业各种计量设备的配备率和准确率，积极推进计量数据管理计算机化，逐步将那些市场上难以计量的自然环境、生态环境和社会影响等纳入计量管理的范畴，核算入企业成本。在企业日常管理工作中，将节能减排、资源节约和环境保护等宣传教育纳入职工教育培训体系，通过宣传、曝光等强化员工"两型"意识，使"两型"成为员工的自觉行动。

13.3.7.2 大力实施清洁生产，建立"从田野到餐桌"的全过程控制机制

清洁生产机制是将整体预防的环境战略持续应用于产品生产、设计和服务过程中，以增加生态效率。这要求生产和使用对环境温和（environmentally benign）的绿色投入品，改善生产技术，减少污染排放物的数量和毒性，以期减少生产和服务过程对环境和人类的风险性。清洁生产机制的核心是从源头抓起，预防为主，生产全过程控制，减轻末端治理的压力（吕志轩，2005）。龙头企业应严格清洁生产规范和标准，按照《清洁生产促进法》要求，大力推进清洁生产技术的产业化工作及其在企业内部的应用。

农业清洁生产（agricultural cleaner production，ACP）主要由三个环节构成：①清洁投入，清洁的原料、农用设备和能源等；②清洁产出，清洁的农产品，在食用和加工过程中不致危害人体健康和生态环境；③清洁生产过程，采用清洁的生产程序、技术与管理，尽量少用（或不用）化学农用品，确保农产品具有科学营养价值及无毒、无害（李国珍，2005）。因此，农业清洁生产机制包括农业生产全过程控制和农产品生命周期全过程控制两方面。

从国际实践来看，ACP 目前主要以集中处理畜禽粪污，即减排甲烷为主体内容的清洁发展机制（clean development mechanism，CDM）项目为主。例如，作为武汉城市圈"两型社会"重要实践，武汉市 2007 年 10 月首次启动了"畜禽养殖业清洁生产机制示范项目"，这也是"两型农业"的重要实践。应围绕"两型农业"建设工作，尽快编制农业清洁生产技术指南、制定颁布农业清洁生产规范、标准与管理办法。

龙头企业作为"两型农业"技术创新重要主体和建设"两型农业"有效载体，应率先实现农业清洁生产技术标准化，从生产基地到市场销售渠道、"从田野到餐桌"严格规范，实现农业生产全过程控制和农产品生命周期全过程控制。通过龙头企业的辐射作用，全力推进农业清洁生产，最终将 ACP 与"两型农业"建设、农业产业化经营及龙头企业有机结合起来。

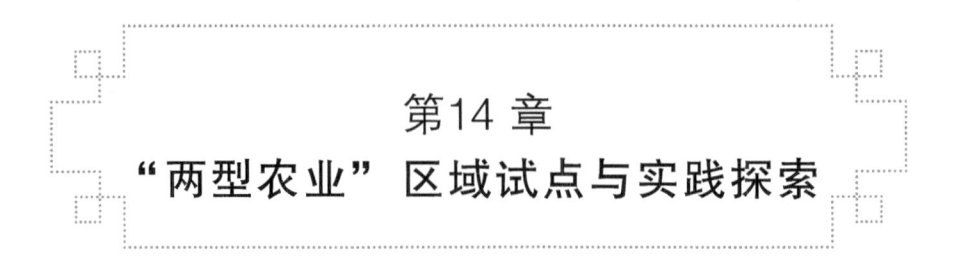

第14章 "两型农业"区域试点与实践探索

2007年国务院批准武汉城市圈和长株潭城市群为全国资源节约型、环境友好型社会（简称"两型社会"）建设综合配套改革试验区。设立试验区的根本目的在于深入贯彻落实科学发展观，全面推进各个领域的改革，加快转变经济发展方式，在重点领域和关键环节率先突破，大胆创新，尽快形成有利于能源资源节约和生态环境保护的体制机制，促进经济社会发展与人口、资源、环境相协调，切实走出一条有别于传统模式的工业化、城市化发展新路，为推动全国体制改革、实现科学发展与社会和谐发挥示范和带动作用。大力推进"两型农业"建设是建设"两型社会"试验区的重要内容，也是建设"两型社会"的重点与难点。

14.1 "两型社会"试验区及"两型社会"的内涵与本质

14.1.1 "两型社会"的提出

回顾"两型社会"从理念提出到战略形成再到付诸实践的历程，可以充分体现它适合我国的基本国情。面对我国"高投入、高消耗、高污染，低效益"的传统发展模式所暴露出的日益明显的资源环境瓶颈约束，2005年胡锦涛在中央人口资源环境工作座谈会上明确提出，"努力建设资源节约型、环境友好型社会"的号召。十六届五中全会明确指出，"要把节约资源作为基本国策，发展循环经济，保护生态环境，加快建设资源节约型、环境友好型社会，促进经济发展与人口、资源、环境相协调。"中央正式将建设"两型社会"确定为国民经济与社会发展中长期规划的一项战略任务。2007年党的十七大明确提出"坚持生产发展、生活富裕、生态良好的文明发展道路，建设资源节约型、环境友好型社会"，"必须把建设资源节约型、环境友好型社会放在工业化、现代化发展战略的突出地位"，指出要加强能源资源节约和生态环境保护,增强可持续发展能力,再次将"两型社会"建设作为实现经济社会又好又快发展的重要内容。

此外,中央频繁出台一系列相关的政策措施加快"两型社会"建设步伐。2007年12月14日国家正式批准武汉城市圈与长株潭城市群成为"两型社会"建设综合配套改革试验区,"两型社会"作为国家战略付诸实践。2010年《中共中央关于制定国民经济和社会发展第十二个五年规划的建议》明确指出,要加快转变经济发展方式,开创科学发展新局面;加快建设"两型社会",提高生态文明水平。2012年十八大报告指出:"大力推进生态文明建设,努力建设美丽中国,实现中华民族永续发展。"建设生态文明,实质上就是要建设以资源环境承载力为基础、以自然规律为准则、以可持续发展为目标的资源节约型、环境友好型社会。资源节约、环境友好,既是生态文明的本质特征,也是生态文明建设的内在要求,两者是一个有机整体(陈晓红,2012)。

14.1.2 "两型社会"的内涵

从"资源节约型""环境友好型"的发展历程来看,这两个发展理念和思想早已有之。我国人口多资源紧缺是基本国情,由于经济发展方式粗放,造成了日益严峻的资源耗竭、环境破坏现象,传统发展方式难以为继。针对中国经济中存在的这些突出矛盾和问题,一系列事关促进中国经济增长方式改变、降低资源消耗、改善生态环境的改革措施相继出台。早在1995年召开的十四届三中全会上,我国就提出了实现"经济增长方式"和"经济体制"两个根本性转变的战略要求。2003年10月,党的十六届三中全会明确提出了"坚持以人为本,树立全面、协调、可持续的发展观"的科学发展观的要求。2005年胡锦涛指出,"节约能源资源,走科技含量高、经济效益好、资源消耗低、环境污染少、人力资源优势得到充分发挥的路子,是坚持和落实科学发展观的必然要求,也是关系中国经济社会可持续发展全局的重大问题"。此后,国务院颁发了《国务院做好建设节约型社会重点工作通知》,对建设节约型社会工作进行了广泛动员和具体部署。

而"环境友好"的理念和思想是随着人类社会对环境问题的不断反思和不断深化而逐步形成的。1992年联合国里约环境与发展大会通过的《21世纪议程》中,200多处提及包含环境友好含义的"无害环境"(environmentally sound)的概念,并正式提出了"环境友好"(environmentally friendly)的理念。随后,环境友好技术、环境友好产品得到大力提倡和开发。20世纪90年代中后期,国际社会又提出实行环境友好土地利用和环境友好流域管理,发展环境友好农业等。2002年的世界可持续发展首脑会议通过的"约翰内斯堡实施计划"多次提到环境友好材料、产品与服务等概念。同时，世界各国开始从生产、消费、技术、伦理道德等众多领域全方位地认识环境友好理念。2004年，日本政府在其《环境保护白皮书》中提出，要建立环境友好型社会，对"环境友好"的认同程度进一步提高。

那么，什么是"两型社会"？"两型社会"的实质是什么？"两型社会"就是资源节约型和环境友好型社会的简称，但却不是两者的简单相加。资源节约型社会是指是指整个社会经济建立在节约资源的基础上。在经济、政治、文化、社会各方面，特别是在生产、流通、消费等各领域和各环节，通过采取法律、经济、技术、管理和宣传教育等综合措施，动员和激励全社会厉行节约，更有效地利用资源，不断提高资源利用效率，以最少的资源消耗和环境代价获得最大的经济和社会效益，满足人们日益增长的物质文化需求，保障经济社会可持续发展。这里的"节约"既包括消费领域的节俭，也包括生产领域和其他经济活动中对人、财、物投入的节省或节制使用，还包括经济运行中转变经济增长方式，如技术革新、管理创新、结构调整等，实现以尽可能少的资源消耗创造尽可能多的物质财富，最大限度地实现废弃物资源利用，提高资源利用效率。

环境友好型社会，是一种人与自然和谐共生的社会形态，其核心内涵是人类的生产和消费活动与自然生态系统协调可持续发展。解振华（2006）认为环境友好型社会就是全社会都采取有利于环境保护的生产方式、生活方式、消费方式，建立人与环境良性互动的关系。反过来，良好环境也会促进生产、改善生活，实现人与自然和谐。建设环境友好型社会，就是要以环境承载力为基础，以遵循自然规律为准则，以绿色科技为动力，倡导生态文明理念与价值观，构建经济社会环境协调发展的社会体系，实现可持续发展。

从形式看，"两型社会"好像是两个问题，而实质上是一个问题，它要求人们从两个不同视角去理解和解决同一个问题，"两型社会"正是资源节约型和环境友好型的有机结合。陈吉宁和温宗国（2006）认为，环境友好型社会的核心内涵是人类的生产和消费活动与自然生态系统协调可持续发展。环境友好型社会的核心目标就是将生产和消费活动规制在生态承载力、环境容量限度之内，并采取多种措施降低污染产生量、实现污染无害化，最终降低社会经济系统对生态环境系统的不利影响；而资源节约型社会的核心目标则是降低资源消耗强度、提高资源利用效率，减少自然资源系统进入社会经济系统的物质流、能量流的强度，实现社会经济发展与资源消耗的物质解耦或减量化。建设资源节约型和环境友好型社会各有侧重、互为补充，两者完整地指明了如何解决我国当前社会经济发展中所面对的资源和环境瓶颈约束问题。

"两型社会"的核心内涵是实现社会经济发展的资源环境最小化，促使社会经济系统对资源环境系统完成从"索取"到"反哺"的根本转变，这一内涵与"以人为本"、"可持续发展"是高度一致的（周冯琪等，2007）。党的十八大和十八届三中全会都特别强调要大力发展生态文明，建设美丽中国。建设资源节约、环境友好"两型社会"既是生态文明的本质特征，也是生态文明的本质要求。我国"两型社会"建设的实质目标是为了促进人与自然和谐，实现经济发展和人口、资源、环境相协调，实现自然、经济与社会的全面、协调、可持续发展。

14.2 "两型社会"与"两型农业"

"两型社会"的建设为"两型农业"的发展带了来了重大战略机遇。破除城乡二元体制，统筹城乡协调发展等一系列"两型社会"建设的大政方针为"两型农业"发展提供了强大的政策背景支持；作为"两型社会"的外延，"两型农业"就是"两型社会"的深层内涵在农业领域的具体实施和体现，也进一步丰富和深化了"两型社会"的内涵，"两型农业"对"两型社会"建设具有重要意义。

14.2.1 "两型农业"是建设"两型社会"的重中之重

一方面，农业是高度依赖自然资源和环境的产业，能源消耗量大，占用和耗费的水土资源多；农业生产活动影响面广，化肥农药投入多、污染重，极易破坏自然和生态环境，具有较大的负外部性。因此，建设"两型社会"，农业是节能减耗、减排降污的重要领域（孙佑海等，2009）。农业蕴藏着资源节约和环境友好的巨大潜力，理应成为"两型社会"建设的重要内容。另一方面，由于我国农业人多、地少、水缺矛盾突出，资源禀赋差，基础设施落后，生产方式粗放，组织化程度低，比较效益低，城乡社会发展水平差距大，建设"两型农业"面临的困难十分繁多，任务十分艰巨，农业发展与资源环境之间的矛盾十分突出。据2010年《第一次全国污染源普查公报》显示，畜禽养殖业年粪便产生量2.43亿t，尿液产生量1.63亿t，农业源污染物排放对水环境的影响较大，其化学需氧量排放量占化学需氧量排放总量的43.7%。农业源也是总氮、总磷排放的主要来源，其排放量分别占排放总量的57.2%和67.4%。农业污染源已经超过工业污染源成为污染第一大来源。因而，建设"两型农业"成为"两型社会"建设的重点和难点。

14.2.2 "两型社会"为"两型农业"发展指明了目标方向

"两型社会"建设是指建立一种低消耗的生产体系、理性消费的生活体系、持续循环的资源环境体系、稳定高效的经济体系、不断创新的技术体系、开放有序的贸易金融体系、注重社会公平的分配体系和开明进步的社会主义民主体系（洪大用，2007）。为建设"两型社会"，我国出台和实施了一系列重大政策与举措，这些政策和举措同样对"两型农业"建设具有重要指导作用。《中共中央关于推进农村改革发展若干重大问题的决定》明确提出"到2020年，农村改革发展基本目标任务之一是：资源节约型、环境友好型农业生产体系基本形成，农村人居和生态环境明显改善，可持续发展能力不断增强"。这一重大决策为"两型农业"指明了发展方向。为此，要构建"两型农业"生产体系，就要求在农业生产的各个环节，与农业相关的各个领域，都必须要重视和兼顾资源节约和环境友好（孙佑海等，2009），以农业可持续发展为目标，提高农民生活水平，维护良好的生态环境，促进人与自然的和谐统一，使广大农村走向生产发展、生活富裕、生态良好的文明发展之路。

"十二五"以来，随着我国国民经济发展水平和综合国力的不断提高，工业反哺农业能力的不断增强，破除城乡二元体制，统筹城乡发展的力度将进一步加大，从而为加快转变农业生产方式，发展"两型农业"带来了难得的历史机遇。着力发展生态文明，建设美丽中国，势必促进"两型农业"加快发展；同时，"两型农业"发展将会加大夯实"两型社会"建设基础，两者相辅相成，相互促进。

14.3 武汉城市圈"两型农业"生产体系实践

14.3.1 武汉城市圈"两型农业"试验区

武汉城市圈"两型社会"综合改革试验区是以武汉市为中心，由武汉及周边100km^{2}范围内的黄石、鄂州、孝感、黄冈、咸宁、仙桃、天门、潜江等9市构成的区域经济联合体。武汉城市圈位于湖北中东部地区，以占湖北31.2%的土地面积，52.5%的人口，产出了全省60.7%的国民生产总值，是湖北产业体系和生产要素最密集、最具活力的核心地区。根据建设"两型社会"试验区的战略部署,湖北省出台了《武汉城市圈"两型社会"建设综合配套改革试验总体方案》,其基本指导思想就是贯彻落实科学发展观,以转变经济增长方式为核心,以改革开放为动力,以推进基础设施、产业布局、区域市场、城乡建设、环境保护与生态建设"五个一体化"为抓手,率先在优化结构、节能减排、自主创新等重要领域和关键环节实现新突破,率先在推动科学发展上取得新进展,为构建促进中部崛起重要战略支点提供有力支撑。其主要目标就是创新体制机制,增强可持续发展能力,实现区域经济一体化,把武汉城市圈建设成为全国宜居的生态城市圈和全国"两型社会"建设的典型示范区。

武汉城市圈"两型社会"试验区综合配套改革试验的根本任务集中体现"三个着力":着力转变经济发展方式,增强区域综合实力和可持续发展能力;着力推进综合性制度创新,构建促进资源节约和环境友好的体制机制;着力推进城乡协调发展,走新型工业化、城市化发展道路。重点推进九大体制机制创新:资源节约、环境保护、科技、产业结构优化升级、统筹城乡发展和节约集约用地等六个方面的体制机制创新,配套推进财税金融、对内对外开放和行政管理等三个方面的体制机制创新,为"两型社会"建设提供有效的支撑平台和制度保障。力争到2020年,率先建立比较完善的落实科学发展观与构建和谐社会的体制机制。市场体系比较完善;科技创新体系比较健全,自主创新能力显著提高,科技进步对经济增长的贡献率大幅上升;覆盖城乡居民的社会保障体系和公共服务体系比较完善。

国家选择以中部地区农业大省的武汉城市圈作为"两型社会"先行先试试验区,不仅在于探索资源节约型、环境友好型的新型工业化、城市化发展道路,而且要探索如何破除城乡二元体制,以工业反哺农业、城市支援乡村,统筹城乡发展协调发展的"两型农业"之路。因此,武汉城市圈建设"两型社会"不仅仅是工业、城市的"两型化",必然包括农业、农村的"两型化"。只有农业、农村的"两型化",才能真正实现全社会发展的"两型化"。而"两型农业"既是建立"两型社会"的基础,同时又是"两型社会"建设的"短板",是建设"两型社会"的重点和难点。湖北省是一个农业大省,"两型农业"试验区对其他农业大省来说具有重要的参考借鉴价值。

14.3.2 武汉城市圈发展"两型农业"的重要性与紧迫性

改革开放以来,包括作为中部农业大省的湖北农业也发生了深刻变化,取得了巨大成就,以只占全国3%的耕地面积产生了全国8.4%的稻谷、6.3%的棉花、10.3%的油料、5.4%的猪肉和18.0%的淡水产品（焦泰文和樊丹，2014）。然而，湖北省为此也付出了很大的资源和环境代价，湖北农业还未从根本上走出"高投入、高消耗、高污染、低效益"的粗放式发展之路，农业经济发展与资源环境之间的矛盾日趋尖锐。武汉城市圈正处于工业化、城镇化、信息化的快速发展时期，农业现代化受到的资源环境制约日益突显，如何率先转变经济发展方式，跨越资源环境的瓶颈约束，促进工业化、城镇化、信息化、农业现代化协调发展成为亟待试验探索与解决的重要难题。

14.3.2.1 资源不足，资源利用率低

湖北是传统的农业大省，一方面耕地、水资源十分有限，农业资源相对不足；另一方面粗放式发展方式使资源利用效率十分低下。改革开放以来，随着城市化、工业化进程的加快，加速了农村用地非农化进程，使耕地数量不断减少。据湖北省统计资料显示：1978~2007年，湖北共减少耕地面积1734.6万亩，平均每年减少57.75万亩。目前，全省人均耕地仅0.77亩，仅为全国平均水平的2/3，居全国第21位，并且每年还在以29.4万亩的速度递减，人口却以16多万人的规模递增，人地矛盾已十分突出。而且粮食主产区基本农田的中低产田比例为52.56%，达2310.15万亩。在耕地资源数量下降的同时，由于耕地过度利用，耕地质量也在下降。主要体现在：一是土壤有机质平均含量由1980年的2.4%下降至2007年的1.9%，70%的耕地土壤有机质严重缺乏，缺硼、锌等微量元素面积达4000多万亩。二是土壤养分比例失衡加剧。全省土壤有效钾平均含量由136mg/kg下降到79mg/kg，20年间降幅高达40%；全省缺钾土壤面积由1981年的19%上升到2007年的65%（陈传友和鲁明星，2009）。土壤有效磷含量虽有一定程度上升，但因施肥不合理造成区域分布不均衡，粮棉主产区缺乏。由于过量施用化肥，有机肥严重不足，土壤酸化趋势明显，土壤质量下降。

有关数据显示，湖北省水资源总量1027.8亿m^3，仅占全国的3.5%，列全国第10位；人均占有量1731m^3，仅列全国第17位，人均占有量仅为全国平均水平的3/4左右，不到世界平均水平的1/5，接近国际公认的1700m^3的警戒线，而且湖北水资源分布不均衡，受"水荒""水患"影响较大（严立冬等，2006）。湖北是水稻种植大省，对水资源的消耗大，农业用水约占全省总用水量的70%。由于农田灌溉设施老化、水利基础设施薄弱，传统大水漫灌现象突出，农业用水浪费惊人，灌溉水有效利用效率只有30%~40%，而发达国家达到70%~90%。由于水资源的不合理利用，极易造成土地的次生盐碱化、水土流失和土地肥力下降。工业"三废"、农药和化肥对农业污染加重，

水土流失严重,全省水土流失面积7.8万km²。

同时,湖北省是一个"缺煤、少油、乏气"的能源紧缺区域,生产化肥、农药所需的煤炭、石油等重要的矿产资源都需要从省外调运,对外依存度高。2007年,湖北煤炭生产量为1084万t,但煤炭净调入量达8000万t,相当于煤炭产量的8倍;原油生产量为85.84万t,原油净调入量达805万t,相当于原油产量的10倍;成品油净调入量也达到273万t(湖北省统计局,2009)。资源能源紧缺成为发展瓶颈。

14.3.2.2 农业面源污染越来越严重,环境负荷日趋严重

农业污染严重是制约湖北省农业可持续发展的主要因素。根据陈传友和鲁明星(2009)的研究显示,湖北省化肥施用量由1988年的132万t(折纯,下同),上升到2007年的292.5万t,大约为1988年的2.2倍,每年递增10%,湖北省单季作物施肥量每亩在22 kg左右,高于全国平均18.4 kg/亩的水平。但化肥利用率低,报酬率呈现明显下降趋势。湖北省氮肥当季利用率仅为30%左右,磷肥则只有15%,钾肥利用率为30%,而发达国家化肥利用率则高达50%~60%,欧盟国家的氮肥利用率更是高达70%~80%。20世纪80年代,湖北省每千克化肥可增产粮食8~10 kg,而2005~2007年,每千克化肥增产粮食已降到6 kg以下,化肥肥效下降幅度达40%,这与地力下降、化肥施用过量有直接关系。湖北现在农药使用量13.2万t,分别约为1990年、2002年的3.07和1.8倍。化肥、农药不但用量大而且利用率低,均有近70%的量随着降雨径流渗漏到土地、湖泊和地下水中,严重导致土地板结和水体污染。全省年使用农膜5万t左右,占全部耕地面积的19.5%,由于地膜在自然条件下很难降解,随着使用时间的推移,估计约有30%残留在土壤中形成"白色污染",严重影响土壤的通水透气性能,影响种子出苗及农作物正常的生长发育和生长。由于规模化养殖业的发展,目前湖北省的粪便负荷水平为3.16t/km²,远远高于全国1.82t/km²的平均水平。如此高的强度,不仅由于挥发而造成大气环境污染,而且由于排放而形成河流、湖泊等水体环境的富营养化。调查显示,湖北省土地环境负荷呈逐年上升趋势,1999年土地负荷值为0.4,2005年则上升到0.64,在粪便还田率低及粪便管理不合理的部分地区甚至达到2.84(陈红颂等,2009)。

14.3.2.3 农业资源浪费严重,可再生资源利用率低

湖北省一方面资源缺乏,另一方面大量农作物秸秆和畜禽粪便资源又没有得到有效利用,资源浪费严重。据统计,湖北省2010年产生农作物秸秆约

4242万t，资源化利用的不到40%，其余大多数直接焚烧或当薪柴，对大气的污染较重。随着规模化畜禽养殖业的快速发展，全省规模化养殖企业年产2亿t粪便，养殖业粪便、污水年排放量仅30%左右得到了无害化处理，资源综合利用率较低；不经处理的畜禽粪便既浪费了资源又污染了环境，变成了新的污染源。

14.3.2.4 农产品的品质降低，市场竞争力下降

由于过量使用农药，导致农产品中农药残留量超标，部分地区农产品特别是蔬菜类中农药残留量超过国家允许标准1~3倍。由于氮肥施用过量，部分农产品中硝酸盐和亚硝酸盐含量超过国家允许标准，农产品污染较为普遍，品质风味下降，农产品安全凸现隐忧。由于农业环境污染和农业生态系统退化，影响到农产品质量。农产品质量与人类健康息息相关，品质低劣的农产品，不仅威胁到居民的身体健康，而且严重影响了湖北省农产品的市场竞争力。

综上所述，无论从环境容量还是资源支撑能力来看，武汉城市圈发展"两型农业"势在必行，是缓解资源压力和减轻环境污染的有效途径，是破解农业可持续发展矛盾和挑战的必然选择。

14.3.3 武汉城市圈发展"两型农业"的实践经验

14.3.3.1 因地制宜，做好"两型农业"科学发展规划

发展"两型农业"是一个自然再生产与经济再生产的有机统一。因地制宜，制定科学规划、构建符合自然生态与经济社会客观规律的"两型农业"发展框架是非常必要的。

武汉城市圈坚持城乡统筹兼顾、环保优先，以人为本，和谐发展的理念来全面规划"两型社会"发展，其中把"两型农业"建设纳入整体规划，统一实施。以科学发展观统领全局，坚持环境保护优化经济发展，发展循环经济，改善生态环境，倡导生态文明，率先走出一条低投入、低消耗、低排放、高产出的可持续的城市群发展道路，将武汉城市圈打造成人水和谐、绿色宜居、生态文明、持续发展的生态城市群，推进武汉城市圈乃至湖北省实现又好又快发展。在大量科学调查与研究的基础上，就经济发展中的生态环境问题专门制定了《武汉城市圈"两型"社会建设综合配套改革试验区生态环境规划纲要》，科学制定了武汉城市圈"两型社会"发展指标，特别注重把经济社会发展与

节约资源、保护环境并重。

规划根据率先将武汉城市圈建设成为中部首个生态城市群的总体要求，结合武汉城市圈的自然环境、经济发展状况，根据先进性、科学性、实用性和开放性原则，设计了符合城市圈建设两型社会实际的生态环境指标体系和指标值（表14-1、表14-2）。指标体系包括资源节约型和环境友好型2个方面8个大类25项指标，这些指标分为控制性指标和引导性指标，控制性指标是在规定期限内一定要达到的目标。

在这些"两型社会"指标中就包括"两型农业"的指标设计和控制任务，如农用化肥施用强度、规模化畜禽养殖场粪便综合利用率、氨氮排放总量、单位GDP水耗、单位GDP能耗等。武汉城市圈确立了到2015年，循环农业发展模式推广普及率达到60%以上；全面实施测土配方施肥，化肥、农药施用强度下降20%以上；渔业水域环境监测率达到100%；主要农产品基地环境监测率达到100%；农村人畜粪便无害化处理率达到90%以上；规模化养殖小区100%实现环保达标排放；秸秆综合利用率95%以上；农业面源污染得到有效治理，农村生态环境得到明显改善，农村人居环境质量得到显著提高，"两型农业"建设的政策和监管体系基本形成（张群，2010）。

表14-1　武汉城市圈两型社会试验区指标体系

指标分类		指标名称	单位	指标类型
资源节约型指标	节能降耗	（1）单位GDP能耗	t标煤/万元	引导型
		（2）单位GDP水耗	m³/万元	引导型
		（3）清洁能源消费占能源消费总量的比例	（%）	引导型
	污染减排	（1）SO_2排放强度	mg/万元	引导型
		（2）COD排放强度	mg/万元	引导型
		（3）COD排放总量	万t	控制型
		（4）氨氮排放总量	万t	引导型
		（5）SO_2排放总量	万t	控制型
		（6）氮氧化物排放总量	万t	引导型
		（7）二氧化碳排放总量	万t	引导型
		（8）工业固体废物处置利用率	万t	引导型
	农村环保	（1）规模化畜禽养殖场粪便综合利用率	%	引导型
		（2）农用化肥施用强度	mg/hm²，折纯	引导型

续表

指标分类		指标名称		单位	指标类型
环境友好型指标	环境质量	（1）达到二级空气质量以上的天数		好于或等于2级标准的天数/年	控制型
		（2）集中式饮用水源水质达标率		%	控制型
		（3）城市水环境功能区水质达标率		%	控制型
		（4）跨界水体水质达标率		%	引导型
		（5）主要城镇噪声功能区达标率		%	控制型
	生态建设	（1）森林覆盖率		%	控制型
		（2）水土流失面积占国土面积比例		%	引导型
	城市建设	（1）城镇污水集中处理率	城市	%	控制型
			县城	%	引导型
			小城镇	%	引导型
		（2）城镇生活垃圾无害化处理率	城市	%	控制型
			县城	%	引导型
			小城镇	%	引导型
		（3）城市建成区人均公共绿地面积		m²/人	引导型
	环保投入	（1）环保投资占GDP比例		%	引导型
	公众参与	（1）环保宣传教育普及率		%	引导型
		（2）公众对环境的满意率		%	引导型

资料来源：武汉城市圈"两型社会"建设综合配套改革试验区生态环境规划纲要

表14-2　武汉城市圈"两型社会"试验区指标值

指标名称	单位	2007年基数	2012年目标	2020年目标	指标来源
一、节能降耗指标					
（1）单位GDP能耗	t标煤/万元	1.49	1.148	0.9	省发改委
（2）单位GDP水耗	m³/万元	286.7	229.1	150	省发改委
（3）清洁能源消费占能源消费总量的比例（含核电）	%	9	12	16	省发改委
二、污染减排指标					
（1）COD排放强度	mg/万元	6.4	2.9	根据发展需求削减	省环保局
（2）SO$_2$排放强度	mg/万元	7.0	3.1	根据发展需求削减	省环保局

续表

指标名称	单位	2007年基数	2012年目标	2020年目标	指标来源
二、污染减排指标					
(3) COD 排放总量	万 t	35.62	≤32.06	根据国家要求削减	省环保局
(4) 氨氮排放总量	万 t	4.05	—	根据发展需求削减	省环保局
(5) SO_2 排放总量	万 t	39.07	≤34.38	根据国家要求削减	省环保局
(6) 氮氧化物排放总量	万 t	32.05	—	根据发展需求削减	省环保局
(7) 二氧化碳排放总量	万 t	无现状数据	—	根据发展需求削减	省环保局
(8) 工业固体废物处置利用率	%	74.1	≥90	100	省环保局
三、农村环境保护					
(1) 规模化畜禽养殖场粪便综合利用率	%	无现状数据	70	90	省农业厅
(2) 农用化肥施用强度	kg/hm^2，折纯	394	320	250	省农业厅
四、环境质量指标					
(1) 达到二级空气质量以上天数	好于或等于2级标准的天数/年	276	310	330	省环保局
(2) 集中式饮用水源水质达标率	%	98.8	≥99	100	省环保局
(3) 城市水环境功能区水质达标率	%	70，有劣Ⅴ类水体	90，基本消除城市劣Ⅴ类水体	100，且城市无劣Ⅴ类水体	省环保局
(4) 跨界水体水质达标率	%	无现状数据	85	100	省环保局
(5) 主要城镇噪声功能区达标率	%	80	90	100	省环保局
五、生态建设指标					
(1) 森林覆盖率	%	22.43	≥25	≥30	省林业局
(2) 水土流失面积占国土面积比例	%	27.8	≤17	≤5	省水利厅

续表

指标名称		单位	2007年基数	2012年目标	2020年目标	指标来源
六、城镇基础设施						
(1) 城镇污水集中处理率	城市	%	48.9	≥80	≥95	省建设厅
	县城	%	0	≥60	≥80	省建设厅
	小城镇	%	0	≥30	≥50	省建设厅
(2) 城镇生活垃圾无害化处理率	城市	%	32.67	≥83	≥90	省建设厅
	县城	%	0	≥44	≥90	省建设厅
	小城镇	%	0	≥15	≥40	省建设厅
(3) 城市建成区人均公共绿地面积		m²/人	无现状数据	≥10	≥12	省建设厅
七、生态环保投入						
(1) 环保投资占GDP比例		%	1	1.5	2.5~3	省环保局
八、生态文明建设						
(1) 环保宣传教育普及率		%	无现状数据	90	95	省环保局

资料来源：武汉城市圈"两型社会"建设综合配套改革试验区生态环境规划纲要

14.3.3.2 优化产业发展布局，构筑生态功能区划

根据武汉城市圈内区域各个自然资源禀赋、生态承载力、生态环境敏感性与生态服务功能空间分异规律，将区域划分成不同生产生态功能区。同时又根据不同地区农业生产生态系统的自然属性、所具有的主导服务功能类型，如水源涵养、土壤保持、生物多样性保护、洪水调蓄、农林产品生产、人居环境保障等，以及特定资源禀赋与自然环境条件，将武汉城市圈生态功能区划采用两级分区，共分为3个生态区9个生态功能区，详见表14-3。

表14-3 武汉城市圈生态功能区划

生态类型区	生态功能区	包含地区	重要生态功能区
Ⅰ 鄂中北丘陵岗地农林生态区	Ⅰ-1 安孝丘岗土壤保持与农产品提供生态功能区	安陆市和孝昌县	
Ⅱ 鄂东低山丘陵森林生态区	Ⅱ-1 大别山水源涵养与林产品提供生态功能区	孝感市的大悟、黄冈市的红安、麻城、罗田、英山县、蕲春县北部以及武汉市黄陂区的北部	国家级

续表

生态类型区	生态功能区	包含地区	重要生态功能区
Ⅱ 鄂东低山丘陵森林生态区	Ⅱ-2 幕阜山生物多样性保护与土壤保持生态功能区	咸宁的通城、崇阳、通山和黄石的阳新县	省级
	Ⅱ-3 赤咸丘岗土壤保持与农产品提供生态功能区	赤壁市和咸宁市区	
Ⅲ 长江中游平原湿地农业生态区	Ⅲ-1 鄂东沿江平原农产品提供生态功能区	黄冈市市区、武穴市、黄梅市、团风县、浠水县、蕲春县西南部	
	Ⅲ-2 黄石大冶鄂州工矿生态功能区	黄石市市区和大冶市、鄂州东南部	
	Ⅲ-3 梁子湖群湿地生物多样性保护生态功能区	武汉市的江夏区和鄂州市西南（以武黄高速为界）	省级
	Ⅲ-4 武汉城市人居保障生态功能区	除江夏区和黄陂区北部以外的武汉市市区、鄂州北部	
	Ⅲ-5 江汉平原水网湿地与农产品提供生态功能区	天门市、潜江市、仙桃市、孝感市、应城市、云梦县、嘉鱼县	

资料来源：武汉城市圈"两型社会"建设综合配套改革试验区生态环境规划纲要

根据生态功能区对生态环境保护要求的严格程度不同，采用"三线法"将武汉城市圈划分为严格保护区（红线区）、控制性保护利用区（黄线区）、引导开发建设区（绿线区）（表14-4），以此作为区域生态保护和产业发展布局的基础。在红线区将严格限制发展农业和林业项目，禁止工业和建设项目；在黄线区坚持"适度开发，保护优先"的原则，因地制宜发展生态旅游和生态农业；在绿线区加大工业化、城镇化发展步伐，大力推进经济开发区和工业园区建设。遵从生态经济发展规律，把经济发展与资源禀赋、生态可承受能力相结合，促进产业布局、经济发展和生态环境保护的有机统一与协调发展。

表14-4 武汉城市圈生态保护分级控制表

类型	范围	生态恢复措施	产业发展方向
严格保护区（红线区）	城市圈的自然保护区核心区和缓冲区、集中式水源地的一、二级保护区等，如洪湖、梁子湖、龙感湖、九宫山等自然保护区的核心区、缓冲区	封山育林、封山护林、退耕还林（草、湖）、发展生态林	适当开展科研、旅游项目，禁止工业和建设项目，严格限制发展农业和林业项目

续表

类型	范围	生态恢复措施	产业发展方向
控制性保护利用区（黄线区）	桐柏山——大别山及幕阜山区的低山丘陵地区，主要包括城市圈内的中、强度水土流失区、基本农田保护区、自然灾害频发地区、矿山地质灾害易发区、各类自然保护区的试验区、风景名胜区、森林公园、湿地公园、地质公园以及较集中的农村居民点和集镇等	封山育林、封山护林、开展水土流失治理、河湖生态系统恢复	坚持"适度开发、保护优先"的原则，因地制宜发展可持续产业——生态旅游、生态农业
引导开发建设区（绿线区）	武汉、黄石、鄂州三市中心城区及武鄂黄经济走廊带，黄石市的大冶，孝感市的孝南、汉川、云梦，黄冈市的黄州、黄梅、武穴，咸宁市的咸安、赤壁、仙桃、潜江、天门等城区以及城市圈的各类经济开发区和工业园区	开展水土流失治理、恢复次生林、建立城镇污水和垃圾处理系统	加大工业化、城镇化的发展、承接沿海发达地区的产业转移和承接城市圈内严格控制区的人口转移，加强城镇基础设施建设

资料来源：武汉城市圈"两型社会"建设综合配套改革试验区生态环境规划纲要

14.3.3.3 大力发展循环农业，促进农业经济持续发展

结合城市圈资源环境特点，探索适合自然条件和经济发展要求的"两型农业"模式，把转变农业发展方式与保障粮食安全、促进农业可持续发展相结合，把农业产业结构调整与农业增效、农民增收相结合，把防治农业面源污染、改善生态环境与改变农村村容村貌有机结合，促进农业经济的可持续发展，促进美丽新农村建设。

建设"两型农业"产业链体系。调整农业产业结构，建设与种植业、养殖业和农产品加工业紧密结合的循环农业产业链模式，实现大农业内部的产业链接。以"两山"（大别山脉、幕阜山脉）、"五湖"（环梁子湖地区、环斧头湖-西凉湖地区、环汈汊湖地区、环野猪湖-王母湖地区和环涨渡湖）为轴心，建设不同类型的生态农业示范区、生态农业带、生态农业圈，大力发展生态型农业、都市型农业、观光休闲型农业和循环型农业，建成可持续的"两型农业"体系。武汉城市圈按照"减量化、再利用、再循环"的技术路线，积极推广江汉平原地区的以稻虾轮作、稻鸭共养为特点的生态农业共生模式；以沼

气为纽带的"猪-沼-鱼（菜、稻、果、茶）"的废弃物资源化循环模式；以秸秆利用为重点的"秸秆-牧-沼-粮（果、菜）"、"秸秆-牛粪-有机肥-食用菌（粮、果、菜）"、"猪-沼-肥-林-木材废弃物-食用菌"以及秸秆汽化、秸秆发电等生物能开发循环利用模式，努力提高秸秆的肥料化、饲料化、燃料化、材料化水平，不断提高农村清洁能源利用率；以废弃物深加工为主导的"畜粪+秸秆+菌种变有机肥模式"、"啤酒糟变烁生肽工厂化模式"、"小龙虾废弃物深加工循环农业模式"等工业化生态产业链模式，充分利用生态经济规律，变废为宝，提高资源利用率，减少农业污染物排放。

武汉市东西湖区已于2006年被国家正式列为全国首批13家循环经济试点工业园区之一。2007年东西湖区根据区内资源禀赋特点，紧密结合实际，以循环经济理念为指导，以经济结构调整为主线，以提高资源转化利用效率和减少废弃物排放为重点，大力发展"两型农业"，主要在养殖业、种植业、农产品深加工和生物制药业之间形成了资源相互利用、循环再生的共生耦合产业链（图14-1）。农业种植业为农产品深加工和畜牧养殖业提供原材料和饲料；种植业和畜牧养殖业为食品加工业提供原料，产生的粪污变废为宝，生产有机肥料供种植业使用；食品加工业的废弃物作为原料进入生物制药行业，从而建立和完善行业内部及行业间的产业链和产品代谢，实施清洁生产和资源、废物的资源化、减量化和循环再利用，不仅实现了废弃物的资源化利用，而且提高了资源利用效率，还大大减少了废弃物的排放所造成的环境污染，美化了环境，真正使农业朝"两型农业"方向发展（齐振宏和王培成，2010）。

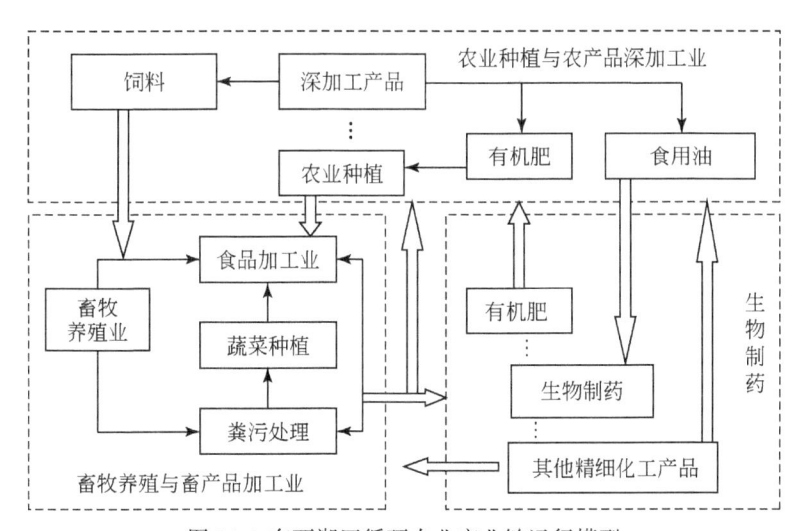

图14-1 东西湖区循环农业产业链运行模型

14.3.3.4 生态保护与治理并重，综合防治农业面源污染

由于受传统生产方式的影响，盲目、过量使用农药、化肥的浪费和污染严重，加上畜禽养殖产业的快速发展，使农业面源污染加剧。为此，武汉城市圈确定要大力发展"两型农业"，以优化农业资源利用方式为重点，以综合防治农业污染、节能降耗和提高农业资源利用率为目标，努力实现资源利用高效化，农业生产生态化和农村人居环境清洁化，不断提高土地产出率、资源利用率和劳动生产率。

转变农业发展方式，加大对化肥农药使用的监理力度。加强对农药使用的监测，禁止高毒农药的生产、销售和使用，开发高效、低毒、低残留化学农药和生物农药，加大对农药残留量的检测和管理，控制农药污染。到2012年，武汉城市圈内蔬菜、水果、茶叶、药材等生产区和60%的农田生产区推广使用高效、低毒、低残留化学农药和生物农药。

积极开展土壤污染状况调查工作，建立土壤环境质量监测和评价体系，大力推广测土配方施肥等先进实用科学技术，为土壤污染防治、土地修复、合理布局和综合开发等提供技术支持，科学合理施肥，提高化肥利用效率。大力推广测土配方施肥，大力推广有机肥和秸秆还田，大力控制氮肥施用量，化肥施用强度年均每亩削减1kg以上，减少和控制化肥污染。开展污染土壤生态修复和治理试点工程，重点抓好重金属污染土壤及农药污染土壤的治理和修复，在基本农田保护区、"菜篮子"基地等与食品安全密切相关的农产品生产基地，加大对绿色食品和无公害食品等生产基地的建设和扶持力度，确保农产品质量安全。

大力发展生态养殖小区，防治养殖污染。科学划定畜禽养殖禁养、限养区域，禁养区内不得新建任何畜禽养殖场，已建的畜禽养殖场要限期搬迁或关闭。规模化养殖场必须配套建设沼气工程等污染治理设施，鼓励生态养殖和标准化养殖小区建设，城市圈建成一批规模化畜禽养殖场废弃物污染处理与资源化利用示范工程。科学、合理规划水库、湖泊、河流水产养殖的规模和数量，禁止在饮用水源保护区内围网养殖，加强对江河湖泊生态环境的保护。

14.3.3.5 大力推进"两型农业"体制机制创新

针对城市圈农业发展水平差异性大、产业结构趋同、资源环境压力增加等问题，目前，重点要做好发展农产品加工业、生物质产业、生态农业、旅游休闲农业、现代农业物流业、创汇农业、新能源农业、农业文化产业、打工经济等方面的工作，通过机制创新，着力推进"六个一体化"：探索建立区域产业

统筹发展机制，着力推进农业产业布局一体化；探索建立农产品快速聚散机制，着力推进农产品市场流通一体化；探索建立农业科技合作机制，着力推进农业科技应用一体化；探索建立农业可持续发展机制，着力推进生态环境保护一体化；探索建立农业服务网络联动机制，着力推进农业服务一体化；探索建立农业公共资源共享机制，着力推进农业公共资源利用一体化。

武汉城市圈的"两型农业"工作着力抓好"六大体系"的建设（付明星，2008）。一是以发展农业循环经济为重点，发展循环农业、高效特色农业、农产品深加工和乡村休闲游为特点，构建现代都市农业产业体系。二是大力推广节约型农业技术，推广节地、节水、节时、节药、节肥、节种、节粮、节能等节约型农业为重点，构建农业资源节约型体系。引导农民科学使用农业投入要素，大力推广使用高效、低毒、低残留农药、生物农药和新药械。鼓励使用生物有机肥和易降解农用薄膜。大力实施沃土工程，切实加强水土流失治理，加大农业污染防治力度，促进生态环境建设。三是以农业农村的可持续发展为重点，大力加强农业废弃物污染治理、发展生态农业、推进清洁家园建设，建立农村生态保护体系。四是推进农业废弃物能源化利用、发展农村沼气、开发太阳能等可再生能源，构建新农村新型能源体系。五是以提高农业科技贡献率为目的，提高土地产出率、资源利用率和劳动生产率，构建两型农业科技创新体系。大力整合农业科技资源，推进区域性农业科研中心建设，着力提高农业科技自主创新能力，强化"两型农业"建设的科技支撑。六是建立农业经济发展、生态保护、社会和谐发展的新农村，构建两型农业制度创新体系。健全农业生态环境补偿制度，形成有利于保护耕地、水域、森林、湿地等自然资源和农业物种资源的激励机制。

14.3.3.6 大力构建和完善"两型农业"技术支撑体系

武汉城市圈充分发挥武汉科技资源优势，大力整合农业科技资源，推进区域性农业科研中心建设，着力提高农业科技自主创新能力，强化"两型农业"建设的科技支撑。积极鼓励和引导涉农企业之间、企业与科研院所之间开展农业技术创新合作。加大对农业生产中的遗传、育种、栽培、生态、土壤、植保、园艺、水产养殖、畜牧、林学、生物工程、生物资源等方面的研究，研发大量保护农业生态环境、合理利用资源、提高农业产品安全卫生的科技成果。重点组织开发和示范有普遍推广意义的水资源与土地资源集约节约技术，大力推进资源节约和环境友好的替代技术，能量梯级利用技术，延长产业链和相关产业链接技术，清洁生产技术，有毒有害原材料的替代技术，再生资源的回收利用技术，以及生物新能源开发等技术，努力突破制约"两型农业"发展的技术瓶颈，积极支持农业建立"两型农业"信息系统和咨询服务体系。加大农业科技创新力度。大力整合农业科技资源，推进区域性农业科研中心建设，着力提高农业科技自主创新能力，强化"两型农业"建设的科技支撑。积极鼓励和引导涉农企业之间、企业与科研院所之间开展农业技术创新合作，加大农业科技成果转化应用力度，着力推广一批资源节约型、环境友好型重点技术，努力提高农业资源和投入品的使用效率，减少能源消耗和环境污染。例如，华中农业大学的张启发院士针对我国水稻生产中出现的日益突出的资源环境问题，积极运用生物科技技术培育绿色超级稻，大力倡导第二次绿色革命，通过减少化肥、农药、水及劳动力的投入，做到资源节约、环境友好，从而实现水稻生产方式的根本转变，实现农业的可持续发展，保证国家粮食的生产安全。

14.3.3.7 大力构建和完善"两型农业"发展的制度支撑体系

要把生态环境作为资源纳入政府公共管理范畴，明确各级政府、企业、农民在发展"两型农业"方面的责任和义务，对污染物排放超过国家和地方规定标准的企业和个人，以及生产中排放有毒、有害物质的企业和个人，要依法强制实施清洁生产审核，从源头上实现污染物的减量化、资源化、无害化。同时，武汉城市圈综合运用税收、投资、信贷、价格等政策措施，调节和影响农业投资主体的经营行为，建立自觉节约资源和保护环境的激励机制。对采用"两型农业"的农作技术与耕作制度，如实施有机肥、从事农业废弃物处理利用、中水利用等活动实施生态补偿政策，通过制度创新为"两型农业"发展提供激励与保障。

通过不断的改革探索与实践，武汉城市圈两型社会试验区自获批以来，两型社会建设取得了明显成效。叶青和陈昌华（2011）的研究结果显示，武汉城市圈两型社会试验区在推进资源节约、环境保护、科技创新、产业结构优化升级、统筹城乡发展、节约集约用地、财税金融改革等重点领域和关键环节的改革举措取得了积极进展。根据28项武汉城市圈"两型社会"建设统计指标数据综合加权测算，2010年武汉城市圈"两型社会"建设总指数达到90.67，比改革试验前2007年的83.93提高了6.74%，比全省平均水平高3.10%，发展水平及增速均好于全省。能源消耗下降，资源利用情况有所提高，2010年武汉城市圈资源利用指数为17.4，比改革试验前的2007年提高0.98%，高于全省增幅（0.59%）；生态、生活环境治理成效明显，2010年武汉城市圈环境友好指数达到24.67，比2007年提高2.37%，高于全省平均水平（0.56%）；科技创新水平有所提高，2010年武汉城市圈科技创新指数为8.92，比2007年提高0.06%，高于全省平均水平（0.67%）；经济总量不断扩大，综合实力进一步提升，2010年城市圈GDP总量达9585.59亿元，比上年增长15%，高于全省平均水平（0.2%），占全省地区生产总值的60.6%，在全省经济发展中始终占主导地位；城乡居民收入稳步提高，社会事业全面进步，2010年武汉城市圈社会进步指数为18.5，比2007年提高2.21%，高于全省平均水平（0.81%）。

但是，由于武汉城市圈"两型社会"试验区建设时间不长，试验区建设的成效还只是阶段性的，试验区发展仍然面临转型发展缓慢、体制机制不完善、技术创新不足、绿色经济发展政策激励不足、发展方式尚未实现根本性转变、"两型农业"发展不足等现实挑战与障碍，需要进一步以科学发展观为指导，加大改革发展的步伐，加强生态文明建设，努力实现社会经济发展与资源生态环境和谐发展的局面。

第 15 章
绿色超级稻："两型农业"生产体系的作物范例

水稻是我国的主要粮食作物，其播种面积占我国粮食作物播种面积的 28%，总产约占粮食总产的 40%，在我国农业生产中占有举足轻重的地位。"绿色超级稻"是我国科学家针对粮食安全与资源环境尖锐矛盾的严峻形势，提出的水稻育种新理念，要求品种同时兼顾抗病虫、节水抗旱、抗逆、养分高效利用和高产优质等特性，其"少打农药、少施化肥、节水抗旱、优质高产"的主旨目标非常契合"两型农业"关于资源节约和环境友好的核心要求。绿色超级稻的提出与实践正在推动作物育种目标和育种方式的变化，促进育种科学与技术体系的创新与应用。绿色超级稻在以品种为核心纽带的农业生产体系建设中将发挥重要的作用和示范效应。

绿色超级稻的研发是一个复杂的系统工程，涉及生物学、功能基因组、基因资源和育种技术、栽培技术等多学科的研究成果的整合。同时，绿色超级稻预期效益的发挥有待于政策、经济和社会等多方面环境的支撑。以绿色超级稻为代表的"绿色农业"理念是两型社会建设的一个缩影。本章以绿色超级稻为切入点，通过梳理绿色超级稻的提出和研发背景，目前所取得的进展以及所引发的社会、经济和环境效应，通过具体的试验数据和案例说明，将两型农业生产体系具体化，以有助于深入理解两型农业生产体系建设，为包括农作物、园艺植物、水产养殖和畜牧等在内的两型农业生产体系的推广与实践提供借鉴和参考。

15.1 绿色超级稻提出的背景

15.1.1 农业生产与资源环境的突出矛盾

20 世纪 60~70 年代作物矮秆品种和杂交稻的培育和应用，使我国粮食产量实现了两次飞跃。但大量矮秆、耐肥高产作物品种的培育和大面积推广，引发的化肥、农药、用水以及劳动力的投入激增，导致农业生产与资源环境的严重矛盾。其中水稻生产与资源环境的矛盾尤为突出，展现出严峻局面。

第一，水稻产量水平多年徘徊不前。1995年，我国水稻单产首次突破400kg，之后水稻产量持续徘徊不前。近年来，全国育成省级以上审定的水稻新品种数百个，包括已大面积推广的一批"超级稻"。然而，由于这些品种是在水肥条件优良的环境下育成并通过区域试验，其试验产量虽然较高，但与生产上的实际产量存在巨大落差。主要原因是我国70%以上的中低产田难以满足这些品种对"足水高肥"与精耕细作的要求，以单产为主要育种目标的超级稻难以在大面积上实现其高产潜力。

第二，病虫害造成的损失严重。长期以来，我国水稻主要受稻瘟病、白叶枯病、纹枯病等病害，稻飞虱、二化螟、三化螟、稻纵卷叶螟等害虫的危害，产量损失严重。近年来，一些传统上的次要病害，如稻曲病、条纹叶枯病等，随着化肥投入的不断增加，在水稻生产上的危害日益加重，在部分稻区造成重大损失。目前我国病虫害治理以药剂防治为主。近二十年来，我国农药用量呈逐年递增趋势。喷施大量农药会产生一系列的副效应：①害虫抗药性增加，害虫天敌遭杀害，进一步导致害虫爆发；②破坏人类赖以生存的生态环境，还造成食物中的农药残留，危害人类健康；③增加生产投入成本，加重农民的负担。

第三，施肥的增产效果已不再明显。据统计，早在2002年，我国以占世界约9%的耕地面积，施用了世界30%以上的各种肥料，其中氮肥用量更是高达世界总量的31%，到2009年各类化肥的用量更是超过全球总量的35%。彭少兵等（2002）分析表明，我国水稻生产中氮肥用量较世界其他水稻主产国高出约75%，但利用率很低。在我国很多地区，稻田的肥料用量已经超过了土地的承受能力。过量施肥也会产生一系列的副效应：①引起水稻倒伏而减产；②降低稻米的蒸煮品质；③土壤退化、江河湖海的富营养化；④加重农民负担。不仅如此，氮肥生产的高耗能、高排放，以及磷等矿产资源的不可再生性，都会导致过量施肥与农业和环境可持续发展的尖锐矛盾。

第四，水资源的制约。据唐登银等（2000）估计，我国总用水量为5570亿m^3，其中农业用水约3920亿m^3，占70.4%，而水稻的用水约占农业用水的70%。我国是世界上人均水资源较少的国家之一。西北长期缺水、华北旱灾频繁；由于雨量分布在季节上不平衡，旱灾在长江流域和华南稻区的发生频率也很高。近年来，我国主要稻区的旱灾有加剧的趋势，伏旱和秋旱的频繁发生造成了水稻大幅度减产。

因此，要保证水稻乃至整个农业生产的可持续发展，水稻生产必须在高产、优质的基础之上，注重资源节约，保护生态环境。

15.1.2 绿色超级稻——资源节约、保护环境、可持续发展

1998年，在国家重点基础研究发展计划（"973"计划）启动之际，李振声院士提出了"为第二次绿色革命准备基因资源"的目标。后经数十位农业科学家的讨论，就"第二次绿色革命"的定义和内涵凝练成十个字的共识："少投入、多产出、保护环境"。"第二次绿色革命"的基本出发点就是要逆转第一次绿色革命所带来的副效应。通过具有新的优良性状的品种培育和技术推广，减少化肥、农药、水及劳动力的投入，做到资源节约，环境友好，从而实现农业生产方式的根本转变，实现农业的可持续发展，保证国家粮食的生产安全。第二次绿色革命所倡导的"少投入、多产出、保护环境"与两型农业的内涵非常贴合。

我国水稻科学家一直在思考水稻的"第二次绿色革命"。1998年，国际水稻研究所启动了由14个水稻主产国参与的"全球水稻分子育种计划"，旨在广泛收集来源于世界水稻主产国的优良品种资源，通过大规模杂交、回交并结合分子标记鉴定的方法，实现优良品种资源在分子水平上的大规模交流。我国也参与了这一计划，并获得国家自然科学基金重点项目的资助。2001年，农业部"948"重大专项"参与全球水稻分子育种计划研究"正式启动。该项目的重要内容是引进国外优异种质资源，搭建我国水稻分子育种的资源、技术和信息平台，筛选和构建一批高产、优质、抗病虫、节水抗旱、耐高低温、氮磷肥高效利用的"近等基因系或导入系"，用于水稻新品种的培育。在项目实施过程中，培育抗病、抗虫、抗逆、营养高效、高产、优质等性状于一体的"绿色超级稻"的思想初具雏形。张启发（2005）撰文提出了绿色超级稻的概念及分阶段的目标，并指出水稻遗传改良的目标除要求高产、优质外，还应致力于减少农药、化肥和水的用量，使水稻生产能"少打农药、少施化肥、节水抗旱、优质高产"。围绕这一战略目标，我国水稻科学家开展了卓有成效的探索与实践，在绿色超级稻的内涵、育种策略，以及理论基础与技术体系等方面取得了阶段性成果（张启发，2010）。2008年，由中国农业科学院联合华中农业大学、上海农业生物基因中心等国内外十余家科研单位共同承担的"为非洲和亚洲资源贫瘠地区培育绿色超级稻"项目得到了比尔和梅琳达·盖茨基金会项目资助，标志着绿色超级稻的育种理念得到了国际同行的高度认可和响应。

15.2 绿色超级稻的研发基础

15.2.1 功能基因组为作物品种改良提供理论基础

随着大量生物基因组测序的完成，系统研究生命活动及其调控规律的功能基因组学已经成为国际生物科学界发展的热点领域。水稻是我国主要的粮食作物，也是作物功能基因组研究的模式植物。为了弄清水稻基因组中控制重要农艺性状的功能基因，中国、日本、韩国、美国、法国等国家开展了水稻功能基因组研究的计划，主要包括构建功能基因组研究的技术平台和大规模的功能基因研究。水稻功能基因组研究产出的新基因、新技术和新方法，正在全面带动生物技术应用于作物品种改良以及农业生命科学的发展，为作物育种模式和育种理念的变革提供理论和技术支撑。

15.2.1.1 水稻功能基因组研究的技术平台

我国是世界上较早启动水稻功能基因组研究的国家之一，系统构建了水稻功能基因组研究的技术平台，包括：

1) 水稻突变体库资源。已获得水稻 T-DNA 插入突变体约 27 万株系，分离得到 T-DNA 和 Tos17 的有效侧翼序列总数已达到 49 538 条（Wang et al., 2013），建成了相应的数据库（http://rmd.ncpgr.cn），实现了突变体材料与数据的全球共享，对国内外水稻功能基因组研究起到重要的支撑作用。

2) 水稻全基因组表达谱芯片。利用 Affymetrix 水稻全基因组芯片，对优良杂交稻汕优 63 及其亲本珍汕 97 和明恢 63 进行全生育期的基因组表达谱分析，获得 39 个组织或器官的表达谱数据（Wang et al., 2010）；开展了品种干旱、低温、氮磷胁迫条件下的基因表达谱研究，建成芯片表达谱数据的信息平台（http://crep.ncpgr.cn/）。这些表达谱数据为解析抗逆性、氮磷高效利用等重要性状的生理生化过程和基因网络提供了重要的信息。

3) 全长 cDNA 文库。我国科学家克隆了籼稻品种及野生稻 25 000 余条全长 cDNA，并公布了序列信息（Rice Indica cDNA Database）网站（http://www.ncgr.ac.cn/ricd）。水稻全长 cDNA 文库序列的建立，对获得大量的基因序列结构信息，比较不同品种基因表达差异、基因功能和表达蛋白具有重要的意义，也为绿色超级稻培育的基因资源发掘奠定了基础。

15.2.1.2 水稻重要功能基因资源

根据全球水稻功能基因组研究的进展和态势，Zhang 等（2008）提出"水稻2020"（RICE 2020）计划。该计划拟通过水稻生物组学（功能基因组学、蛋白组学、代谢组学等）方面的研究，到2020年阐明水稻基因组所有基因的功能以及重要农艺性状基因的等位变异的功能多样性，进而揭示性状形成的基因调控机理和调控网络，关注功能基因组成果的育种应用。

近十年来，我国科学家在重要农艺性状基因鉴定和功能分析上取得了系列进展和重大成果，获得许多有自主知识产权的基因资源。针对农业生产需求，已分离鉴定出一批包括控制抗病、抗旱、氮磷高效利用、耐盐、品质、产量及产量相关性状、雄性不育及恢复等具有明显应用前景的重要性状的基因；还分离了一批包括干旱、盐、冷、病害等逆境诱导性以及组织特异性启动子。表15-1例举了近年我国科学家分离克隆的部分水稻重要功能基因。这些研究成果以及更多的功能基因的发掘，为作物分子育种提供了坚实的实践基础。

表 15-1 分离克隆的部分水稻重要功能基因

性状	基因名称	编码蛋白	基因功能	参考文献
产量及相关性状	GHD7	含 CCT 结构域蛋白	株高、生育期、穗粒数	Xue et al. ,2008
	GS3	含 PEBP 类似结构域蛋白	粒长、粒重	Fan et al. ,2006; Mao et al. ,2010
	Ghd8	CCAAT 结合蛋白	株高、生育期、穗粒数	Wei et al. ,2010; Yan et al. ,2011
	GW2	RING 类-E3 泛素连接酶	粒宽、粒重	Song et al. ,2007
	DEP1	类似 PEBP 结构域的蛋白	穗形、籽粒数	Huang et al. ,2009
	GW8	细胞增殖调控蛋白	粒长、粒重	Wang et al. ,2012
	GIF1	细胞壁蔗糖酶	籽粒充实度	Wang et al. ,2008
	GS5	丝氨酸羧肽酶	粒宽、粒重	Li et al. ,2011
	IPA1	SBP-box 的转录因子	株型	Lu et al. ,2013
	DST	锌指转录因子	穗粒数	Li et al. ,2013
	MOC1	GRAS 家族蛋白	控制分蘖数量	Li et al. ,2003
	GW5	核定位蛋白	粒宽、粒重	Weng et al. ,2008
	Chalk5	液泡膜质子转运焦磷酸酶	稻米垩白率	Li et al. ,2014

续表

性状	基因名称	编码蛋白	基因功能	参考文献
抗逆	SNAC1	NAC 类转录因子	调控气孔关闭,抗旱	Hu et al.,2006
	OsSKIPa	Ski-作用蛋白	细胞的活力,抗旱	Hou et al.,2009
	SKC1	离子转运蛋白	维持钠钾离子平衡,抗盐	Ren et al.,2005
	Xa26	LRR 类受体蛋白激酶	抗白叶枯病	Sun et al.,2004
	xa13	MtN3 类似蛋白	隐性抗白叶枯病	Chu et al.,2006
	Bph14	LRR 类蛋白	抗褐飞虱	Du et al.,2009
营养	OsPFT1	一种新的转录因子	低磷胁迫应答	Yi et al.,2005
	OsPHR2	MYB 类转录因子	磷信号转导	Zhou et al.,2008
	OsSPX1	SPX 结构域蛋白	磷信号转导	Wang et al.,2009
	DEP1	类似 PEBP 结构域的蛋白	氮高效利用	Sun et al.,2014
杂种优势利用	S5	天冬氨酰蛋白酶	籼粳杂种育性	Chen et al.,2008;Yang et al.,2012
	Sa	F-box 蛋白	杂种育性	Long et al.,2008
	RF5	PPR 信号肽	育性恢复	Hu et al.,2012
	WA352	线粒体基因	胞质不育性	Luo et al.,2013
	PMS3	非编码 RNA	光温敏育性	Ding et al.,2012

产量品质相关基因：我国科学家已克隆 MOC1、Ghd7、IPA1、Ghd8、GS3、GW8、GS5、GW2、GW5、DEP1、GIF1、Chalk5 等分别控制株型、分蘖数、每穗粒数、粒长、粒宽及千粒重、穗形态、籽粒灌浆充实度和稻米外观品质等基因；分离鉴定了与杂种优势利用相关的恢复基因 Rf5，野败不育基因 WA352，以及籼粳亚种杂种育性基因 S5 和 Sa 等。研究结果显示，这些基因对水稻产量及品质的遗传改良具有重大的应用前景。

抗病虫害相关基因：水稻的主要病害有白叶枯病、稻瘟病和纹枯病。目前，已经克隆了近 40 个抗白叶枯和 48 个抗稻瘟病的基因。有多个抗白叶枯病基因（xa13、Xa23、Xa26 等）已经被广泛应用于水稻育种中。分离克隆的抗稻瘟病的主效基因 Pi9、Piz-1、Pi2、Pi-d2 表现出很好的应用价值。同时，我国科学家在水稻抗褐飞虱主效基因中也取得重大进展，已在栽培稻中鉴定出多个抗虫基因，利用栽培稻和野生稻种质资源，率先分离克隆抗褐飞虱基因 Bph14，并成功运用于水稻抗虫水稻的培育。

抗非生物逆境的基因：干旱等逆境是造成农作物减产的重要因素。不同地区的水稻生产会遭受不同程度的旱、盐、重金属、冷等的胁迫，导致水稻减产。目前国内外已经鉴定有超过100个基因对逆境有不同程度的抗性。其中，我国科学家分离克隆了对干旱等逆境胁迫起调控作用的关键基因 *SKC1*、*SNAC1*、*OsSKIPa* 等，这些基因的表达调控能明显增强水稻的耐逆性或抗逆性。

氮、磷营养利用基因：氮磷养分高效利用方面的研究最近有较大的进展。在磷肥利用上，我国科学家鉴定出不同 *DEP1* 等位基因在氮高效利用中的作用，已初步明确 *OsPFT1*、*OsSPX1* 和 *OsPHR2* 等基因在磷的吸收转运中的功能。国际水稻研究所等单位还分离获得水稻磷高效利用的基因 *Pstol1*（Gamuyao et al.，2012），并开展了分子标记辅助选育耐低磷水稻的工作。

15.2.2 功能基因组研究提供的分子育种技术支撑

随着测序技术的发展和测序成本的降低，我国科学家已经陆续完成一些植物的全基因组测序，并应用新一代测序技术（NGS）进行了作物种质资源分析和重要农艺性状基因调控网络的剖析；率先开发出基于新一代测序技术的高通量基因型鉴定方法，为完善高通量分子标记检测体系以及分子育种的实践提供了条件。

中国科学院国家基因研究中心完成了950份水稻种质资源的全基因组低覆盖度测序，找到400万个单核苷酸多态性位点（simple nucleotide polymorphism，SNP），并通过全基因组关联分析获得大量重要农艺性状相关位点（Huang et al.，2012）。华中农业大学作物遗传改良国家重点实验室基于 NGS 技术开发了高通量群体基因分型和构建超高密度遗传连锁图的方法（Xie et al.，2010），对产量性状相关位点进行了精细定位（Yu et al.，2011），并对水稻杂种优势的遗传组成进行了深入剖析（Zhou et al.，2012）。最近，该实验室还完成了533份水稻品种的全基因组低覆盖度测序，获得了超过600万个 SNP，并完成水稻苗期叶片代谢组关联分析研究（Chen et al.，2014b）。此外，由中国农业科学院牵头，协同国际水稻研究所和华大基因完成了全球3000多份水稻核心种质的重测序工作，发现1890万个 SNP 位点（Li et al.，2014），并已于近期公开数据。基于大量 SNP 数据，中国种子集团和华中农业大学、北京大学合作，针对不同应用目标，设计开发了多款不同通量的 SNP 育种芯片，目前已应用到水稻育种的有关环节（Chen et al.，2014a；Yu et al.，2014）。利用测序技术以及基因组 SNP 芯片检测平台已从水稻延伸到了其他作物，如玉米、小麦等种质分析及基因功能鉴定，并正在应用于作物新品种的选育。

15.2.3 现代生物技术引发作物育种方式的变革

长期以来，传统育种的选择方法主要是对表现型的目测观察，以经验为基础进行取舍，准确性较差、效率较低。新的育种技术以基因的遗传、功能和表型信息为基础，利用分子检测手段，直接对目标基因（性状）和基因组背景进行选择，能极大地提高育种选择效率和精确性，加快作物新品种培育的进程。随着生命科学的迅猛发展，应用生物技术改良作物品种正成为引发新的农业技术革命的关键。功能基因组研究、转基因技术、基因组技术等领域的飞速发展，使常规育种与生物育种相结合成为现实。

15.2.3.1 分子标记辅助选择育种技术

分子标记辅助选择（molecular marker-assisted selection，MAS）是分子标记技术与传统遗传改良的方法相结合产生的一种新的育种手段。一般而言，MAS可应用于多个育种环节，包括利用分子标记进行育种亲本的选配、目标重组个体的筛选以及品种指纹鉴定等，因此，分子标记辅助选择也被称为分子标记辅助育种。借助与目标性状基因紧密连锁的分子标记对目标基因型进行选择育种，相比较传统育种来说，具有许多优势：

1) 克服性状鉴定的困难。共显性的分子标记不受等位基因间显隐性关系的干扰，允许对杂合体中的隐性基因进行鉴定；目的基因的选择不受基因表达和环境条件的影响，选择结果可靠。对隐性基因控制的性状，可以当代选择，免除测交或后代测验。对抗病虫性或抗逆性，以及需要在特别环境条件才能表现的性状（如光温敏不育性），分子标记更具有独特的鉴定优势，利用分子标记不需要设置特别的环境条件就能直接鉴别基因型、推测其表现。

2) 允许早期选择、早世代选择。标记辅助育种过程中，标记基因型的鉴定可以在任何世代及植株生长任何阶段进行；在种子或苗期阶段选择，还可以减少田间种植的群体规模；在早代对目标基因进行准确、稳定的选择，能够提高育种的可预见性和可操作性。

3) 便于同时选择多性状/基因。利用多个分子标记可以对作物产量、品质和抗性等综合性状的相关基因进行全面鉴定和定向改良。应用分子标记辅助培育优质、高产、多抗的农作物新品种（组合），可以明确目标基因位置、效应大小以及遗传背景，提高育种效率，加速育种进程。

我国多家单位通过MAS将抗白叶枯病基因（如 $Xa21$、$Xa7$、$Xa23$ 等）、抗稻瘟病基因（$Pi-d(t)$、$Pi2$、$Pi9$ 等）、抗稻飞虱基因（$Bph14$、$Bph15$ 等）

导入到恢复系和不育系中，已经获得系列优质抗病的恢复系和不育系，并培育出兼抗稻瘟和白叶枯病的高产杂交稻新组合（品种），有些杂交稻品种已用于商业化生产。

15.2.3.2 全基因组选择育种技术

大多农艺性状是受多基因控制的复杂性状，这些基因分布在不同染色体区段上，因此，选用覆盖整个基因组的分子标记，对每个基因（多基因）进行鉴定与选择，可以极大增加选择的准确性。全基因组选择是以基因的遗传、功能和表型信息为基础，以对 DNA 多态性（如 SNP）高通量检测为手段，利用覆盖整个基因组的标记将染色体分成若干个片段，通过标记基因型结合表型性状以及其他信息分别估计每个标记代表的染色体片段（或基因）的效应，最后利用个体所携带的标记信息对其未知的表型信息进行预测，并依此进行个体选择。全基因组选择育种是在传统 MAS 基础上的创新和改进，根据育种目标，在全基因组水平上对多个目标基因（性状）和个体的遗传背景进行选择，能极大地提高育种选择效率和精准性。

测序技术的发展和测序成本的降低，为覆盖全基因组的高密度分子标记及其检测体系的完善创造了条件。以 SNP 芯片技术为基础的全基因组选择技术，可以同时对全基因组进行基因分型，能够帮助快速、准确地选育新的育种材料，从而可有效地缩短育种周期。国际大型种业公司已将玉米全基因组 SNP 芯片用于回交育种，将多个目标基因聚合在优良自交系中，培育超级玉米杂交种。

目前国内利用高通量测序技术已经获得大量水稻品种序列数据（Huang et al.，2010，2012），与玉米相比，水稻功能基因组研究提供了大量可供利用的功能基因和基因标记。将先进的分子标记检测技术和水稻基因组研究成果结合起来，开展水稻全基因组选择育种正在成为研究热点和焦点。中国种子集团生命科学研发中心（武汉）联合国内科研单位应用 Illumina 公司芯片，对 400 多万个水稻 SNP 序列进行了鉴定筛选，设计出水稻中等密度芯片 RICE6K。该芯片包含 5102 个 SNP 和插入缺失（insertion-deletion，InDel）标记，其中大约有 4500 个高质量标记在测试的水稻样品中表现出很高的重复性（Yu et al.，2014）。在 RICE6K 芯片的基础上，他们已经设计完成包含 5.8 万 SNP 位点的芯片 RICE60K，能很好地检测水稻品种间多态性水平，进行自交系亲缘关系分析，重组自交系和导入系基因分型（Chen et al.，2014a）。运用水稻 SNP 芯片，华中农业大学利用回交育种程序和芯片选择相结合，将一个新的稻瘟病抗性基因 R6 导入光温敏不育系 C815S 中（图 15-1），获得抗稻瘟病的不育系

"华5178S"，其背景回复率达98.9%。水稻全基因组选择芯片的应用极大地提高了选择的预见性和育种效率。

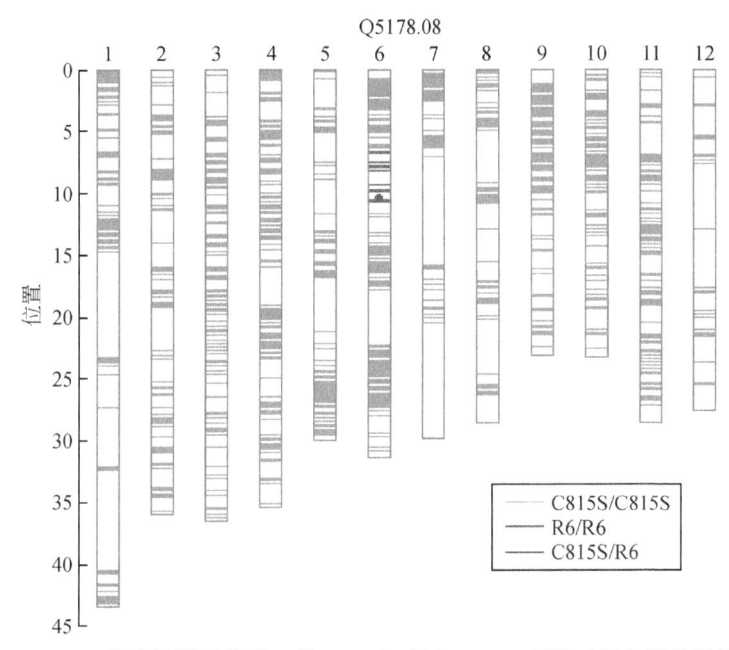

图15-1 60K芯片检测不育系"华5178S"具有C815S背景（何予卿教授提供）

15.2.3.3 转基因技术

转基因技术是将外源基因（人工分离和修饰过的基因）导入生物体基因组中，并进行表达的技术。转基因技术能够准确地对某个基因进行操作，打破自然界中存在的物种间的生殖隔离，为物种间基因交流，扩大可用于育种的优良基因来源提供便利。近20年来，转基因作物的研发与产业化发展迅猛。据统计，1996~2011，全球种植以抗病虫、抗除草剂性状为主的转基因作物增产价值达982亿美元，相当于节约1.09亿hm^2的耕地；改善了1500万农户、近5000万贫困农民的生计；减少了4.73亿kg化学农药的使用。此外，种植转基因作物还加快了少耕、免耕栽培技术的推广，因而增加了土壤中碳的储量、节约农机燃料消耗、显著降低了温室气体的排放。2012年全球转基因作物种植面积达到1.703亿hm^2，是1996年全球转基因作物种植面积170万hm^2的100倍，显示出巨大的经济、社会和生态环境效益（Clive，2013）。

目前转基因作物的主要种植国已实现转基因作物品种的更新换代，功能性和治疗性转基因食品相继研制成功，新一代转基因作物开始进入商业化生产阶段，如旨在为缺乏维生素 A 的第三世界儿童补充维生素 A 的"黄金水稻"有望商业化应用。新性状和复合性状的转基因作物已进入或即将进入商业化审批。转基因品种正由农业领域向医药、能源、化工、加工领域等拓展，部分用转基因植物生产的药物已上市销售。

我国政府一直重视植物基因组和转基因作物研发的投入，已实施 5 年的转基因生物新品种培育国家科技重大专项，预计到 2020 年总投资将达到 240 亿元。该项目以产业化为导向，在新品种研发和应用方面取得了重要进展：2009 年，在长时间严格的安全评价后，农业部批准发放了转基因抗虫水稻"华恢 1 号"及杂交种"Bt 汕优 63"和转植酸酶基因玉米 BVLA430101 的生产应用安全证书；以抗虫棉为主的转基因作物继续大面积推广。

根据对国内近 10 年转基因抗虫棉大规模种植和转基因抗虫水稻生产性实验的调查，转基因作物具有巨大经济、社会和生态效益。2008～2009 年全国推广转基因抗虫棉 1.12 亿亩，国产抗虫棉的市场份额已达到 93%，农民净增效益 130 亿元，减少农药用量 5.6 万 t。转基因抗虫水稻的生产性实验的数据表明，农民可节省 80% 的农药投入，按 2003 年价格计算，平均每公顷可节省投入 600～1200 元，同时显著减少因受虫害造成的水稻产量损失，与打农药对照相比增产 6%～9%。可见，转基因作物的应用，不仅能够大幅减少农药和化肥的用量，而且能够控制农业生产上的资源消耗，带来显著的生态环保效益。

15.2.3.4 基因组编辑技术

基因组编辑（genome editing）是指将外源 DNA 元件导入细胞染色体特定位点，对受体基因组进行定点修饰和改造，获得预期的生物体基因组序列改变的技术。该技术的主要特点是，核酸酶在特定的基因组位点进行剪切，导入的外源 DNA 随后与基因组中序列相同或相近的位点发生同源重组或 DNA 修饰。这种核酸酶介导入的基因组编辑技术，可以精确修饰或替换靶基因，在理论上还可以定点改造任何一个基因，但这种定点突变的精确性高度依赖于同源重组的发生。以往，由于植物中产生自发同源重组的频率很低，所以，这种技术应用于植物育种很困难。近几年，由于人工改造的特异性核酸酶（如归巢核酸酶、锌指核酸酶、TALEN 核酸酶）的出现和应用，大幅度地提高了同源重组的效率，使基因组编辑变得高效和精确，该技术应用于植物育种实践成为现实。科学家还发现细菌基因组中存在一种被称为规律成簇的间隔短回文重复（CRISPR），它与特异核酸酶（如 Cas9）一起形成保护自身对抗病毒的系统，可以用来删除、添加、激活或抑制包括植物和其他生物体的目标基因。基于 CRISPR/Cas9 系统，最近开发出来的基因组编辑技术，使得定点修饰或替换基因变得更为简单且高效（Li et al.，2013）。

高效的基因组编辑技术，不仅是一种直接有效地研究特定基因功能的方法，而且是准确定向地改造靶基因和改良作物品种的新途径。水稻功能基因组的研究，有望弄清每一个基因的功能，尤其是控制重要农艺性状的基因功能，面对水稻功能基因组研究提供的大量功能基因，基因组编辑技术有了"用武之地"。该技术的运用无疑为作物品种的遗传改良提供全新的育种策略和思路。

15.2.3.5 分子设计育种

分子设计育种是以生物信息学、基因组学、蛋白质组学等数据库为平台，综合作物遗传、生理、生化、栽培、生物统计等学科的有用信息，根据具体作物的品种和生长环境，设计最佳方案，然后开展育种实践的新型育种方法。它的发展依赖于功能基因、基因标记和基因网络调控等方面工作的累积和突破。作物"设计育种"的"理想境界"应包括以下五个层次（张启发，2010）：①在一个特定的生态条件下，最大限度地利用日光的适宜群体结构；②能实现该群体结构的个体构型（理想株形）；③构成该个体构型的各种性状（包括绿色超级稻所要求的抗病虫、抗逆、营养高效利用和高产优质等）及其所涉及的生长发育过程；④决定这些性状的各种基因和调控网络；⑤针对各层次的设计，基因的组装程序。

水稻功能基因组的研究成果极大地推动传统育种模式向精准、快速的分子设计育种模式的转变。研发和集成全基因组选择、转基因技术和分子标记辅助选择等多种技术，结合种质资源的基因组信息，有望在品种培育过程中对性状和优良基因进行基因组水平上的选择、组合和评估，提高选择效率和准确性，实现分子设计育种。

15.2.4 生物育种产业

随着基因组学和技术的迅猛发展，应用生物技术改良农作物品种正成为农业技术革命的热点。生物育种已成为我国"十二五"战略性新兴产业之一。过去二十多年，跨国公司通过技术优势和企业重组并购，迅速成为全球农业生物技术研发的主体。2011年4月10日我国出台的《国务院关于加快推进现代农作物种业发展的意见》明确提出：农作物种业是国家战略性、基础性核心产业，是促进农业长期稳定发展、保障国家粮食安全的根本。生物育种是未来全球种业竞争的科技制高点与制胜点。

我国农业企业目前相对规模较小、经济实力不强、研发力量较弱。特别是从基础研究、应用育种、到产品开发之间相互脱节、流通不畅、割裂严重，"产学研"的分割和"产业链"的未成体系成为农业高技术产业发展的最大"软肋"。世界种业研究已从传统的常规育种技术进入生物技术育种阶段，跨国公司依靠雄厚的资本建立了自己独立的种子研究、开发、生产和销售体系，拥有自主科技品种和全球营销网络。从我国粮食安全的战略角度考虑，必须培育我国农业生物技术企业，实现国家对农业生物技术种业的控制，确保我国的粮食安全。

在国家政策的导向下，国内一些企业开始积极投入种业科技应用研究和产业化发展，尝试联合科研院所和育种单位，试图打通"产学研"一条链，创建中国生物育种产业联盟。联盟的基本形式是以企业为主体，联合我国农业领域的优势科研教学单位和育种团队，利用国内外基因组学和分子生物学研究的新成果，将基因组技术育种、转基因技术育种与传统常规育种相结合，持续推出具有自主知识产权的高产、优质、抗虫、抗病、抗逆、肥料高效利用的"环境友好型、资源节约型"作物新品种（如抗逆玉米、绿色超级稻等），形成"上中下游"一体的分子技术育种体系和生产体系，为我国农业发展提供坚实的种业支撑。

15.3　绿色超级稻的实践

15.3.1　绿色超级稻的内涵与技术路线

绿色超级稻品种在高产优质的基础上，应具备下述性状：对多种病虫的抗性，能对营养元素高效吸收和利用，有较强的抗旱性或抗逆性（张启发，2010）。

绿色超级稻具备对多种病虫的抗性。长期以来，螟虫（稻纵卷叶螟、二化螟、三化螟）、稻飞虱、稻瘟病、白叶枯病和纹枯病对我国水稻生产危害严重，近年来，稻曲病、条纹叶枯病在很多稻区有加重的趋势，局部地区甚至造成严重减产。绿色超级稻应能针对不同稻区的病虫害发生特点，对各稻区主要病虫害具有抗性。国内外多年的研究已发现和积累了一大批可资利用的抗稻飞虱、稻瘟、白叶枯等重要病虫害的稻种资源，鉴定、定位和分离了多个抗病基因（或数量性状位点，QTL），通过转基因和基因聚合，已培育出带有多种抗性基因的水稻新品系，但对于纹枯、稻曲等病害，目前还缺乏可资利用的抗性资源。

绿色超级稻对营养元素的高效吸收和利用。两型农业生产要求施肥量大幅度减少。随着施肥量的减少，田间营养元素的浓度将逐渐降低。因此，从长远的角度看，绿色超级稻应能在田间营养元素浓度较低的情况下保证足够的吸收，即有高的吸收效率；对已吸收的营养元素能充分利用，即高的利用效率。目前国内外在营养高效基因的研究方面已经有了较好的基础，在提高氮磷利用效率基因的分离克隆方面也取得了一定的进展；筛选出了一批营养高效吸收利用的种质资源，并鉴定、定位和克隆了一些氮、磷高效基因（QTL）。

绿色超级稻应有较强的抗旱性。大田稻作的抗旱涉及两种主要机制：避旱（drought avoidance）和耐旱（drought tolerance）。水稻在生育后期（孕穗、开花和灌浆期）需水量大，此阶段缺水对产量影响很大。绿色超级稻应针对我国主要稻区在水稻生育后期干旱频发导致减产的问题，培育具有避旱性和耐旱性的品种，减少灌溉，提高产量。近年来，国内已经培育出大批的农艺性状优良且抗旱性强的水稻导入系和各种育种材料，从中发掘出大量水稻抗旱性状的数量性状位点和等位基因，同时在水稻及模式植物拟南芥的研究中，已鉴定出一批耐旱基因，用其中一些培育的转基因水稻也表现出较强的抗旱性。

绿色超级稻应对不同逆境（盐、碱、高、低温等）因素具有较强的抗性。我国沿海、东北和内陆有相当面积的稻田受到不同程度盐渍（salinity）或盐碱（高 pH，alkalinity）危害而严重减产。同时，我国每年也因高温、低温危害导致不同程度水稻减产，尤其在水稻发育的中后期。因此，培育耐盐、碱和耐高温、低温的绿色超级稻，可以大幅度降低这些逆境因素对水稻产量和品质的危害。近期，我国已经培育出一批耐盐、耐碱，或耐高温、低温的优异水稻导入系和新品系，发现和分析了大量抗逆境的数量性状位点或基因，培育出的一些高产、耐盐碱绿色超级稻新品种，已经开始在生产上示范、推广。

近几年，经过专家的充分论证和实践，绿色超级稻的育种目标更加具体化，即绿色超级稻新品种要求同时满足以下条件：

1）具备与"超级稻"相当的产量潜力。根据区域、季别（熟制）、生育期和适应性等将绿色超级稻划分为不同类型，其中广适型的要在省级以上区试中平均比对照显著增产，而且生育期与对照相当。

2）米质应达到部颁优质米标准。北方粳稻达到部颁二级米或以上标准；南方晚籼达到部颁三级米或以上标准；南方早籼和一季稻达到部颁四级米或以上标准。

3）具备对多种病虫的抗性。针对我国水稻生产上的主要病虫害较多的特点，绿色超级稻必须同时具有抗三种以上病虫害的能力，生产中减少农药施用量30%以上。

4）绿色超级稻应在田间氮磷营养元素浓度较低的情况下保证足够的吸收

和高的吸收与利用效率，在大田生产条件下能减少氮磷肥施用量30%以上。

5) 明显的节水抗旱特性。我国水稻生产中，灌溉稻区水资源浪费严重，中低产田遇干旱严重减产甚至绝收。"绿色超级稻"在具备灌溉条件的地区种植，应节水30%以上；在缺乏灌溉条件的"望天田"，具有较好的抗旱能力（抗旱级别达到三级以上）。

6) 具有明显提高的抗逆性。即在高温、低温或盐、碱逆境条件下比对照显著增产。

为了实现绿色超级稻同时兼顾"抗病虫、节水抗旱、养分高效利用和高产优质"的育种目标，张启发提出绿色超级稻培育的育种策略和技术路线（Zhang，2007）：以目前最优良的品种为起点，综合应用品种资源研究和功能基因组研究的新成果，充分利用水稻和非水稻来源的各种基因资源，有机整合分子标记技术、转基因技术、杂交等育种手段与技术（图15-2），从基因组水平上优化组合各种有利基因，培育大批抗病、抗虫、抗逆、营养高效、高产、优质的新品种。

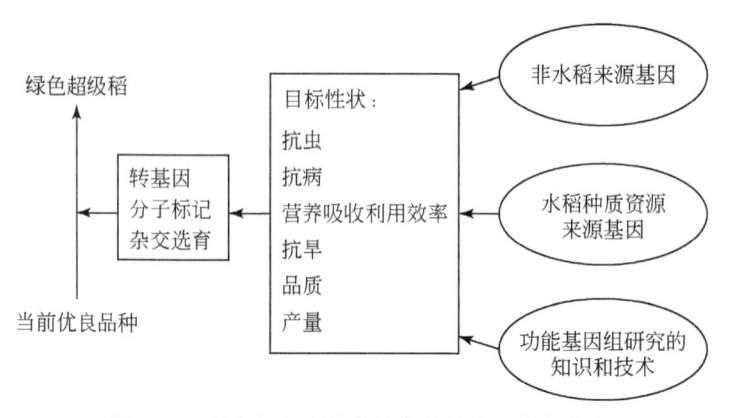

图 15-2　绿色超级稻培育的育种策略和技术路线

15.3.2　绿色超级稻培育的进展

2010 年，科学技术部批准立项了 "863" 计划中的项目 "绿色超级稻新品种培育"。项目聚集了国内水稻育种优势单位，明确提出利用水稻功能基因组等重大项目的研究成果，立足于绿色超级稻相关性状及标记开发，辅助转移与累加有利基因，围绕水稻多抗、氮磷营养高效、节水抗旱、高产优质的种质创新，开展构建绿色性状分子设计聚合育种理论与技术体系研究，利用优良特性的种质资源，培育"少打农药、少施化肥、节水抗旱、优质高产"的绿色超级稻"品种。

绿色超级稻的培育涉及大量性状的改良，它的研发是一个复杂的系统工程，从技术层面上，前一阶段的绿色超级稻培育尤其侧重于重要性状基因资源的发掘和新的分子育种手段的开发与利用；并采用了两步走的策略培育绿色超级稻品种。第一步，通过回交育种，将种质资源中的大量绿色性状有利基因导入优良的遗传背景中，建立大批的绿色性状导入系，或将绿色超级稻所涉及的基因通过分子标记辅助选择或转基因手段单个地导入最优良品种中，培育一系列遗传背景相同、单性状改良的近等基因系。第二步，将这些导入系或近等基因系相互杂交，实现基因聚合，培育聚合大量优良基因于一体的绿色超级稻（黎志康等，2005；Zhang，2007）。基于前期十余年研究的积累，项目在"绿色性状"（抗多种病虫害、氮磷肥高效利用、节水抗旱、抗逆、优质高产）种质创新方面取得了重要进展。

15.3.2.1 新种质的创制与新品种选育

利用水稻微核心种质和野生稻资源导入不同生态区优良品种背景的回交导入系材料，开展大规模的鉴定和筛选，已经构建了一大批具抗病虫、氮磷高效、抗旱、耐盐碱、耐高、低温、高产优质等目标性状导入系。依据导入系携带的目标基因（或位点）基因型及表型数据信息进行设计，通过标记辅助选择聚合不同优良基因向高产品种背景的导入和累加，创制"绿色超级稻"新材料和新品系（黎志康等，2005）。该育种策略和技术路线示意如图15-3所示，主要包括三大内容：

1）通过规模化回交导入，将核心种质资源中控制目标绿色性状的有利基因导入优良生产品种中，建立大批优良遗传背景下的目标性状导入系群体，作为分子育种的材料平台；

2）应用分子标记和组学技术，跟踪并发现目标绿色性状有利基因及其遗传和功能，建立基于导入系及其亲本来源的绿色性状分子育种信息平台；

3）依据导入系的基因型及表型数据信息进行目标性状的设计、确定亲本选配以及杂交后代性状聚合育种改良的最佳方案，培育绿色超级稻新品种。

该育种策略和技术路线自1998年开始在我国水稻分子育种协作网实施，已经创建大量不同供体来源和优良受体背景的导入系群体，在水稻抗旱、氮磷营养高效、耐盐碱、耐高低温、高产和抗纹枯病QTL定位和聚合育种等方面已经取得了良好的进展。

同时，利用功能基因组和转基因重大专项研究鉴定出的抗病虫、氮磷高效、节水抗旱、高产和优质等性状的新基因，采用多种育种手段，如杂交、回

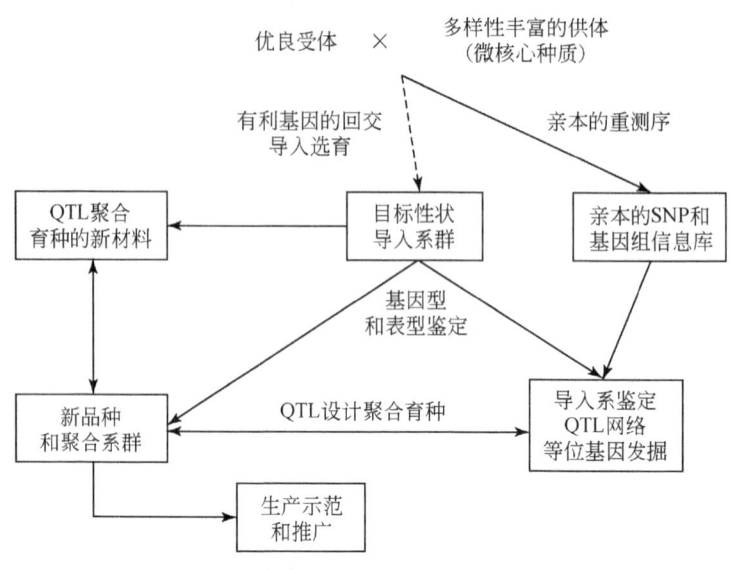

图 15-3　构建目标导入系的分子育种策略

交、花药培养、标记辅助选择和全基因组选择等方法，将优良基因导入目前生产上大面积应用的杂交稻亲本中，创制了一大批抗多种病虫害、节水抗旱、营养高效、高产优质的优异种质和中间材料，并且培育出初步具备绿色性状的"绿色超级稻"新品种。

利用稻瘟病抗性基因 $Pi1$、$Pi2$、$Pi9$、$Pigm$、$Pid1$、$Pid2$、$Pi25$、Pib、$R6$ 等改良优良保持系和不育系抗性，已经获得育性稳定、高抗稻瘟病的不育系。在稻曲病发病区对目前生产上大面积应用的主要杂交稻恢复系、常规稻进行了田间自然抗性鉴定，发掘了部分对稻曲病具有一定抗性（发病率低于20%）的水稻种质材料。

浙江大学对水稻微核心种质材料进行氮肥、磷肥的吸收和转运利用效率的筛选，鉴定出氮高效材料镇籼232、磷高效材料乌壳占等优异材料。将这些氮、磷高效种质分别与93-11、珍汕97和明恢63进行了配组，获得了一系列氮、磷高效新种质材料。

在抗病虫改良方面，利用12个褐飞虱抗性基因标记已筛选出单基因和多基因聚合的高抗褐飞虱材料。通过 MAS 技术体系和回交育种已经成功地将 $Bph14$ 和 $Bph15$ 导入明恢63、93-11 和珍汕97B 等一大批优良恢复系和保持系中。此外，通过 MAS 体系和回交育种开展两种以上抗性基因的聚合，获得携带 $Bph14/Bph15/Pi1/Pi2$，抗褐飞虱和稻瘟病的保持系，携带 $Xa21/Bph14/Bph15$，抗白叶枯病和褐飞虱的恢复系等材料，已经用于广泛的测交配组。

上海市农业生物基因中心创制一系列节水和抗旱性明显提高的优质节水抗旱稻不育系（如沪旱1A、5A、7A、11A）。利用引进的旱稻资源，与在生产上大面积推广的水稻优异品种（杂交稻亲本）等进行杂交、回交，在干旱条件下进行筛选，获得了一批节水抗旱新种质。所培育的新材料产量与同类型主栽品种相当，品质达到国家优质标准。

中国农业科学院作物科学研究所培育了大量的抗病、抗旱、耐盐碱、耐高低温的明恢86、蜀恢527、黄华占和吉粳88导入系材料，应用分子标记剖析了控制导入系绿色性状的QTL及其遗传网络，为绿色超级稻的设计聚合育种提供了丰富的材料和信息。

15.3.2.2 绿色超级稻的育种理论与技术信息平台

为有效克服高产优质、抗病虫、抗旱、营养高效等绿色性状基因表达的遗传背景效应，把种质资源有利基因挖掘与品种改良有机地结合在一起，黎志康等（2005）提出将种质资源导入优良品种背景培育目标性状选择导入系，结合分子标记技术高效挖掘种质资源有利基因和开展分子标记辅助聚合育种的新策略和分子育种体系。其核心内容包括创建一个可以发挥各种分子技术和常规育种技术的材料和信息平台。这种育种材料和信息的平台必须具备以下条件：

1）材料的基础遗传背景代表了现有适应我国主要水稻生态区域和环境的最佳基因型，从而为各种生物技术的应用提供优异和可直接应用的载体；

2）建立每个育种材料主要目标性状的遗传信息数据库，从而可对目标性状进行定向操作和改良；

3）充分了解种质资源中影响育种目标性状的基因位点上的功能等位基因多样性以及这些基因在不同材料（遗传背景）中表达的信息，为目标性状进行定向操作和改良提供取之不尽的基因资源。

经过近十几年的努力和实践，根据导入系内供体基因的频率和多位点结构，建立了发掘和剖析有利绿色性状基因/QTL遗传网络的理论和方法，初步建立了导入系群的重要性状表型和基因型的数据库（http://www.biopubinfo.org/rice）。导入系新材料及其所携带的目标基因/QTL基因型及表型数据信息，为建立和完善绿色超级稻品种设计理论和技术体系以及分子标记辅助聚合育种方法奠定了基础。

目前我国科学家联合国际科研单位正在利用大规模重测序技术，获得水稻核心种质和更多绿色超级稻亲本的全基因组序列及其遗传多样性信息。通过对测序水稻核心种质和绿色超级稻亲本的表型鉴定、关联分析和生物信息分析，逐步建立水稻核心种质和导入系的重要农艺性状和各种绿色性状的遗传/分子信息的数据库，在数据的涵盖面和质量上都发生质的飞跃，同时，开发全基因组选择育种软件和全基因组选择芯片，并提供技术培训和服务，使水稻遗传改良研究上一个新的平台。

15.3.2.3 绿色超级稻的分子育种协作网

如前所述，通过十余年的建设，全国水稻分子育种协作网已初具规模，实现了分子育种技术和资源材料的信息共享。2014年，"绿色超级稻新品种选育"项目得到国家"863"计划作为重大项目延续资助。项目的覆盖面增加到国内所有的生态稻作区，水稻分子育种协作网进一步扩大和充实，国内27家主要水稻科研和育种单位参与该项目的研究，展开了五个方面的重点研究：一是发展和完善绿色超级稻设计育种的理论与技术体系；二是构建全基因组选择技术平台；三是绿色性状基因聚合与种质创新；四是培育绿色超级稻新品种；五是建立绿色超级稻高产栽培与田间管理技术体系。本期目标是在生产上大面积推广超级稻新品种，在高产稳产的基础上，节约农药30%，少施化肥30%，节约用水30%，实现资源节约、环境友好与可持续发展。

15.4 绿色超级稻典型案例

15.4.1 绿色超级稻之节水抗旱稻

绿色超级稻要求少施化肥、少打农药、节水抗旱、优质高产等方面的特性，其中节水抗旱（water saving and drought resistance，WDR）是绿色超级稻的重要体现。节水抗旱稻是指既具有水稻的高产优质、又有旱稻的节水抗旱特性的一种新的栽培稻品种类型。它是在现有大面积推广的优良水稻品种和抗旱性强的旱稻品种的基础上，通过杂交选育而成的。

节水抗旱稻有三个基本的条件：一是在有水灌溉的条件下，产量和米质与现有水稻品种相近，但种植时不需要在田间长时期保持水层，可节约50%以上的灌溉用水；二是在没有水灌溉的条件下，如靠天吃饭的望天田，由于具有旱稻的抗旱特性而表现出较好的抵抗干旱的能力，遇到轻度干旱，一般水稻大幅度减产时，节水抗旱稻可保持产量的稳定，即使发生较重的干旱，也能获得一定程度的产量；三是在栽培上，简单易行，不但可按水稻的种植方式进行栽培，而且可以进行旱直播或机条播，大量节省人力物力，投入低，节能环保

（罗利军等，2011）。

上海市农业生物基因中心在水稻节水抗旱研究方面取得了重要的进展。目前，节水抗旱稻已有四个系列的品种（组合）通过省级以上审定，包括常规籼型节水抗旱稻，代表品种有沪旱15、绿旱1号；常规粳型节水抗旱稻，代表品种有沪旱2号、旱稻175；籼型杂交节水抗旱稻，代表品种有沪优2号、旱优73；粳型杂交节水抗旱稻，代表品种有旱优8号。这些品种已在我国不同地区大面积推广，表现出良好的高产稳产、节水抗旱特性，特别是在中低产田，表现出广阔的应用前景。

淮河流域地处中国东部，介于长江和黄河两流域之间，西起湖北随州，经过河南信阳、安徽北部，东至江苏北部，这一区域处于中国南北方的分界处，气温相比较北方要高，水分相比较南方要少，特别适宜种植节水抗旱稻。以安徽为例，每年种植的节水抗旱稻超过500万亩，在土地流转的大背景下，干旱频发及劳动力的匮乏，促使节水抗旱稻的种植面积每年都在迅速增加。

旱优2号是以旱稻不育系沪旱1A为母本、抗旱恢复系旱恢2号为父本配组而成的籼型杂交节水抗旱稻。旱优2号集高产优质、节水抗旱等特性于一身；参加国家南方旱稻区试，比旱稻对照增产28.8%；参加国家南方水稻区试，比对照增产5%，生产试验增产11.6%，2010年通过国家新品种审定，标志着杂交节水抗旱稻不但可在望天田做旱稻种植，也可在水田作水稻栽培，产量与目前大面积推广的杂交水稻相当，米质达国标二级米标准。

旱优73是即将通过审定的节水抗旱稻最新品种，经过近几年的大面积试种示范，表现出抗旱性强、耐高温、结实率高、产量稳的特点。2012年旱优73在安徽阜阳市阜南县进行300亩示范，平均单产489.6kg，较同区非示范旱稻单产增产103.3kg，增长26.7%。2013年，旱优73在阜南扩大示范种植面积到1000亩，后期经过测产验收，平均亩产543kg，比当地种植的其他旱稻品种增产20%以上，体现了节水抗旱稳产的特性。2012年和2013年在安徽定远县对旱优73的小面积栽培模式试验表明，三种栽培模式（育苗移栽，旱直播水管理，旱直播旱管理）的试种都取得了成功，特别是旱直播水管理示范种植（图15-4），平均亩产高达675kg/亩，体现出节水抗旱稻栽培简单，有水高产，缺水稳产的特点。

以旱优73为代表的节水抗旱稻在沿淮流域的示范种植过程中，采用直播的栽培方式，简单的田间管理，对于目前传统的水稻栽培是一场革命性的突破，但这也恰恰满足了种田农户在种植模式转变过程中对于品种的需求。我国有70%的中低产田，在目前水资源匮乏，劳动力成本增加的形势下，应用绿色超级稻实行简易栽培，实现抗逆稳产的种植方式，将成为我国稻作的重要趋

图 15-4　旱直播水管理的旱优 73 成熟期的长势长相

势之一。

15.4.2　基本不打农药的转基因抗虫水稻——华恢 1 号

我国水稻的常年种植面积为 4.5 亿亩左右，病虫害是产量损失的主要原因之一。据盛承发等（2003）估算，我国每年水稻二化螟、三化螟的发生面积达 2.25 亿亩，在发病区每年喷药两到三次，防治面积 5.7 亿亩，防治代价连同残虫损失合计 115 亿元（以 2002 年价格计）。迄今为止，水稻中尚没有发现抗螟虫的基因资源。而水稻螟虫，如二化螟、三化螟以及稻纵卷叶螟等是水稻生产上危害最大的一类害虫。长期以来，水稻生产都依赖于化学杀虫剂来防治。我国每年用在水稻上的杀虫剂用量近 30 万 t，金额 50 亿元以上，不仅增加了农民生产成本，而且危害环境，还会通过药剂残留或食物链传导而危害人类自身健康。

来自苏云金芽孢杆菌（*Bacillus thuringiensis*，Bt）的 δ-内毒素蛋白对螟虫具有特异的杀虫效果。通过转基因技术将 Bt 基因转移到水稻之中，可以有效控制螟虫的危害。田间试验表明，在不喷施任何杀虫剂的情况下，转基因抗虫水稻与非转基因的对照相比，对螟虫的控制效果可达 90% 以上（图 15-5），其控制效果好于使用化学杀虫剂的效果。Tu 等（2000）将 Cry1Ab/Ac 融合基因转入杂交稻恢复系明恢 63，获得了转基因抗虫水稻 TT51，最终发展成为选择标记基因抗虫转基因水稻品系——华恢 1 号。2009 年 8 月，转基因抗虫水稻"华恢 1 号"及其杂交组合"Bt 汕优 63"获得农业部颁发的农业转基因生物安全证书。

中国科学院农业政策研究中心黄季焜研究组对 2001～2002 年在湖北省执行的华恢 1 号的杂交组合 Bt 汕优 63 的生产性试验的跟踪调查，种植抗虫转基

转基因　　　　　　　非转基因　　　　　　　转基因
图 15-5　转基因抗虫水稻对稻纵卷叶螟的田间抗性表现

因水稻每公顷可节省 16.77kg 农药，相当于节省 80% 的农药使用量；比原杂种增产 6%~9%（Huang et al，2005）。通过分析 2002~2004 年承担转基因水稻生产试验的湖北和福建两省 8 个县的调查数据，农民种植转基因水稻平均每公顷可节省 60% 左右的农药投入（可节省农药投入 165 元），节省施用农药用工 9 个人工；可以显著挽回由于虫害影响所造成的产量损失；增加农民收入、提高农民生活（健康）质量、改善生产和生活环境等方面产生积极的影响（黄季焜和胡瑞法，2007）。

15.4.3　早中晚兼用型广适性优质绿色稻——黄华占

黄华占是我国大面积推广的水稻品种中经鉴定初步具备绿色超级稻特征的一个品种代表，体现出较好的抗病虫害、耐高温、优质、高产稳产，同时，适合轻简化和机械化栽培的要求，能够实现农业增收、农户的增效和优质稻产业化的良性循环。

黄华占是广东省农业科学院水稻研究所选育的籼型常规稻品种，先后通过广东（2005 年）、湖南（2007 年）、湖北（2007 年）、广西（2008 年）、海南（2008 年）、浙江（2010 年）、重庆（2011 年）、陕西（2013 年）等 8 省的品种审定。该品种是目前我国审定次数最多的常规稻新品种，其适种范围南起海南岛，北至陕西省汉中地区，东起浙江省，西达云南高原，是适种范围最广的常规稻。据估计，至 2013 年止，南方稻区推广面积已达 6758.26 万亩，创造社会经济效益 169.187 亿元（吴婷，2014）。

黄华占在南方稻区大范围表现了稳定的产量和优良品质。它在我国南方稻区多省区试种，大范围、多品种（组合）、多重复比较中表现出比杂交稻和常规稻对照高产稳产。多年区试结果表明，黄华占比我国水稻历史上推广面积最大的三系杂交稻对照汕优63增产极显著，且早熟6d，品质达国标优质稻一级；与我国推广面积最大的两系杂交超级稻对照两优培九平产，早熟7d，品质达部颁优质稻一等。作为早稻、中稻、双季晚稻和一季晚稻兼用型优质稻，黄华占在南方稻区9省大面积推广应用，一般亩产500~700kg，最高产量达到亩产吨谷（图15-6）。

图15-6 湖南省华容县亩产800kg黄华占田间长相（周少川研究员提供）

黄华占具有较好的耐热抗逆性。试验显示，抽穗和灌浆早期高温胁迫对黄华占产量影响不显著（曹云英等，2008，2009）。在高温胁迫下，黄华占具有优良的花粉育性和受精率，较低的叶片温度，较强的根系活力和叶片抗氧化保护系统能力，较高的籽粒充实度，这是黄华占耐高温、保持较高产量的重要原因。

黄华占还表现出抗倒性强，抗稻瘟病和白叶枯病（广东、江苏），高抗条纹叶枯病（安徽），高抗稻曲病（陕西），较抗黑条矮缩病（湖南和山东）。黄华占也是适合轻简化、机械化栽培方式（如机插、直播、再生稻等模式）要求的品种。黄华占的大面积推广应用开创了南方优质籼稻的新局面，是实现和推进我国优质稻产业化的一个成功范例。

15.5 绿色超级稻的社会经济效益分析

齐振宏等（2010）采用对比研究的方法，对水稻生产关键性要素的投入以及绿色超级稻投入产出期望效益进行分析，结果显示，绿色超级稻可以达到基本不打农药，每公顷节约农药16.77kg，节约60%~80%，打药次数从7~8次下降到2次左右；大量节约化肥，每公顷可节省62kg化肥，有的甚至可以节肥50%左右；节水抗旱，每亩节水600t左右，节约用水50%左右，可为缺水稻田提供增产增收的机会；省工省力，在人工方面，每公顷节省9个施药人工，每亩节约人工成本30%以上。若以绿色超级稻的推广面积占水稻播种面积的30%计算，每年节约农药及化肥的投入达44亿~51亿元，节省劳动力成本55亿元，节约农业用水237亿 m^3。

从生态效益看，绿色超级稻非常契合两型农业生产对作物品种的要求。绿色超级稻的大面积推广应用，将减少大量化肥、农药对自然环境的破坏，减少对江河湖泊的污染，减少粮食产品农药残留的危害，将提高农民生活质量和健康水平，在改善农民生产和生活环境等方面都将产生重大而深远的影响。同时，绿色超级稻节约水土资源，提高资源利用效率。

绿色超级稻将取得良好的社会效益。绿色超级稻可以从根本上解决水稻高产、稳产、优质与资源高效利用之间的矛盾。绿色超级稻的推广有利于减轻旱灾、病虫灾等自然灾害，增强水稻抗自然灾害的风险防控能力，有利于保障我国粮食安全和生态安全。培育具有自主知识产权的"高产、优质、抗病虫、抗逆、肥料高效利用"的绿色超级稻品种将有利于转变水稻生产方式，建设"资源节约型、环境友好型"水稻生产体系，推进种业产业化进程，提高我国水稻种子产业国际竞争力，有助于我国种子产业的可持续发展。

15.6 绿色超级稻的发展与挑战

绿色超级稻是一个长期的目标，其研发是一个复杂的系统的工程，有待于相关学科领域的研究成果的整合。在绿色超级稻的培育、绿色性状相关资源的获取、功能基因的调控基础、育种新材料、育种技术和信息平台、栽培技术体系、绿色超级稻新品种的示范和推广以及效益评估等方面，还充满挑战。同时，绿色超级稻预期效益的发挥有待于政策、经济和社会等多方面环境的支撑。必须通过多学科的有机结合、联合攻关，才能最终实现绿色超级稻的目标，为"两型农业"生产的发展作出贡献。

15.6.1 绿色超级稻新品种培育

"绿色超级稻"是在保证产量和品质的基础上同时具有多个绿色性状。绿色性状可分为狭义的绿色性状和广义的绿色性状。狭义的绿色性状包括对不利环境因素（干旱、低温、高温、淹水等）的抗性；对氮、磷等土壤营养成分的高利用效率；对土壤逆境因素（缺磷、低氮、盐、碱、缺锌、高铁等）的耐性；以及对主要水稻病虫害（稻瘟病、纹枯病、白叶枯病、稻曲病、细菌条斑病、稻飞虱、二化螟、三化螟、稻纵卷叶螟等）的抗性。绿色超级稻不只是具有绿色性状的一类品种，它还代表"优质、高产、高效、生态、安全"的理念。因此，广义的绿色性状还应包括适合轻简化和机械化栽培、适应全球气候变化的品种特征，如早发、生态广适性、高效干物质转运、高收获指数等，以及重金属污染的耐性、秸秆易降解的能力等。同时，根据稻作区域和种植制度对品种的生育期和适应性等特性的要求不同，绿色超级稻的育种目标还要针对不同生态区域进行调整，提高品种的产量和资源利用潜力，根据不同地域的生态环境及全球气候变化的趋势，不断培育出适合当地的绿色超级稻品种。

15.6.2 水稻绿色性状的新基因发掘及其调控基础

绿色超级稻培育依赖于功能基因发掘和育种新技术等成果的应用。大多数绿色性状之间存在相互影响或制约协调的关系，目前对于这些重要性状的基因调控网络，认识还不深入。进一步的发展需要收集整理全世界的水稻种质资源，利用功能基因组的研究平台批量分离克隆控制重要农艺性状的功能基因，系统研究和建立重要农艺性状调控的分子遗传网络，包括水稻产量和杂种优势相关性状的基因及其遗传调控网络；水稻株型性状的基因及其分子调控网络；水稻抗逆性（如抗旱、耐盐碱、耐高温、低温）的基因及其分子调控网络；水稻氮、磷和水分利用效率的基因及其遗传调控网络；水稻抗病虫性（如稻瘟病、白叶枯病、纹枯病、稻曲病、褐飞虱）的基因及其分子遗传调控网络等。同时，还要研究和揭示绿色超级稻节水抗旱、氮磷养分高效利用、抗病虫、耐（抗）盐碱和耐（抗）高温的生理机制，加深了解水养分高效利用、抗性与产量协调平衡的生理遗传基础。绿色性状的大量新基因发掘及其调控基础的研究成果将推动分子设计育种理论和技术的发展和绿色超级稻的高效培育。

15.6.3 绿色超级稻育种的材料、技术和信息平台

为了高效地实现培育绿色超级稻的育种目标，需要系统整合全球水稻功能基因组研究的最新成果和绿色性状相关资源的信息，发展生物信息和育种信息相互转化的计算新技术和新软件，完善建立绿色超级稻育种的材料、技术和信息平台，提高资源信息利用的规范化和共享程度。发展基于亲本和育种材料基因组信息的亲本选配、绿色性状全基因组选择技术以及分子育种技术体系，为绿色超级稻培育提供长期的技术支撑。

15.6.4 绿色超级稻的配套栽培技术体系

绿色超级稻不只是具有绿色性状的一类品种，它还代表"优质、高产、高效、生态、安全"的栽培管理方式。研究与绿色超级稻理念相符的栽培理论和技术措施，可充分发挥绿色超级稻高产高效特性，实现大面积增产增效，通过合理的资源投入实现可持续高产稳产，达到高产高效的目标。绿色超级稻高产栽培与田间管理技术的研究重点包括：①绿色超级稻绿色性状鉴定指标体系；②绿色超级稻绿色性状形成的生理机制，包括不同生态区氮、磷养分，水分利用，以及水氮协调运筹模式；③绿色超级稻"两型"栽培技术集成与示范应用；④绿色超级稻病虫害发生特征与综合防控；⑤绿色超级稻种植系统的技术经济评价。

应尽快建立绿色性状鉴定标准，建立绿色超级稻主要病虫害的综合防控技术体系，组装与集成配套的"两型"栽培技术模式，创建绿色超级稻栽培和田间管理技术体系。建立与不同生态区相匹配的栽培技术模式，并实现与绿色超级稻机械化生产配套的水分和养分协同高效和精量管理，为大面积实现节水、省肥、少施药和高产优质提供理论支持和栽培技术保障，实现"资源节约和环境保护"的高效农业生产的目标。

15.6.5 绿色超级稻新品种的审定、示范和推广体系

建立两型农业作物品种评价和审定制度，是种植绿色超级稻尤为关注的问题。如前所述，目前品种审定的区域试验主要是在高肥水、精细管理条件下进行的高产评价，缺乏对绿色超级稻的节水、肥料高效利用等绿色性状的评价以及具体的量化指标。绿色超级稻品种很难通过现行的品种区域试验和审定。在

目前的品种区域试验与审定制度的导向下，符合两型农业特性的品系不能被筛选出来、推广利用起来，不利于"两型农业"的发展。

两型农业发展需要转变思想、制度创新和政策支撑系统等的协调推进。国家提出了一些宏观的指导思想和发展规划，但是落实到种植业、园艺、畜牧业、水产业等具体领域的创新，包括品种审定等一系列现行的制度和体系都要相应进行修改。

发展生物育种产业联盟，建立一套以产品实现商业化种植为目的，节约资源，可持续发展的产业化路径。建立绿色超级稻"育繁推"一体的产业化体系，完善绿色超级稻测试和评价标准，对绿色超级稻新品种（组合）进行规模化测试和评价，为绿色超级稻新品种的培育与应用评价提供科学依据。构建基于农户视角的绿色超级稻技术采用决策模型，从绿色超级稻的品种特性和配套栽培技术模式出发，制定适应生态区域的差异化推广策略，加速绿色超级稻新品种的推广应用。

15.6.6　绿色超级稻推广应用的社会经济效益评估

绿色超级稻的研发和应用将产生深远的社会经济影响。首先，在高产优质基础上，品种的绿色性状为常年丰产、灾年稳产，为粮食安全提供保障；其次，绿色超级稻品种在高产高效、省工节本栽培方面有更大的发挥余地；最后，针对不同生态区的低产田、中产田研发绿色超级稻品种和配套栽培技术，实现最大化节约资源和保护环境。客观评价绿色超级稻在农业生产体系中的经济、生态和社会效益，需要明确绿色超级稻的主要经济指标、生态指标和社会指标。通过社会经济学的研究方法，分析影响农户技术采用和品种推广的影响因素，全面系统地评价绿色超级稻品种推广对农户增收、粮食安全、环境保护以及气候变化等方面所产生的国内国际社会经济影响。

综上所述，绿色超级稻是"资源节约、环境友好"科学发展理念的具体体现，是两型农业生产实践的作物范例。绿色超级稻是生物学等领域的研究成果的集成和农业科技进步的重要载体，培育和应用绿色超级稻均富有挑战性。绿色超级稻新品种的研发和大面积应用推广，将带来农业生产不同层面技术和经济指标的大幅改善。绿色超级稻的培育、示范和推广将带动两型农业生产体系的发展。

第16章
结论和建议：建设21世纪的我国两型农业生产体系

本章力图对全书各章的一些主要发现、观点和结论作出总结，并根据各章对我国两型农业生产体系建设所提出的看法归纳成几点建议。

16.1 我国农业生产的巨大成就

改革开放以来，尤其是进入21世纪以来，政府将解决"三农"问题作为国民经济发展的重中之重，不断出台并强化各项惠农、强农政策，为农业和农村经济发展创造了良好的时代环境。经过三十多年的努力，我国农业生产与发展取得了巨大的成就。

一是农业生产水平不断提高。主要农产品的总量、单产及人均占有量，均有不同程度提高。从总量看，2013年，我国谷物、棉花、肉类、禽蛋和牛奶的总产量分别为55 269.21万t、629.90万t、8535.02万t、2876.06万t、3531.42万t，与2000年相比，分别增长了36.39%、42.60%、41.92%、31.81%、326.79%[①]。从单位面积产量来看，2012年，棉花单产达到1458kg/hm²，较2000年增长33.40%；甜菜单产49 793 kg/hm²，与2000年相比翻了一番多，增长了103.09%；油料单产2467 kg/hm²，较2000年增长28.62%。从人均占有量来看，2012年主要农产品人均占有量分别为：粮食437kg、棉花5.1kg、油料25.4kg、猪牛羊肉47.4kg、水产品43.7kg和牛奶27.7kg，较2000年分别增加了19.23%、44.60%、8.74%、26.24%、49.02%和319.94%，年均增长率分别为1.48%、3.12%、0.70%、1.96%、3.38%、12.70%。

二是农业生产条件持续改善。农业机械化水平，主要农业机械拥有量保持较快增长。2012年农用机械总动力达到102 559.0万kW，与2000年相比，增

---

① 数据来源于国家统计局官方网站国家数据库。

加了95.08%。其中，农用大中型拖拉机485.24万台，配套农具763.52万部；小型拖拉机1797.23万台，农用排灌柴油机982.31万台。农作物耕播、收割的机械化作业面积逐年增加，小麦、玉米、水稻等大宗农作物机械化水平大幅度提高。例如，河南省2013年小麦机收面积高达7880多万亩，较2000年增长31.31%（胡心洁，2013）；吉林省2013年玉米机收水平为41.6%，较2006年提高了40.1个百分点（赵赫男和刘玉梅，2014）；湖北省2013年水稻机插率达34%，较2006年不足1%的水平相比，提升巨大（孟静等，2014）。

三是农业结构逐渐优化。种植业在农业总产值中的比例已从1990年的64.66%下降到2012年的52.47%，而同期畜牧业、渔业产值比例则分别由25.67%、5.36%升至30.40%、9.73%。从种植业内部结构看，2012年粮食作物种植面积占比68.05%，油料作物占8.52%，棉花占2.87%，糖料作物占1.24%，药材和蔬菜、瓜果类分别占比0.95%和13.93%。与2000年相比，粮食作物种植面积比例虽降低了1.94%，但仍然占据主导地位，棉花、糖料等经济类作物呈上升趋势，分别上升了10.96%、28.25%，药材和蔬菜、瓜果类的种植面积比例同样有较大幅度提高，涨幅分别为120.92%和25.97%。

四是农民生活改善明显，人均纯收入增长快。2013年，农村居民家庭人均纯收入为8895.9元，较2000年增长294.78%。其中工资性纯收入、家庭经营纯收入、财产性纯收入、转移性纯收入分别为4025.4元、3793.2元、293.0元、784.3元，较2000年分别增长473.17%、165.76%、551.11%、895.31%。从人均食品消费量来看，2012年，农村居民家庭平均每人肉类、蛋类、奶类、瓜果类消费量分别为23.5kg、5.9kg、5.3kg、22.8kg，较2000年分别增长28.41%、22.92%、381.82%、24.59%。从耐用品消费量来看，2012年，农村居民家庭每百户洗衣机、电冰箱、空调机、移动电话、计算机拥有量分别为67.2台、67.3台、25.4台、197.8台、21.4台，较2000年分别增长134.97%、447.15%、1853.85%、4500.00%、4180.00%。

五是农业多功能性逐渐显现。在资源紧张和环境污染日益严峻的大背景下，中国农业在继续发挥其产品贡献、市场贡献、要素贡献和外汇贡献等传统功能的同时，也逐渐开始发挥其生态功能。尤其是休闲农业的迅速发展，为转变农业发展方式，促进农民就业增收，推进新农村建设作出了重要贡献。据统计，2010年，13.5万个休闲农业经营主体共接待游客14.4亿人次，年营业收入1106亿元，其中农副产品销售收入604.2亿元；年利润335.2亿元，年上交税金44.2亿元（农业部，2011）。在农业的生态功能方面，更加注意农业生态建设。截至2012年已建成38个国家级生态县和1559个国家级生态乡镇[①]。在农业的文化传承功能方面，农业科技示范园已成为展示农业高科技、推广新品种新技术和传承农耕文化、农业科技服务的重要平台。截至2009年年底，国家农业科技园区自主开发和引进项目6656项，推广应用新技术5358项、新品种8045个，成果转化成效显著[②]。

16.2 农业生产带来的资源环境问题及原因分析

虽然新中国成立以来，尤其是改革开放以来，我国农业发展成绩显著，但所付出的代价也十分巨大，主要表现在以下几个方面：

一是资源消耗过大。第一次"绿色革命"始于20世纪60年代，是以粮食作物矮秆品种的培育和应用为核心，并配套化肥、农药等农用化学品，集成灌溉和交通等基础设施，农业信贷和农业扶持政策为一体的产业革命。到20世纪90年代中期，第一次"绿色革命"使全世界实现了主粮作物平均产量两倍以上的增长，极大地满足了人口的爆发性增长对粮食的爆炸性需求。我国的种业技术创新是第一次"绿色革命"的重要组成部分，以矮秆化和杂交水稻为代表的一批重要技术和品种大大提高了我国主要粮食作物产量，创造了以占世界9%的耕地，养活了占22%人口的奇迹。但是我国也付出了高昂的代价，如农药化肥消耗多年维持占世界总量35%的水平。2012年，我国农用化肥单位面积平均施用量达到434.3kg/hm^2，是安全上限的1.93倍，是主要发达国家用量的2~8倍[③]。过量施用而肥效较低，形成了大量的面源污染，耕地质量下降，且农药化肥对增产的贡献率持续衰减，病虫害逐年加重，三大主粮单产近二十年来增速已处于平台期。在水资源方面，我国人均水资源占有量（2300 m^3）仅为世界平均水平的1/4，是世界上最缺水的国家之一，而农业耗水占总用水量的比例长期高达70%左右。

二是环境损耗严重。目前，我国来自于农业的环境污染和环境损耗问题日益突出，不仅成为水体、土壤、大气污染的重要来源，而且对农产品安全、人体健康乃至农业可持续发展构成严重威胁。在过去，人们对来自于工业的"三废"排放高度关注，并一直将其视为环境污染的主要来源，但近年来的情况则反映出农业的污染更应该受到重视。据《第一次全国污染源普查公报》

[①] 数据来源：http://www.cusdn.org.cn/news_detail.php?id=210861.
[②] 数据来源：《"十二五"国家农业科技园区发展规划》。
[③] 数据来源：http://www.qianzhan.com/qzdata/detail/307/131111-81749cf1_2.html.

数据显示,农业已成为环境污染的大户,水污染物排放量有四成以上来自农业污染源。据统计,2012年,我国农业源污染物排放的化学需氧量排放量为1153.8万t,占化学需氧量排放总量的47.6%。农业源也是氨氮排放的主要来源,其排放量为80.6万t,占氨氮排放总量的31.8%[①]。

三是生产成本增加。近年来,由于受能源涨价和资源约束的影响,国际和国内化肥、农药等农资销售价格呈现明显的上扬态势,化肥、农药、农膜等农用物资的生产成本居高不下,农资价格被持续推高,导致农户在农资方面的投入成本不断增加,直接影响了种田收益,进而影响了农民的种田积极性。与此同时,随着我国工业化与城市化速度的加快,城市劳动报酬率不断提高。这在很大程度上引导了劳动力资源的流向,也带来了劳动力成本的不断走高。年轻、有技能、高素质的农村劳动力大量涌向城市,留在农村的多是老幼病弱。"谁来务农"已越来越成为严峻问题。

四是生态成本扩大。由于过量施用化肥、农药及污水灌溉等多种原因,我国环境污染已形成点源与面源污染共存、生活污染和工农业排放叠加等复合态势。尤其是近几年来,我国能源消耗的增长速度远远超过GDP的增长速度,一些农业污染严重的地区,出现了农作物减产,质量下降,甚至传统农作物无法继续种植的现象。农业生态成本的日益增高和资源环境压力的不断加大,使支撑农业可持续发展的能力持续弱化。

造成上述问题的原因主要有以下几个方面:一是农业生产方式以农户分散经营为主。当前,我国农业生产仍处于劳动密集型阶段,以家庭为主要生产单位。这种以农户为主体的小规模生产方式,则主要依靠的是农户自身积累的生产经验,加上农户自身投入能力有限,生产规模狭小和土地细碎,生产设备较为简陋,这在一定程度上不利于现代农业产业的发展。二是农业经营主体素质较弱。今后乃至未来,依靠提高农业劳动力素质、对农民进行人力资本投资的农业发展方式,是保护环境和节约资源的重要路径选择。然而,受多元化经济结构的影响,特别是在城乡基础设施服务差别较大和城市经济的带动下,农民外出务工收入远远高于务农收入,使得许多农民有"迈出农门就是胜利"的思想,从而演变成当前务农人员结构(以妇女、老人、留守儿童为主)。农业经营主体素质不高,将成为阻碍我国"两型农业"发展的重要因素。三是农业科技对"两型农业"的推力不足。从总体看,我国农业科技投入水平仍然较低,农业自主创新能力依然不高,农业科技成果转化率长期处在较低水平,这种格局在较短时期内仍将难以得到明显改观。这对今后我国构建"两型农

---

① 数据来源:环境保护部《全国环境统计公报》(2012年)。

业"生产体系将形成巨大的阻碍作用。一方面,关键技术欠缺且开发难度加大,既缺乏能够增效增收的轻简化技术,又缺乏强有力的政策导向与指引的核心技术及重大科技成果。另一方面,新技术推广的人力资源不足。由于农业科技人员工作条件艰苦、生活待遇差,出现了严重的人才流失现象,导致部分农技人员难以承担试验、示范、推广新技术的任务。四是政策支持力度、法律保障体系和社会氛围相对较弱。政府的大力支持,对"两型农业"普及和全面发展具有重大作用,而政府支持最重要的就是建立有效的政策激励机制、法律保障体系和有效的社会氛围。从系统性来看,促进"两型农业"发展的相关法律还不完善,缺乏相关配套政策激励机制的支撑,致使我国"两型农业"的发展遭遇了制度范式的制约,社会认知度较低。

16.3 我国"两型农业"生产体系的内涵与框架

"两型农业"农业生产体系是以发展优质、高产、高效、生态、安全的现代农业为目标,依靠技术创新和政策创新转变农业生产方式,大力发展循环农业、生态农业、集约农业,提高资源利用效率和保护环境,满足粮食安全和农产品供给,保障农业可持续发展的综合生产体系。

根据"两型农业"的科学内涵与本质特征,"两型农业"生产体系的基本框架结构和基本内容应该包括四个方面,即"一个目标,两个重点,三维发展体系,两大支撑体系"。"一个目标"即"高产、优质、高效、生态、安全"的现代农业是"两型农业"发展的根本目标;"两个重点"即"节约资源"和"保护环境"是农业发展过程中需要破解的两大瓶颈制约和突出矛盾;"三维发展体系"即"两型农业"生产体系的载体分别是微观主体(农户和企业)层面的清洁生产、园区层面的农业生态园以及区域层面的美丽农村建设;"两大支撑体系"即"技术创新支撑体系和制度创新保障体系"。

"两型农业"生产体系框架是一个有机统一的系统工程,其中,发展高产、优质、高效、生态、安全的现代农业目标为"两型农业"发展指明了变革方向,破解两大瓶颈制约为"两型农业"建设确立了重点任务,三维发展体系为"两型农业"指明了实施的产业载体和组织基础,技术创新和制度创新为"两型农业"发展确立了动力机制与保障体系。其主旨就是大力落实科学发展观,加快转变农业发展方式,建立"两型农业"产业体系,提高土地产出率、资源利用率和劳动生产率,增强农业抗风险能力、国际竞争能力和可持续发展能力,为保障我国粮食安全、农产品有效供给和可持续发展奠定坚实基础。

16.4　国外发达国家"两型农业"发展的经验借鉴

"两型农业"是我国在建设现代农业进程中，为缓解资源环境压力而需要探索和构建的新型发展模式。虽然到目前为止，国外并未明确提出关于"两型农业"生产体系的发展模式，但其在生态农业、循环农业、有机农业等可持续农业发展方面的探索多围绕资源节约与环境友好的目标展开。因此，他们在农业制度创新、技术研究、财政支持等方面的先进经验值得我国学习与借鉴。

一是十分重视资源节约与环境保护的紧密结合。由于过去那种以大量消耗化石能源为根本特征的"常规农业现代化发展模式"所引发的资源环境破坏严重的教训十分深刻，导致美国、日本、法国等发达国家在现代农业发展中更加关注资源节约和环境友好问题，采取各种措施和探索不同模式，以贯彻和体现农业资源节约与生态环境改善这一基本发展理念。例如，美国的农牧结合综合经营模式，就是通过利用种植业与畜牧业之间存在的相互依赖、互供产品、相互促进的内在机理，较好地协调了养殖业与种植业之间在饲草、饲料、肥料三个物质经济体系之间相互促进、互相协调的关系，在共同发展和相互促进的过程中，实现了种植业与畜牧业的循环发展、土壤肥力提高以及畜牧养殖环境改善。这种在农业发展过程中时刻关注资源节约和环境友好的经验做法值得借鉴，要求我国在今后农业生产的产前、产中和产后等各个环节中，必须形成并强化资源节约与环境友好的意识，除注重生产中的资源节约和环境保护外，还应该形成整体性的系统观念，构建起全过程的资源节约和环境友好。

二是强大的农业科研投入和良好的技术支撑体系是实现"两型农业"发展的重要保障。任何一个有利于提高资源利用效率和实现环境友好的农业发展模式，都需要科学技术的强大支撑。而长期以来，美国、日本、以色列、欧洲诸国都注重通过农业科技创新和完善农业技术支撑体系来促进和实现农业的可持续发展。其中，美国政府大力支持相关技术研发部门开发先进的农业技术，重点研发一些无污染、无公害、节地、节水、节肥、节能等方面的农业生产技术，尤其是将具有节肥、节药和高产性状的转基因作物作为其两型农业发展的重大技术予以攻关，并试图在全球范围内进行推广，以主导世界农业技术的发展方向，转基因技术也由此成为当代最受关注的农业高新科技。日本政府则非常重视新型循环农业技术的研发，在政府的支持下，许多大学和研究机构通过自主创新、引进国际先进技术来实现对循环农业的良好技术支持。发达国家这种大力扶持"两型农业"技术研发与成果转化的做法，启示我国在建立"两型农业"生产体系的过程中，必须着力于对资源减量化、环境友好型农业生产技术的协同攻关，不断开发各种有利于资源循环和高效利用以及对环境负面影响较小的高新技术及其相关技术规程。

三是完善的农业法律法规为"两型农业"体系建设与运行提供了良好的环境氛围。为了有效推进"两型农业"的发展，发达国家以不同方式出台或制定了相关的政策法规，从不同角度或者不同层面为"两型农业"发展创造良好的制度条件与环境氛围。美国是世界上最早实践农业可持续发展理念的国家，也是最早颁布该方面法律的国家，早在1983年美国就制定了《有机农业法规》，对有机农业进行了界定；又通过了《可持续农业教育法》、《可持续农业法案》等，以构建可持续农业发展的法律与政策环境。欧盟于1991年制定了关于使用植物保护剂的准则，旨在规定和检查欧盟成员国所允许使用的植物保护剂许可量。其中，德国建立了一套较完善的农业法律法规，并根据欧盟于1991年和1994年先后公布的种植业与养殖业的生态农业管理规定，制定了更为严格的生态农业管理标准和规定。这种对"两型农业"发展具有重要支持作用的法律法规的出台和不断完善的做法，值得我国借鉴。

四是政府补贴政策的强化与实施为"两型农业"生产经营主体积极性的发挥起到了重要的激励作用。为了鼓励本国农业步入可持续发展轨道，必须正确引导农业主体的生产经营行为，不断激发他们参与"两型农业"发展的积极性。为此，发达国家的政府部门借助于其强大的财力投入，积极推行有利于"两型农业"发展的各项财政补贴政策。例如，美国各级政府通过农业法律与经济杠杆手段，对农场主生产经营行为进行有效的引导与调控，运用财政补贴方式鼓励农场主实行农田休耕等生态环境保护措施。德国政府则按照低、中、高三个环保型农业层次，分别依据农场主减少的收入制定固定的补助标准，由政府从生态农业基金中给予补偿。农场主在获得德国政府补助的同时，还可享受欧盟的环保奖金与有机食品补贴，如休耕补贴、环保农业补贴和结构调整基金补助等。此外，多个欧洲国家还采取限制化肥农药投入的政策，避免滥用，保护环境。从我国的现实情况来看，启动和实施各种有利于"两型农业"发展的政府农业环境和资源节约利用补助和限制的政策也是十分必要的，它既符合WTO的"绿箱"政策要求，也能够有效地激励农业生产经营主体参与两型农业发展的积极性。

16.5 推进我国"两型农业"生产体系建设的政策建议

16.5.1 加强以"两型农业"为导向的技术研发

发展"两型农业"从本质上讲是技术范式的革命。在技术层次上，"两型农业"把传统农业的"资源—产品—废弃物"的单向线性物质流动模式转变为"资源—产品—再生资源"闭环型物质循环模式。其技术特征表现为资源消耗的减量化、资源化和循环再利用等"3R"特征，其核心是提高资源的利用效率，促进环境友好，实现农业循环经济发展。因此，研究开发环境破坏小、经济效益高、可操作性强的农业高新技术是"两型农业"生产体系建设的关键。

一方面，应加大以资源节约、环境友好为目标的动植物品种遗传改良的研发力度。在"两型农业"生产体系下，农作物育种应该以优质超高产、抗多种有害生物、具有营养高效和节水抗旱的特性为主要目标，才能逐渐改变目前产量对化肥和农药过度依赖的局面，实现环境友好和农业生产可持续发展。同时还应适合机械化和集约化的生产。

另一方面，应加大对生物资源循环利用技术的研究开发，促进技术进步和科技成果转化。通过合理利用农业资源，大力开展农村新能源建设和废弃物综合利用，实现农业生态系统物质、能量的良性循环和多层次利用，减少对外部投入的依赖。此外，还应加强轻简化技术的研发力度。针对提高农业专业化、标准化、规模化、集约化的科技需求，以提高劳动生产率为目标，大力发展农机和农艺相结合的生产技术，创新省工省力的轻简化栽培技术，将农民从繁重的劳动中解脱出来。

16.5.2 构建与"两型农业"相匹配的制度体系

"两型农业"技术创新的外部性、不确定性和高成本性，使得"两型农业"主体的创新行为面临较大的市场风险和激励不足问题。因此，在旧的制度范式下，既存在"两型农业"技术创新动力不强的现象，又存在"两型农业"技术推广应用动力不足的问题，而技术创新的动力常常不是技术本身能解决的，而要相应的制度创新作为激励。

一是要推进土地流转，实现规模经营。在继续实施最严格的耕地保护制度基础上，要进一步明晰农村土地产权，包括土地承包经营权、租赁权收益、财产抵押权等，进一步加强农地资源的市场化配置，通过稳定农地产权促进农地有序流转，扩大土地经营规模，为发展"两型农业"和土地规模化经营提供条件，促进农地资源节约利用。

二是调整农作物育种方向和品种审定的办法，促进育种技术创新。育种目标和品种审定，要充分考虑"两型农业"的发展，围绕"优质、高产、高效、生态、安全"和"资源节约、环境友好"的指导思想，设置区域试验方案、科学地评价农作物新品种。

长期以来，我国育种目标过于注重产量，在"耐肥抗倒"育种目标指引下，品种通过提高施肥水平达到增产，即使在较高肥力的农田环境中，也要不断增加化肥农药投入。在计划经济时期，我国的品种审定制度以提高产量为主要，甚至是唯一标准，品种审定时的比较实验（区试）在肥水较优越的条件下进行，通过审定的品种需要较优越的栽培条件才能有较好的产量表现，这种状况难以适应占我国耕地面积三分之二以上的中低产田。每年审定品种虽然很多，但单个品种种植面积不大。品种特性与需求不合，也是导致全国范围内主要作物单产长期徘徊的重要原因之一。

种子是种植业的源头。资源节约、环境友好理念的贯彻应从种业开始。两型农业生产体系要求育种目标及品种审定的各个环节以农业的可持续发展，建设资源节约、环境友好的农业生产体系为根本导向，在关注优质高产的同时，高度关注作物生产中的资源节约和环境友好，减少水资源、化肥、农药、农膜等的消耗，关注中低产田产量逐步提高，培育具有抗病虫、抗逆、水分养分高效等绿色性状的作物新品种。对品种审定目标、程序和办法要作出较大的改进，以适应两型农业的发展理念，促进作物增产、品质提升、资源节约和环境保护的协同发展。充分采用现代生物技术，将转基因技术、基因组技术、双单倍体育种技术和高通量信息技术与常规技术相结合，不断提升育种效率。

三是要建立激励与约束相结合的政策体系，形成两型农业发展的氛围。逐步建立"两型农业"发展补贴、补偿制度等激励政策，通过采取财政贴息、税费减免、适当补助等财政手段积极引导社会资金重点投向资源节约和环境友好型的农业生产体系；调整信贷结构，实施利率倾斜政策，充分发挥信贷对"两型农业"的引导和促进作用。借鉴发达国家经验，对农业生产资料的投入采取补贴与限量相结合的政策，对化肥、农药、水、种子等要素实行按单位面积限量供应，对于最基本的投入予以一定的补贴，对于不合理的使用予以限制甚至处罚，保证农业生产资料科学合理地使用。依据"谁污染，谁付费"原则，对造成环境污染的企业、单位征收污染费和环境补偿费。同时，充分发挥各级人大和政协组织的监督作用，完善政府内部的行政监察制度，建立长效监督机制，确保各项政策有效实施。

16.5.3 加快推进"两型农业"法律建设

目前，我国已经颁布了多部与资源节约、环境保护相关的法律法规，在建设"两型社会"方面发挥了重要作用。但到目前为止，专门针对"两型农业"

发展方面的法律法规尚不完善。因此，应重点建设并不断完善现有的资源环境法律体系，根据社会经济发展变化和农产品生产、消费的新需求，及时并适时地调整和完善法律法规，构建适应"两型社会"及"两型农业"时代要求的新型法律法规体系。一方面，要全面贯彻和严格执行国家已有农业资源节约利用和环境保护的相关法律法规，包括《循环经济促进法》、《清洁生产促进法》和《农产品质量安全法》等法律法规体系，全国人大和地方各级人大每年应坚持对相关方面的法律法规实施情况进行检查。另一方面，借鉴美国、欧盟、日本及以色列等农业可持续发展的成功经验，逐步探索和建立关于"两型农业"的专项法律法规，明确各行为参与主体在"两型农业"生产体系中的权利和义务。加紧制定相关农业技术法规与标准，包括乡村环境清洁标准和农业清洁生产标准、农业投入品管理和畜禽养殖场污染防治和排放标准、农作物秸秆焚烧管理办法、农产品安全标准和检测认证体系建设等具体措施。实施农产品市场准入制度和清洁生产制度，将污染预防的综合环境保护策略持续应用于农业生产过程，从源头上控制农业污染。

16.5.4 加强服务于"两型农业"的"两型农民"培育

作为农业资源利用主体的农户，其对资源节约、环境友好的意义的认知水平，对资源利用的方式和技术水平对资源利用效率具有直接影响。为此，通过强化教育、技术培训等方式，使其提高认识，掌握资源利用技巧，对提高资源利用效率具有重要意义。一方面，要普及"两型农业"理念，加大"两型农业"宣传教育。综合利用多种渠道，让全社会树立起"两型农业"发展理念。通过大力宣传节约使用农业资源和保护环境的重要性，让全社会充分了解农业发展所面临资源条件的严峻性和农业环境污染的严重性，增强发展"两型农业"的紧迫性。要让农民理解和了解土壤的肥力结构，养成合理和科学施肥的习惯，从而减少化肥用量，提高化肥利用效率。另一方面，要明确目标，高度重视，强化"两型农业"技术培训。积极开展对农民技术培训是培育新型农民、加快"两型农业"科技成果转化最为直接的途径，也是成本最低、见效最快和最为现实的工作手段之一。加大投入，完善"两型农业"技术培训体系，培育"有文化、懂技术、会经营"的新型农民，为"两型农业"提供人力资源支撑。充分利用各种现代媒体和技术手段，结合科技入户、村务公开、科技示范户、专家大院和宣传卡片，以及明白纸、口袋书等多种形式，对广大农技人员、科技示范户开展简单实用的"两型农业"技术培训，建立"两型农业"示范户，做到"政策措施落实到村，技术要领普及到户"。

16.5.5　构建新型农业经营体系

从宏观方面讲，根据"整体、协调、资源节约和环境友好"的原则，延长农业产业链，大力发展精深加工，形成种养加工立体状一体化，是实现资源的综合循环节约、清洁生产与农业生产的标准化，促进人类社会经济、生态环境和自然资源和谐发展的重要路径。为此，要以农业产业化经营为依托，鼓励发展专业合作、股份合作等多种形式的农民合作社，支持发展混合所有制农业产业化龙头企业，推动集群发展，密切与农户、农民合作社的利益联结关系。在推进农业产业化经营过程中，要立足于本地资源禀赋和市场条件，首先抓好农副产品生产基地和畜牧养殖基地的建设，在农业生产基地做到"靠山养山、靠田养田、靠水养水"和资源永续利用；其次，在新型农业经营主体发展项目上，选择具有资源优势、环境友好且有良好市场发展前景、产业关联程度和辐射带动能力强的农产品加工项目，予以重点扶持；最后，将"两型农业"建设与农业产业化经营结合起来，以农产品基地为依托，新型农业经营主体为龙头，形成农工商、产学研一体化，通过延长产业链，提高附加值，促成农产品生产、加工、流通和消费的产业大循环，在推进农业产业化过程中建设"两型农业"。

参 考 文 献

Clive J. 2013. 2012 年全球生物技术/转基因作物商业化发展态势. 中国生物工程杂志, 33: 1-8.

北京现代循环经济研究院. 2007. 产业循环经济. 北京: 冶金工业出版社.

贝克尔. 1987. 人力资本. 梁小民译. 北京: 北京大学出版社: 46-78.

毕丹霞. 2008. 新农村建设中农民教育培训及其对园艺产业发展的影响. 陕西: 西北农林科技大学.

毕伟, 李坤. 2006-07-06. "循环农业"催生新的农业革命. 科学时报, A03.

卞有生. 2000. 生态农业中废弃物的处理与再生利用. 北京: 化学工业出版社.

布朗 L R. 1984. 建设一个持续发展的社会. 祝友三译. 北京: 科学技术文献出版社.

曹春梅, 张建平, 徐利敏, 等. 2006. 内蒙古马铃薯的现状、问题与对策. 内蒙古农业科技, S1: 9-11.

曹明宏, 雷海章. 2007. 美国德国的农业可持续发展. 农村工作通讯, (11): 48.

曹晔, 杨玉东. 1999. 论中国草地资源现状原因与持续利用对策. 草业科学, 16 (4): 1-6.

曹云英, 等. 2008. 减数分裂期高温胁迫对耐热性不同水稻品种产量的影响及其生理原因. 作物学报, 34 (12): 2134-2142.

曹云英, 等. 2009. 抽穗和灌浆早期高温对耐热性不同籼稻品种产量的影响及其生理原因. 作物学报, 35 (3): 512-521.

常永平. 2007-04-10. 循环农业形成产业链是关键. 农民日报, 5.

车卉淳, 朱群芳, 周学勤. 2009. 可持续发展理论与中国经济发展对策研究. 北京: 中国经济出版社.

车卉淳. 2009. 浅析国外推行清洁生产的成功做法和发展趋势. 物流科技, (3): 137, 138.

车将. 2007. 国外生态农业建设对比及其对我国生态农业建设的启示. 西北农林科技大学硕士学位论文.

陈传友, 鲁明星. 2009. 加强土肥水资源综合利用, 促进节约型农业稳步发展//耿显连, 康尚杰. 中部崛起于湖北两型农业发展论文集. 武汉: 湖北科学技术出版社.

陈大夫. 2002. 美国的农业生产与资源、环境保护. 中国农村经济, (4): 77-80.

陈红颂, 等. 2009. 促进循环经济发展 构建和谐生态湖北//中部崛起于湖北两型农业发展论文集. 武汉: 湖北科学技术出版社.

陈宏金, 方勇. 2004. 农业清洁生产的内涵和技术体系. 江西农业大学学报 (社会科学版), 3 (1): 46, 47.

陈吉宁, 温宗国. 2006. 大力推动环境友好型社会的建设. 党建, 8: 28, 29.

陈双庆. 2004. 以色列的水资源战略. 国际资料信息, 12 (4): 28-30.

陈同斌, 林忠辉, 曾希柏. 2001. 中国化肥资源区域优化配置. 农田养分平衡与管理. 南京: 河海大学出版社.

陈晓红. 2012. 突出生态文明建设与"两型社会"建设. 新湘评论, 24: 26, 27.

陈迎，等 . 2009. 2008～2009 年中国节能减排与应对气候变化报告 . http：//finance. sina. com. cn/g/20091211/18267092760. shtml ［2009-12-11］.

陈瑜 . 2000. 日本农业环保措施及启示 . 台湾农业探索，4（4）：28-30.

程彬，赵大鹏，徐宏策 . 2006. 国外农业环境政策措施及对我国的启示 . 现代畜牧兽医，12（2）：1，2.

程存旺，石嫣，温铁军 . 2010. 氮肥的真实成本（二）. http：//www. greenpeace. org/china/Global/china/_planet-2/report/2010/8/cf-n-rpt2. pdf ［2010-12-30］.

崔键，马友华，赵艳萍，等 . 2006. 农业非点源污染的特性及防治对策 . 中国农学通报，22（1）：335-340.

戴从法 . 2001. 德国的农业资源管理和农业环境保护 . 中国农业资源与区划，22（6）：39-41.

戴景瑞 . 1998. 发展玉米育种科学迎接 21 世纪的挑战 . 作物杂志，6：1-4.

邓衡山，徐志刚，柳海燕 . 2010. 中国农民专业合作经济组织发展现状及制约因素分析：基于全国 7 省 760 个村的大样本调查 . 现代经济探讨，(8)：55-59.

邓丽 . 2008. 四川省农作物品种区域试验现状与对策 . 种子，27：138-140.

邓楠 . 1999. 加强环境无害化技术的开发与应用 . 中国人口资源与环境，9（1）：1-3.

邓蓉，张存根，王伟 . 2005. 中国畜牧业发展研究 . 北京：中国农业出版社 .

刁治民，高晓杰，熊亚 . 2004. 畜禽粪便微生物处理及资源化工程的研究 . 青海草业，13（1）：13-20.

丁一汇 . 2009. 应对气候变暖，中国面临挑战//张坤民，潘家华，崔大鹏 . 低碳经济论 . 北京：中国环境科学出版社 .

丁迎伟，周炎民，刘文斌 . 1999. 控制动物排泄物对环境污染的对策 . 粮食与饲料工业，(8)：38-40.

董占荣 . 2006. 猪粪中的重金属对菜园土壤和蔬菜重金属积累的影响 . 浙江大学硕士学位论文 .

董振国，等 . 2010-07-23. 旱灾频发恐成我国粮食安全主要威胁 . 经济参考报 .

杜欢政，张旭军 . 2006. 循环经济的理论与实践：近期讨论综述 . 统计研究，(2)：63.

段亚兵 . 2006. 文明纵横谈 . 北京：社会科学文献出版社 .

方时姣 . 2009-05-19. 也谈发展低碳经济 . 光明日报，10.

冯永忠，等 . 2005. 中国能源农业发展必要性与对策研究 . 中国农学通报，21（4）：344-347.

冯之浚，牛文元 . 2009. 低碳经济与科学发展 . 中国软科学，(8)：13-19.

冯之浚 . 2006. 循环经济的范式研究 . 中国软科学，(8)：9-21.

付明星 . 2008. 发展农业循环经济 促进 "两型社会" 建设 . 学习月刊，(24)：26.

付明星 . 2009-01-07. 加快推进一体化工作 促进武汉城市圈两型农业建设，长江日报，9.

高晗，等 . 2010. 新乡市蔬菜硝酸盐和亚硝酸盐污染状况分析 . 河南科技学院学报，38（1）：22-25.

高杰, 等. 2007. 非点源污染：中国农村环保之痛. http：//news. sina. com. cn/o/2007-07-19/100112233537s. shtml［2007-12-30］.

高亮之. 1983. 中国水稻生长季与稻作制度的气候生态研究. 农业气象，(1)：50-55.

高旺盛, 梁志杰, 崔勇. 2004. 美国农作制度可持续发展主要技术途径. 中国农业信息，(12)：16.

高新昊, 等. 2011. 山东省农村地区地下水硝酸盐污染现状调查与评价. 中国农业气象，32 (1)：89-93.

高迎春, 苏梅, 魏秀丽, 等. 2006. 奶业现状及规范化生态养殖模式的讨论. 中国畜牧兽医，33 (5)：24-27.

葛继红, 周曙东. 2011. 农业面源污染的经济影响因素分析：基于1978~2009年的江苏省数据. 中国农村经济，(5)：72-81.

谷洪波, 刘小康, 王燕. 2010. 我国农村资本形成问题探析. 浙江农业科学，(4)：903-906.

顾宗勤. 2007. 中国化肥行业形势分析. http：//www. chinanpk. com［2011-10-20］.

郭瑞超, 唐军荣, 青辉. 2007. 木质生物质能源的开发利用现状与展望. 林业调查规划，32 (1)：90-94.

郭玮. 2002. 美国、欧盟和日本农业补贴政策的调整及启示. 调研世界，(8)：30, 31.

国际氮肥工业中心, 等. 1988. 肥料与环境. 冯元琦, 等译. 北京：化学工业出版社.

国家发展和改革委员会. 2011. 中国应对气候变化的政策与行动. http：//www. gov. cn/jrzg/2011-11/22/content_ 2000047. htm［2011-11-22］.

国家发展和改革委员会宏观经济研究院"水资源利用"课题组. 2003. 2001~2020年实现GDP"翻两番"背景下的水资源利用若干重大问题研究研究报告.

国家环境保护总局自然生态保护司. 2002. 全国规模化畜禽养殖业污染情况调查及防治对策. 北京：中国环境科学出版社.

国家统计局农村社会经济调查总队. 2000. 中国农村统计年鉴. 北京：中国统计出版社.

国土资源部, 国家统计局. 2013. 关于第二次全国土地调查主要数据成果的公报. http：//www. mlr. gov. cn/zwgk/zytz/201312/t20131230_ 1298865. htm［2013-12-30］.

国土资源部. 2014-04-22. 2013中国国土资源公报（摘登）. 中国国土资源报, 7.

韩俊, 潘耀国. 2005. "十一五"期间我国畜牧业发展的前景和重点. 中国禽业导刊，22 (18)：4, 5.

何浩然, 张林秀, 李强. 2006. 农民施肥行为及农业面源污染研究. 农业技术经济，(6)：2-10.

何歆. 2007. 广州市渔业水域生态环境综合评价与水产品质量安全研究. 暨南大学博士学位论文.

何永梅, 李力. 2010. 无公害蔬菜生产的环境灾害及治理措施. 蔬菜，(3)：18, 19.

洪大用. 2007. 环境社会学与环境友好型社会建设. 中国人民大学学报，1：114-121.

洪晓燕, 张天栋. 2010. 影响农药利用率的相关因素分析及改进措施. 中国森林病虫，

29（5）：41-43.

侯彦林，李红英，赵慧明.2009.中国农田氮肥面源污染估算方法及其实证：Ⅳ各类型区污染程度和趋势.农业环境科学学报,28（7）：1341-1345.

胡启兵.2007.日本发展生态农业的经验.经济纵横,（11）：64-66.

胡瑞法，黄季焜，李立秋.2004.中国农技推广体系现状堪忧：来自7省28县的典型调查.中国农技推广,（3）：6-8.

胡瑞法，李立秋.2004.农业技术推广的国际比较.科技导报,（1）：26-29.

胡心洁.2013.河南省麦收基本结束 机收率达到98%创历史新高.http：//www.gov.cn/gzdt/2013-06/16/content_2426860.htm［2013-06-16］.

湖北省统计局.2009.湖北发展低碳经济问题研究.http：//xftjj.xf.cn/newsopen.asp？id=242［2009-06-19］.

黄邦汉.1999.美国实施"可持续农业研究和教育计划"的启示.数量经济技术经济研究,（8）：77-79.

黄鸿翔，李书田，李向林.2006.我国有机肥的现状与发展前景分析.中国土壤与肥料,（1）：3-8.

黄季焜，等.2007.推广转基因抗虫棉对次要害虫农药施用的影响分析.农业技术经济,（1）：4-12.

黄季焜，邓衡山，徐志刚.2010 中国农民专业合作经济组织的服务功能及其影响因素.管理世界,（5）：75-81.

黄季焜，胡瑞法.2007.转基因水稻生产对稻农的影响研究.中国农业科技导报,9：13-17.

黄晶晶，林超文，陈一兵，等.2006.中国农业面源污染的现状及对策.安徽农学通报,12（12）：47-48,66.

黄倩蔚.2011.重金属污染中国至少10%耕地，电池行业成祸首.http：//big5.xinhuanet.com/gate/big5/news.xinhuanet.com/society/2011-04/01/c_121256458.htm［2011-04-01］.

芶在坪.2008.国外农业循环经济的发展.再生资源与循环经济,12（11）：41-44.

贾继曾，等.1990.中国小麦的主要矮秆基因及矮源的研究.中国农业科学,25（1）：1-5.

江娜.2010-07-08.标准园创建：园艺产业升级的突破口.农民日报,1.

江沿.2007.以色列农业科技创新对中国西部大开发的启示.中国农村经济,专刊：137-140.

姜健等.2001.水稻花药培养研究与应用进展.中国农学通报,17（4）：49-54.

蒋高明.2007.中国需要高度警惕耕地白色污染.中外对话,13（7）：58,59.

降蕴彰，梁栋.2009.以色列农业奇迹：专访以色列驻华国际合作、科技与农业参赞 Dr. Ezra Shoshani.农经,10：12-15.

焦泰文，樊丹.2014-04-16.在建设农业生态文明中发展现代农业.农民日报,3.

解振华.2006.建设环境友好型社会应解决六大关键问题.http：//www.china.com.cn/zhuanti/115/huanjing/txt/2006-02/13/content_6121229.htm［2006-02-13］.

金晶，曲福田.2006.循环农业经济体系的内涵及其构建.中国人口资源与环境，16（6）：57-61.

金涌.2003.生态工业：原理与应用.北京：清华大学出版社.

孔源，韩鲁佳.2002.我国畜牧业粪便废弃物的污染及其治理对策的探讨.中国农业大学学报，7（6）：92-96.

匡远配，罗荷花.2010.两型农业建设中相关利益主体间的博弈分析.财贸研究，（3）：19-26.

匡远配，曾锐.2009.长株潭建设"两型农业"的障碍因素分析.兰州学刊，194（11）：93-97.

匡远配.2010.两型农业的概念与功能：基于联合生产理论的解释.求索，（5）：51-53.

兰宗宝，林涛，莫彬.2009.循环农业在新农村建设中的作用与发展对策.广东农业科学，（2）：129-132.

乐波.2006.欧盟"多功能农业"探析.华中农业大学学报（社会科学版），62：31-34.

冷罗生.2009a.日本应对面源污染的法律措施.长江流域资源与环境，18（9）：871-875.

冷罗生.2009b.我国面源污染控制的立法思考.环境与可持续发展，（2）：21.

黎志康，等.2005.我国水稻分子育种计划的策略.分子植物育种，3：603-608.

李本辉.2009.长株潭两型农业生态经济模式研究.生态经济，（3）：128-131.

李大鹏，王晓红.2010.饲料粮问题浅析.中国饲料，21：4，5.

李东升.2007.发展循环农业 建设现代农业.人民日报，3（16）：13.

李干琼，许世卫.2005.以色列农业科技·农民培训及科技政策研究.安徽农业科学，33（10）：1950-1952.

李谷成.2009.中国农村经济制度变迁、农业生产绩效与动态演进基于1978—2005年省际面板数据的DEA证实.制度经济学研究，（3）：20-54.

李贵宝，尹澄清，周怀东.2001.中国"三湖"的水环境问题和防治对策与管理.水问题论坛，（3）：36-39.

李国珍.2005.西部地区农业产业化龙头企业推行清洁生产的障碍及对策选择.西南农业大学学报（社会科学版），3（1）：11-13.

李华罡，肖文东.2006.科学发展观与农业可持续发展.北京：中国社会出版社.

李建军.2007.以色列农业科技简况.中国农村小康科技，（9）：22-24.

李建伟.1995.以色列农业及设施园艺发展状况.中国农技推广，（4）：20-22.

李丽娜.2009.德国农业可持续发展的做法.老区建设，（15）：60，61.

李利锋，邹蓝.2006.中国水危机.中国网，http：//www.china.com.cn［2010-8-11］.

李鹏，等.2009.天津市畜禽粪便年排放量的估算.畜牧与兽医，2：32-34.

李强，张林秀.2007.农户模型方法在实证分析中的运用：以中国加入WTO后对农户的生产和消费行为影响分析为例.南京农业大学学报（社会科学版），7（1）：20，25-31.

李庆康，等.2000.我国集约化畜禽养殖场粪便处理利用现状及展望.农业环境保护，19（4）：251-254.

李圣超.2008.设施园艺工程与我国农业现代化.中国果菜,(1):50,51.
李卫东.2004.欧盟农业对我国农业发展的启示.恩施州党校学报,(1):53-56.
李伟.2009-12-02.走近日本园艺.世界报,14.
李文广,等.2008.试论我国小麦矮化育种及其新成就.安徽农学通报,14(11):100-102.
李西萍,张强.2004.园艺产业发展中存在的问题及发展思路.内蒙古农业科技,(5):7.
李校利.2008.生态文明理论定位与发展策略简述.理论月刊,(6):131-133.
李学勇.2005.注重优质高产高效生态安全五大需求.http://ww.most.gov.cn[2005-09-22].
李玉梅,任大鹏.2009.我国农村环境问题的基本表现与法律对策.农村经济,(12):87-91.
李玉全,李健,王清印,等.2007.密度胁迫对凡纳滨对虾生长及非特异性免疫因子的影响.中国农业科学,40(9):2091-2096.
李兆前,齐建国.2004.循环经济理论与实践综述.数量经济技术经济研究,(9):146-148.
李智广,等.2008.中国水土流失现状与动态变化.中国水土保持,12:7-10.
李忠东.2002.中国农业可持续发展技术框架研究.西北农林科技大学博士学位论文.
梁建岗.2001.美国农作制度与可持续农业对我们的启示.山西农业科学,29(1):92-96.
林建忠,赖瑞云,李金雨,等.2008.世界花卉产业发展概况.江西农业学报,20(3):36-39.
林祥明,朱洲.2004.美国转基因生物安全法规体系的形成与发展.世界农业,(5):15-17.
刘昌明,陈志恺.2001.中国水资源现状评价和供需发展趋势分析.北京:中国水利水电出版社.
刘汉成.2005.中荷园艺产业发展比较分析及启示.柑桔与亚热带果树信息,21(6):7-10.
刘惠迪.2006-02-23.过量施用化肥 危害不容忽视.光明日报,7.
刘佳.2011.我国钾盐资源供需态势与国内外供矿前景分析.中国矿业,20:24-27.
刘建芳,祁春节.2011.构建资源节约与环境友好"两型"园艺产业生产体系的探讨.农业现代化研究,32(3):376-380.
刘建玲,李仁岗,张福锁.1999.小麦-玉米轮作土壤中磷肥化学行为及积累态磷生物有效性的研究.植物营养与肥料学报,5(1):14-20.
刘建雄.2009.我国磷矿资源分析与开发利用.化肥工业,6(36):27-31.
刘江宜,余瑞祥.2009.建设资源节约型和环境友好型社会的挑战和途径.中国国土资源经济,2:31-33.
刘立伟.2006.发达国家农业可持续发展模式研究.生态经济,(10):116-119.
刘培哲.2004.可持续发展与三维发展观.安徽科技,(10):3-5.

刘荣章，等.2006.农业循环经济与生物质能源开发策略.福建农业学报，21（3）：279-282.

刘荣志，等.2007.实施乡村清洁工程，建设资源节约与环境友好型新农村.农业经济问题，12：103-105.

刘少伯，常景蔚，杨庭锴.1988.发展我国畜牧业应该走什么路子.中国农村经济，1：31-33.

刘嗣元.1998.农作物品种区试和审定工作中的问题与建议，种子科技，3：8，9.

刘晓旺.2014.我国化肥产业结构有待调整. 大众网，http：//paper.dzwww.com/ncdz/content/20140603/Articel03002MT.htm［2014-06-03］.

刘欣.2008.发展农业循环经济，建设"两型农业"研究.时代经贸，(10)：84，85.

刘兴，王启云.2009.新时期我国生态农业模式发展研究，29：85-89.

刘旭，董玉琛.1998.世纪之交中国作物种质资源保护与持续利用的回顾和展望.面向21世纪的中国生物多样性保护，9：128-136.

刘学剑.2005.保型饲料配方设计的原则及措施.江西饲料.2：27-30.

刘英杰.2003.荷兰园艺产业的发展现状和特点.世界农业，(4)：35-37.

刘英南.2009.以色列：节水农业富国富民.乡镇论坛，36（8）：24，25.

刘玉满.2007.发达国家畜牧业经济发展趋势及对我国的启示.饲料广角，13：8-11.

刘正旭，等.2011-10-11.罗锡文院士：全国3亿亩耕地受重金属污染威胁.新京报.

卢辞.2008.集成农业：内涵、模式与推进.农业经济问题，(3)：28-34.

卢卡斯R.2005.为何资本不从富国流向穷国.罗汉，应洪基，译.南京：江苏人民出版社.

吕选忠，于宙.2005.现代转基因技术.北京：中国环境科学出版社.

吕志轩.2005.农业清洁生产的经济学分析.山东农业大学博士学位论文.

罗必良，等.2000.中国农业可持续发展趋势、机理及对策.山西：山西经济出版社.

罗利军，等.2011.节水抗旱稻及其发展策略.科学通报，56：804-811.

罗利军.2005.水稻等基因导入系与分子技术育种.分子植物育种，3：609-612.

罗锡文.2011.对加速我国农业机械化发展的思考.农业工程，1（4）：1-8，56.

罗彦长，等.2003.应用分子标记辅助选择培育抗稻白叶枯病光敏核不育系3418S.作物学报，29：402-407.

马德富，刘秀清.2010.论农业与"两型社会"及"两型农业".湖北社会科学，(12)：99-101，104.

马晓河，方松海.2006.中国的水资源状况与农业生产.中国农村经济，(10)：4-11，19.

梅旭荣.2010.采取适应性对策减轻农业灾害损失. http：//www.360doc.com/content/10/0421/10/19671_24111919.shtml［2010-04-21］.

孟大琳，陈继夏.2005.由美国的农业发展经验论中国农业的可持续发展.现代农业，(7)：44，45.

孟繁英.2006.农村环境与健康.吉林医药学院学报，(3)：158，159.

孟静, 周喆, 吴昭雄. 2014-04-19. 水稻机插秧面积突破千万亩: 插秧机保有量4.5万台. 湖北日报, 1.

倪丹成, 黄文芳. 2009. 农业面源污染的政策成因分析. 中国环保产业, 11: 41-44.

农业部农村经济研究中心课题组. 2005. 我国农业推广体系调查与改革思路. 中国农村经济 (2): 46-54.

农业部种植业管理司. 2009. 科学规划规范推进促进设施蔬菜持续健康发展(上). 农业工程技术, (6): 26-29.

欧阳俊闻, 等. 1973. 小麦花粉植株的诱导及其后代的观察. 中国科学, 1: 72-82.

潘光, 刘锦前. 2004. 以色列农业发展的成功之路. 求是, (24): 55-57.

庞荣丽, 等. 2006. 郑州市主要蔬菜和水果硝酸盐污染状况调查. 中国农学通报, 22 (2): 297-300.

裴翠娟, 董志强, 贾秀领. 2010. 我国农业科技成果转化的现状、问题与对策. 农业科技管理, 29 (5): 83-85.

裴琨. 2008. 虾池水质变化原因的分析及调控措施. 渔业致富指南, 11 (5): 67-69.

彭少兵, 等. 2002. 提高中国稻田氮肥利用率的研究策略. 中国农业科学, 35: 1095-1103.

齐振宏, 王培成. 2010. 博弈互动机理下的低碳农业生态产业链共生耦合机制研究. 中国科技论坛, 11: 136-141.

齐振宏, 喻宏伟, 王培成. 2010. 绿色超级稻的经济效益、生态效益、社会效益分析. 绿色超级稻的构想与实践. 北京: 科学出版社.

祁春节. 2006. 中国园艺产业国际竞争力研究. 北京: 中国农业出版社.

全国农业技术推广服务中心. 2009. 1998~2007年中国农业用水报告. 北京: 中国农业出版社.

阙金华, 周春和. 2008. 创新机制, 健全制度, 构建品种区试审定管理体系. 中国种业, 12: 35-37.

任继周. 2005. 节粮型草地畜牧业大有可为. 草业科学, 22 (8): 1-8.

任军, 边秀芝, 郭金瑞, 等. 2010. 我国农业面源污染的现状与对策Ⅰ. 农业面源污染的现状与成因. 吉林农业科学, 35 (2): 48-52.

任庆国. 2007. 我国社会主义新农村建设政策框架研究. 河北农业大学博士学位论文.

萨拉-伊-马丁. 2005. 15年来的新经济增长理论: 我们学到了什么. 比较, (19): 127-142.

森A. 2002. 以自由看待发展. 任赜, 于真, 译. 北京: 中国人民大学出版社.

沈景文. 1992. 化肥农药和污灌对地下水的污染. 农业环境保护, 11 (3): 137-139.

沈体忠, 等. 2009. 武汉城市圈农田畜禽粪便负荷量估算与预警分析. 湖南农业科学.

盛承发, 等. 2003. 我国稻螟灾害的现状及损失估计. 昆虫知识, 40: 289-294.

施卫明, 薛利红, 王建国, 等. 2013. 农村面源污染治理的"4R"理论与工程实践: 生态拦截技术. 农业环境科学学报, 32 (9): 1697-1704.

石全红, 王宏, 陈阜, 等. 2010. 中国中低产田时空分布特征及增产潜力分析. 中国农学通报, 26 (19): 369-373.

石嫣.2010.欧盟治理农业面源污染经验.时事报告,(3):80,81.

石元春,刘昌明,龚元石.1995.节水农业应用基础研究进展.北京:中国农业出版社.

石元春.2002.20世纪中国学术大典:农业科学-农艺学.福州:福建教育出版社.

舒尔茨.1999.改造传统农业.梁小民,译.北京:商务印书馆.

舒尔茨.2002.对人进行投资:人口质量经济学.吴珠华,译.北京:首都经济贸易大学出版社.

宋群.2004.国外农业高技术的发展动向.经济研究参考,(9):5-17.

孙松.2008.我国东北水稻种植快速发展的原因分析和思考.中国稻米,5:9-11.

孙铁珩,宋雪英.2008.中国农业环境问题与对策.农业现代化研究,29:646-652.

孙永明.2005.中国农业废弃物资源化现状与发展战略.农业工程学报,21:169-173.

孙佑海,柴涛修,幺新,等.2009.构建资源节约型、环境友好型农业生产体系研究.环境保护,414:4-8.

孙振.2009.设施农业是现代农业的重要标志.陕西农业科学,37(9):84-87.

谭绮球,苏柱华,郑业鲁.2008.国外治理农业面源污染的成功经验及对广东的启示.广东农业科学,(4):67-71.

唐登银,罗毅,于强.2000.农业节水的科学基础.灌溉与排水,19:1-9.

唐华俊.2010.气候变化对我国粮食生产影响深远巨大.http://scitech.people.com.cn/GB/12678060.html[2011-01-10]

陶箭.2009.日本农业现代化进程中的环保处理及启示.安徽农业科学,37(27):13412-13415.

田齐建,等.2003.玉米矮化育种研究进展及发展前景.山西农业科学,31(2):23-26.

田宗祥.2009.减少规模化养猪场粪污对环境的影响及调控措施.国外畜牧学(猪与禽),3:79-82.

万宝瑞.2006-04-22.新农村建设是长期的发展方向和紧迫的现实任务.农民日报,2.

汪仁,等.2009.辽宁省蔬菜主产区地下水硝酸盐污染调查.安徽农业科学,37(15):7132,7133.

王道龙.2004.可持续农业概论.北京:气象出版社.

王方浩,等.2006.中国畜禽粪便产生量估算及环境效应.中国环境科学,26(5):614-617.

王关义.2004.中国五大经济特区可持续发展战略研究.北京:经济管理出版社.

王广深,侯石安.2009.欧盟农业生态补贴政策的经验及启示.经济纵横,(5):109-111.

王海燕,杜一新,梁碧元.2007.我国化肥使用现状与减轻农业面源污染的对策.现代农业科技,20:135,136.

王红玲.2007-06-14.发展循环农业 推进新农村建设.长江日报,5.

王济民,谢双红,姚理.2006.中国畜牧业发展阶段特征与制约因素及其对策.中国家禽,28(8):6-11.

王建康,等.2011.中国作物分子设计育种.作物学报,37:191-201.

王凯军, 等.2004.畜禽养殖污染防治技术与政策.北京：化学工业出版社.

王鸣.1998.以色列的园艺事业.农业信息探索,(2)：45,46.

王秀奎.2008.生态文明观与中国生态农业的实践.http://finance.people.com.cn/nc/GB/7792037.html［2008-09-04］.

王雅鹏,叶慧,等.2008.中西部城镇化加速期粮食安全长效机制研究.北京：中国农业出版社：224.

王雁,吴丹.2005.荷兰观赏植物生产环保项目.世界林业研究,18(2)：73-77.

王昀.2008.低碳农业经济略论.中国农业信息,(8)：12-15.

王周.2008.移动鸡舍及种养结合基本参数的初步探讨.浙江大学硕士学位论文.

卫鸿飞.2008.烟叶可持续发展与现代烟草农业.河南省烟草学会2008年学术交流获奖论文集(下).

魏家鹏,于贤昌.2010.近期雪灾对寿光蔬菜日光温室的影响.中国蔬菜,(9)：7,8.

魏晓明,等.2010.我国设施园艺取得的主要成就.农机化研究,(12)：227-230.

温新荣,丁艳.2008.以色列生态农业对我国西北地区农业发展的启示.内蒙古农业大学学报(社会科学版),10(4)：56-58.

吴洪山,洪中川,李玉环.2008.浅谈提高杂交水稻品种区试质量问题.粮食作物,8：121,122.

吴建军.2011.设施蔬菜育苗存在的问题及其技术.现代农业科技,(1)：145-147.

吴孔明.2010.我国农业昆虫学的现状及发展策略.植物保护,36(2)：1-4.

吴婷.2014.粮农丰则品种兴：优质稻"黄华占"在湘推广纪实.湖南农业科学,2：5-8.

吴文勇,刘洪禄,郝仲勇.2008.再生水灌溉技术研究现状与展望.农业工程学报,24(5)：302-306.

吴永常,马忠玉,王东阳,等.1998.我国玉米品种改良在增产中的贡献分析.作物学报,24(5)：595-600.

武志杰.2006."循环农业"催生新的农业革命.http://www.jinnong.cc/recommend/review/modernagri/zyls/2006/content_ 10638.shtml［2006-07-07］.

席承藩.1998.中国土壤.北京：中国农业出版社.

夏荣基,陆景陵.1981.土壤和肥料基础知识.北京：农业出版社.

肖景华,罗利军.2010.水稻分子育种与绿色超级稻.分子植物育种,8：1055-1058.

肖景华,张启发.2010.功能基因组与绿色超级稻.分子植物育种,8(6)：1050-1053.

肖颖,冯永强,庞正喜.2009-11-19.陕西大步走上低碳发展之路.中国环境报,7.

谢双红.2005.北方牧区草畜平衡与草原管理研究.中国农业科学院.

辛总秀.2004.减轻畜禽粪便对环境污染的现状及技术探索.青海畜牧兽医杂志,34(4)：35-37.

邢可霞,王青立.2007.德国农业生态补偿及其对中国农业环境保护的启示.农业环境与发展,(1)：1-3.

熊彼特.1999.资本主义、社会主义与民主.吴良健,译.北京：商务印书馆.

熊彼特.2009.经济发展理论.杜贞旭,郑丽萍,刘昱岗,译.北京:中国商业出版社.
徐德利,等.2005.稻鸭共作高效生态农业集成技术研究.农业环境与发展,(2):16-21.
徐更生.2009.生态农业是生态文明社会的基础.http://www.jshb.gov.cn/jshbw/xwdt/glxw/200909/t20090925_135535.html [2009-11-02].
许晓春.2007.日本滋贺县爱东町农业循环经济考察研究.经济问题,(3):80-82.
许志信.2000.草地建设与畜牧业可持续发展.中国农村经济,(3):32-34.
许忠能.2007.惠阳大亚湾海水网箱养殖生态系统的物质循环研究.暨南大学博士学位论文.
薛利红,杨林章,施卫明,等.2013.农村面源污染治理的"4R"理论与工程实践:源头减量技术.农业环境科学学报,32(5):881-888.
闫敏.2011.发展循环经济的基本途径与对策.http://www.china.com.cn/chinese/zhuanti/xhjj/763327.htm [2011-11-02].
严立冬,等.2006-02-28.湖北可持续发展水资源战略研究报告.http://jyw.znufe.edu.cn/rkzyhj/zyyjfxdt/qykcxfz/200602/t20060228_2256.htm.
严重兵,孙会兰.2002.对《种子法》实施过程中某些问题的探讨.湖北农业科学,6:7-9.
颜景辰,等.2007.世界生态畜牧业发展现状、趋势及启示.世界农业.,9:7-10.
杨安娜.2009.支持"两型农业"发展的财政金融对策.中国财政,(13):75,76.
杨戈.2003.走向现代农业:农业现代化与创新.北京:中国经济出版社.
杨进.2002.拉响红色警报.环境,4:4,5.
杨林章,施卫明,薛利红,等.2013.农村面源污染治理的"4R"理论与工程实践:总体思路与"4R"治理技术.农业环境科学学报,32(1):1-8.
杨仕华,等.2010.我国水稻品种审定回顾与分析.中国稻米,16:1-4.
杨小山,刘建成,林奇英.2008.中国农业面源污染的制度根源及其控制对策.福建论坛:人文社会科学,(3):25-28.
杨秀平,孙东升.2006.日本环境保全型农业的发展.世界农业,(9):42-44.
杨再福,陈立侨,周忠良,等.2003.太湖渔业发展对水环境的影响与对策.中国生态农业学报,11(2):156-158.
杨在宾,刘丽,杜明宏.2008.我国饲料业的发展及饲料资源供求现状浅析.饲料工业,29(19):46-50.
杨子贤,等.2004.利用分子标记辅助选择改良93-11对白叶枯病和螟虫抗性.分子植物育种,2(4):473-480.
姚向君,王革华,田宜水.2006.国外生物质能的政策与实践.北京:化学工业出版社.
姚雪晗.2011-12-11.加拿大蔬菜业.加拿大—中国农业与食品发展交流中心,http://www.ccagr.net.
叶青,陈昌华.2011.武汉城市圈两型社会建设的现状与对策.湖北职业技术学院学报,14(4):5-10,19.

叶兴国,王艳丽,丁文静.2006.主要农作物转基因研究现状和展望.中国生物工程杂志,26:93-100.

叶元土,罗莉.1998.岩原鲤消化能力和营养价值的初步的研究.四川动物,17(1):7-10.

尹逊敦,刘欣.2005.循环型农业发展模式及对策探讨.安徽农业科学,33(10):1957,1958.

于峰,史正涛,彭海英.2008.农业非点源污染研究综述.环境科学与管理,33(8):54-59.

于赫男.2007.环境胁迫对罗氏沼虾和凡纳滨对虾行为、生长及生理活动的影响.暨南大学博士学位论文.

于振文.2003.新世纪作物栽培学与作物生产的关系.作物杂志,(1):1-12.

余谋昌,王兴成.1995.全球研究及其哲学思考:"地球村"工程.北京:中共中央党校出版社.

余松烈.2006.中国小麦栽培理论与实践.上海:上海科学技术出版社.

余晓燕,齐实,李林英,等.2007.美国的生物缓冲带.水土保持应用技术,(6):20-22.

喻元秀,任景明,刘磊,等.2009.我国化肥污染的演变趋势及防治对策.2009中国可持续发展论坛暨中国可持续发展研究会学术年会论文集(上册).

袁开福,高阳.2008.以新农村建设为导向的农村沼气开发利用研究.农村经济,(1):23-26.

袁仲,杨继远.2009.农药化肥污染与食品安全.农产品加工(学刊),(7):67-69.

曾大盈.1981.植物保护基础知识.北京:农业出版社.

曾端香,张东方,王莲英.2007.中国花卉生产现状与发展趋势.北方园艺,(4):190-193.

曾凡慧.2008.科技支撑农业:我国农业发展的现实路径.改革与战略报,24(12):96-99.

曾福生.2009.论长株潭城市群农业现代化引领区建设.湖南社会科学,2:18-20.

翟勇.2006.中国生态农业理论与模式研究.西北农林科技大学博士学位论文.

詹姆士C.2010.2009年全球生物技术/转基因作物商业化发展态势:第一个十四年(1996~2009).中国生物工程杂志,30(2):1-22.

张成岗.2003.现代技术范式的生态学转向.清华大学学报(哲学社会科学版),18(4):64.

张存根.2006.转型中的中国畜牧业:趋势与政策调整.北京:中国农业出版社.

张福琐.2006.中国养分资源综合管理策略和技术.中国农学会学术年会论文集.

张福锁,陈新平,马文奇,等.2006.养分资源综合管理理论与技术概论.北京:中国农业大学出版社.

张福锁,崔振岭,王激清,等.2007.中国土壤和植物养分管理现状与改进策略.植物学通报,24(6):687-694.

张福锁，等.2008.中国主要粮食作物肥料利用率现状与提高途径.土壤学报，45：915-924.

张福锁，王激清，张卫峰，等.2008.中国主要粮食作物肥料利用率现状与提高途径.土壤学报，45：915-924.

张福锁.1999.对提高养分资源利用效率的几点思考.迈向21世纪的土壤科学：中国土壤学会第九次全国委员会代表大会论文集.

张贵友.2006.技术创新与循环农业发展.技术经济，25（9）：48.

张国庆，等.2007.发展现代园艺产业 促进农民增收.天津农林科技，（2）：1-4.

张华建，等.2002.德国有机农业的考察及其启示.安徽农学通报，8（1）：2-4.

张建宇.2007-10-29.生态文明，文明的整合与超越.人民日报，4.

张景书，梁伟鹏，万云兵，等.2006.南海区畜禽养殖污染现状及防治对策.环境科学与技术，29（1）：108-110.

张俊飚.2009.资源节约型与环境友好型农业发展问题的思考：以湖北省为例.中国地质大学学报（社会科学版），9（1）：16-20，35-39.

张利国，徐翔.2005.美、德、日有机农业开发经验及对中国的启示.农业经济，12（6）：62-64.

张林秀，黄季焜，乔方彬，等.2006.农民化肥使用水平的经济评价和分析//朱兆良，D. Norse，孙波.中国农业面源污染控制对策.北京：中国环境科学出版社.

张令梅，李亚红.2004.新技术在节水农业中的应用.水利科技与经济，10（6）：25-29.

张启发.2005.绿色超级稻的培育的设想.分子植物育种，3：601，602.

张启发.2007.转基因作物将为中国农业发展提供根本出路.科技导报，（4）：1-3.

张启发.2009.绿色超级稻的构想与实践.北京：科学出版社.

张启发.2010.大力发展转基因作物.华中农业大学学报（社会科学版），（1）：1-6.

张黔珍.2010.浅析两型农业视角下的农民培养.经济研究导刊，（18）：52，53.

张群.2010.关于推进武汉城市圈"两型农业"建设的战略思考.湖北职业技术学院学报，2：10-14，34.

张睿.2010.我国设施农业装备技术发展方向.温室园艺，（4）：50，51.

张润清，李晓红，李崇光.2006.国外节约型农业模式评析.统计与决策，（24）：120-122.

张卫峰，马文奇，王雁峰，等.2008.中国农户小麦施肥水平和效应的评价.土壤通报，39（5）：1049-1054.

张效梅.1996.日本无土栽培的发展现状及其发展前景.科技情报开发与经济，6（3）：41-44.

张学忙.2010.武汉现代都市农业发展情况综合报告.http://www.nyghsj.com/xmzx/ShowArticle.asp？ArticleID=84［2010-07-14］.

张莹，等.2010.哈尔滨市售蔬菜水果有机磷农药残留检测分析.中国公共卫生，26（4）：400-402.

张永志，李劲峰，王钢军.2005.温州市场蔬菜、水果重金属元素污染调查研究.浙江农业学报，17（6）：384-387.

张玉珍，等.2003.龙江流域畜禽养殖业的生态环境问题及防治对策探讨.重庆环境科学，25（7）：29-34.

张仲秋.2004.打造平台 再创辉煌：写在第二届中国饲料工业协会大型企业联谊会召开之时.中国饲料，23：6，7.

张子仪.1997.规模化养殖业及饲料工业中的生态文明建设问题.饲料工业，18（9）：1-3.

章力建，朱立志.2005.我国"农药立体污染"防治对策研究.农业经济问题，2：4-7.

章玲.2001.关于农业清洁生产的思考.中国农村经济，2：38-42.

赵保献，等.2006.当前普通玉米区域试验中有关问题的探讨.中国农学通报，22：174-177.

赵法箴.2004.中国水产健康养殖的关键技术研究.海洋水产研究，25（4）：1-5.

赵赫男，刘玉梅.2014.托起田野新希望：我省推进农业机械化"四部曲"小记.吉林日报，8.

赵淑梅，等.2008.日本现代设施园艺的节能对策及措施.上海交通大学学报（农业科学版），（5）：373-376.

赵西华.2009.建立"两型"农业生产体系 推进江苏现代农业发展.江苏农业科学，（1）：1-3.

赵永宏，邓祥征，战金艳，等.2010.我国农业面源污染的现状与控制技术研究.安徽农业科学，38（5）：2548-2552.

赵友明.2011-12-11.加拿大现代化花卉，园艺产业现状及与中国合作前景展望.加拿大—中国农业与食品发展交流中心，http：//www.ccagr.net.

郑乃红，王桂林.2007.建设资源节约、环境友好型农业的基本思路.河南农业，（12）：46.

郑祖婷，史宝娟.2009."四维立体集中化"农业循环经济发展模式研究.生态经济，（4）：138-141.

中国氮肥工业协会.2010.氮肥行业产业结构调整指导意见.北京：全国中氮情报协作组第29次技术交流会论文集.

中国科学院可持续发展战略研究组.2004.2004中国可持续发展战略报告.北京：科学出版社.

中国老年科协农田水利专题调研组.2009.我国农田水利建设存在的问题与建议.中国水利，（11）：13，14.

中国中长期食物发展战略研究课题组.1993.中国的中长期食物发展战略研究.北京：中国农业出版社.

中华人民共和国环境保护部，中华人民共和国国家统计局和中华人民共和国农业部.2010.第一次全国污染源普查公报，http：//www.gov.cn/jrzg/2010-02/10/content_1532174.htm［2010-12-30］.

中华人民共和国环境保护部.2007.2006中国环境状况公报.http：//www.china.com.cn

[2010-10-20].

中央保持共产党员先进性教育活动领导小组办公室.2005.保持共产党员先进性教育读本.北京：党建读物出版社.

周长鸣.2007.以色列节水灌溉技术考察.新疆农垦科技,(2)：74,75.

周栋良.2010.两型农业生产体系实证研究：以湖南省为例.地域研究与开发,29(4)：108-111.

周栋梁.2010.环洞庭湖区两型农业生产体系研究.湖南农业大学博士学位论文.

周冯琪,等.2007.资源节约型、环境友好型社会建设.上海：上海人民出版社.

周健.1993.公元2020年农村面源污染控制战略的目标研究.国外农业环境保护,(3)：16-24.

朱江平,李自南,尤俊,等.2010.武汉乡村清洁工程大透视.农村工作通讯,(12)：16-18.

朱立志,方静.2004.德国绿箱政策及相关农业补贴.世界农业,(1)：30-32.

朱明.2004.关于中国农业产业化与设施农业发展的战略思考.农业工程技术,(2)：10-13.

朱明德.2001.美国转基因农业战略的特点与影响.世界农业,(7)：24-26.

朱晓雯.2009.气候变化威胁粮食安全 低碳农业应运兴起.http：//finance.ifeng.com/roll/20091013/1324598.shtml［2009-10-13］.

朱永新.2004.反思与借鉴：中外教育评论.北京：人民教育出版社.

朱兆良,D. Norse,孙波,等.2006.中国农业非点源污染的现状、原因和控制对策//朱兆良,D. Norse,孙波.中国农业面源污染控制对策.北京,中国环境科学出版社.

朱兆良,D. Norse,孙波.2006.中国农业面源污染控制对策.北京：中国环境科学出版社.

朱兆良,孙波,杨林章,等.2005.我国农业面源污染的控制政策和措施.科技导报,23(4)：47-51.

朱兆良.2000.农田中氮肥的损失与对策.土壤与环境.9(1)：1-6.

诸大建.2007.中国可持续发展总纲：中国循环经济与可持续发展.北京：科学出版社.

卓玉莲.2006.长乐市养猪业污染的综合治理方法.福建畜牧兽医,28(3)：47.

邹喜乐.2007.论农药对环境的危害.湖南农机,(7)：44-47.

Aarts H F M, et al. 2000. Nitrogen (N) management in the "De Marke" dairy farming system. Nutrient Cycling in Agroecosystems, 56 (3)：231-240.

Aarts H F M. et al. 2001. Nitrogen fluxes in the plant component of the "De Marke" farming system, related to groundwater nitrate content. Netherlands Journal of Agricultural Science, 49：153-162.

Alessio B, Andries J R, Alessio P, et al. 2006. Influence of dietary soybean meal levels on growth, feed utilization and gut histology of Egyptian sole (Solea aegyptiaca) juveniles. Aquaculture, 261 (2)：580-586.

Amirkolaie A K. 2005. Dietary carbohydrate and faecal waste in the Nile tilapia (Oreochromis niloticus L.). PhD dissertation. University Wageningen, Wageningen, The Netherlands.

Amsterdam treaty. 1997. Amending the treaty on European Union, the treaties establishing the European communities and certain related acts. http: //www. eurotreaties. com/amsterdamtreaty. pdf [2010-08-10].

Anonymous. 1991. Code of good agricultural practice for the protection of water. London, UK: MAFF Environment Matters.

Ayoub M, Mackenzie A, Smith D L. 1995. Evaluation of N fertilizer rate, timing and wheat cultivars on soil residual nitrates. Jounal of Agronomy and Crop Science, 175: 87-97.

Azim M E, Asaeda T. 2005. Periphyton structure, diversity and colonization // Azim M E, Verdegem M C J, Van Dam A A. Periphyton: Ecology, Exploitation and Management, CABI Publishing, Wallingford.

Azim M E, Wahab M A. 2005. Periphyton-based pond polyculture // Azim M E, Verdegem M C J, Van Dam A A, et al. Periphyton: Ecology, Exploitation and Management, CABI Publishing, Wallingford.

Brady N C, Weil R R. 2002. The nature and properties of soils, 13thed. Prentice Hall: Upper Saddle River.

Brazil B L. 2006. Performance and operation of a rotating biological contactor in a tilapia recirculating aquaculture system. Aquac. Eng. , 34: 261-274.

Brennan T J. 2006 . "Green" Preferenees as regulatory policy instrument. Ecological Economies, 56: 144-154.

Burton G W. 1981. Meeting human needs through plant breeding: past progress and prospects for the future // Frey K J. Plant Breeding II. Iowa: Iowa State University Press.

Cai M, et al. 2007. A rice promoter containing both novel positive and negative cis-elements for regulation of green tissue-specific gene expression in transgenic plants. Plant Biotechnol J, 5: 664-674.

CAP reform. 2006. The common agricultural policy after 2013. http: //ec. europa. eu/agriculture/cap-post-2013/index_ en. htm.

Carter M R. 2002. Soil quality for sustainable land management: organic matter and aggregation interactions that maintain soil functions. Agronomy Journal, 94: 38-47.

Cassman K G, Dobermann A, Walters D T, et al. 2003. Meeting cereal demand while protecting natural resources and improving environmental quality. Annual Review of Environment and Resources, 28: 315-358.

Cassman K G, Dobermann A, Walters P. 2002. Agroecosystems, nitrogen-use efficiency and nitrogen management. Ambio, 31: 132-140.

Cassman K G. 1999. Ecological intensification of cereal production systems: yield potential, soil quality, and precision agriculture. Proceedings of the National Academy of Science USA, 96: 5952-5959.

Chen H, et al. 2014. A high-density SNP genotyping array for rice biology and molecular breeding. Mol Plant, 7: 541-553.

Chen J, et al. 2008. A triallelic system of S5 is amajor regulator of the reproductive barrier and compatibility of indi ca-japonica hybrids in rice. Proc Natl Acad Sci USA, 105: 11436-11441.

Chen S, et al. 2000. Improvement of bacterial blight resistance of "Minghui 63", an elite restorer ling of hybred rice, by molecular marker-assisted selection. Crop Sci., 40: 239-244.

Chen W, et al. 2014. Genome-wide association analyses provide genetic and biochemical insights into natural variation in rice metabolism. Nat Genet, 46: 714-721.

Chen X P, Cui Z L, Vitousek P M, et al. 2011. Integrated soil-crop system management for food security. Proceedings of the National Academy of Science USA, 108: 6399-6404.

Chu Z, et al. 2006. Promoter mutations of an essential gene for pollen development result in disease resistance in rice. Genes Dev, 20: 1250-1255.

Cui Z L, Chen X P, Miao Y X, et al. 2008. On-farm evaluation of the improved soil N_{min}-based nitrogen management for summer maize in North China Plain. Agronomy Journal, 100: 517-525.

Cui Z L, Chen X P, Zhang F S. 2010. Current nitrogen management status and measures to improve the intensive wheat-maize system in china. Ambio, 39: 376-384.

Delgado C L, Wada N, Rosegrant M W, et al. 2003. Outlook for fish to 2020: meeting global demand, A 2020 Vision for Food, Agriculture, and the Environment Initiative. International Food Policy Research Institute.

Ding J, et al. 2012. RNA-directed DNA methylation is involved in regulating photoperiod-sensitive male sterility in rice. Mol Plant, 5: 1210-1216.

Drinkwater L E, Snapp S S. 2007. Nutrients in agroecosystems: rethinking the management paradigm. Advance in Agronomy, 92: 163-186.

Du B, et al. 2009. Identification and characterization of Bph14, a gene conferring resistance to brown planthopper in rice. Proc Natl Acad Sci USA. 106: 22163-22168.

Eding E H, Kamstra A, Verreth J A J, et al. 2006. Design and operation of nitrifying trickling filters in recirculating aquaculture: a review. Aquac. Eng., 34: 234-260.

Erisman J W, de Vries W, Kros H, et al. 2001. An outlook for a national integrated nitrogen policy. Environmental Science and Policy, 2: 87-95.

European Commission Directorate-General for Agriculture. 2000. AGENDA 2000, http://ec.europa.eu/agriculture/publi/caprep/impact/fore_ en.pdf [2010-08-10].

Fageria N K, BaligarV C. 2005. Enhancing nitrogen use efficiency in crop plants. Advance in Agronomy, 88: 97-185.

Fan C, et al. 2006. GS3, a major QTL for grain length and weight and minor QTL for grain width and thickness in rice, encodes a putative transmembrane protein. Theor Appl Genet, 112: 1164-1171.

Fan S. 1991. Effects of technological change and institutional reform on production growth in Chinese agriculture. American Journal of Agricultural Economics, 73 (2): 266-275.

Feder G, Johnston A E, Syers J K. 1998. Agricultural policies and reforms: issues and lessons // Johnston A E. Nutrient management for sustainable crop production in Asia. CAB International: 221-231.

Flemish government. 2005. Afvalwaterproblematiek op melkveebedrijven. Flemish Government, Department Agriculture and Fisheries, Department Sustainable Agricultural Development, Belgium.

Gamuyao R, Chin J H, Pariasca-Tanaka J, et al. 2012. The protein kinase Pstol1 from traditional rice confers tolerance of phosphorus deficiency. Nature, 488: 535-539.

Gamuyao R, et al. 2013. The protein kinase Pstol1 from traditional rice confers tolerance of phosphorus deficiency. Nature, 488: 535-539.

Golovan S P, et al. 2001. Pigs expressing salivary phytase produce low-phosphorus manure. Nature biotech, 19: 741-745.

Guo J H, Liu X J, Zhang Y, et al. 2010. Significant acidification in major Chinese croplands. Science, 327: 1008-1010.

Gutierrez-Wing M T, Malone R F. 2006. Biological filters in aquaculture: trends and research directions for freshwater and marine applications. Aquac. Eng., 34: 163-171.

Halet D, Defoirdt T, van Damme P, et al. 2007. Poly-β-hydroxybutyrate-accumulating bacteria protect gnotobiotic Artemia franciscana from pathogenic Vibrio campbellii. FEMS Microbiol. Ecol., 60: 363-369.

Hargreaves J A. 2006. Photosynthetic suspended-growth systems in aquaculture. Aquac. Eng., 34: 344-363.

He C E, Liu X J, Fangmeier A, et al. 2007. Quantifying the total airborne nitrogen-input into agroecosystems in the North China Plain. Agriculture, Ecosystems & Environment, 121: 395-400.

Heck P. 2008. International Practices and Poliey trends: Current situation and Practice sustainable Production and consumption and international Circular Economy development Policy summary and analysis, World Bank, 2008.

Henning R. 1996. Combating desertification-fuel from Jatropha plants // UNIDO symposium on development and utilisation of biomass energy in developing countries, Vienna, December 1995, UNIDO, Environment and energy branch, Industrial sectors and environment division, Vienna, Austria. http://www.ipgri.cgiar.org/publications/pdf/161.pdf on 3-07-2001.

Hertrampf J W, Piedad-Pascual F. 2000. Handbook on Ingredients for Aquaculture Feeds. Dordrecht: Kluwer Academic Publishers.

Hesketch N, Brooks P C. 2000. Development of an indicator for risk of phosphorus leaching. Journal of Environment quality, (29): 105-110.

Hilhorst G J, et al. 2001. Nitrogen management on experimental dairy farm "De Marke"; farming system, objectives and results. Netherlands Journal of Agricultural Science, 49: 135-151.

Hinchee M, et al. 1988. Production of transgenic soybean plants using agrobacterium-mediated DNA transfer. Bio/Technol, 6: 915-922.

Hou X, et al. 2009. A homolog of human ski-interacting protein in rice positively regulates cell viability and stress tolerance. Proc Natl Acad Sc i USA. 106: 6410-6415.

Howarth R W, Billen G, Swaney D, et al. 1996. Regional nitrogen budgets and riverine N & P fluxes for the drainages to the North Atlantic Ocean: natural and human influences. Biogeochemistry, 35 (1): 75-139.

Hu H H, et al. 2006. Overexpressing a NAN, ATAF and CUC (NAC) transcription factor enhances drought resistance and salt tolerance in rice. Proc. Natl. Acad. Sci. USA. 103: 12987-12992.

Hu J, et al. 2012. The rice pentatricopeptide repeat protein RF5 restores fertility in Hong-Lian cytoplasmic male-sterile lines via a complex with the glycine-rich protein GRP162. Plant Cell, 24: 109-122.

Huang J Q, et al. 2005. Insect-resistant GM Rice in farmers' fields: assessing productivity and health effects in China. Science, 308: 688-690.

Huang J, Rozelle S, Chang M. 2004. Tracking distortions in agriculture: China and its accession to the World Trade Organization. The World Bank Economic Review, 18 (1): 59.

Huang J, Rozelle S. 1996. Technological change: rediscovery of the engine of productivity growth in China's rural economy. Journal of Development Economics, (49): 337-369.

Huang W Y, LeBlanc M. 1994. Market based incentives for addressing non-point water quality problems: a residual nitrogen tax approach. Review of Agricultural Economics, 16: 427-440.

Huang X Z, et al. 2009. Natural variation at the DEP1 locus enhancesgrain yield in rice. Nature Genetics, 41 (4): 494-497.

Huang X, et al. 2009. Natural variation at the DEP1 locus enhances grain yield in rice. Nat Genet, 41: 494-497.

Huang X, et al. 2012. Genome-wide association study of flowering time and grain yield traits in a worldwide collection of rice germplasm. Nat Genet, 44: 32-39.

HuangX, et al. 2010. Genome-wide association studies of 14 agronomic traits in rice landraces. Nature Genet, 42: 961-967.

IFOMA (International Fishmeal and Oil Manufacturers Association). 2000. Predicted use of fishmeal and fish oil in aquaculture-revises estimate. IFOMA Update No. 98, April 2000, Potters Bar, UK.

Islam N, Bautista R M, Johnston A E, et al. 1998. Asia's food and agriculture: future perspectives and policy influences // Johnston A E. Nutrient management for sustainable crop production in Asia. CAB International.

Jian J, et al. 2008. Genetic control of rice plant architecture under domestication. Nat Genet, 40:

1365-1369.

Jiang G H, et al. 2004. Pyramiding of insect- and disease-resistance genes into an elite indica, cytoplasm male sterile restorer line of rice, "Minghui 63". Plant Breed, 123: 112-116.

Jiao YQ, et al. 2010. Regulation of OsSPL14 by OsmiR156 defines ideal plant architecture in rice. Nat Genet, 42: 541-544.

Ju X T, Kou C L, Zhang F S, et al. 2006. Nitrogen balance and groundwater nitrate contamination: Comparison among three intensive cropping systems on the North China Plain. Environment Pollution, 143: 117-125.

Kasryno F, Azahari D H, Johnston A E, et al. 1998. Fertilizer policy in Indonesia // Johnston A E. Nutrient management for sustainable crop production in Asia. CAB International.

Khush G S, Bacalangco E, Ogawa T. 1990. A new gene for resistance to bacterial blight from O. Longistiminata. Rice Genet. Newslatter, 7: 121, 122.

Körner S, Das S K, Veenstra S, et al. 2001. The effect of pH variation at the ammonium/ammonia equilibrium in wastewater and its toxicity to Lemna gibba. Aquat. Bot, 71: 71-78.

Lal R. 2006. Enhancing crop yields in the developing countries through restoration of the soil organic carbon pool in agricultural lands. Land Degradation & Development, 17: 197-209.

Li C H, Huang H H, Lin Q, et al. 2004. Environmental carrying capacity of the pollutants from the prawn seawater culture ponds. Journal of Agro-Environment Science, 23: 545-550.

Li J F, et al. 2013. Multiplex and homologous recombination-mediated genome editing in Arabidopsis and Nicotiana benthamiana using guide RNA and Cas9. Nat Biotechnol, 31: 688-691.

Li P J, et al. 2007. LAZY1 controls rice shoot gravitropism through regulating polar anxin transport. Cell Res., 17: 402-410.

Li S, et al. 2013. Rice zinc finger protein DST enhances grain production through controlling Gn1a/OsCKX2 expression. Proc Natl Acad Sci USA. 110: 3167-3172.

Li X et al. 2003. Control of tillering in rice. Nature, 422: 618-621.

Li Y, et al. 2011. Natural variation in GS5 plays an important role in regulating grain size and yield in rice. Nat Genet, 43: 1266-1269.

Li Y, et al. 2014. Chalk5 encodes a vacuolar H^+-translocating pyrophosphatase influencing grain chalkiness in rice. Nat Genet, 46: 398-404.

Li Yibo, et al. 2011. Natural variation in GS5 plays an important role in regulating grain size and yield in rice. Nature Genetics, doi: 10.1038/ng.977.

Li Z et al. 2014. The 3000 rice genomes project. Gigascience, 3: 7.

Lin Z W et al. 2007. Origin of seed shattering in rice (Oryza sativa L.). Planta, 226: 11-20.

Ling J, Chen S. 2005. Impact of organic carbon on nitrification performance of different biofilters. Aquac. Eng, 33: 150-162.

Liu C F, Qi Z R, He J, et al. 2002. Environmental friendship aquaculturezero discharge integrated recirculating aquaculture systems. Journal of Dalian Fisheries University, 17: 220-226.

Long Y, et al. 2008. Hybrid male sterility in rice controlled by interaction between divergent alleles of two adjacent genes. Proc Natl Acad Sci USA, 105: 18871-18876.

Lu Z, et al. 2013. Genome-wide binding analysis of the transcription activator ideal plant architecture1 reveals a complex network regulating rice plant architecture. Plant Cell, 25: 3743-3759.

Luo D P, et al. 2013. A detrimental mitochondrial-nuclear interaction causescytoplasmic male sterility in rice. Nat Genet, 45: 573-577.

Makkar H P S, Aderibigbe A O, Becker K. 1997. Comparative evaluation of a non-toxic and toxic varieties of Jatropha curcas for chemical composition, digestibility, protein degradability and toxic factors. Food Chem, 62: 207-215.

Malone R F, Pfeiffer T J. 2006. Rating fixed film nitrifying biofilters used in recirculating aquaculture systems. Aquac. Eng., 34: 389-402.

Mao H, et al. 2010. Linking differential domain functions of the GS3 protein to natural variation of grain size in rice. Proc Natl Acad Sci USA, 107: 19579-19584.

Matson PA, Parton W J, Power A G, et al. 1997. Agricultural intensification and ecosystem properties. Science, 277: 504-508.

McGinnity P, Paulo P, Andy F, et al. 2003. Fitness reduction and potential extinction of wild populations of Atlantic salmon, Salmo salar, as a result of interactions with escaped farm salmon. Proc. R. Soc. Lond. B., 270: 2443-2450.

Michaud L, Blancheton J P, Bruni V, et al. 2006. Effect of particulate organic carbon on heterotrophic bacterial populations and nitrification efficiency in biological filters. Aquac. Eng., 34: 224-233.

Muir W M, Howard R D. 2002. Assessment of possible ecological risks and hazards of transgenic fish with implications for other sexually reproducing organisms. Transgenic Res, 11: 101-114.

Neori A, Chopin T, Troell M, et al. 2004. Integrated aquaculture: rationale, evolution and state of the art emphasizing seaweed biofiltration in modern mariculture. Aquaculture, 231: 361-391.

North D, Thowmas R. 1973. The Rise of the Western World: A New Economic History. Cambridge: Cambridge University Press.

Oenema O, Berentsen P M B. 2004. Manure policy and MINAS: Regulating nitrogen and phosphorus surpluses in agriculture of the Netherlands. OECD-report COM/ENV/EPOC/CTPA/CFA67. www.oecd.org/dataoecd/19/37/ 34351715. pdf.

Oenema O, et al. 2004. Environmental effects of manure policy options in the Netherlands. Water Sci. Technol, 49: 101-108.

Peng L, Delbert M, Gatlin L. 2003. Evaluation of brewers yeast (Saccharomyces cerevisiae) as a feed supplement for hybrid striped bass (Morone chrysops M saxatilis). Aquaculture, 219: 681-692.

Peng S B, Buresh R, Huang J L, et al. 2006. Strategies for overcoming low agronomic nitrogen use efficiency in irrigated rice systems in China. Field Crops Research, 96: 37-47.

Peng S B, Khush G S. 2003. Four decades of breeding for varietal improvement of irrigated lowland rice in the International Rice Research Institute. Plant Production Science, 6: 157-164.

Peng S, Huang J, Sheehy J E, et al. 2004. Proc Natl Acad Sci USA, 101: 9971-9975.

Pike I H, Barlow S M. 2003. Impact of fish farming on fish stocks. International Aquafeed: Directory and Buyers' Guide. Turret West Ltd, Bartham Press, Luton, UK: 24-29.

Pike I. 2005. Eco-efficiency in aquaculture: global catch of wild fish used in aquaculture. International Aquafeed, 8 (1): 38-40.

Pingali P, Hossain M, Gerpacio R. 1997. Asian rice bowls: the returning crisis? CABI, 1: 341.

Putterman L, Chiacu A. 1994. Elasticities and factor weights for agricultural growth accounting: a look at the data for China. China Economic Review, 5 (2): 191-204.

Qiao F, Lohmar B, Huang J, et al. 2003. Producer benefits from input market and trade liberalization: the case of fertilizer in China. American Journal of Agricultural Economics, 85 (5): 1223-1227.

Qin B, Xu P, Wu Q, et al. 2007. Environmental issues of Lake Taihu, China. Eutrophication of Shallow Lakes with Special Reference to Lake Taihu, China: 3-14.

Ranney J W, et al. 1994. Environmental Considerations in Energy Crop Production. Biomass and bioenergy, 6 (3): 211-288.

Rasmussen P E, Allmaras R R, Rohde C R, et al. 1980. Crop residue influences on soil carbon and nitrogen in a wheat-fallow system. Soil Science Society of America Journal, 44: 596-600.

Raun W R, Johnson G V. 1999. Improving nitrogen use efficiency for cereal production. Agronomy Journal, 91: 357-363.

1Ren Z, et al. 2005. A rice quantitative trait locus for salt tolerance encodes a sodium transporter. Nat Genet, 37: 1141-1146.

Richter D D, Hofmockel M, Callaham M A, et al. 2007. Long-term soil experiments: keys to managing Earth's rapidly changing ecosystems. Soil Science Society of America Journal, 71: 266-279.

Roland D A, Gordon R W, Rao S K. 1993. Phosphorus solubilization and its effect on the environment. Proc. MD Nutr. Conf., 4: 138-145.

Schrama G J. 1998. Drinking Water Supply and Agricultural Pollution: Preventive Action by the Water Supply Sector in the European Union and the United States. Boston: KluwerAcademic Publishers.

Shen J B, Li R, Zhang F S, et al. 2004. Crop yields, soil fertility and phosphorus fractions in response to long-term fertilization under the rice monoculture system on a calcareous soil. Field Crops Research, 86: 225-238.

Shepard R. 2005. Nutrient management planning: is it the answer to better management? Journal of

Soil and Water Conservation, 60 (4): 171.

Shomura A, et al. 2008. Deletion in a gene associated with grain size increased yields during rice domestication. Nat Genet, 40: 1023-1028.

Single European Act. 1986. http://ec.europa.eu/economy_finance/emu_history/documents/treaties/singleuropeanact.pdf.

Song W Y, et al. 1995. A receptor kinase-like protein encoded by the rice disease resistance gene. Xa21, 270: 1804-1806.

Song X J, et al. 2007. A QTL for rice grain width and weight encodes a previously unknown RING-type E3 ubiquitin ligase. Nat Genet, 39: 623-630.

Steinfeld H. 2006. Livestock's Long Shadow: Environmental Issues and Options. Food and Agriculture Organization of the United Nations. Food and Agriculture Organization of United Nations (FAO).

Stone B. 1993. Basic Agricultural Technology under Reform // Ash R F, Kueh Y Y. Economic Trends in Chinese Agriculture: The Impact of Post-Mao Reforms. Oxford: Clarendon Press.

Summerfelt S T. 2006. Design and management of conventional fluidized-sand biofilters. Aquac. Eng., 34: 275-302.

Sun B, Zhang L, Yang L, et al. 2012. Agricultural non-point source pollution in China: causes and mitigation measures. AMBIO, 41: 370-379.

Sun H, et al. 2014. Heterotrimeric G proteins regulate nitrogen-use efficiency in rice. Nat Genet, 46: 652-656.

Sun X, et al. 2004. Xa26, a gene conferring resistance to Xanthomonas oryzae pv. oryzae in rice, encodes an LRR receptor kinase-like protein. Plant J, 37: 517-527.

Swaminathan M S. 2000. An evergreen revolution. Biologist, 47: 85-89.

Tacon A G J. 2003. Global trends in aquaculture and global aquafeed production. Turret West Ltd, Bartham Press, Luton, UK. International Aquafeed: Directory and Buyers' Guide.

Tacon A G J. 2004. Use of fish meal and fish oil in aquaculture: a global perspective. Aquatic Resources, Culture & Development, 1 (1): 3-14.

Tian W, Chudleigh J. 1999. China's feeding market: development and prospects. Agribusiness: An International Journal, 15 (3): 393-409.

Tiessen H, Cuevas E, Chacon P. 1994. The role of soil organic-matter in sustaining soil fertility. Nature, 371: 783-785.

Tilman D, Cassman K G, Matson P A, et al. 2002. Agricultural sustainability and intensive production practices. Nature, 418: 671-678.

Tilman D. 1999. Global environmental impacts of agricultural expansion: the need for sustainable and efficient practices. Proceedings of the National Academy of Science USA, 96: 5995-6000.

Timmons M B, Ebeling J M, Wheaton F W, et al. 2002. Recirculating Aquaculture Systems. 2nd edition. NRAC Publication.

Timmons M B, Holder J L, Ebeling J M. 2006. Application of microbead biological filters. Aquac. Eng, 34: 332-343.

Tovar A, Moreno C, Manuel-Vez MP, et al. 2000. Environmental implications of intensive marine aquaculture in earthen ponds. Marine Pollution Bulletin, 40: 981-988.

Tu J, et al. 2000. Field performance of transgenic elite commercial hybrid rice expressing bacillus thuringiensis delta-endotoxin. Nat Biotechnol, 18: 1101-1104.

UNEP/GEMS. 2006. 2005 State of the UNEP GEMS/Water Global Network and Annual Report. Global Environment Monitoring System (GEMS) Water Programme.

Uri N. 1997. Incorporating the environmental consequences in the fertilizer use decision* 1. Science of The Total Environment, 201 (2): 99-111.

US Environmental Protection Agency. 2003. Non-point Source Pollution from Agriculture. http://www.epa.gov/region8/water/nps/npsurb.html.

Van der Peet-Schwering C M C, et al. 1999. Nitrogen and phosphorus consumption, utilisation and losses in pig production. Livestock Production Science, 58: 213-224.

VanKeulen H. et al. 2000. Soil-plant-animal relations in nutrient cycling: the case of dairy farming system "De Marke". European Journal of Agronomy, 13 (2-3): 245-261.

Venter J C, et al. 2004. Environmental genome shotgun sequencing of the Sargasso Sea. Science. 304: 66-74.

Verhoeven J, Arheimer B, Yin C, et al. 2006. Regional and global concerns over wetlands and water quality. Trends in ecology & evolution, 21 (2): 96-103.

Wang C, et al. 2009. Involvement of OsSPX1 in phosphate homeostasis in rice. Plant J, 57: 895-904.

Wang E, et al. 2008. Control of rice grain-filling and yield by a gene with a potential signature of domestication. Nat Genet, 40: 1370-1374.

Wang G L, et al. 1995. The cloned gene, Xa21, confers resistance to multiple Xanthomonas oryzas isolates in transgenic plants. Mol Plant Microbe Interact, 9: 850-855.

Wang L, et al. 2010. A dynamic gene expression atlas covering the entire life cycle of rice. Plant J, 61: 752-766.

Wang N, et al. 2013. Mutant resources for the functional analysis of the rice genome. Mol Plant, 6 (3): 596-604.

Wang S K, et al. 2012. Control of grain size, shape and quality by OsSPL16 in rice. Nat Genet, 44: 950-954.

Wang S K, et al. Control of grain size, shape and quality by OsSPL16in rice. Nature Genetics, doi: 10.1038/ng.2327.

Wang Z Y, et al. 1995. The amylase content in rice endospermis related to the post-transcriptional regulation of the waxy gene. Plant J, 7: 613-622.

Wei X, et al. 2010. DTH8 suppresses flowering in rice, influencing plant height and yield potential simultaneously. Plant Physiol, 153: 1747-1758.

Wen J, et al. 2008. Isolation and initial characterization of GW5, a major QTL associated with rice grain width and weight. Cell Res, 18: 1199-1209.

Widholm J. 1996 Statis of soybean transformation methods// Kauffman H E. World Soybean Research Conference VI symposium.

Williams C E, et al. 1996. Markers for selection of the rice Xa21 disease resistance gene. Theor Appl Genet, 93: 1119-1122.

Xiang P, Zhou Y, Huang H, et al. 2007. Discussion on the Green Tax Stimulation Measure of Nitrogen Fertilizer Non- Point Source Pollution Control - Taking the Dongting Lake Area in China as a Case. 中国农业科学（英文版）, 6 (6): 732-741.

Xie W, et al. 2010. Parent-independent genotyping for constructing an ultrahigh-density linkage map based on population sequencing. Proc Natl Acad Sci USA, 107: 10578-10583.

Xue W, et al. 2008. Natural variation in Ghd7 is an important regulator of heading date and yield potential in rice. Nat Genet, 40: 761-767.

Yan W H, et al. 2011. A major QTL, Ghd8, plays pleiotropic roles in regulating grain productivity. plant height, and heading date in rice. Mol plant, 4: 319-330.

Ye R J, Huang H Q, Yang Z, et al. 2009. Development of insect-resistant transgenic rice with Cry1C*-free endosperm. Pest Manag Sci, 65: 1015-1020.

Yu H, Xie W, Li J, et al. 2014. A whole-genome SNP array (RICE6K) for genomic breeding in rice. Plant Biotechnol J, 12: 28-37.

Yu H, Xie W, Wang J, et al. 2011. Gains in QTL Detection Using an Ultra-High Density SNP Map Based on Population Sequencing Relative to Traditional RFLP/SSR Markers. PLoS One, 6: e17595.

Zhang L G, et al. 2012. Identification and characterization of an epi-allele of FIE1 reveals a regulatory linkage between two epigenetic marks in rice. The plant cell, 24: 1-15.

Zhang Q F. 2007. Strategies for developing green super rice. Proceedings of the National Academy of Science, 104: 16402-16409.

Zhang Q, et al. 2002. Development of near-isogenic line CBB23 with a new resistance gene to bacterial blight in rice and its application. Chinese Journal of Rice Science, 16 (3): 206-210.

Zhang Q, Li J, Xue Y, et al. 2008. Rice 2020: a call for an international coordinated effort in rice functional genomics. Mol Plant, 1: 715-719.

Zhou F, et al. 2013. D14-SCPD3-dependent degradation of D53 regulates strigolactons signaling. Nature, 504 (7480): 406-410.

Zhou G, Chen Y, Yao W, et al. 2012. Genetic composition of yield heterosis in an elite rice hybrid. Proc Natl Acad Sci USA, 109: 15847-15852.

Zhu X Y, Xiong LZ 2013 Putative megaenzyme DWA1 plays essential roles in drought resistance by regulating stress-induced wax deposition in rice. Proc Natl Acad Sci USA. 110: 11790-11795.

附　录

附表1　本书全部作者列表

章节	作者	单位	E-mail
前言	张启发	华中农业大学	qifazh@mail.hzau.edu.cn
第1章	齐振宏	华中农业大学经济管理学院工商管理系	qizhh@mail.hzau.edu.cn
	周慧	华中农业大学经济管理学院工商管理系	
	张启发	华中农业大学	
第2章	胡银根	华中农业大学	hyg@mail.hzau.edu.cn
	陈中江	华中农业大学	
第3章	齐振宏	华中农业大学经济管理学院工商管理系	
第4章	张俊飚	华中农业大学经济管理学院农业经济管理系	zhangjunbiao@mail.hzau.edu.cn
第5章	王雅鹏	华中农业大学经济管理学院农业经济管理系	wangyp@mail.hzau.edu.cn
第6章	崔振岭	中国农业大学资源与环境学院	zhenlingcui@163.com
	张卫峰	中国农业大学资源与环境学院	
	范明生	中国农业大学资源与环境学院	
	陈新平	中国农业大学资源与环境学院	
	江荣风	中国农业大学资源与环境学院	
	张福锁	中国农业大学资源与环境学院	zhangfs@cau.edu.cn
第7章	罗利军	上海市农业生物基因中心	lijun@sagc.org.cn
	任光俊	四川省农业科学院	guangjun61@sina.com
第8章	蒋思文	华中农业大学	jiangsiwen@mail.hzau.edu.cn
第9章	解绶启	中国科学院水生生物研究所	sqxie@ihb.ac.cn
	梁旭方	华中农业大学水产学院	xfliang@mail.hzau.edu.cn
	何建国	中山大学	
	黄倢	中国水产科学研究院黄海水产研究所	
第10章	祁春节	华中农业大学经济管理学院经济学系	qichunjie@mail.hzau.edu.cn
	刘建芳	华中农业大学经济管理学院经济学系	

续表

章节	作者	单位	E-mail
第11章	张林秀	中国科学院农业政策研究中心	lxzhang.ccap@igsnrr.ac.cn
	施卫明	中国科学院南京土壤研究所	wmshi@issas.ac.cn
	朱兆良	中国科学院南京土壤研究所	zlzhu@issas.ac.cn
第12章	陶建平	华中农业大学经济管理学院经济学系	jptao@mail.hzau.edu.cn
	吴江	华中农业大学经济管理学院经济学系	
第13章	李谷成	华中农业大学经济管理学院农业经济管理系	lgcabc@mail.hzau.edu.cn
第14章	齐振宏	华中农业大学经济管理学院工商管理系	qizhh@mail.hzau.edu.cn
第15章	肖景华	华中农业大学植物科学技术学院	xiaojh@mail.hzau.edu.cn
	余四斌	华中农业大学生命科学技术学院	
	罗利军	上海市农业生物基因中心	
	黎志康	中国农业科学院作物科学研究所	
	张启发	华中农业大学	qifazh@mail.hzau.edu.cn
结论和建议	张启发	华中农业大学	qifazh@mail.hzau.edu.cn
	张俊飚		
	何可		

附表2 "资源节约型、环境友好型农业生产体系建设"中国科学院咨询项目调研专家名单（按姓氏拼音排序）

序号	姓名	职称	工作单位
1	陈温福	研究员	沈阳农业大学
2	陈瑶生	教授	中山大学
3	程式华	研究员	中国水稻所
4	邓秀新	教授	华中农业大学
5	傅廷栋	教授	华中农业大学
6	关恒达	研究员	华中农业大学
7	韩斌	研究员	中国科学院上海生命科学院
8	何建国	教授	中山大学
9	何予卿	教授	华中农业大学
10	胡银根	副教授	华中农业大学
11	黄健	研究员	中国水产科学研究院黄海水产研究所
12	黄季焜	研究员	中国科学院农业政策研究中心
13	贾继增	研究员	中国农业科学院作物科学研究所

续表

序号	姓名	职称	工作单位
14	蒋思文	教授	华中农业大学
15	蒋宗勇	研究员	广东省农业科学院
16	解绶启	研究员	中国科学院水生生物研究所
17	黎志康	研究员	中国农业科学院作物科学研究所
18	李宁	教授	中国农业大学
19	李崇光	教授	华中农业大学
20	李谷成	副教授	华中农业大学
21	李家洋	研究员	中国科学院遗传与发育生物学研究所
22	李振声	研究员	中国科学院遗传与发育生物学研究所
23	梁旭方	教授	华中农业大学
24	罗利军	研究员	上海市农业生物基因中心
25	牟同敏	教授	华中农业大学
26	潘国君	研究员	黑龙江省农业科学院
27	彭化贤	研究员	四川省农业科学院
28	彭少兵	教授	华中农业大学
29	齐振宏	教授	华中农业大学
30	祁春节	教授	华中农业大学
31	任光俊	研究员	四川省农业科学院
32	施卫明	研究员	中国科学院南京土壤研究所
33	陶建平	教授	华中农业大学
34	田冰川	研究员	中国种子集团
35	王雅鹏	教授	华中农业大学
36	吴孔明	研究员	中国农业科学院植物保护研究所
37	武维华	教授	中国农业大学
38	谢华安	研究员	福建省农业科学院
39	张福锁	教授	中国农业大学
40	张吉斌	教授	华中农业大学
41	张俊飚	教授	华中农业大学
42	张林秀	研究员	中国科学院农业政策研究中心
43	张启发	教授	华中农业大学
44	赵炳然	研究员	湖南杂交水稻研究中心
45	邹应斌	教授	湖南农业大学